3판

사회복지 윤리와 철학

이순민 저

SOCIAL WORK ETHICS AND PHILOSOPHY

학지사

3판 머리말

윤리강령은 사회복지전문직의 핵심 가치를 규명하고 핵심 가치를 반영한 윤리적 원칙을 제시함으로써, 사회복지전문직이 업무를 수행할 때 윤리적 의사결정을 할 수 있도록 하기 위한 윤리적 행동 지침이라 할 수 있다. 한국 사회복지사 윤리강령은 1982년 제정 후 총 4차에 걸쳐 개정되었고, 2021년의 4차 개정은 '성 취향'을 '성적 지향'으로 문구 수정하는 것에 그쳐 실질적으로 2001년 3차 개정된 윤리강령을 20여 년 동안 활용해 왔다. 그리고 2023년에 사회복지사 윤리강령 5차 개정이 전면적으로 이루어졌으며, 5차 개정에서는 사회환경의 변화를 반영하고 실천 현장에서 활용할 수 있는 실효성 있는 세부적 지침들이 제시되었다.

이번 3판에서는 2023년 개정된 한국 사회복지사 윤리강령의 내용을 반영하였으며, 정보통신기술의 발전으로 인하여 사회복지실천 현장에서 새로이 나타나게 된 윤리적 쟁점들에 대해서도 초점을 맞추었다. 사회복지실천 현장에서 인터넷, 화상회의 서비스, SNS의 활용 등으로 인하여 사회복지사들이 경험하게 되는 비밀보장, 알 권리 등의 윤리적 쟁점들을 어떻게 윤리적으로 접근할 수 있을지 다루었다. 또한 사회복지실천 현장에서 겪을 수 있는 윤리적 갈등 상황에 적용할 수 있는 좀 더 구체적인 윤리적 지침이나 고려사항들을 최대한 반영하려고 노력하였다.

이 책은 예비 사회복지사나 현재 실천 현장의 사회복지사들뿐만 아니라, 일반 독자들도 사회복지 윤리와 철학에 관한 내용들을 이해할 수 있도록 쉽게 풀어쓰고 많은 사회복지실천 사례를 담으려 노력하였다. 이 책을 통해 사회복지실천 현장에서 대두되는 윤리적 이슈들이나 윤리적 갈등 상황에 대처하는 데 있어서 다양한 가치, 윤리 원칙, 관점들을 고려해 볼 수 있는 기회가 되길 바란다.

3판은 총 12장으로 이루어져 있으며, 구체적으로 개정된 부분은 다음과 같다.

제1장에서는 사회복지전문직의 가치와 윤리를 살펴보고, 롤즈의 사회정의론과 샌델

의 시민적 공화주의를 추가로 다루었다. 또한 적절한 윤리적 결정을 내릴 수 있도록 사회복지사가 갖추어야 하는 윤리적 민감성에 대해서도 논하였다.

제2장에서는 사회복지의 주요 가치인 평등, 차별금지, 사회통합과 다양성 존중의 가치에 대해 살펴보았다. 소득, 고용, 주택, 교육 등 빈곤층과 정치 · 사회적 약자에 대한 제도적 포용의 의미를 강조하는 사회통합의 개념을 다루었다. 또한 사회 내 다양성을 존중하고 사회적 소수자에 대한 배제나 차별에 항거해야 하는 다양성 존중의 가치, 다양한 가치와 배경을 가진 클라이언트에게 적절한 서비스를 제공하는 데 필요한 문화적 역량의 개념 및 다양성 존중을 위한 지침을 소개하였다.

제3장에서는 2023년에 개정된 한국 사회복지사 윤리강령의 주요 내용을 다루었다. 그리고 한국과 미국의 사회복지사 윤리강령을 비교하였는데, 특히 정보통신기술 관련 내용들에 중점을 두었다.

제4장에서는 사회복지실천에서의 윤리적 의사결정을 내리는 데 도움이 되는 윤리적 의사결정 모델들에 대해 살펴보았으며, 추가로 한국사회복지사협회 등(2023)의 윤리적 의사결정 과정 7단계를 다루었다.

제5장에서는 비밀보장, 알 권리, 고지된 동의에 대해 논하였는데, 정보통신기술을 활용한 사회복지 서비스에서 비밀보장, 알 권리 및 기록 공개, 기록 및 문서 보관과 관련한 윤리적 갈등 사례 및 윤리적 지침을 추가하였다.

제6장에서는 가치유보 대 가치표명, 자기결정권에 대해서 다룬다. 가치유보 대 가치표명과 관련하여, 사회복지사의 자기 인식과 자아 성찰의 중요성에 대해 추가적으로 논하였다.

제7장에서는 전문적 관계에서의 충실성의 상충, 사회복지사의 자기관리, 이중관계, 서비스 비용에 대해 논하였다. 특히 사회복지사의 안전이 위협되는 상황에서 사회복지사의 폭력 피해 예방을 위한 전략을 살펴보았으며, 사회복지사의 소진을 예방하기 위한 자기관리 및 자기돌봄에 대해서도 다루었다. 사회복지실천 현장의 변화들로 인해 이중관계 관련 윤리적 이슈가 더 늘어나고 있는 실정을 살펴보고, 원칙적으로 금지된 이중관계가 피치 못한 상황에서 발생하는 경우 클라이언트에게 해를 입히는 가능성을 줄이기 위한 윤리적 지침들을 제시하였다. 특히 사회복지실천 현장에서 다양한 정보통신기술을 활용하는 경우가 많아지면서, 그 과정에서 나타날 수 있는 이중관계를 예방하기 위한 지침들을 살펴보았다.

제8장에서는 사회복지조직 내부의 윤리적 갈등을 논하였는데, 사회복지기관에서의

노사갈등 및 사회복지사 인권, 동료 간의 비민주적인 직무 관계, 실습생 및 직장 내 위계적 권력관계에 있는 동료에 대한 성폭력 및 성적 · 인격적 수치심을 주는 행위 금지 등에 대해 다루었다.

제9장에서는 사회복지 조사 · 평가의 윤리에 대한 내용으로, 뉘른베르크 강령, 세계의 사회의 헬싱키 선언, 미국의 벨몬트 리포트 그리고 연구 윤리 지침인 「연구 윤리 확보를 위한 지침」과 「생명윤리 및 안전에 관한 법률」에 대한 내용을 추가로 다루었다. 특히 연구 대상자의 권리보호에 대한 윤리적 이슈에 중점을 두었다.

제10장에서는 생명과 관련된 사회복지실천의 윤리적 갈등에 대해 논의하였으며, 연명의료 결정 제도, 호스피스 · 완화의료, 전염성 질병과 관련한 윤리적 이슈 등에 관한 내용을 다루었다.

제11장에서는 사회복지 분야별 윤리적 갈등 상황을 다루었으며, 정신장애인의 입원 및 입소에 관련된 윤리적 이슈, 아동 · 청소년복지 분야에서의 아동학대, 성폭력 관련 이슈, 그리고 노인복지 분야에서의 노인학대에 관련된 이슈를 논하였다.

제12장에서는 사회복지와 인권에 대해 다루었으며, 인권의 개념, 사회복지실천 현장에서 나타나는 인권 관련 사례들을 추가하였다.

이상과 같이 수정 · 보완하여 개정판을 준비하였으나, 여전히 미흡한 부분이 많이 있으리라 본다. 이에 대해서는 독자 여러분의 아낌없는 충고와 관심 어린 조언을 부탁드린다. 아무쪼록 이 책을 통해 사회복지실천 현장에서 윤리적 갈등을 경험하고 고민하는 사회복지사 및 예비 사회복지사들이 전문적 가치에 따라 윤리적 결정을 하고 실천하는 데 도움이 되길 바란다.

끝으로, 3판이 나올 수 있도록 지원해 주신 학지사 김진환 사장님과 편집과 제작을 위해 수고해 주신 관계자 여러분께 감사드리며, 사랑하는 가족들에게도 감사의 마음을 전한다.

2025년 2월

이순민

1판 머리말

사회복지사들은 현장에서 여러 윤리적 갈등 상황에 처하게 된다. 예를 들어, 사회복지사의 개인적 · 전문적 가치와 클라이언트의 가치가 상충하는 경우, 누구의 가치에 따라 결정해야 하는가? 사회복지사는 클라이언트의 비밀을 보장해야 하지만, 때에 따라 비밀을 노출시키는 것이 클라이언트에게 도움이 될 경우는 어떤 결정을 내려야 하는가?

이러한 물음에 대한 답을 찾는 여정으로 이 책을 저술하게 되었다. 이 책은 사회복지실천 현장에서 발생할 수 있는 윤리적 갈등 상황에서, 사회복지사들이 어떻게 윤리적으로 결정하고 행동할 수 있는지에 대한 지침을 제공한다. 하지만 이 책은 윤리적 갈등 상황을 해결할 수 있는 정답을 제공하지는 않는다. 윤리적 갈등 상황에서 가치에 따라 윤리적 결정이 달라질 수 있음을 알고, 서로 다른 입장에 대한 이해를 넓히고, 여러 대안을 모색함으로써, 가장 윤리적인 결정을 내릴 수 있는 지침을 제공할 뿐이다.

이 책을 통해 예비 사회복지사들이나 현장에서 실천하고 있는 사회복지사들이 사회복지실천 현장에서의 윤리적 갈등 상황에 대해 미리 경험하고, 갈등 유형의 쟁점과 사례에 대히 논의할 수 있는 기회가 주어지기를 바란다. 또한 이 책은 여러 사례와 윤리적 쟁점을 분석하게 하는 것은 물론, 윤리적 갈등을 해결할 수 있는 윤리적 판단 근거를 모색함으로써, 사회복지사들이 실천 현장에서 좀 더 적절하고 윤리적으로 대처할 수 있도록 해준다. 더불어 이 책을 통해 인간의 존엄성 존중, 사회정의 등 사회복지의 기본적인 가치와 윤리에 대해 이해하고, 다양한 갈등 상황에 있는 클라이언트를 돕는 사회복지전문가로서 갖추어야 할 가치관 및 윤리관을 경험할 수 있기를 바란다.

이 책은 다음과 같이 구성되어 있다. 1장에서는 가치와 윤리의 개념, 사회복지실천에서의 가치와 윤리적 발달 및 쟁점이 되는 이슈를 다룬다. 2장에서는 사회복지 전문적 가치를 바탕으로 한 윤리강령이 한국과 미국에서 어떻게 발달되었으며, 어떠한 윤리적 기준을 포함하고 있는지 논의한다. 3장에서는 사회복지실천의 윤리적 결정을 위한 여러 의사결정 모델을 소개하고, 이를 윤리적 갈등 상황에 적용할 수 있도록 하였다.

4, 5, 6장에서는 개인, 부부, 가족 등을 대상으로 하는 미시 수준의 사회복지실천 현장에서 나타날 수 있는 윤리적 갈등에 대해 다룬다. 4장은 부분적으로 연결된 개념인 비밀보장, 알 권리, 고지된 동의에 대해 다루고, 특히 비밀보장이 제한되어야 하는 예외 상황에 대해 논의한다. 5장은 사회복지사의 가치유보 또는 가치표명이 클라이언트의 자기결정권에 어떤 영향을 미치는지, 그리고 클라이언트의 자기결정권을 행사할 수 있는 상황과 제한될 수 있는 상황에 대해 논한다. 6장은 사회복지사와 클라이언트 사이의 전문적 관계에서 나타날 수 있는 충실성의 상충, 이중관계, 서비스 비용에 관련된 윤리적 갈등을 다룬다.

7, 8, 9장에서는 사회복지행정이나 정책, 연구 등 거시 수준의 사회복지실천 분야에서 일어날 수 있는 윤리적 갈등에 대해 다룬다. 7장은 사회에 만연해 있는 평등과 차별의 실례를 찾아보고, 사회복지실천에서 평등의 개념을 어떻게 적용할 수 있는지, 사회복지사의 소수 집단에 대한 개인적 편견이나 선입견을 검토해 보고, 차별 방지를 위해서 어떤 법이 제정되어 있는지 알아본다. 8장은 사회복지조직 내부의 윤리적 갈등 상황에 대한 것으로 노사갈등, 클라이언트와 사회복지사의 갈등관계, 중간관리자의 역할, 다른 전문직과의 관계, 동료 사회복지사와의 관계, 실습생과 슈퍼바이저와의 관계에 대해 다룬다. 9장은 사회복지 조사 · 평가의 윤리에 대한 내용으로, 사회복지에서 점점 그 중요성이 강조되고 있는 연구와 평가에 관련된 윤리적 갈등을 다룬다.

10, 11, 12장에서는 현대사회의 발전과 변화에 따라 새로이 부각되고 있는 윤리적 이슈를 다룬다. 10장은 의학기술이 발달하면서 나타나게 된 죽음, 뇌사자의 장기이식, 에이즈 등 전염성 질병 분야에 관련된 윤리적 쟁점에 대해 논한다. 11장에서는 정신건강, 아동복지, 노인복지 분야별로 쟁점이 되고 있는 윤리적 갈등 상황에 대해 다룬다. 마지막으로 12장에서는 인권의 개념과 사회복지실천에서 발생하는 인권침해 사례에 대해 논한다.

이 책은 독자의 이해도를 높이기 위해, 사회복지윤리와 철학에 대해 보다 쉽게 풀어쓰고 많은 사회복지실천 사례를 담으려 노력했다. 그리고 사회복지기관 내에서의 인권문제와 같이 사회복지실천에서 이슈가 되고 있는 문제에 대한 내용도 포함시켰다. 하지만 여전히 미흡한 부분이 많다. 이에 대해서는 독자 여러분의 애정 어린 관심과 조언을 부탁드린다.

끝으로, 이 책이 출판될 수 있도록 지원해 주신 학지사 김진환 사장님과 편집부 직원

분들께 감사드리며, 이 책을 쓰는 데 많은 힘이 되어 준 가족, 특히 책을 마무리할 수 있도록 조언과 격려를 아끼지 않았던 남편과 무한한 힘의 원천이 되어 준 딸 수빈이에게도 고마운 마음을 전한다.

2012년 3월

이순민

차례

사회복지전문직의 가치와 윤리

학습목표

- 가치와 윤리의 개념을 설명할 수 있다.
- 사회복지실천에서의 가치와 윤리의 필요성을 설명할 수 있다.
- 윤리의 주요 이론인 윤리적 상대주의와 윤리적 절대주의의 쟁점을 비교할 수 있다.
- 윤리적 상대주의와 윤리적 절대주의의 주요 쟁점에 따라 사회복지윤리의 딜레마 상황에 대한 접근법이 달라짐을 분석할 수 있다.
- 역사상 사회복지실천윤리의 발달과정을 나열할 수 있다.

1. 가치와 윤리

1) 가치와 윤리의 개념

가치는 어떤 행동이 좋고 나쁘며, 바람직하고 바람직하지 못하다는 '바람직스러움의 기준'(Ritzer, Kammeyer, Yetman, & Norman, 1979, p. 50)이 된다. 즉, 가치는 믿음 또는 신념과 같은 것으로 인간의 선호 또는 선택에 대한 기준이 되며, 개인이나 집단 구성원들이 자신이 특정한 행동을 선택하는 데 영향을 미치게 된다.

가치체계는 크게 궁극적 가치, 수단적 가치, 차등적 가치로 나눌 수 있다(Pumphrey, 1959). 궁극적 가치는 다수에게 가장 쉽게 동의를 얻을 수 있는 자유, 인간의 존엄성, 정의, 평등과 같은 추상적인 목적을 가지는 가치다. 수단적 가치는 궁극적 가치를 달성하기 위한 수단이 되는 가치를 말한다. 예를 들어, 인간의 존엄성이라는 궁극적 가치를 달성하기 위한 도구로, 자기결정권, 비밀보장, 고지된 동의와 같은 구체적인 행위나 상황과 관련된 수단적 가치가 필요하게 된다. 차등적 가치는 궁극적 가치와 수단적 가치의 중간에 위치한 가치로, 사회 · 문화 · 종교적 영향이나 개인적 경험에 따라 찬성 또는 반대를 할 수 있다. 예컨대 낙태, 동성애, 사형제도, 유전자 복제에 관련된 가치는 차등적 가치에 속한다.

윤리는 행동하는 가치로서, 가치를 바탕으로 만들어진 행동지침이다. 즉, 가치를 바탕으로 행동이 표출되었을 때 옳고 그름을 판단하는 기준이 된다. 또한 윤리는 인간이 사회에서 다른 사람들과 관계를 맺을 때 마땅히 따르고 지켜야 하는 도리와 규범을 의미한다. 윤리는 일반 윤리와 전문가 윤리로 나눌 수 있다. 일반 윤리는 한 개인이 다른 사람들과 어울려 살아가는 사회생활 속에서 지켜야 하는 기본적인 윤리다. 이에 반해, 전문가 윤리는 전문가협회나 조직이 채택한 윤리강령에 따른 윤리다. 전문가 윤리는 일반 윤리에 위배될 수 없으며, 크게는 일반 윤리의 세부 범주에 속한다.

가치와 윤리는 분리하여 생각할 수 없는 개념으로, 윤리는 가치를 바탕으로 구현된 행동지침이기 때문에 가치와 조화를 이루어야 한다. 가치가 '무엇이 좋고 바람직한가'를 선택하는 것이라면, 윤리는 '무엇이 옳고 그른가'를 판단하는 것과 관계된다. 사회복지의 가치가 사회복지실천이 나아가야 하는 방향을 제시한다면, 사회복지윤리는 그 방향에 맞추어 사회복지실천 현장에서 필요한 행동의 원칙과 지침을 제공하게 되는 것이다.

표 1-1 가치와 윤리

	가치	윤리
개념	• 믿음 또는 신념과 같은 것으로 인간의 선호 또는 선택하는 것에 대한 기준 • '무엇이 좋고 바람직한가?'	• 가치를 바탕으로 만들어진 행동지침 • '무엇이 옳고 그른가?'
세부분류	• 궁극적 가치 • 수단적 가치 • 차등적 가치	• 일반 윤리 • 전문가 윤리

2) 윤리의 주요 이론: 윤리적 상대주의와 윤리적 절대주의

(1) 윤리적 상대주의

윤리적 상대주의(ethical relativism)는 도덕규칙이나 객관적이고 보편적인 표준이나 원리를 거부하고, 직면한 상황이나 산출하는 결과에 따라 윤리적인 결정을 하는 것을 말한다. 어떤 상황에서도 적용될 수 있는 불변하는 윤리기준이 있는 것이 아니라, 주관적으로 자신에게 유리하고 즐거운 것, 결과적으로 좋은 것이 윤리적으로 옳다고 보는 것이다. 목적론적 윤리이론은 윤리적 상대주의에 기반을 두고 있다. 목적론자는 쾌락, 행복, 공리, 최고선과 같은 이상적 목적을 기준으로 삼고, 그 목적을 실현하는 데 도움이 되는 행동은 선하다고 평가한다.

목적론적 윤리이론은 도덕적으로 옳고 그른 것과 관계없는 가치가 어떤 행위의 옳고 그름을 판단하는 기준이 된다. 어떤 행위의 옳고 그름은 그 행위로 인해 나타날 수 있는 결과에서 악이 더 산출되는지 혹은 선이 더 산출되는지에 따라 판단할 수 있다. 이때 도덕과는 무관한 가치가 기준이 된다. 즉, 행위의 의도와는 관계없이 행위의 결과에 따라 옳고 그름을 판단할 수 있다. 이것은 결과론적 이론과도 입장을 같이한다. 결과론적 이론은 개인이 여러 대안 중에서 투입되는 모든 비용과 이로 인해 얻을 수 있는 이득을 분석함으로써, 최선의 효과가 나타날 것으로 예상되는 대안을 선택한다는 것이다. 목적론적 윤리관에 따르면, 좋은 결과를 기대할 수 있다면 어떠한 행동의 선택도 가능하며, 좋은 목적을 달성하기 위해서는 어떠한 행동도 정당하다고 본다. 다시 말해, 어떤 목적을 갖고 행동할 때 가급적 다양한 접근방식을 선택하고, 그 선택을 통해서 좋은 목적을 달성하고 바람직한 결과를 얻을 수 있는지를 미리 세밀하게 점검해서 무엇이 도덕적이고 비도덕적인지 명확히 판단하고 행동해야 한다는 것이다.

목적론적 윤리이론의 관점에서는 사회복지실천 과정에서 어떤 결과가 가장 좋은 결과를 이끌어 낼 수 있는지를 예측하고 검토함으로써 윤리적인 의사결정을 할 수 있다고 본다. 이는 윤리적 딜레마에 처했을 때, 선택 가능한 여러 대안의 예측 결과를 검토하고, 클라이언트나 관련자들에게 최선의 결과를 가져다주는 선택을 해야 한다는 것이다. 사회복지실천에서는 클라이언트의 비밀보장의 권리를 존중해야 하지만, 그 클라이언트의 비밀을 밝히는 것이 클라이언트나 다른 사람들에게 최대한의 이익을 가져다준다면 비밀보장을 위배할 수 있다.

목적론적 윤리이론은 도덕과 무관하게 옳고 그름의 판단기준이 되는 가치에 따라 쾌락주의, 윤리적 이기주의, 공리주의로 나뉜다. 첫째, 쾌락주의는 쾌락만이 유일한 도덕적 판단기준이며, 쾌락을 많이 가져다주는 행위가 선이라고 본다. 둘째, 윤리적 이기주의는 다른 사람들에게 어떤 결과가 초래하든지 간에 한 개인이 자신의 이득을 추구하는 것이 최선이라고 본다. 사람들이 자신에게 최대한 유익하고 좋은 결과가 나타날 수 있는 방향으로 결정을 내리고, 자신의 개인적인 관심에서 가장 중요하게 여기는 것을 행하는 것이 선이라는 것이다. 셋째, 공리주의는 사회 전체에 최대한의 보편적인 선을 가져다주는 행위를 도덕적인 것으로 보며, 최대 다수의 최대 행복을 추구한다. 공리주의는 얻는 행복이 크면 클수록 그 행위가 도덕적으로 옳다는 최대 행복의 원리를 바탕으로 하고 있으며, 목적론적 윤리이론을 대표한다. 이는 선택한 행동이 옳음을 원칙으로 하고 최대한 좋은 결과가 기대되는 것을 선택한다는 개념이다. 대표적인 학자로는 최대 행복의 원리를 주장한 제레미 벤담(Jeremy Bentham, 1748~1832)과 행복의 질을 강조한 존 스튜어트 밀(John Stuart Mill, 1806~1873) 등이 있다. 벤담은 쾌락이나 행복의 양을 계산하고 모든 이가 평등하게 행복을 누려야 한다는 양적 공리주의자다. 반면에 밀은 쾌락의 질을 중요하게 보는 질적 공리주의자라 할 수 있는데, 질적으로 높은 소량의 쾌락이 질적으로 낮은 다량의 쾌락보다 바람직하다고 주장했다. 밀은 “만족한 돼지보다는 불만족한 소크라테스가 되는 것이 낫다.”라고 말하기도 했다. 사회복지실천에서 제한된 자원을 가지고 사람들에게 배분할 때, 질적 공리주의자는 최소한의 사람들에게 가능한 한 많은 자원을 제공하려 한다. 하지만 양적 공리주의자는 가능한 한 최대의 사람들에게 적은 자원이라도 골고루 혜택이 가도록 한다.

목적론적 윤리이론은 여러 한계점을 가진다. 첫째, 목적만으로 수단을 정당화할 수 없다는 제한점이 있다. 좋은 결과를 가져오기 위해서는 법률을 어기는 것도 정당화할 수 있는지에 대한 의문이 생길 수밖에 없다. 또한 같은 결과가 초래되었다 해도 그 행동이 같은 의미를 갖고 있는 것은 아니다. 살인을 저지른 범죄자, 전쟁 중의 군인, 안락사를 도운 의사는 같은 결과를 초래했지만, 윤리적으로 같은 의미를 갖고 있는지에 대해서는 다시 생각해 봐야 할 것이다. 둘째, 개인차에 따른 서로 다른 결과에 대한 평가가 어떤 선택을 하는 것이 옳은지를 합의하는 데 어려움이 있다. 각 개인은 서로 다른 생활의 경험, 가치, 정치적인 이념 등 다양한 특성을 갖고 있다. 이에 따라, 어떤 행동에 따른 결과에 대해서도 서로 다르게 문제의 심각성과 결과를 이해하고 평가하게 되는 것이다. 셋째, 최대의 효과를 얻기 위해 소수의 대상 혹은 최소한의 권리를 무시하는 경우가 있다는 것도 제한점이라 할 수 있다.

인물소개

제레미 벤담(Jeremy Bentham, 1748~1832)은 영국의 법학자 겸 철학자이자 변호사로, 처음으로 '최대 다수의 최대 행복'을 추구하는 공리주의를 설명했다. 옥스퍼드 대학(Oxford University)을 졸업하고 변호사가 되었으나 철학에 몰두했다. 그는 당시의 법률을 모두 비판하고, 이치에 맞는 성문법을 만드는 운동에 평생을 바쳤다. 그는 정치에서는 급진주의를 옹호했으며, 영국 법철학에 큰 영향을 끼쳤다. 벤담은 공리주의 체계에 큰 기여를 하고, 존 스튜어트 밀과 같은 공리주의 철학자를 제자로 배출하는 등 공리주의에 큰 영향을 미쳤다. 정치에서는 공상적 사회주의의 시초인 로버트 오언(Robert Owen)을 배출했다. 벤담은 자유경제를 주장했으며, 정교분리와 표현의 자유, 양성평등, 동물의 권리 등을 주장했다. 또한 벤담은 법과 도덕은 쾌락을 늘리고 고통을 감소시켜야 한다고 주장했다. 또 보통 선거, 비밀 투표 등을 주장하여 세계 각국의 법률에 큰 영향을 미쳤다. 공리주의 사상에 입각하여, 법률을 위시해서 사회과학의 전 분야에서 '최대 다수의 최대 행복'이라는 기준에 따라 역사적 · 전통적인 제도와 사상을 검토하고 구체적 개혁안을 제시했다. 이 선에 따라서 그는 영국의 판례법주의를 통렬히 비판하고 상세한 법전 편찬의 필요를 역설했다. 저서로는『정부소론(政府小論)』(1776),『입법론』(1803) 등이 있다(위키백과, 2024a).

존 스튜어트 밀(John Stuart Mill, 1806~1873)은 영국의 철학자이자 정치경제학자로서, 논리학 · 윤리학 · 정치학 · 사회평론 등에 걸쳐서 방대한 저술을 남겼다. 경험주의 인식론과 공리주의 윤리학 그리고 자유주의적 정치경제 사상을 바탕으로 현실 정치에도 적극적으로 참여하여 하원의원을 지내기도 했다. 그의 공리주의는 대부이자 스승이었던 벤담에게서 물려받은 것이지만, 여기에 생시몽주의와 낭만주의를 가미해서 나름의 체계로 발전시켰다. 『논리학 체계』, 『정치경제학원리』, 『자유론』 등 전 33권으로 이루어진 전집(『Collected Works of John Stuart Mill』, University of Toronto Press)이 있고, 그 밖에 동인도회사에서 일하면서 집필한 수많은 보고서를 남겼다(위키백과, 2024b).

(2) 윤리적 절대주의

윤리적 절대주의(ethical absolutism)는 윤리적 상대주의와는 달리, 보편적인 도덕법에 따라 행위의 옳고 그름을 판단한다. 여기서 보편적인 도덕법은 모든 상황에서 절대적으로 적용되고 무조건적으로 인정해야 하며 의심할 수 없는 확실한 것으로, 자연의 법칙이나 초자연적 절대자의 속성과 같이 시대와 장소를 초월하여 만인에게 보편타당한, 선천적으로 주어진 삶의 원리를 의미한다. 어떤 행위에 대해 상황이나 그 행위의 결과와는 상관없이 보편적인 도덕원칙에 따라 명료하게 옳고 그름을 판단해야 한다는 것이다. 이렇게 명료한 가치판단을 가질 때, 도덕적 권위가 확고해지면서 사회적으로도 질서가 확립될 수 있다고 본다.

윤리적 절대주의에 바탕을 둔 의무론적 윤리이론은 도덕적 규범에 근거하여, 의무를 다해야 한다고 본다(Reamer, 1999). 의무론적 윤리이론은 인간은 본래 선천적으로 옳은 속성을 가지고 있다는 성선설과 입장을 같이한다. 인간의 행동이 선하다는 것은 결과와는 상관없이 행동 자체가 선하기 때문이며, 인간이 선해야 하는 의무가 있기 때문이라는 것이다. 특정 행동으로 인해 어떤 결과를 얻게 되든지, 도덕적 규범에 따라 그 행동 자체가 옳고 그른지를 평가해야 한다. 사회복지실천 상황에서 사회복지사는 클라이언트에게 진실을 말할 의무가 있기 때문에 절대로 거짓을 말하면 안 된다. 클라이언트에게 진실을 숨김으로써 바람직하거나 긍정적인 결과가 나타나더라도, 사회복지실천 과정에서 사회복지사는 진실을 밝혀야 하는 전문가로서의 의무를 어겨서는 안 된다. 의무론적 윤리이론에 따르면, 사회복지사는 윤리적으로 실천하기 위해 클라이언트의 자기결정권 존중 또는 비밀보장과 같은 전문가로서의 실천 원칙을 반드시 지켜야 한다. 하지만 의무론적 윤리이론은 선악의 기준이 사회나 역사 속에서 달라질 수 있음에도 불구하고, 도덕의 사회성과 역사성을 부인하고 있다는 제한점을 갖는다.

표 1-2 윤리적 상대주의와 윤리적 절대주의

	윤리적 상대주의	윤리적 절대주의
개념	• 주관적으로 자신에게 유리하고 즐거운 것, 결과적으로 좋은 것이 윤리적임.	• 보편적인 도덕법에 따라 행위의 옳고 그름을 판단
관련 이론	• 목적론적 윤리이론: 행위로 인해 나타날 수 있는 결과가 선 또는 악이 더 산출되는지에 따라 옳고 그름을 판단 –쾌락주의 –공리주의	• 의무론적 윤리이론: 도덕적 규범에 근거하여, 의무를 다해야 함.

사례 1-1

'공화당 오바마' 진달의 선택 ...... 120만 뉴올리언스 구하려 1만 모건시티 희생

〈중앙일보〉 2011. 05. 16.

미시시피강 하류 대도시 · 정유시설 침수 막으려 물길 바꿔

보비 진달(Bobby Jindal, 40) 루이지애나(Louisiana) 주지사는 사상 최악의 홍수를 겪고 있는 미시시피(Mississippi) 강 지역의 피해를 최소화하기 위해 당국이 고육책을 총동원하고 있다고 밝혔다. 진달 주지사는 14일(현지 시간)부터 미시시피 강 하류 모간자 배수로의 수문을 38년 만에 개방한다고 밝혔다. 수문을 열지 않을 경우 홍수로 범람한 물이 루이지애나 주도인 배턴루지(Baton Rouge)와 뉴올리언스(New Orleans)를 덮칠 것으로 예상되기 때문이다. 이 지역에는 200만 명의 인구와 미 휘발유의 13%를 생산하는 11개 정유시설이 밀집해 있는데, 이곳이 침수될 경우 천문학적 피해가 예상된다. 특히 뉴올리언스는 2005년 허리케인 카트리나(Hurricane Katrina)가 덮쳐 폐허가 된 곳이다.

수로를 관리하는 미 육군 공병대는 이날 배수로의 수문 개방 후 빠져나간 초당 1만 7,000m^3의 물을 남서쪽 아차팔라야 강(Atchafalaya River) 쪽으로 돌리는 작업에 착수했다. 아차팔라야 강 주변의 침수 피해가 예상되지만 대도시가 침수되는 것보다는 피해 규모가 작을 것이란 판단에서다. 공병대는 이달 초에도 미시시피강 상류 일리노이주(Illinois State Capitol) 인구 밀집 도시인 카이로(Cairo)를 보호하기 위해 강둑 제방을 폭파시켜 농경지대로 물을 흘려보냈다.

수문 개방으로 모건시티(Morgan City), 후마(Huma) 등 아차팔라야 강 유역 도시에는 상당한 피해가 예상된다. 주 정부는 모간자 배수로 개방으로 1만 2,000km^2(서울의 약 20배)의 경작지가 침수되고 2만 5,000여 명의 주민이 피해를 볼 것으로 추산한다. 강 하구의 굴·대하 양식장도 민물이 대량

유입되어 피해를 보게 된다. 아차팔라야강 주변 마을인 크로츠 스프링스의 지역 경찰서에는 이날 내내 도로 폐쇄와 대피 경로 정보를 묻는 주민의 전화가 끊이지 않았다고 AP통신은 전했다.
〈이하 생략〉

〈사례 1-1〉에서 루이지애나 주지사는 윤리적 상대주의와 윤리적 절대주의 중 어느 이론을 바탕으로 결정을 내린 것인가? 각각 윤리적 상대주의와 윤리적 절대주의의 입장에서 루이지애나 주지사의 결정은 윤리적인가? 배수로의 수문을 개방하게 되면 2만 5,000명의 주민이 피해를 보게 될 것이다. 이 때문에 윤리적 절대주의자는 시민 개개인의 생명이나 재산은 소중하며 이를 지키도록 노력해야 한다며 이 대안에 반대할 수 있다. 특히 예상 피해지역에 있는 주민의 재산이 다른 지역의 주민의 재산보다 귀하지 않은 것이냐고 반발할 수 있다. 이는 평등의 원칙에 어긋나기 때문에 윤리적이지 않다는 것이다. 처한 상황과 상관없이 절대적인 윤리원칙을 절대적으로 지켜야 한다고 보는 것이다. 반면에 윤리적 상대주의자는 배수로의 수문을 개방했을 때의 결과와 개방하지 않았을 때의 결과를 면밀히 비교해 볼 것이다. 수문을 개방하는 것이 지역의 피해를 최소화하는 결정이라는 생각이 들면, 윤리적 상대주의자는 수문 개방에 동의할 것이다. 윤리적 상대주의 입장에서는 전 지역으로 피해가 가는 최악의 상황을 예방하는 것이 윤리원칙을 지키는 것보다 우선시되기 때문이다.

인물소개

존 롤즈(John Rawls, 1921~2002)는 주요 저서인 『정의론』(1971), 『공정으로서의 정의』(2001) 등에서 평등적 자유주의를 주장한 미국의 정치철학자 및 윤리철학자다. 프린스턴 대학교에서 1950년 윤리철학으로 박사학위를 받았으며, 프린스턴 대학교, 코넬 대학교, 매사추세츠 공과대학교에서 강의했으며, 마지막으로 하버드 대학교에서 정치 철학 교수를 지냈다. 하버드 대학교에서 제임스 코넌트 프로페서십과 크라이스트 처치에서 풀브라이트 펠로십을 획득하였으며, 1999년에는 샤크 상(Schock Prize)과 내셔널 휴머니티스 메달을 수상하였다.

롤즈는 『정의론』에서 '공정으로서의 정의'를 제언하였으며, "가장 합리적인 원리는 모든 사람이 공정한 지위에서 수용하고 동의하는 것이다."라는 주장을 바탕으로 '무지의 베일(veil of ignorance)' '원초적 위치(original position)' 등의 개념을 제시하였다(위키백과, 2024c).

마이클 샌델(Michael J. Sandel, 1953~)은 미국의 정치철학자로, 온라인 수강이 가능한 하버드 교육 강의 'Justice'로 널리 알려져 있다. 영국 옥스퍼드 대학교에서 박사학위를 얻었으며, 현재 미국 하버드 대학교의 교수로 재임 중이다. 존 롤즈(John Rawls)의 정의론을 비판하고, 사회적 연대와 시민적 덕목을 강조하는 『자유주의와 정의의 한계』(1982), 『정의란 무엇인가』(2009)를 발표하면서 세계적인 명성을 얻었다. 오늘날 대표적인 공동체주의자, 공화주의자이며 자유주의에 대한 비판가로 유명하다. 공화주의의 이념에 공동체적인 요소를 넣은 공동체주의적 공화주의라는 새로운 정치 이론을 제시하였으며, 선과 공공선을 중시하며 공동체의 부활을 주장하고 있다(위키백과, 2024d).

(3) 평등적 자유주의: 롤즈의 사회정의론

존 롤즈(John Rawls)는 공리주의를 비판하고, 로크나 루소와 같은 사회계약론적 전통에서 출발하여 사회구성원 간의 자발적 합의에 의한 정의의 원칙을 찾고자 하였다(전해정, 2013). 사회계약론에 따르면, 사회나 국가는 자연 상태의 개인이 맺는 계약을 통해 창출된다. 개인이 국가 및 사회를 위해 존재하는 것이 아니라 국가 및 사회가 개인을 위해 존재하며, 국가 및 사회는 개인들이 모여 구성한 인위적 집합체에 지나지 않는다고 본다.

롤즈는 고전적 사회계약론의 자연상태에 해당하는 원초적 입장(original position)에서, 정당한 절차와 만장일치의 합의를 통하여 선택되리라고 믿는 정의의 두 원칙을 다음과 같이 제시하였다(Rawls, 2003).

제1원칙 평등한 자유의 원칙: 자기의 자유를 위하여 타인의 자유를 침해할 수 없다. 정치적 영역에서 각 개인은 다른 모든 개인들이 함께 누리는 것이 가능한 한도 내에서, 완전히 적절한 평등한 기본적 자유의 체제에 대해 평등한 권리를 갖는다.

제2원칙 차등의 원칙: 사회적 · 경제적 불평등은 다음의 두 조건을 만족시켜야 한다.

- 사회적 · 경제적 불평등은 사회의 최소수혜자에게 최대의 이익이 제공되도록 한 경우에만 허용된다. 가장 불리한 처지에 있는 사람들의 여건을 개선함 없이는 보다 나은 처지에 있는 사람들의 이득을 허용할 수 없다(이강희, 2011).

−사회적 · 경제적 불평등은 공정한 기회균등의 조건 아래 모든 사람에게 개방된 직책과 직위에 결부되도록 배정되어야 한다. 모두에게 직책과 직위에 접근할 수 있도록 공정한 기회를 제공한다.

롤즈는 정의를 자유와 평등 간의 조화라 보고, 평등한 자유와 민주주의적 평등을 달성하고자 하였다(이강희, 2011). 롤즈 정의론의 제1원칙은 개인의 자유를 옹호하는 자유주의적 이념을 반영하며, 제2원칙인 차등의 원칙은 평등을 전제한다. 즉, 롤즈의 정의의 원칙은 자유와 평등의 조화를 바탕으로 하며, 평등적 자유주의적 정의관을 제시하고 있다.

롤즈의 사회정의론의 주요 개념으로는 '공정으로서의 정의(justice as fairness)'가 있다. 공정으로서의 정의는 합리적인 개인이 원초적 상태에서 질서 있는 사회를 구성하기 위해 자발적으로 합의한 원칙이며, 합의된 정의의 원칙에 따라 국가의 헌법과 법률을 구성한다. 정의란 사회 구성원들이 공정하게 합의한 원칙에 따라 자신의 권리와 의무를 인정하고 존중하는 것이다. 특히, 기본적 자유에 대한 평등한 권리는 가장 먼저 보장되어야 한다. 재산과 소득의 불평등 개선이 필요하지만, 이는 먼저 공정한 기회의 평등이 보장되는 한에서 이루어져야 한다.

또 다른 주요 개념으로는 '무지의 베일(veil of ignorance)'이 있다. 철학자 롤즈가 '최소 극대화'라는 정의의 원칙을 주장하면서 사용한 용어로, 계약 상황에서 합의 당사자의 능력 및 재능, 심리상태 및 가치관, 사회적 · 경제적 지위 따위를 모르게 하는 원리를 말한다. 롤즈는 모든 사람이 자기가 사회에서 어떤 지위를 차지할지 모르는 무지의 베일 뒤에 가려진 상태에 있다면 사람들은 모두 같은 입장에 있기 때문에, 아무도 사적인 이익을 내세우지 않고 공정한 원칙을 내세우게 되어 정의가 도출될 수 있다고 주장하였다. 이렇듯 사람들은 무지의 베일 뒤에서 자신의 소득이 최하위층으로 떨어지지 않을까 우려하기 때문에, 롤즈는 공공 정책을 '최소 극대화(Maximin)의 원칙'으로 세워야 한다고 보았다. 롤즈의 최소 극대화 원칙은 최악의 것 중에서 최선의 것을 선택한다는 원칙으로, 최선일 때에 큰 이점은 없다 할지라도 최악일 때 견딜 만한 결과를 가져오는 선택을 한다는 것이다. 즉, 무지의 베일 아래에서 자신의 입장과 이익이 어떤 사람인지 모르는 상태에서 정의의 원칙을 결정할 때, 개인은 자신이 사회 내의 가장 불리한 집단에 속할 수 있다고 가정하기 때문에, 가장 불리한 사람들의 입장에서 생각하고, 그들의 편익을 최대한 보호하는 선택을 하게 된다. 최소 극대화의 원칙은 개인과 기관이 사회 내에서 자원과 기회를 분배하는 방법에 대한 결정을 내려야 할 때, 이러한 결정은 사회에서 가장 혜택을 받지 못하는 구성원, 즉 사회의 최소 수혜자의 복지를 극대화하고 최우선으로 하는 방식으로 이루어져야 한다는 원칙이다. 그리고 공공정책의 목표는 사회경제적 약자의 복지를 증가시키는 것으로 삼아야 한다는 것이다.

(4) 공동체주의

공동체주의는 개인과 공동체 사이의 연계성을 강조하는 이론으로, 개인의 인격이나 사회적 정체성이 공동체와의 관계 속에서 형성된다는 견해다. 공동체는 개인이 소속된 가족을 포함하여, 특정 지역에서 공통의 문화와 역사적 경험을 공유하는 사회적 단위를 말한다. 개인의 정체성은 공동체의 전통과 문화 속에서 형성되기 때문에, 공동체를 벗어난 개인이란 존재할 수 없으며, 그런 개인을 상정하는 것은 비현실적인 것으로 간주한다. 공동체주의는 공동체적 가치와 연대성을 강조하며, 국가와 사회는 시민들의 공동체적 전통과 가치를 받아들이고 이를 발전시키는 역할을 한다고 본다. 공동체주의를 바탕으로 하는 공화주의는 개인주의적 자유주의에 대비되는 개념으로, 개인이 사적으로 누려야 할 권리의 확보보다는 시민으로서 갖추어야 할 덕(德)의 고양을 강조한다. 자유는 자치를 요구하고, 자치는 다시 시민의 덕에 의존한다는 것이다. 즉, 시민들이 덕을 가져야만 자치가 가능하다고 보았다. 공동체주의를 대표하는 철학자로는 마이클 샌델이 있다.

샌델은 시민적 공화주의를 제시하였는데, 그 핵심은 덕을 가진 개인의 적극적인 자치 참여가 필요하며, 국가는 덕이 있는 시민을 육성하기 위해 적극적인 역할을 해야 한다는 것이다(오정수, 유채영, 김기덕, 홍백의, 황보람, 2022). 샌델에 따르면, 개인은 공동체의 구체적인 역사적 상황과 사회적 배경에 영향을 받는 연고적 자아라 할 수 있다. 개인은 태어났을 때부터 소속되어 있는 공동체의 가치에 종속되어 옳고 그름을 판단한다는 것이다(Sandel, 2010a). 개인을 공동체의 공공선에 맞춰 자신의 삶을 꾸려 나가는, 즉 공동체의 영향을 받는 연고적 자아로 전제하였다(Sandel, 2010b). 개인이 어떠한 이유로 공동체에 소속될 때, 이미 공동체는 개인에 앞서 존재하는 공동의 목적, 즉 공공선(common good)을 제시한다. 공공선 또는 공동선은 개인을 포함해 사회 혹은 공동체 전체를 위한 선을 일컫는다. 공공선이 개인보다 먼저 존재하기 때문에 공공선을 개인 스스로 만들어 가기 보다는, 개인은 자신이 소속된 공동체의 영향을 받으며 공동체의 공공선을 수용하고 공공선의 범위 안에서 자신의 삶을 꾸려 나가는 '자치의 자유'를 가진 서사적인 존재라는 것이다(유태한, 2019). 공동체의 공공선을 통해 사회구성원인 개인이 정체성을 확립하게 되고, 정체성을 기반으로 개인은 규범적 판단을 내리게 되므로(Sandel, 1982), 공공선은 인간의 행동 동기를 이해하는 데 중요한 요인이라 할 수 있다. 따라서 개인의 행동 동기를 이해하기 위해서는 개인을 넘어 공동체의 특성과 그 공동체 안에서 맺어지는 다양한 관계를 이해할 때 가능하다(유태한, 2019).

샌델은 사회적 문제는 사회 내 공유되는 공공선에 의해 구분되어진 각 영역을 침해함으로써 발생한다고 보았으며, 제도 등을 통해 각 영역의 구분을 분명히 하는 미덕, 봉사와 같은 공공선에 부합되는 행위를 권장함으로써 사회문제를 완화할 수 있다고 주장하였다(Sandel, 2010b). 샌델에 따르면, 자신에게 이득이 없거나 오히려 손해를 볼 수 있음에도 불구하고, 사회구성원은 공동체에서 공유되는 미덕과 연대의식에 기반한 도덕적 책임을 바탕으로 자원을 재분배하는 제도, 즉 사회복지 제도에 동의한다고 보았다(Sandel, 2010b). 이렇게 개인은 공동체의 역사적 · 사회적 상황을 공유함으로써 소속감을 느끼며, 이를 바탕으로 한 연대의식과 도덕적 책임으로 인하여 사회복지제도를 수용하고 협력하게 되는 것이다. 샌델은 사회복지제도를 통해 사회구성원이 도덕의식을 되찾고 사회의 덕목과 공공선을 회복함으로써 불평등 문제와 같은 사회문제를 완화할 수 있다고 보았다(Sandel, 2012). 즉, 사회복지라는 수단을 통해 시민적 미덕(civic virtue)과 사회적 연대를 회복함으로써 공동체의 기능 유지 및 회복이 이루어질 수 있다는 것이다(Sandel, 1982).

마이클 샌델의 시민적 공화주의에 따르면, 정치가 시민성을 형성하는 데 기여해야 하며, 올바른 정치는 시민성을 기르는 '형성적(formative) 정치'여야 한다(신중섭, 2016). 개인의 자유는 자치에 참여하는 것이며, 자치에 참여함으로써 다른 사회구성원들과 공공선에 대해 숙고하고 공동체로서의 운명을 형성하는 데 밑바탕이 될 수 있다. 시민적 공화주의는 국가는 시민의 덕을 양성하기 위해 적극적인 역할을 하여야 한다고 주장하였는데, 특히 사회구성원으로서 도덕적 책임과 의무인 공동체적 연대의 의무를 강조하였다.

2. 사회복지실천에서의 가치와 윤리

1) 사회복지실천 가치

사회복지는 특정 가치의 중요성을 강조하고, 이 가치가 사회에서 실현되기 위한 여러 활동을 말한다(박광준, 2002). 가치가 내재되어 있는 활동을 한다는 점에서 사회복지전문직의 가치는 사회복지실천이나 정책에서 매우 중요하다. 사회복지사의 가치는 특정 클라이언트를 자신의 클라이언트로 받아들일 수 있을 것인가부터 시작하여, 사회복지사와 함께 일하는 클라이언트, 동료 그리고 넓은 사회 속에서 함께 일하는 다양한 사회구성원과의 관계에 영향을 미치게 된다(Hamilton, 1940). 가치는 관계뿐만이 아니라, 사회복지정책의 방향 결정에서부터 사회복지실천을 하는 데 사회복지사들의 중재내용이나 개입방법의 결정, 클라이언트를 바라보는 관점까지 다양한 사회복지활동의 중요한 역할을 하게 된다. 특히 윤리적 딜레마에 빠진 상황을 해결하는 데 사회복지실천의 가치는 핵심 역할을 한다.

사회복지실천의 본질적인 가치로는 인간의 존엄성과 배분적인 사회정의를 들 수 있다(박광준, 2002). 먼저 인간 존엄성의 가치는 사회복지의 가장 기본적인 가치로서, 인간을 존엄한 존재로 본다. 신분이나 직업, 경제 상태나 신체적 조건, 사상, 출신지역이나 민족, 피부색, 성별, 연령 등을 이유로 차별하거나 차별받거나 인간의 존엄성이 훼손되어서는 안 된다는 것이 이 가치의 핵심이다. 인간 존엄성의 가치는 편견과 차별이 없는 사회를 만들기 위한 사회복지실천의 근거가 된다. 이 가치를 바탕으로, 사회복지사는 모든 인간을 가치가 있는 존재로 인정하고 인간다운 생활을 할 수 있는 '최저 수준의 생활'을 보장하기 위해 사회복지 서비스, 사회복지정책 및 사회보장제도를 통해 노력하게 되는 것이다. 인간 존엄성의 가치는 사회복지실천에서의 자기결정권, 클라이언트의 개별화, 비밀보장 등의 수단적 가치에도 영향을 미친다.

두 번째 배분적인 사회정의는 사회적 공평이라고도 할 수 있는데, 사회적 연대감 및 공동체 의식에 기초하여 사회의 책임성과 참여를 중시하는 가치다. 개인의 문제는 사회적 자원의 부족이나 사회 환경체계의 문제에서 발생하는 것이기 때문에 사회적 자원이 개인의 경제적 능력 여하에 따라 배분되는 것보다는 필요한 정도에 따라 배분되는 것이 보다 바람직하다는 가치다. 한 개인이 인간다운 생활을 영위하거나 개인의 발전을 이루

기 위해서는 최소한의 사회적 자원이 필요하다. 따라서 개인 능력에 차이가 있어도 개인마다 공평하게 자원이 분배되어야 한다. 이 가치를 바탕으로 사회복지사는 모든 사람이 기본적인 사회자원을 배분받도록 사회복지실천을 행하고, 사회적 불의에 맞서 사회적 정의가 이루어지도록 노력해야 한다. 또한 사회복지정책은 배분적인 사회적 의의 가치를 근간으로 하여 고소득자에게서 저소득자에게로 소득분배가 되는 수직적 재분배나, 위험에 처하지 않은 집단의 소득이 위험에 처한 집단에게 재분배되는 수평적 재분배가 이루어지도록 하는 기능도 갖고 있다.

한국 사회복지사 윤리강령(2023)에서는 핵심 가치를 인간 존엄성과 사회정의로 규정하고 있다. 첫 번째 핵심 가치인 인간 존엄성을 바탕으로, 사회복지사는 인간의 존엄성과 가치를 인정하고 존중한다는 윤리적 원칙이 제시된다. 인간 존엄성의 가치에 대한 세부적인 윤리적 원칙은 다음과 같다.

- 사회복지사는 개인적 · 사회적 · 문화적 · 정치적 · 종교적 다양성을 고려하며 개인의 인권을 보호하고 존중한다.
- 사회복지사는 클라이언트의 자율성을 존중하고, 자기결정을 지원한다.
- 사회복지사는 클라이언트가 역량을 강화하고, 자신과 환경을 변화시킬 수 있도록 지원한다.
- 사회복지사는 사회복지실천 과정에서 클라이언트의 개입과 참여를 보장한다.

두 번째 핵심 가치인 사회정의를 바탕으로, 사회복지사는 사회정의 실현을 위해 앞장선다는 윤리적 원칙이 제시된다. 사회정의에 대한 세부적인 윤리적 원칙은 다음과 같다.

- 사회복지사는 개인적 · 집단적 · 사회적 · 문화적 · 정치적 · 종교적 차별에 도전하여 사회정의를 촉진한다.
- 사회복지사는 개인, 가족, 집단, 지역사회의 다양성을 존중하는 포용적 지역사회를 만들기 위해 노력한다.
- 사회복지사는 부적절하고 억압적이며 불공정한 사회제도와 관행을 변화시키기 위해 사회의 다양한 구성원들과 협력한다.
- 사회복지사는 포용적이고 책임 있는 사회를 만들어 가기 위해 연대 활동을 한다.

이외에도 인간의 자율성, 기회의 균등성, 사회적 책임성(Friedlander, 1958), 사회적 효과(박광준, 2002), 다양성 존중, 자기결정권, 비밀보장, 사생활보장, 적절한 자원과 서비스 제공, 역량강화(NASW, 1996) 등이 사회복지실천의 기본가치로 제시되고 있다.

2) 사회복지실천윤리

사회복지실천 과정의 모든 결정에는 윤리적 측면이 있다. 사회복지사에게 클라이언트는 누구인가? 한 개인인가? 한 개인이 속한 가족, 집단 혹은 지역사회인가? 클라이언트에 대한 사회복지사로서의 의무는 무엇이며, 클라이언트 외의 사람들에 대한 의무는 무엇인가? 전문직으로서의 가치와 개인적 가치, 사회적 가치가 서로 일치하는가? 가치가 상충될 때, 어떤 가치를 우선으로 해야 할 것인가? 주어진 상황에서 윤리적으로 올바른 일은 무엇인가? 어떻게 해야 비윤리적인 행동을 피할 수 있는가? 사회복지사는 전문가로서 사회복지실천 상황에서 초래되는 다양한 윤리적 문제와 직면하게 된다. 이때 사회복지사는 윤리적 측면을 정확히 이해하는 지식과 기술(Loewenberg & Dolgoff, 1982)뿐만 아니라, 윤리적 갈등을 이해하고 이에 대처하는 능력도 필요하다. 특히 과학과 기술이 발전하면서 이전에는 생각지도 못했던 윤리적 문제와 이에 따른 클라이언트의 다양한 욕구가 생겨나게 되었다. 사회복지사는 인공수정, 안락사, 인터넷상에서의 비밀보장의 문제 등과 같은 새로운 윤리적 갈등 상황에 처하게 되면서 이를 대처하기 위한 윤리지침이 필요하게 되었다.

실천 현장에서 경험하는 수많은 윤리적 딜레마에 대해 올바른 윤리적 의사결정을 내리기 위해서는 사회복지실천윤리가 필수적이다. 사회복지실천윤리는 사회복지전문가의 가치관과 클라이언트, 동료 전문가 등 다른 사람들의 가치관이 어떻게 다른지 체계적으로 확인할 수 있도록 도와주며, 윤리적 딜레마에 대한 사전 대비를 가능하게 한다(Reamer, 1998). 뿐만 아니라, 서로 다른 가치가 상충되는 상황에서는 어느 가치를 우위에 두어야 하는지를 알려 주며, 가치 간의 관계정립을 하는 데도 도움이 된다. 사회복지실천윤리는 현행 사회복지에서 중점을 두는 가치가 정당한지를 점검하게 하고 시대에 맞는 가치를 정립할 수 있게 한다. 사회복지실천 방법을 개발하고 사회복지전문가의 능력을 발전시키기 위해서도 사회복지실천윤리가 필요하다(Reamer, 1998). 즉, 사회복지실천윤리는 사회복지사가 윤리적 쟁점에 대해 올바른 판단을 내릴 수 있도록 하는 체계적인 준거틀(Levy, 1973)이라 할 수 있다.

3. 사회복지실천에서의 가치 갈등

한 개인은 한 가지 가치만을 갖고 있지 않으며, 개인적 가치, 사회적 가치, 전문가의 가치, 문화적 가치, 종교적 가치 등 여러 가치를 가진다. 같은 상황에서도 서로 다른 가치에 따라, 전혀 상이한 결정을 내릴 수 있으며, 결정을 내리는 과정 속에서 가치 간에 갈등을 빚는 경우도 있다. 개인적 가치는 자신이 속한 가족, 문화, 종교, 사회의 가치에서 비롯되는 것으로, 각 개인의 환경에 따라 다르게 형성될 수 있다. 예를 들어, 게이, 레즈비언이 자신의 성 정체성을 바꾸려고 노력하면 변화 가능하다고 보는 가치 또는 성 정체성은 타고난 것이므로 바꿀 수 없다는 가치는 문화·종교적 가치에 강한 영향을 받고 달라질 수 있다. 이와 같은 성 정체성에 대한 개인의 가치는 사회적 가치에 큰 영향을 받는다. 사회적 가치는 사회의 일반화된 정서적 공감대를 반영하며, 개인적 가치에 영향을 미치고 시대의 변화에 따라 변화한다. 게이, 레즈비언, 트랜스젠더에 대한 사회적 인식과 가치는 40여 년 전과 비교했을 때 큰 변화가 있다. 이와 같은 사회적 가치는 역사적으로 형성되며, 경험에서 비롯된다고 할 수 있다.

사회복지실천 과정에서 사회복지사는 개인적 가치, 사회적 가치 외에도 전문가의 가치에 영향을 받는다. 전문가의 가치는 사회복지전문가로서의 실천 활동과 관련되어 요구되는 가치다. 전문적 가치를 통해 다른 전문직과 차별화된 사회복지사로서의 자기정체성을 확보할 수 있으며, 전문직으로서의 책임과 의무 여부를 평가할 수 있는 근거가 마련된다. 사회복지사는 개인적 가치와 전문가의 가치 간에 충돌이 있을 경우, 전문가로서의 실천 활동에 윤리적 갈등이 생길 수 있다. 예를 들어, 사회복지사는 자신의 성 정체성에 의문을 갖고 있는 클라이언트를 대할 때 개인적 가치로는 게이나 레즈비언에 대한 부정적인 인식을 갖고 있을 수 있다. 하지만 사회복지전문가의 가치로서는 클라이언트의 다양성을 인정하고, 클라이언트 스스로 자신의 성 정체성을 결정할 수 있도록 자기결정권을 존중해 주어야 한다. 이와 같이 전문가의 가치, 개인적 가치 혹은 클라이언트의 가치 등이 일치하지 않을 때 다양한 윤리적 딜레마가 나타날 수 있으며, 이를 해결하기 위해 윤리적 결정을 내려야 하는 필요성이 생기게 된다.

사회복지사는 자신의 개인적 가치와 클라이언트의 문화·종교적 가치 또는 윤리적·도덕적 신념 사이에서 갈등이 있을 수 있다는 가능성을 인식하고 있어야 한다. 사회복지사가 중요하게 생각하는 가치를 클라이언트가 중시하지 않거나, 그 반대의 상황이 일어날 수도 있기 때문이다. 사회복지사는 윤리적 갈등 상황에서 클라이언트의 가치를 존중함과 동시에, 윤리적인 사회복지실천을 행하는 데 필요한 윤리적 의사결정을 어떻게 내릴 수 있는가에 대해 생각해 볼 필요가 있다.

〈사례 1-2〉에서 낙태에 관련된 사회복지사의 개인적 가치, 전문가로서의 가치, 클라이언트인 미연이와 어머니의 가치가 모두 다름을 알 수 있다. 그렇다면 각각의 가치는 결정과정과 결정방법에 어떻게 영향을 미치게 될까? 과연 사회복지사가 가치중립을 지키는 것이 가능할까? 그리고 사회복지사의 개인적 가치가 클라이언트에게 영향을 주지 않도록 하는 것이 가능할까?

사회복지사는 자신과 유사한 가치나 신념을 가진 클라이언트를 만나기도 하지만, 상이하게 다른 가치체계를 가진 클라이언트와 함께 일을 하기도 한다. 이때 사회복지사는 자기 자신의 가치에 따라 클라이언트의 가치나 신념을 비판해서는 안 된다. 사회복지사는 클라이언트의 행위나 가치관에 대해서도 비심판적인 태도를 보여야 하며, 있는 그대로의 클라이언트를 수용하고 상호작용하는 것이 필요하다. 사회복지사의 편견이나 선입관은 클라이언트를 수용하는 데 있어 방해가 될 수 있기 때문에 사회복지사는 클라이언트의 가치관이 자신의 가치관과 현저히 다르다고 해도 클라이언트의 가치관을 인정하고 허용할 수 있어야 한다. 또한 상황에 따라 사회복지사 자신의 솔직한 관점을 내보이고 클라이언트에게 사회복지사의 생각을 적절히 표현함으로써 클라이언트에게 조언자로서의 역할을 해 줄 수도 있다. 하지만 사회복지사는 클라이언트에게 자신의 가치관을 수용하도록 요구해서는 안 되며, 클라이언트의 눈높이에 맞추어 클라이언트의 가치관을 수용할 수 있어야 한다.

사례 1-2

김 선생은 청소년상담센터에 근무하는 사회복지사다. 최근 17세의 여자 고등학생인 미연이와 미연이의 어머니를 담당하게 되었다. 김 선생은 지난해에 미연이가 남자친구에 대한 의견 차이로 어머니와 여러 차례 다툼이 있었다는 것을 알고 있다. 당시 미연이의 남자친구는 고등학교를 중퇴하고 주유소에서 숙박을 해결하며 일하는 상황이었고, 미연이는 남자친구와 가까워지면서 학교 성적이 갑자기 떨어졌다. 그러다가 미연이가 임신을 하게 되면서 가족 간의 갈등은 더 심해졌고, 이러한 위기 상황에서 가족치료가 필요하게 되었다. 미연이는 학교를 중퇴한 후, 남자친구와 거처를 마련하고 그곳에서 아이를 출산하기를 원했다. 그리고 18세가 되는 내년에 결혼할 계획이라고 했다. 미연이의 어머니는 매우 보수적인 가치관을 가진 분으로, 독실한 가톨릭 교인이었다. 그래서 평소 혼전임신이나 낙태가 바람직한 일이 아니라고 생각해 왔다. 그럼에도 불구하고, 어머니는 미연이가 학업을 지속하고 남자친구와의 관계를 끊기 위해서는 낙태밖에 방법이 없다고 생각했다. 어머니는 미연이가 결혼을 하기에는 너무 어린 나이이고, 반드시 학업을 지속해야 한다고 보았다. 하지만 종교적인 가치관에 따라 낙태에 대해서는 다소 불편한 감정을 갖고 있다. 미연이는 자신의 가족에 대한 관계보다는 남자친구와 아이를 낳는 일이 가장 가치 있는 일이라 생각하고 있다. 사회복지사 김 선생은 자신도 지난 5년 동안 임신을 위해 병원 등에서 진료를 받으며 노력해 왔고, 평소에 낙태는 절대로 허용할 수 없는 일이라고 생각해 왔다. 김 선생은 사회복지사로서 십대인 클라이언트의 자기결정권을 존중해야 할 것인지, 아니면 이 결정이 해가 될 수 있으므로 보호자인 어머니의 결정에 따라야 할지가 고민이다.

그렇다면 사회복지사가 자신과 유사한 가치를 갖고 있는 클라이언트만을 만나는 것이 서비스 제공이나 관계형성에 있어서 더 좋은 것인가? 유사한 가치, 신념, 경험 등을 갖고 있는 사회복지사는 클라이언트를 이해하는 데 좀 더 도움이 될 수 있다. 그러나 현실적으로 유사한 가치를 갖고 있는 사회복지사와 클라이언트가 같이 일하게 될 수 있는 확률은 매우 낮다. 많은 경우, 사회복지사는 자신은 겪어 보지 못했던 다양한 인생의 경험, 신념 및 가치를 가진 클라이언트와 함께 일하게 된다. 사회복지사는 클라이언트의 독특한 자질을 인정하고 이해하며, 클라이언트를 있는 그대로 수용할 수 있는 능력을 필수적으로 갖고 있어야 한다. 그렇다고 사회복지사가 클라이언트의 가치체계와 유사성이 있어야 할 필요는 없다. 오히려 클라이언트와 다른 가치체계 때문에 클라이언트가 처한 상황과 문제를 다른 관점으로 분석하고 이해할 수 있다는 점에서 이점이라고 할 수 있다.

사회복지사와 클라이언트 간에 도저히 좁힐 수 없는 가치 갈등이 있고, 이 갈등이 전문적 관계나 효과적인 사회복지실천에도 영향을 미친다면, 가치 갈등에 대해 다시 생각해 봐야 할 것이다. 사회복지사는 우선적으로 클라이언트와의 가치 갈등을 풀어 나갈 수 있을 것인지에 대해 생각해 보아야 한다. 클라이언트와의 가치 갈등을 풀어 나갈 자신이 있다면 자신이 그 사례를 직접 담당하면 되지만, 그렇지 않다면 사회복지사는 슈퍼바이저 및 동료 사회복지사와의 충분한 논의 후에 다른 전문가에게 그 클라이언트를 의뢰해야 한다. 다른 전문가에게 자신이 담당하고 있는 클라이언트를 의뢰하는 것은 책임 회피가 아니라 사회복지사 자신이 해결할 수 없는 일에 대한 도움을 다른 곳에서 구하는 것이므로 사회복지사의 클라이언트에 대한 윤리적 의무라고 할 수 있다. 그러기 위해서는 우선 사회복지사가 자신의 가치체계와 신념이 클라이언트와 어떻게 다른지를 분석하고 이해하는 자기인식의 과정을 필수적으로 이행해야 한다.

4. 사회복지실천윤리의 발달과정

사회복지실천에서 가치와 윤리에 대한 논의는 사회복지를 전문직으로 발전시키고자 했던 20세기 초반에서부터 그 기원을 찾을 수 있다. 이에 대한 본격적인 논의는 1970년대에 와서야 이루어졌다. 리머(Reamer, 1998)는 사회복지실천 가치와 윤리의 발달과정을 도덕성의 시기, 가치탐구의 시기, 윤리이론과 의사결정의 시기, 윤리적 기준과 위기관리의 시기로 크게 네 시기로 나누고 있다.

1) 도덕성의 시기

도덕성의 시기는 전문적 사회복지실천이 태동하기 시작한 20세기 후반을 말한다. 미국의 자선조직협회(Charity Organization Society)가 활동하던 시기로, 이때는 클라이언트의 문제나 어려움을 도덕성의 결함으로 보았으며, 클라이언트 개인의 도덕성을 교화시켜 가난에서 벗어날 수 있도록 돕는 역할을 강조하는 간섭적 온정주의가 바탕이 되었다. 이 시기의 사회복지실천은 클라이언트의 기본적 권리나 존엄성에 대한 가치는 고려하지 못했으나, 빈곤한 사람들에 대한 조직화된 구제활동과 빈곤문제에 대한 대응방안, 사회복지실천의 전문성을 강조하기 시작했다.

그러나 인보관운동이 시작되면서 사회복지실천의 가치는 도덕성에서 사회정의로 변화되어 가기 시작했다. 빈곤한 사람의 도덕성을 강조했던 것과는 달리, 주택, 건강, 위생, 교육, 고용, 빈곤과 관련된 광범위한 사회문제를 개선하기 위한 법률적이고 제도적인 개입의 필요성 확대 등 사회제도의 형성을 강조하는 개혁적인 실천이 강조되었다. 가난, 실직, 범죄와 같은 문제는 자본의 결핍, 인종차별, 다양한 억압을 경험하면서 개인적 요인이 아닌 문화 혹은 사회의 산물로 생기는 것이라는 사회구조적 관점에서 사회복지실천을 수행했다. 이 시기에는 전문가의 도덕성이 사회복지실천에서 강조되었으며, 사회복지실천의 실천전략, 개입방안, 실천기술 및 전문가에 대한 교육내용과 훈련 프로그램 마련에 대한 필요성이 대두되었다.

2) 가치탐구의 시기

가치탐구의 시기는 1940년대 후반 또는 1950년대 초반에 사회복지전문직의 가치와 윤리에 대해 본격적으로 관심이 집중되면서 시작되었다. 클라이언트의 도덕성에 관심을 가졌던 이전과는 달리, 전문가 및 실천가로서 사회복지사의 도덕성과 가치 그리고 윤리실천에 관심이 증가했다. 전문가의 가치에 바탕을 두고 윤리적인 사회복지실천을 행할 수 있도록 하는 지침 작성의 필요성이 대두되었다. 이에 대한 논의 끝에 1947년 미국 사회복지사협회(American Association of Social Workers)의 대표자회의에서 클라이언트의 존엄성과 인권, 다양성 존중, 자기결정권, 자율성, 존경, 사회정의와 인간의 평등, 개별화 등에 초점을 맞춘 사회복지사 윤리강령(Code of Ethic)이 채택되었다. 그러나 이 윤리강령을 발표한 미국 사회복지사협회가 전국의 사회복지사를 대표하는 통일된 조직이 아니었으므로 공식적 윤리강령으로 인정받지는 못했다.

1960년대에는 사회적 평등, 인권, 복지권, 차별, 억압 등의 사회정의 가치에 대한 관심이 급증했다. 사회복지실천과 교육에서도 이러한 사회정의와 인간의 권리에 대한 가치가 반영되어, 인간의 권리, 사회적 평등, 수혜가 아닌 권리로서의 사회복지와 서비스 이용, 차별과 사회적인 억압문제에 대한 사회복지실천의 대응을 강조하게 된다. 이러한 사회복지실천 가치와 윤리에 대한 관심을 바탕으로, 1960년 전미사회복지사협회(National Association of Social Workers: NASW)는 첫 윤리강령을 공식적으로 채택했다. 이 윤리강령은 이전의 윤리강령과는 달리, 미국의 사회복지사를 대표하는 통합된 단일조직에서 최초로 공포했다는 점에서 의미를 가진다. 1976년에는 레비(Levy)의 『사회사업 윤리학(Social Work Ethics)』이 출간되면서 사회복지실천의 전문가 윤리와 가치 기준에 대한 개념적 정의가 내려지게 된다.

3) 윤리이론과 의사결정의 시기

1980년대 초부터 윤리적 원칙, 개념, 이론을 사회복지사가 사회복지실천 현장에서 겪는 갈등에 적용하려는 시도가 나타나기 시작했다. 이제까지는 추상적인 윤리적 용어, 난해한 윤리적 이론 및 개념에 대한 논쟁이 대다수였다는 점에서 큰 변화라고 할 수 있다.

1960년대에 있었던 복지권, 수형자의 권리, 환자의 권리, 인권 그리고 차별 철폐 조처에 대한 윤리적 논쟁은 이 시기가 도래하는 시발점이 되었다. 1970년대 미국의 워터게이트 사건(Watergate Affair)과 같은 정부와 전문가의 부도덕적 스캔들이 일어나면서 비윤리적 전문가의 가치와 윤리적인 문제에 대한 대중의 관심이 생기기 시작했다. 이외에도 의학기술의 발전으로 인해 고려해야 할 다양한 윤리적 문제, 클라이언트의 권리에 대한 윤리적인 고민, 비밀보장과 사생활보호에 관련된 문제, 비윤리적인 사회복지전문가의 실천 활동, 사회복지 가치와 윤리에 관한 교육의 필요성 등에 대한 고민이 대두되었다. 이러한 상황에서 1980년대 윤리철학, 윤리이론, 개념과 원칙에 대한 분석을 바탕으로 사회복지실천에서의 윤리적 문제를 해결하려는 움직임이 시작되었다. 로웬버그와 돌고프(Loewenberg & Dolgoff, 1982), 리머(Reamer, 1982) 그리고 로즈(Rhodes, 1986)는 윤리이론을 바탕으로 비밀보장, 클라이언트의 자기결정권, 고지된 동의, 온정주의, 진실을 말할 의무, 한정된 자원의 배분의 문제, 동료 사회복지사의 비윤리적 행동 등 사회복지실천에서의 윤리적 문제에 대한 해결방안을 찾으려고 노력했다.

그 결과로 윤리적 의사결정이 어려운 상황에서 사회복지사가 밟아야 하는 단계와 고려사항을 다음과 같이 합의할 수 있었다. 첫째, 사회복지사는 상충되는 가치 및 윤리적 의무에 초점을 맞추고, 영향을 받을 개인·집단·기관을 고려하여 가능한 대안을 생각해 본다. 둘째, 관련된 사회복지실천 이론과 원칙, 윤리적 이론 및 지침, 법, 윤리강령이 무엇이 있는지 찾아본다. 셋째, 관련된 개인적 가치를 검토하고, 동료와 전문가에게 자문을 구한다. 마지막으로 윤리적 의사결정을 감독·평가하고 기록화한다.

4) 윤리적 기준과 위기관리의 시기

이 시기는 사회복지실천의 윤리적 지침과 기준을 획기적으로 확대시킨 전미사회복지사협회의 사회복지사 윤리강령이 1996년에 새로이 비준된 이후부터 현재까지를 말한다. 사회복지사 윤리강령은 비밀보장의 제한, 과학기술의 발전으로 인한 비밀보장과 관련된 윤리적 문제, 가족·집단 활동에서의 비밀보장, 보호관리, 문화의 다양성에 대한 이해능력, 이중관계, 성적인 관계·신체접촉·성희롱의 문제, 비윤리적이고 무능력한 동료 사회복지사의 문제, 사회복지사의 교육과 훈련 등과 같은 윤리적 문제를 반영했다. 또한 사회복지사가 다양한 분야의 전문가와 교류하며 협동하여 일하는 경우가 많아지면서, 다른 전문직과 조화롭게 일하면서 사회복지실천 가치와 윤리를 지켜 나가는 것에 대한 논의도 포함하고 있다.

사회복지사 윤리강령을 통해 사회복지실천에 적용할 수 있는 상세하고 통합적인 윤리적 기준이 확립되었지만, 아직은 사회복지윤리 문제에 관련한 위기관리가 필요한 시기다. 현재 의료 및 기술의 발전으로 인해 새로운 윤리적 문제가 대두되고 있으며, 사회복지사는 이러한 윤리적 위기에 대처할 수 있도록 준비해야 한다. 특히 학생이나 사회복지현장에 있는 사회복지사를 대상으로, 윤리적 갈등 상황에 대처할 수 있는 윤리적 기준 등에 대한 교육의 필요성이 강조되고 있다.

5. 윤리적 민감성

사회복지사는 사람을 대상으로 서비스를 제공하며 개인의 존엄성과 사회정의 등의 가치 실현을 목적으로 하는 전문직으로, 매우 높은 윤리의식이 요구된다. 사회복지사들은 전문가로서 실천하는 과정에서 윤리적으로 행동해야 하며, 전문적 실천 과정에서 윤리적 민감성도 높이기 위해 노력해야 한다(한국사회복지사협회, 2023). 사회복지사는 실천과정에서 윤리적 강등상황에 처했을 때 이를 인식하고 윤리적인 이슈와 갈등을 적절하게 해석할 수 있으며, 적절한 윤리적 결정을 내릴 수 있는 윤리적 민감성을 지녀야 한다.

레스트(Rest, 1983)는 윤리적 민감성(ethical sensitivity)이라는 개념을 처음으로 사용하면서, 특정 상황에서 윤리에 관한 이슈를 지각 및 규명하고 이를 윤리적 의사결정 과정에서 다양하게 고려할 수 있는 능력으로 정의내렸다. 라보인(Rabouin, 1996)에 따르면, 윤리적 민감성은 윤리적 문제를 인식하고 그 상황을 해석하여 어떤 실천적 대안이 가능한지를 선택하는 과정으로 보았다. 즉, 윤리적 민감성은 윤리적 갈등 상황에서 사회복지사의 의사결정 과정이자 능력 그리고 기술이라 할 수 있다(주석진, 조성심, 2012).

윤리적 민감성이 부족하다면, 실천과정에서 내포된 가치 갈등이나 윤리적 이슈가 존재하는지를 파악하지 못하므로 그 이후의 실천과정에서 적절한 윤리적 결정을 내리기란 어려울 수 있다. 그러므로 사회복지사에게 윤리적 민감성은 윤리적 의사결정을 내리는 데 있어서 매우 중요한 핵심 자질이다.

다음 사례들은 최명민(2008)의 연구에서 윤리적 민감성 검사도구로 개발된 척도의 사례들이다. 다음의 사례들에 어떤 윤리적 이슈들이 포함되어 있는지 살펴봄으로써, 자신의 윤리적 민감성을 성찰해 볼 수 있다.

표 1-3 사회복지사 윤리적 민감성 검사도구(SWEST; 최명민, 2008)에 포함된 윤리적 사례

〈사례 1〉 클라이언트의 자기결정 및 비밀보장에 관한 이슈

모 방송국으로부터 C알코올상담센터에 '알코올중독에서 회복된 사람들에 대한 방송 다큐멘터리 프로그램'의 촬영섭외가 들어왔다. 방송국에서는 알코올중독으로부터 회복되는 과정과 결과를 보여 주기 위해 회복된 회원들뿐 아니라 그 가족들을 모자이크나 음성변조 없이 그대로 촬영하기를 희망한다.

귀하께서 C기관의 사회복지사라면 이 상황에서 어떤 문제나 측면들을 고려해야 한다고 생각하십니까?

〈사례 2〉 이중관계의 이슈

B는 아동상담 담당 사회복지사다. 어느 날 B의 명성을 듣고 찾아왔다는 H 씨와 그 딸을 면담하던 도중, 사회복지사 B는 H 씨가 자신의 자녀를 가르치고 있는 담임교사의 가까운 친척이라는 것을 알게 되었다. H 씨는 그 담임교사에게 B를 소개받았다면서 자신의 딸을 특별히 신경 써서 상담해 달라고 부탁한다.

귀하께서 사회복지사 B라면 이 상황에서 어떤 문제나 측면들을 고려해야 한다고 생각하십니까?

〈사례 3〉 고지된 동의 및 상충된 이익에 대한 이슈

한 노인요양원의 사회사업실에서는 보호자가 없는 거동불편 노인들의 생활비를 맡아 관리하고 있다. 어느 날 실장이 사회복지사 K에게 환자 건강관리를 위해서 체력단련기계를 구입하기로 임원회의에서 결정하여 환자들에게 동의를 받았으니, 환자들의 통장에서 소정의 금액을 출금해 오라고 지시하였다. 그러나 사회복지사 K가 보기에 환자들은 사실상 그 기계의 용도를 제대로 이해하지 못했거나, 이 기계를 사용하기에 무리가 있는 경우도 있다고 판단된다.

귀하께서 이런 지시를 받은 사회복지사 K라면 이 상황에서 어떤 문제나 측면들을 고려해야 한다고 생각하십니까?

채점의 기준: 사례를 보고, 내포되어 있는 여러 윤리적 이슈를 함께 인식할 수 있고, 다양한 체계들을 고려하거나 문화적 요소에 인식을 포괄하는 등 더 큰 체계들을 고려하는 경우에는 더 높은 윤리적 민감성을 가졌다고 볼 수 있음.

- 0점: 아무런 윤리적 이슈를 발견하지 못하는 수준
- 1점: 윤리적 이슈를 발견하기는 하나 단순한 인식에 그치는 수준으로 그에 대한 배경적 인식이 결여됨.
- 2점: 윤리적 이슈를 발견하고 이에 대해 논의할 수 있으나 전형적인 인식에 머무는 수준
- 3점: 이슈 간의 관계, 다양한 체계, 여러 경우 등을 포괄적으로 그리고 정교하게 고려하는 성숙한 인식의 수준

윤리적 민감성은 교육과 훈련을 통해 증진될 수 있으며, 도덕적 문제와 관련된 경험 및 문제에 대한 노출을 통해 습득될 수 있다(최명민, 2008; Clarkeburn, 2002). 윤리적 갈등에 관련된 여러 사례를 교육과정에서 다루는 것이 필요하며, 이에 대해 논의해 보는 연습을 해 봄으로써 사회복지사의 윤리적 민감성을 높일 수 있다. 사회복지사의 윤리적 민감성을 향상시키기 위해서 사회복지교육현장 및 보수교육으로 사회복지 윤리적 갈등의 대처방법에 대한 교육 및 훈련이 더 이루어져야 하며, 이에 관련된 연구들이 더 활성화되어야 할 것이다. 또한, 윤리적 이슈나 윤리적 갈등상황에 대한 지침인 윤리강령을 잘 이해하고 이를 바탕으로 자신의 태도와 행동을 성찰해 보고, 의사결정 과정에 적용해 보는 것이 필요하다.

// 학습과제 //

자기인식(self-awareness)은 자신의 신념, 생각, 동기, 편견, 한계를 이해하고 이러한 것들이 타인에게 어떻게 영향을 미치는가를 인식하는 과정이다. 자기인식은 사회복지사가 자신의 가치체계를 분석하고 이해할 수 있을 뿐만 아니라, 자신의 가치가 클라이언트, 기관, 타 전문직, 환경과의 관계 등에 어떤 영향을 미치는지를 이해할 수 있다는 점에서 매우 중요하다. 다음의 생각할 문제를 통해 자기인식의 기회를 가질 수 있도록 해 보시오.

'당신은 사회복지사로서 다음과 같은 클라이언트들과 같이 일할 수 있는가? 이를테면, 혼전 성관계로 인한 미혼모, 가정폭력을 가하는 사람, 성폭력자, 아동 성도착자, 성적 소수자(레즈비언, 게이, 트랜스젠더), 가출 청소년, 노숙자, 살인을 저지른 범죄자와 일할 수 있는가?' 이것은 옳고 그름의 문제가 아닌, 자신이 사회복지사로서 특정 대상자가 상대하기 편한지 혹은 거북한지 그리고 그들과 전문적 관계를 맺을 수 있는지에 대한 질문이다. 앞서 예로 든 클라이언트 외에도 같이 일하기를 선호하거나, 꺼려 하는 경우가 있다면 그것을 바탕으로 다음의 질문에 대답해 보시오.

1. 사회복지사로서 특정 클라이언트와 함께 일하는 것을 선호한다면, 자신의 어떤 가치와 경험 때문인가? 현재 이들에 대해 갖고 있는 편견이나 선입견은 어떠한 것이 있는가? 자신이 이 특정 클라이언트와 일하는 데 어떤 강점과 한계점을 갖고 있다고 생각하는가? 특정한 클라이언트를 지정하여 답변해 주시오.

2. 사회복지사로서 특정 클라이언트와 함께 일하는 것을 꺼려 한다면, 자신의 어떤 가치와 경험 때문인가? 현재 이들에 대해 갖고 있는 편견이나 선입견은 어떠한 것이 있는가? 자신이 이 특정 클라이언트와 일하는 데 어떤 강점과 한계점을 갖고 있다고 생각하는가? 특정한 클라이언트를 지정하여 답변해 주시오.
3. 경험, 문화, 인물, 종교, 교육, 책 등 자신의 가치체계에 가장 큰 영향을 끼친 것은 무엇인가? 이것은 무엇이든 될 수 있다.

// 학습정리 //

- 가치는 인간의 선호 또는 선택하는 것에 대한 기준이며 행동판단의 일반적 지침이 된다.
- 원초적으로 지켜야 하는 도리와 이치이며 규범이다.
- 사회복지사는 자신의 개인적인 가치와 클라이언트의 문화적 가치와 윤리적인 신념이나 도덕체계 사이에 잠재적인 갈등이 존재하고 있을 가능성을 인지해야 한다.
- 윤리적 상대주의는 목적론적 윤리이론의 바탕이 되며, 주관적으로 자신에게 유리하고 좋은 목적을 달성하고 바람직한 결과를 얻을 수 있는 선택이 윤리적인 선택이라고 믿는다.
- 윤리적 절대주의는 의무론적 윤리이론의 바탕이 되며, 도덕적 규범에 근거하여 행동 자체가 옳고 그른지를 판단한다. 즉, 결과에 상관없이 실천 과정에서 정직하지 못한 일을 통한 실천은 용납될 수 없다는 주장이다.
- 존 롤즈는 평등적 자유주의를 주장하였으며, 롤즈의 정의론의 주요 개념으로는 공정으로서의 정의, 무지의 베일, 최소 극대화의 원칙 등이 있다.
- 공동체주의를 대표하는 마이클 샌델은 시민적 공화주의를 주장하였으며, 주요 개념으로는 공동선, 공동체적 '연대의 의무' 등이 있다.
- 사회복지실천윤리는 전문가와 다른 사람들의 가치관의 체계적 비교, 윤리적 딜레마에 대한 사전 대비, 상이한 가치에 대한 관계정립 및 위계설정, 현행 사회복지 주류가치의 정당성의 반성, 사회복지실천 방법 개발 및 전문가의 전문경력 발전 등을 위해 필요하다.

참고문헌

박광준(2002). 사회복지의 사상과 역사: 마녀재판에서 복지국가의 선택까지. 양서원.

신중섭(2016). 샌델의 시민적 공화주의: 근대 서구문명에 대한 이념적 대안이 될 수 있을까. 윤리교육연구, 42, 195-222.

안민영(2016). 마이클 샌델의 정의론에 대한 비판적 고찰. 인권법연구, 2, 204-228.

오정수, 유채영, 김기덕, 홍백의, 황보람(2022). 사회복지윤리와 철학. 학지사.

오혜경(2005). 사회복지윤리와 철학. 창지사.

유태한(2019). 사회정의론에 기반한 사회복지철학이론의 탐색: 롤즈와 샌델 비교. 사회복지정책, 46(2), 5-26.

윤진숙(2007). 마이클 왈쩌의 다원적 정의론. 법학논총, 17, 193-210.

위키백과(2024a). 제레미 벤담. https://ko.wikipedia.org/wiki/%EC%A0%9C%EB%9F%AC%EB%AF%B8_%EB%B2%A4%EB%8B%B4 (2024. 7. 11. 인출).

위키백과(2024b). 존 스튜어트 밀. https://ko.wikipedia.org/wiki/%EC%A1%B4_%EC%8A%A4%ED%8A%9C%EC%96%B4%ED%8A%B8_%EB%B0%80 (2024. 7. 11. 인출).

위키백과(2024c). 존 롤즈. https://ko.wikipedia.org/wiki/%EC%A1%B4_%EB%A1%A4%EC%8A%A4 (2024. 7. 11. 인출).

위키백과(2024d). 마이클 샌델. https://ko.wikipedia.org/wiki/%EB%A7%88%EC%9D%B4%ED%81%B4_%EC%83%8C%EB%8D%B8 (2024. 7. 11. 인출).

이강희(2011). J. Rawls의 복지국가적 정의관에 나타난 자유와 평등의 문제. 21세기사회복지연구, 8(2), 57-76.

전해정(2013). 사회복지, 사회정의론, 합리성 -롤즈의 정의론에 대한 비판적 기초연구-. 법철학연구, 16(2), 81~106.

주석진, 조성심(2012). 학교사회복지사의 인구사회학적 특성과 윤리관련 특성 요인이 윤리적 민감성에 미치는 영향. 청소년복지연구, 14(1), 21-40.

최명민(2008). 사회복지사 윤리적 민감성 검사도구(SWEST) 개발 및 활용에 관한 연구. 한국사회복지학, 60(2), 5-28.

한국사회복지사협회(2023). 선서문 및 윤리강령. https://www.welfare.net/welfare/social-workers/ethics-and-oath (2024. 7. 11. 인출).

한국사회복지사협회, 오승환, 박일규, 한은영, 김유경, 유영주, 이상희, 이순민, 임수경, 최장열(2023). 사회복지사 윤리강령의 이해와 활용. 양서원.

Clarkeburn, H. (2002). A Test for Ethical Sensitivity in Science. *Journal of Moral Education 31*(4), 439–453.

Friedlander, W. (1958). *Concepts and methods of social work*. Prentice–Hall.

Hamilton, G. (1940). *Theory and Practice of Social Casework*. Columbia University Press.

Levy, C. S. (1973). The value base of social work. *Journal of Education for Social Work, 9*, 34–42.

Loewenberg, F., & Dolgoff, R. (1982). *Ethical decisions for social work practice*. F. E. Peacock.

National Association of Social Workers (NASW, 1996). *Code of ethics*. Author.

Pumphrey, M. W. (1959). *The teaching of values and ethics in social work education* (vol. 13). Council on Social Work Education.

Rabouin, E. M. (1996). Walking the talk: Transforming law students into ethical transactional lawyers: A Engendering moral sensitivity. *DePaul Business Law Journal, 1*, 33–35

Rawls, J. (2003). 정의론 [*A Theory of Justice*, (Revised ed.)]. (황경식 역). 이학사. (원저는 1971년에 출판).

Reamer, F. G. (1979). Fundamental ethical issues in social work. *Social Service Review, 53*(1), pp. 229–243.

Reamer, F. G. (1998). The evolution of social work ethics. *Social Work, 43*(6), pp. 488–500.

Reamer, F. G. (1982). *Ethical dilemmas in social service*. Columbia University Press.

Reamer, F. G. (1999). *Social work values and ethics* (2nd ed.). Columbia University Press.

Rest, J. R. (1983). Morality. In J. Flavell & E. Markman (Eds.), *Cognitive development* (Vol. IV). In P. Mussen (General ed.), *Manual of child psychology*. Wiley.

Rhodes, M. (1986). *Ethical dilemmas in social work practice*. Routledge & Kegan Paul.

Ritzer, G., Kammeyer, K., Yetman, W., & Norman, R. (1979). *Sociology*. Allyn & Bacon.

Sandel, M. (1982). *Liberalism And the Limits of Justice*. Cambridge University Press.

Sandel, M. (2010a). 왜 도덕인가? (*Public Philosophy*). (안진환, 이수경 역). 한국경제신문. (원저는 2005년에 출판).

Sandel, M. (2010b). 정의란 무엇인가? (*Justice*). (이창신 역). 김영사. (원저는 2009년에 출판).

사회복지의 주요 가치:

평등, 차별금지, 사회통합과 다양성 존중의 가치

학습목표

- 평등의 다양한 개념을 구분하여 설명할 수 있다.
- 제한된 자원의 공평한 분배의 개념을 사회복지실천에 적용할 수 있다.
- 기회의 평등한 접근의 개념을 사회복지실천에 적용할 수 있다.
- 사회통합과 다양성 존중의 가치를 설명할 수 있다.
- 차별금지 및 관련 법안의 상세한 내용을 나열할 수 있다.

1. 평등

한국 사회복지사 윤리강령에 의하면, 사회복지사는 인본주의 · 평등주의 사상에 기초하여 사회적 · 경제적 약자의 편에 서서 사회정의와 평등 · 자유와 민주주의 가치를 실현하는 데 앞장서야 한다. 사회복지사는 사회복지실천에서 자원의 평등한 분배와 기회의 평등한 접근에 관련한 윤리적 결정을 내려야 하는 경우가 자주 있다. 사회복지실천에서 평등이라는 가치를 실현하는 과정에서 어떤 윤리적 갈등이 있을 수 있는지, 오히려 평등이 불평등을 야기하는 것이 아닌지 생각해 볼 필요가 있다.

1) 평등의 개념

평등(equality)은 권력 · 부 · 명예 등 사회적 가치의 분배 원칙 또는 기준과 관련되어 중요성을 지닌 사회복지의 중요한 가치 중 하나다. 하지만 평등을 정의하는 것은 쉽지 않으며, 평등이라는 동일한 용어를 사용할지라도 사람에 따라 다른 의미나 다양한 개념을 뜻하기도 한다. 수량적 평등, 비례적 평등, 절대적 평등, 상대적 평등, 기회의 평등, 조건의 평등의 개념정리를 통해 사회복지에서 추구하는 평등의 의미를 정리해 볼 필요가 있다.

(1) 수량적 평등과 비례적 평등

평등에 대한 이론은 아리스토텔레스(Aristoteles)에서부터 처음 시작하였다. 아리스토텔레스는 평등의 개념을 수량적 평등(결과의 평등, numerical equality)과 비례적 평등(공평, proportional equality), 두 가지로 구분하였다. 수량적 평등은 모든 사람을 똑같이 취급하여 사람들의 욕구나 능력, 기여의 차이에 관계없이 사회적 자원을 똑같이 분배하는 것이다. 이렇게 모든 사람에게 동일하게 나누어 주는 수량적 평등을 결과의 평등(equality of result)이라고 한다. 하지만 결과의 평등은 엄격한 의미에서 현실적으로 불가능하다. 예를 들어, 같은 직장에서 어떤 일을 하든 똑같은 임금을 받는 것이 가능한가? 가능하다고 해도 이것이 과연 평등인가? 일을 많이 한 사람이나 적게 한 사람이나, 능력이 많은 사람이나 적게 한 사람이나 모두 같은 임금을 받는 것은 어떤 사람에게는 불평등이 될 것이다. 완전한 수량적 혹은 결과적 평등은 현실 사회에서 존재하기 어렵지만, 공공부조와 같은 사회복지정책을 통해 소득을 재분배함으로써 이를 실현하기 위해 노력하고 있다.

공평(equity) 또는 형평성이라고 하는 비례적 평등은 개인의 욕구, 노력, 능력, 기여에 따라 사회적 자원을 상이하게 배분하는 평등을 말한다. 즉, 비례적 평등은 유사한 사람 또는 동일한 범주의 사람을 동일하게 대접하는 것으로, 동등한 자를 동등하게, 동등하지 않은 자를 동등하지 않게 취급하는 것을 의미한다. 결국 형평은 동일하지 않은 범주의 사람은 차별적으로 다룬다는 것을 의미하며, 정당한 근거가 있는 차등은 용납될 수 있다는 것이다. 예컨대 정치적 · 경제적으로 소외되어 온 소수집단에게는 더 많은 혜택과 자원을 배분해 줌으로써, 실업 · 빈곤 · 무지 등의 악순환을 극복하기 위해 사회적 형평이 이루어져야 하는 것이다. 절대적인 결과의 평등은 실질적으로 얻어질 수 없으며, 어떤 경우에는 절대적인 평등이 최선의 목표라는 데에 모든 사람이 동의하지 않을 수도 있다. 그러므로 사회복지가 추구해야 하는 보다 현실적이고 선호되는 목표는 형평성으로 볼 수도 있다(Hugman, 2008).

(2) 절대적 평등과 상대적 평등

절대적 평등과 상대적 평등은 공평한 분배의 원칙 속에서 차이 수용 여부에 따라 구분된다. 인간의 존엄성, 인간으로서의 가치 등에 바탕을 둔 절대적 평등은 모든 차이와 불평등을 거부하는 개념이다. 즉, 자연에서 물려받아 유전적 요소, 태어난 국가와 가족, 성별 등과 같이 인간의 의지로 바꿀 수 없는 부분을 제외하고는 모든 면에서 인간은 동일해야 하며, 똑같은 원칙을 따라야 한다는 것이다. 절대적 평등과는 달리, 상대적 평등은 지적 능력, 소득, 지위, 직업, 업적 등과 같은 사회적 차이와 이에 따른 차별은 피할 수 없으며, 사회적 차이에 따라 보상도 달라져야 한다고 본다. 각자의 잠재적 · 후천적 능력과 기여도 및 필요의 상이성에 바탕을 둔 상대적 평등은 정당한 근거에 기반을 둔 불평등이라고 할 수 있다.

(3) 기회의 평등과 조건의 평등

기회의 평등(equality of opportunity)과 조건의 평등(equality of condition)은 사회의 자원, 권력, 지위 등을 사람들에게 배분하는 과정에서 어떤 단계의 평등에 중요한 가치를 부여하는가에 따라 개념 차이가 나타나게 된다. 기회의 평등은 동일한 기회를 주는 것에 가치를 부여하는 반면에, 조건의 평등은 동일한 조건하에서 경쟁하는 것에 가치를 둔다.

기회의 평등은 개인은 자신의 소질과 능력을 자유롭게 계발할 수 있는 평등한 권리와 기회를 가져야 하며, 동일한 업적에 대해서는 동일한 보상이 주어져야 한다는 개념이다. 즉, 모든 사람이 사회적 제도 및 자원에 접근할 수 있는 균등한 기회를 갖는다는 의미다. 동일한 능력과 재능을 가진 사람들이 성, 인종, 종교, 출신 배경과 같이 자신의 최초 지위나 조건과는 상관없이 동일한 보상과 성공을 가질 수 있는 기회를 가져야 한다는 것이다. 한국의 드림스타트(Dream Start) 사업의 경우, 저소득 가구 아동이 건강관리, 복지서비스, 교육기회 등의 혜택을 받지 못해 가난을 대물림하는 악순환을 차단하고, 공평한 출발 기회를 보장해 주기 위해 실시되고 있다. 결과의 평등 혹은 수량적 평등이 이루어지기 어려운 현실에서 기회의 평등은 절차상의 정의를 이루고, 재능 계발과 배분에 있어서 효율성이 보장된다는 점에서 매우 중요하다. 하지만 기회의 평등은 불평등에 대한 사회나 외부적 환경의 책임을 회피한다는 점에서 한계가 있다. 균등한 기회를 주는 것에만 중점을 두고 결과의 평등을 경시함으로써 사회에 존재하는 불평등을 정당화하고 용인한다는 것이다.

조건의 평등은 사회적 기회를 획득하기 위해 자유경쟁을 할 때, 같은 조건을 가지고 출발할 수 있도록 하는 것을 말한다. 이는 개인에게 모든 것을 맡기는 것이 아니라, 능력이나 자원이 부족한 개인에게는 다른 사람들과 동일한 조건에서 경쟁할 수 있도록 사회적으로 부족함을 채워 주는 것이 필요하다고 보는 것이다. 가령 장애인이 비장애인과 동일하게 자립생활을 하고 사회에 참여할 수 있도록 활동지원서비스를 제공하는 것이 여기에 속한다.

2) 제한된 자원의 공정한 분배

'제한된 자원의 공정한 분배'의 윤리적 딜레마는 사회복지정책 및 프로그램을 기획하고 실행해 나가는 과정에서 중요한 문제다. 한정된 사회적 자원에 비해 해결해야 하는 욕구가 많은 사회적 예산은 언제나 부족할 수밖에 없으므로(현외성, 2002), 제한된 자원을 더 효율적으로 운영하는 방식이 무엇보다도 중요하다(김태성, 2000). 사회복지사는 사회복지실천에서 공급할 수 있는 자원이 제한되어 있을 때, 이를 누구에게 어떻게 공정하고 효율적으로 분배해야 할지 갈등하는 상황에 처할 수 있다.

사회복지에서 공정한 분배와 관련되는 제한된 자원으로는 무엇이 있을 수 있을까? 사회복지 프로그램을 운영할 예산과 같은 재화뿐만이 아니라, 사회복지사의 시간과 노력과 같은 서비스도 제한된 자원이 될 수 있다. 재화의 경우에는 한정된 예산을 가지고 사회복지 프로그램 대상자를 선정하는 우선순위를 정해야 한다거나, 한정된 의료자원을 분배해야 하는 등 윤리적 문제가 있을 수 있다. 심장이식이 필요한 환자는 많지만 이식해 줄 심장이 많지 않은 경우, 누구를 우선적으로 해야 하는가? 사회에 기여도가 많으며, 앞으로도 공헌을 많이 할 사람을 우선해야 하는가? 아니면 노인보다 살아갈 날이 더 많은 어린 사람을 우선해야 하는가? 심장이식으로 심장병의 완치가 가능한 사람을 우선해야 하는가? 아니면 완치 여부보다 현재 심장이식을 하지 않을 경우 생명이 위급한 상태에 있는 사람을 우선해야 하는가? 한정된 자원을 가지고 공정한 분배를 하는 데에는 윤리기준이 필요하며, 사회복지사는 윤리적 분배기준을 결정해야 한다.

사회복지사의 시간도 사회복지실천에서는 매우 한정적이면서 중요한 자원이다. 한 명의 사회복지사가 담당할 수 있는 클라이언트의 수와 클라이언트 한 명당 보낼 수 있는 시간과 노력은 정해져 있다. 사회복지사가 가능한 한 많은 클라이언트에게 서비스를 제공하기 위해, 한 명의 클라이언트에게 한 시간의 상담시간을 할당하고 있다. 만일 다른 이들보다 더 많은 문제를 해결해야 할 클라이언트가 있는 경우에는 어떻게 해야 하는가? 위급한 문제 상황 때문에 상담시간이 더 필요한 경우, 사회복지사가 클라이언트에 따라 불평등하게 시간을 할당하는 것은 윤리적인가? 사회복지사의 시간은 한정되어 있기 때문에, 한 사람에게 시간을 더 할당하면 다른 사람과의 상담시간은 줄어들 수밖에 없다. 하지만 클라이언트가 사회복지사의 도움을 필요로 할 때, 상담시간의 엄수 때문에 도움을 주지 못하는 것은 윤리적인 행동인가?

한정된 자원을 공평하게 분배하고 제공해야 하는 형평성의 기준을 찾는 것은 어려운 과제에 속한다. 미국의 사회복지사 윤리강령(NASW, 2021)에서 사회복지사는 공개되고 공정한 자원분배 절차를 옹호해야 하며, 모든 클라이언트의 욕구를 만족시키기 못할 때 차별적이지 않고 적절하고 일관성 있게 적용된 원칙에 따라 분배절차가 이루어져야 한다고 명시하고 있다. 하지만 공정한 자원분배 절차는 무엇을 뜻하는 것이며, 어떤 원칙을 일관성 있게 적용해야 할지 의문이 생기게 된다. 공정한 자원분배 절차에서 중요한 역할을 하는 배분의 기준은 사회적 정의나 공평성, 평등성과도 관련되어 있는 윤리적 문제다. 그러므로 사회복지사는 어떤 분배기준을 선택해야 가장 공평하고 윤리적으로 제한된 자원을 분배할 수 있는지 충분히 검토해 보아야 한다.

(1) 분배의 기준

리머(Reamer, 1995)는 부족한 자원을 분배하기 위해 평등, 욕구, 보상, 기여의 네 가지

기준을 다음과 같이 제시하였다. 각각의 분배기준에 따라 제한된 자원을 할당받는 대상이 달라진다.

첫째, 평등에 따른 분배는 모든 사람이 똑같은 양을 받음을 의미한다. 하지만 이 평등의 기준이 항상 적용되기는 어려운데, 자원이 너무 한정적이어서 평등한 분배가 불가능할 때가 바로 그러한 경우다. 노인요양시설에 들어가고 싶어 하는 희망자는 수십 명인데 반해 한 명만 수용할 수 있는 경우, 모든 사람에게 평등하게 기회가 분배되기는 어렵다. 게다가 평등하게 자원을 분배하는 것이 윤리적인 것만은 아니고 불평등을 이끌 수도 있다. 장애를 가진 아동은 비장애 아동에 비해 학교생활에서 더 많은 보살핌과 관심이 필요하다. 점자 등을 이용하기 때문에 글을 읽고 해석하는 데 더 많은 시간이 필요한 시각장애 학생이 비장애인 학생과 동일한 시험시간을 갖는다면 차별이 될 수 있다.

둘째, 욕구에 따른 분배는 사회복지사가 가장 선호하는 기준으로 사람들의 욕구의 정도에 따라 부족한 자원을 선별적으로 분배하는 것이다. 고소득층보다는 저소득층에게 사회복지정책의 혜택이 더 가도록 하는 것이 이에 속한다. 하지만 소득이 없는 실업자가 사회복지급여에 대한 욕구가 더 있는가? 아니면, 적은 소득이지만 부양해야 하는 가족이 여러 명인 경우가 사회복지급여에 대한 욕구가 더 많은 것인가? 이처럼 누가 더 필요한 욕구를 가졌는지 측정 여부에 대한 논의가 쟁점으로 남게 된다.

셋째, 보상의 기준은 긍정적 차별이라고도 하며, 과거 또는 현재에도 사회로부터 부당한 피해나 차별을 받고 억압받은 사회적으로 약자인 개인이나 집단을 기준으로 자원을 분배하는 것이다. 예를 들어, 기업의 장애인 의무고용, 여성에 대한 고용할당 등 사회적으로 취약하거나 불평등한 처우를 받는 집단에게 적극적 차별시정 조치가 이루어지는 경우가 있다. 그러나 누가 가장 사회적 약자이며 보상받아야 하는지를 결정하는 것은 어려울 수 있으며, 역차별의 논란이 있을 수 있다.

넷째, 기여의 기준은 사람들이 무엇을 기여했느냐에 따라 자원이 분배된다는 것이다. 예를 들어, 사회복지정책에서 노동연계 프로그램이 기부의 기준으로 자원이 분배되는 사례가 있다. 즉, 노동을 기여함으로써 사회복지 혜택을 받을 수 있는 것이다. 기여의 기준에는 노동뿐 아니라 사회적인 기여나 금전적 기여를 포함한다. 사회적 기여는 국가유공자에 대한 급여와 같이 사회적 · 경제적 기여를 한 경우를 말하며, 금전적 기여는 사회복지 서비스에 대해 클라이언트가 자기부담을 어느 정도 하는 것을 말한다.

사례 2-1

한 대학에 국가의 높은 공직에 재직했던 저명한 정치인의 손자가 '국위선양자 전형'으로 입학하였다. 이 대학에서는 수시모집 전형에 독립유공자, 국가유공자, 국위선양자, 민주화운동 관련자와 5·18 민주화운동 유공자, 세 자녀 이상 가정 출신의 자녀가 지원할 수 있는 '사회기여자 전형'을 두고 있다. 이 중 '국위선양자'는 일정 등급 이상의 정부 훈장을 받거나 세계적으로 권위 있는 상을 수상한 사람과 그 사람의 자녀·손자녀(외손 포함)가 해당된다. '사회기여자 전형'에 합격하기 위해서는 1단계 서류, 2단계 서류(60%)와 면접·구술시험(40%)을 거쳐야 하며, 본인이 사회기여자가 아니면 인문계의 경우 '3과목 2등급 이상'이라는 수능 자격 기준을 충족해야 한다. 학교의 한 관계자는 "'국위선양자'의 1단계 자격 기준을 충족했다고 해도, 2단계 서류 전형에서 학업 성적과 학생부 등의 평가를 거쳐야 하며 경쟁률이 10대 1에 이른다."라며 "실력 없는 학생은 합격할 수 없는 전형"이라고 말했다.

〈사례 2-1〉은 기여의 기준을 가지고 교육의 기회가 할당된 경우다. 이전의 사례에서 적용된 분배의 기준은 윤리적인가? 개인의 사회적 · 경제적 기여 및 가치를 분배의 기준으로 하는 경우 심각한 윤리적 문제가 야기되기도 한다. 경제적 제한으로 서비스에 대한 지불을 하지 못하는 저소득층 클라이언트는 사회복지 서비스를 받지 못하는 것인가? 노벨상을 탄 저명인사는 정신질환자보다 자원의 분배에 있어서 우선순위를 갖는가? 이와 같은 윤리적 논쟁에도 불구하고 사회복지 정책에서는 기여를 기준으로 사회복지 서비스 및 자원을 분배하는 경우가 자주 발생한다. 사회복지 서비스의 혜택을 받는 클라이언트에게 비용부담이 있으면 불필요한 서비스의 이용을 억제하여 도덕적 해이를 방지할 수 있기 때문이다. 그뿐만 아니라, 사회복지 수급자가 어느 정도 비용을 부담함으로써 사회복지 서비스에 대한 권리를 갖는 것으로 생각하기 때문에 도덕적 낙인을 피하고 소비자로서 자기존중감을 가질 수 있다고 긍정적으로 보는 관점도 있다.

(2) 한정된 예산과 정책결정

사회에는 많은 문제가 존재한다. 그중에서 사회적으로 관심을 갖고 논쟁하도록 이슈화된 사회문제에 대해서만 새로운 정책이 형성된다. 예를 들어, 교육복지 예산은 한정되어 있었기 때문에, 보편적 무상급식에 대한 예산이 늘어남에 따라, 저소득층 지원에 대한 예산이 줄어들게 되었다. 이와 같이 특정 사회문제가 어떤 사건을 통해 크게 이슈화되는 경우, 다른 사회문제에 할당되던 예산이 삭감되고 대신 이슈화된 분야의 예산으로 옮겨지는 경우가 있다. 즉, 한정된 자원의 분배는 한 사람에게 자원이 분배되면 다른 한 사람이 받지 못하는 제로섬(zero-sum) 게임이라 할 수 있다.

자원의 분배에서 우선순위가 되려면 관련 사회문제가 이슈화되어야 하는데, 어떤 사회문제가 공공의 관심을 끌고 공공정책상의 논쟁의 중심이 되면 이슈화가 된다. 이 문제에 대해 많은 사람이 관심을 갖고, 정부가 문제해결에 적극적으로 나서야 한다는 인식이 생기게 되면 공공의제로 전환되게 되고, 이를 정부 내에서 해결하기 위해 공식적으로 고려되기 시작하면 정책의제가 된다. 이런 과정을 통해 특정 사회문제에 대한 정책이 형성되고 사회적인 자원이 분배되게 된다. 사회복지사는 정책이 만들어지는 형성과정을 잘 이해하고, 사회복지 문제를 이슈화함으로써 사회복지 서비스의 대상에 속하는 사회적 약자가 정책결정 및 집행과정에서 소외되지 않도록 적극적으로 참여하고 옹호하는 역할을 수행해야 한다. 사회복지사는 사회복지 문제로 고통받는 클라이언트의 이익을 대변하고, 사회복지 문제를 이슈화하고 새로운 사회정책과 법령 등을 형성하는 정치적 과정에 참여해야 할 책임이 있다. 하지만 사회복지사는 클라이언트의 이익을 대변하는 옹호자로서의 역할이 다른 이들의 이익을 희생시키는 것이 아닌지 주의해서 볼 필요가 있다. 한정된 자원인 경우 한 사람에게 자원이 할당되면, 다른 이들의 자원이 줄어드는 것을 뜻하기 때문이다.

사회복지 서비스의 재원이 축소된 경우 사회복지사는 상처받기 쉽고 억압받는 개인과 집단의 욕구에 우선순위를 두고 사회복지 서비스의 프로그램에 자원을 할당해야 한다. 오혜경(2005)은 사회복지실천의 행정가가 사회복지 프로그램과 관련해서 공정한 분배를 받을 수 있도록 윤리 결정의 지침을 제시하였다. 다음의 지침은 가장 상처받기 쉬우며, 불이익을 받거나, 억압받는 사람들을 우선으로 사회복지 서비스나 자원을 분배해야 한다고 강조하고 있다.

- 가장 욕구가 높고 도움을 필요로 하는 클라이언트를 위한 사회복지 프로그램을 유지하고 서비스를 제공한다. 사회복지사는 가장 상처받기 쉽고 억압받는 개인과 집단의 이익을 대변해야 하기 때문이다.
- '비용–이득'이 아닌 클라이언트의 욕구에 기초한 서비스를 제공한다.
- 서비스 전달의 일원화를 개발함으로써 취약한 사회계층에게 제한된 자원과 선택 때

문에 열등한 서비스를 제공할 위험이 있는 이중 모델을 지양해야 한다.

- 서비스 중단에 스스로 대처하지 못하는 정치적으로 힘이 없거나 능력이 부족한 클라이언트에 대한 서비스를 중단시키지 않는다.
- 욕구가 많은 사람을 위한 프로그램을 지원하기 위해 사회적 · 정치적인 활동에 참여한다.

3) 기회의 평등한 접근

사회복지실천에서는 저소득자, 장애인 등 사회적 약자에 대해서는 더 많은 자원을 제공함으로써 평등하지 않은 사람들이 평등한 삶의 기회를 얻을 수 있도록 배려하려 한다. 하지만 특별한 서비스와 자원이 필요한 경우에는 자원의 불평등 분배를 정당화할 수 있는가? 오히려 역차별이라는 주장이 있을 수도 있다. 남자에게만 있는 군대의 의무라든지, 여성 우대 정책에 대한 불만의 목소리는 여전히 존재한다. 또한 대학교 입학에 있어 저소득 학생의 비율을 할당해 성적이 우수한 학생보다 우선적으로 입학하게 하는 제도에 대하여 어떻게 생각하는가? 정치 분야의 여성할당제는 여성의 참여가 상대적으로 적은 분야인 정치 분야에 여성의 참여를 촉진함으로써 사회 모든 분야에서 실질적 남녀평등을 이룩하려는 목적으로 만들어진 제도다. 이러한 정치 분야의 여성할당제에 대하여 어떻게 생각하는가? 앞의 두 제도는 자원의 평등한 분배와 기회의 평등한 접근을 위한, 평등한 대우를 받지 못하는 사람들이 평등한 삶의 기회를 얻을 수 있도록 하는 차별 철폐 조치인가? 아니면, 또 다른 역차별을 불러오는 제도인가?

우대정책이 필요하다는 입장에서는 사회적 · 경제적으로 차별받지 않는 사람과 획일적인 기준을 적용하게 된다면, 사회적 약자에게 불리한 결과를 초래하게 된다고 본다. 그러므로 평등한 기회를 얻을 수 있도록 할당제라는 제도를 통해 서비스와 자원이 더 제공될 수 있도록 해야 한다는 것이다. 반대로 역차별이라는 입장은, 할당제를 실시할 경우 충분한 자격요건과 우수한 재능을 갖춘 남성이나 다른 가정의 청소년에게 불평등한 조치가 될 수 있다고 주장한다. 여성이나 저소득 가정의 청소년은 동일한 조건에서 불평등한 대우를 받지 않음을 보장하는 법적 환경이 조성되어 있으므로, 능력을 길러 동등하게 경쟁해야 한다는 것이다.

2. 불평등과 차별

차별은 어떤 개인이나 집단에 대해 자의적인 기준으로 불평등하게 대우하여 그 특정 개인과 집단에 사회적으로 불이익을 주거나 배제시키는 것을 말한다. 차별은 크게 직접적인 차별과 간접적인 차별로 분류할 수 있다. 직접적인 차별은 사회적 약자를 구별하여 제한하거나 배제, 분리, 거부하는 등 불리하게 대우하는 것이다. 예를 들어, 사원 모집을 위해 채용공고를 낼 때 지원자 자격을 전역 예비역으로 명시해 실질적으로 남성으로 제한하는 경우가 여기에 해당된다. 입사 시 결혼 여부, 임신 여부나 계획, 몸무게나 키와 같은 특정한 외모적 사항, 나이 등을 물어보는 것도 직접적인 차별에 해당한다. 간접적인 차별은 형식상으로는 불리하게 대우하는 것은 아니면서 사회적 제한을 받지 않는 사람과 획일적인 기준을 적용함으로써 사회적 약자에게 불리한 결과를 초래하는 것을 말한다. 과도한 부담이나 곤란한 사정 등의 정당한 사유 없이 장애인에게 필수적인 편의제공을 거부하는 '정당한 편의제공 거부행위'가 여기에 해당된다. 간접적인 차별은 사회적 약자에 대한 편견과 차별적 내용이 담긴 문서, 도화, 영상, 공연, 음반 등을 통해 대중에게 차별적 행위를 유포하여 차별적 행위를 조장하는 행위도 포함한다.

한국 사회복지사 윤리강령(한국사회복지사협회, 2023)에 따르면, 사회복지사는 개인적 · 집단적 · 사회적 · 문화적 · 정치적 · 종교적 특성에 근거해 개인이나 집단을 차별 · 억압하는 것을 인식하고, 이를 해결 또는 예방하기 위해 노력해야 한다. 사회복지사는 개인적 · 집단적 · 사회적 · 문화적 · 정치적 · 종교적 차별에 도전하여 사회정의를 촉진해야 한다. 또한 사회복지사는 클라이언트의 성, 연령, 정신 · 신체적 장애, 경제적 지위, 정치적 신념, 종교, 인종, 국적, 결혼상태, 임신 또는 출산, 가족 형태 또는 가족 상황, 성적 지향, 젠더 정체성, 기타 개인적 선호 · 특징 · 조건 · 지위 등을 이유로 차별을 하지 않는다. 사회복지사는 사회, 경제, 환경, 정치적 자원에 대한 평등한 접근과 공평한 분배가 이루어지도록 노력해야 한다.

미국 사회복지사 윤리강령에서도 더 넓은 사회에 대한 사회복지사들의 윤리적 책임으로서 불평등과 차별을 막기 위한 사회적 · 정치적 행동을 하도록 다음과 같이 규정하고 있다(NASW, 2021).

- 사회복지사는 모든 사람이 인간의 기본적 욕구를 충족하는 데 필요한 자원, 고용, 서비스 그리고 기회에 동등하게 접근할 수 있도록 보장하기 위한 사회적 · 정치적

행동에 관여해야 한다. 사회복지사는 실천에 미치는 정치적 영역의 영향을 인식해야 하며, 인간의 기본적 욕구를 충족하고 사회정의를 증진시키며 사회환경을 개선하기 위한 정책과 법률개정을 옹호해야 한다.

- 사회복지사는 특히 상처받기 쉽고, 불리한 상황에 처한 사람들, 억압 그리고 착취당하는 사람과 집단을 비롯하여 모든 사람의 선택과 기회를 확대시키기 위해 노력해야 한다.
- 사회복지사는 미국 내에서 나아가 전 세계적 차원에서 문화적·사회적 다양성을 존중하는 제반조건을 증진시켜야 한다. 사회복지사는 차이를 존중하는 정책과 실천을 옹호하며, 문화적 지식과 자원의 확장을 지원하고, 문화적 다양성을 옹호하는 프로그램이나 제도를 지지하며, 모든 사람의 권리를 보장하고 평등과 사회정의를 승인하는 정책을 증진시켜야 한다.
- 사회복지사는 인종, 민족, 출신국, 피부색, 성, 성적 지향, 젠더 정체성이나 그에 대한 표현, 연령, 혼인 여부, 정치적 신념, 종교, 이민자 지위, 혹은 정신·신체적 능력을 이유로 특정 개인이나 집단, 계급을 지배, 착취, 차별하는 행위를 방지하고, 이를 제거하기 위한 활동을 해야 한다.

한국 사회에는 아직도 학력차별, 지역차별, 종교차별, 나이차별, 부에 따른 차별 외에도 장애인과 같은 사회적 약자의 차별, 다문화사회로 변화되며 나타난 인종차별, 성적 소수자와 여성을 차별하는 성차별 등이 존재하고 있다. 사회로부터 차별받는 다양한 소수자들을 옹호하고 대변하는 활동을 적극 수행해야하는 전문직으로서, 사회복지사는 사회에서 나타나는 차별의 예를 보고, 개인적 가치관이나 편견을 재점검해 보는 것이 필요하다. 또한, 기관 정책이나 프로그램이 특정한 방법으로 어느 소수집단을 차별할 수 있는 가능성에 대해서도 검토하고 혹시라도 있을 수 있는 차별을 제거하도록 노력해야 한다.

3. 사회통합과 다양성 존중의 가치

1) 사회통합의 개념

사회통합은 크게 포용(inclusion), 통합(integration), 응집(cohesion) 등 다양한 관점에서

정의되고 있다(윤건, 박준, 2017). 포용의 관점에서는 소득, 고용, 주택, 교육 등 빈곤층과 정치 · 사회적 약자에 대한 제도적 포용의 의미를 강조한다. 통합의 관점에서는 이민자 및 소수인종 등이 내국인 사회와 공존하거나 내국인 사회의 가치와 규범에 동화되는 과정을 중요시한다. 반면에, 응집의 관점에서는 집단이나 사회에 대한 개인의 소속감, 일체감 등의 결속과 응집을 강조한다. 이러한 다양한 관점을 종합하여 볼 때, 사회통합은 '구성원들 간의 관계적 속성으로서, 공통의 가치와 일체감을 기반으로 상호 존중과 협력 그리고 책임의식이 발휘되면서 개인과 집단간 차이로 인해 불가피하게 발생하는 사회갈등이 조화롭게 극복되어 가는 과정'(윤건, 박준, 2017, p. 22)으로 정의될 수 있다. 그리고 사회통합을 위한 정책은 사회 내에 존재하는 차이, 불평등, 사회적 배제의 수준을 감소시키고 사회적 관계, 상호작용 및 연계를 강화하여 사회자본 수준을 증대하는 목적으로 만들어지고 실시된다(한국행정연구원, 2022).

우리나라의 사회통합 수준은 1995년부터 2015년까지 20년 동안 경력협력개발기구(OECD) 회원국 가운데 최하위권으로 보고되고 있다(한국보건사회연구원, 2017). 사회 계급 간의 갈등, 노인층과 청년층 간의 세대 갈등, 진보와 보수의 정치적 갈등, 지역 간의 갈등, 문화적 갈등, 개발주의자와 환경보호주의자 간의 갈등 등 한국 사회의 사회적 갈등은 심각한 수준에 이르고 있다. 2021년 사회통합실태조사(한국행정연구원, 2022)에 따르면, 우리나라 국민들은 전과자, 성적 소수자, 북한이탈주민, 외국인 이민자 · 노동자, 결손가정의 자녀, 장애인의 순으로 소수자 배제 인식이 높은 것으로 나타났다. 결론적으로, 우리나라의 사회통합 정도는 매우 낮으며 사회갈등의 심각성도 높은 수준이라 볼 수 있다. 한국의 낮은 사회통합지수는 '차이' 또는 '다름'과 같은 다양성에 대한 이해가 부족하고, 이를 포용할 수 있는 사회적 포용력이 부족하기 때문이라 할 수 있다(김수정, 마경희, 2020). 즉, 우리 사회의 다양성에 대한 이해 부족과 사회적 포용력 부족은 사회적 갈등 문제를 야기시키고 있다.

2) 다양성 존중의 가치

우리 사회는 다양한 성, 연령, 정신 · 신체적 장애, 경제적 지위, 정치적 신념, 종교, 인종, 국적, 결혼 상태, 임신 또는 출산, 가족 형태 또는 가족 상황, 성적 지향, 젠더 정체성, 기타 개인적 선호 · 특징 · 조건 · 지위 등을 가진 사람들로 이루어진 다양성의 사회다. 여기에서 다양성은 문화적 다양성을 포함한 사회적 다양성을 의미한다. 다문화와 문화적 다양성은 이주배경가족, 결혼이주민, 외국인근로자, 북한이탈주민, 난민 등 이주민 집단에 대한 인권보호와 서비스 지원 그리고 문화 간의 차이에 초점을 맞추고 있는 용어다. 반면에, 사회적 다양성은 인종 및 문화의 다양성에만 제한되는 것이 아니라, 사회 계층 간 갈등, 성과 젠더에 관련된 차별, 종교적 억압, 연령과 장애유무에 의한 차별, 이주민과 난민의 사회적 배제 등 다양한 사회적 정체성으로 인해 발생되는 억압과 차별 등이 모두 포함된다(김수정, 마경희, 2020). 사회 내 다양성을 존중하고, 사회적 소수자에 대한 배제나 차별에 항거해야 하는 것은 사회복지사의 가치이기도 하다. 사회적 소수자는 여성, 장애인, 동성애자, 외국인 노동자, 다문화 가족, HIV 감염자나 AIDS(에이즈) 환자 등 신체적 또는 문화적 특성 등 때문에 자기가 사는 사회의 다른 구성원들과 구분되어 불평등한 처우를 받는 사람들로서, 스스로 사회적 낙인에 따른 집합적 차별과 배제의 대상임을 인식하는 사람들의 집단을 의미한다(이정민, 이동영, 2019).

한국 사회복지사 윤리강령(한국사회복지사협회, 2023)에 따르면, 사회복지사는 개인, 가족, 집단, 지역사회의 다양성을 존중하는 포용적 지역사회를 만들기 위해 노력해야 한다. 또한 한국 사회복지사 윤리강령의 기본적 윤리기준에서 다음과 같이 다양성 존중의

I. 기본적 윤리기준

1. 전문가로서의 자세

1) 인간 존엄성 존중

라. 사회복지사는 다양한 문화의 강점을 인식하고 존중하며, 문화적 역량을 바탕으로 사회복지를 실천한다.

마. 사회복지사는 문화적으로 민감한 실천을 제공하기 위해, 사회복지실천 과정에서 자신의 개인적 · 사회적 · 문화적 · 정치적 · 종교적 가치, 신념과 편견이 클라이언트와 동료 사회복지사에게 미칠 수있는 영향을 고려하여 자기인식을 증진하기 위해 힘쓴다.

2. 전문성 개발을 위한 노력

1) 직무 능력 개발

나. 사회복지사는 사회적 다양성의 특징(성, 연령, 정신 · 신체적 장애, 경제적 지위, 정치적 신념, 종교, 인종, 국적, 결혼 상태, 임신 또는 출산, 가족 형태 또는 가족 상황, 성적 지향, 젠더 정체성, 기타 개인적 선호 · 특징 · 조건 · 지위 등), 차별, 억압 등에 대해 교육을 받고 이에 대한 이해를 증진하기 위해 노력한다.

가치와 사회복지사의 문화적 역량 향상에 대해 제시하고 있다.

3) 문화적 역량

사회복지실천의 핵심적 가치인 평등을 실천하고 사회통합을 이루기 위해서는 편견과 차별을 받는 소수인종, 여성, 성적 소수자, 장애인 등의 사회적 소수자 집단에 대한 다양성의 존중 및 수용이 필수적으로 선행되어야 한다. 사회복지사들은 사회적 소수자인 클라이언트의 문화와 사회복지사 자신의 문화적 차이 및 언어적 차이를 인식하고, 클라이언트 문화에 대한 충분한 지식을 가지고 있어야 한다(Sue, 2006). 즉, 사회복지사가 다양한 가치와 배경을 가진 클라이언트에게 적절한 서비스를 제공하고, 이들의 권익을 보호하기 위한 사회적, 정치적 행동을 실천하기 위해서는 문화적 역량을 갖추고 있어야 한다.

문화적 역량은 개인과 가족, 지역사회의 가치를 인식 및 확신하고 존중하며 각각의 존엄성을 보호 및 보존하는 방식으로, 모든 문화와 언어, 계층, 인종, 민족 배경, 종교 그리고 다른 다양성 요인을 지닌 사람들에게 개인과 체계가 효과적이고 정중하게 반응하는 과정이라고 할 수 있다(NASW, 2001). 문화적 역량은 사회복지사가 효과적으로 다양한 문화적 서비스를 제공하기 위한 능력(Diller, 2010)으로, 사회복지사가 문화적으로 다양한 사람들과 상호작용하기 위해 다양성에 대한 문화적 인식, 클라이언트의 세계관에 대한 문화적 지식, 문화적 기술을 개발하고 습득하는 것을 의미한다(Sue et al., 1982). 다문화 및 사회적 다양성이 표출되는 현 시대에서, 문화적 역량은 사회복지의 기본 가치인 인간의 존엄성과 사회정의를 추구함에 있어 사회복지사가 갖추어야 할 매우 주요한 실천적 기술이다.

문화적 역량은 문화적 인식, 문화적 지식, 문화적 기술의 세 가지 요소로 구성되어 있다(김정연, 2017; Sue et al., 1982). 첫 번째, 다양성에 대한 문화적 인식을 위해서는 사회복지사의 자기인식이 매우 중요하다. 사회복지사의 문화, 클라이언트의 문화, 사회적인 문화 등의 영향으로부터 가치중립적이 될 수 없으므로(Potocky-Tripodi, 2002), 사회복지사의 자기인식이 바탕이 되어야 클라이언트에게 사회복지사 개인의 신념이나 가치를 전가시키는 위험을 낮출 수 있기 때문이다(Campinha-Bacote, 1999). 두 번째, 문화적 지식은 다양한 클라이언트의 행동을 문화적 맥락에서 이해할 수 있는 지식으로(김연희, 2007), 다른 사람의 문화적 유사성과 차이점을 이해할 수 있는 능력을 말한다(김정연, 2017). 세 번째, 문화적 기술은 클라이언트의 문화적 변수를 고려한 사정을 통해 개입기술로 전환

할 수 있는 능력이며, 문화적 인식과 문화적 지식을 적용하는 기술이다(Ronnau, 1994). 문화적 기술은 다문화 관련 워크숍, 실천 경험, 교육 및 훈련, 슈퍼비전 등과 같은 지속적인 학습기회를 통해 기술을 훈련하고 습득해야 한다(김정연, 2017). 이렇듯 문화적 역량은 실천경험을 통해 자연스럽게 성취되는 것이 아닌, 학습기회와 자기인식의 과정 등의 지속적인 노력이 수반되어야 하는 전문적인 실천능력이다(Suh, 2004).

문화적 역량이 부족한 경우에는 클라이언트의 문화적 배경에 대한 이해부족으로 인해 클라이언트의 욕구와 문제를 잘못 추측하는 등의 실천적 오류를 범할 수 있으며(Lum, 2010), 클라이언트와 사회복지사 간에 오해로 인한 갈등이 유발할 수 있다(최소연, 2010). 뿐만 아니라, 사회복지사는 적절한 서비스를 제공하지 못해 다문화 클라이언트에게 서비스를 제공하는 것에 부담을 느끼거나(이미림, 2011), 소진과 스트레스를 경험하기도 한다(임혁, 이효영, 2014).

미국 사회복지사 윤리강령(NASW, 2021)에서는 사회복지사가 클라이언트에게 갖는 윤리적 책임으로서 문화적 역량(cultural competence)을 다음과 같이 제시하고 있다.

- 사회복지사는 모든 문화가 갖는 강점을 인식하고, 문화와 인간행동과 사회에서 수행하는 문화의 기능에 대한 이해를 보여야 한다.
- 사회복지사는 실천과정에서 다양한 문화를 가진 클라이언트에게 도움이 되는 지식을 가져야 하며, 소외된 개인이나 집단에 힘을 실어 주기 위해서는 문화적 정보를 가지고 서비스 제공 기술을 발휘해야 한다.
- 사회복지사는 비판적 자기성찰(자신의 편견 이해하기 및 자기 교정하기), 클라언트를 자신의 속한 문화의 전문가로 인정하기, 평생 학습에 전념하기, 문화적 겸손을 증진하기 위해 기관에 책임 묻기를 통해 문화적 겸손과 지식을 발휘해야 한다.
- 사회복지사는 사회적 다양성의 특징, 즉 인종, 민족, 출신국, 피부색, 성, 성적 성향, 젠더 정체성이나 그에 대한 표현, 연령, 혼인상태, 정치적 신념, 종교, 이민자 지위, 정신·신체적 능력에 따른 사회적 다양성 및 억압의 성격 등에 대해 교육을 받아야 하고 이해하도록 힘써야 한다.
- 사회복지사는 전자적 사회복지 서비스를 제공하는 경우 클라이언트들 간의 문화적·사회경제적 차이와 그들이 전자적 기술을 어떻게 사용할지에 대해 인지해야 한다. 사회복지사는 문화적·환경적 ·경제적·정신적 또는 신체적 능력 그리고 이와 같은 서비스를 제공하는 데 영향을 끼치거나 서비스를 사용할 때 발생하는 언어

적 이슈 그리고 기타의 이슈들에 대해 사정해야 한다.

- 전자 사회복지 서비스를 제공하는 경우, 사회복지사는 전자기술에 대한 접근과 사용에 있어 클라이언트 간의 문화적 · 사회경제적 차이를 인식하고, 잠재적 장벽을 방지하기 위해 노력해야 한다. 사회복지사는 문화적 · 환경적 · 경제적 · 정신적 또는 신체적 능력 그리고 이와 같은 서비스를 제공하는 데 영향을 끼치거나 서비스를 사용할 때 발생하는 언어적 이슈 그리고 기타의 이슈들에 대해 사정해야 한다.

사회복지사, 기관과 같은 어떤 체계가 문화적 역량을 갖기 위해서는, ① 다양성을 존중하며, ② 문화적 자기인식을 할 수 있는 능력을 갖추고, ③ 문화들이 상호작용할 때 고유의 역학을 의식하며, ④ 문화적 지식을 제도화하고, ⑤ 문화들 간의 다양성뿐만 아니라 문화들 내부의 다양성에 대한 이해를 반영한 프로그램과 서비스를 개발해야 한다(NASW, 2021).

미국 사회복지사 협회에서는 사회복지실천에 있어서의 문화적 역량과 관련하여 다음과 같은 10가지 기준을 제시하였다(NASW, 2015).

(1) 윤리와 가치: 사회복지사는 윤리강령의 가치, 윤리 및 기준에 따라 기능해야 한다. 문화적 역량은 자기인식, 문화적 겸손 그리고 효과적인 실천의 중심으로서 문화를 이해하고 포용하려는 노력을 필요로 한다.

(2) 자기인식: 사회복지사는 자신의 문화적 정체성과 다른 사람들의 문화적 정체성에 대한 인식을 보여 주어야 한다. 사회복지사는 또한 자신의 특권과 권력에 대해 알고 있어야 하며, 클라이언트와의 업무와 클라이언트를 대신하여 이 특권과 권력이 미치는 영향을 인정해야 한다. 사회복지사는 또한 사회복지의 모든 영역에서 권력과 특권의 역동성에 대한 문화적 겸손과 민감성을 보여 주어야 한다.

(3) 범문화적 지식: 사회복지사는 인종 · 민족 등 역사 · 전통 · 가치 · 가족제도 · 예술적 표현, 이민 · 난민지위, 부족집단, 종교 · 영성, 성적지향, 성정체성 또는 표현, 사회계층, 다양한 문화집단의 정신 · 신체적 능력 등을 포함하되 이에 국한되지 않는 전문적인 지식과 이해를 보유하고 지속적으로 발전시켜야 한다.

(4) 범문화적 기술: 사회복지사는 실무, 정책 및 연구에서 문화의 중요성에 대한 이해와 존중을 보여 주는 광범위한 기술(미시적, 중간적, 거시적)을 사용한다.

(5) 서비스 제공: 사회복지사는 서비스, 자원 및 기관의 사용에 대해 잘 알고 능숙해야

하며 다문화 공동체에 봉사할 수 있어야 한다. 공식 및 비공식 네트워크 내에서 문화적으로 적절한 추천을 할 수 있어야 하며 특정 문화 집단에 영향을 미치는 서비스 격차를 인식하고 해결하기 위해 노력해야 한다.

(6) **임파워먼트와 옹호**: 사회복지사는 사회제도, 정책, 관행 및 프로그램이 다문화 클라이언트 집단에 미치는 영향을 인식하고, 적절한 때마다 다문화 클라이언트 및 클라이언트 집단을 옹호, 지지 및 대표해야 한다. 또한 사회복지사는 소외되고 억압받는 집단에 힘을 실어 주고 옹호하는 정책 및 관행을 개발하고 실행하는 데 참여해야 한다.

(7) **다양한 인력**: 사회복지사는 직업 내 다양성이 확보될 수 있도록 사회복지 프로그램 및 조직에서 모집, 가입 및 채용, 유지 노력을 지원하고 옹호하여야 한다.

(8) **전문적 교육**: 사회복지사는 직업 내에서 문화적 역량을 증진시키는 전문적인 교육 훈련 프로그램을 옹호, 개발 및 참여해야 한다. 사회복지사는 평생학습의 초점으로 문화적 역량을 수용해야 한다.

(9) **언어와 의사소통**: 사회복지사는 제한된 영어능력이나 낮은 문해능력을 가진 사람들, 시각장애인이나 저시력인, 청각장애인이나 난청인, 장애인을 포함한 모든 문화집단의 클라이언트들과 효과적인 의사소통을 제공하고 옹호해야 한다.

(10) **문화역량 증진을 위한 리더십**: 사회복지사는 기관, 조직, 지역사회에서 다문화 집단과 효과적으로 협력할 수 있는 리더십 능력을 발휘하는 변화 주체다.

사회복지사는 반드시 문화적 · 사회적 다양성에 대해 전문적이고 지속적인 교육을 받고, 클라이언트의 다양성을 수용하는 개방적인 태도를 가져야 한다. 또한, 사회복지사의 문화적 역량을 키우기 위해 다른 소수집단의 문화를 경험할 수 있는 다양한 문화적 기회를 갖도록 노력하는 것도 매우 중요하다(이경은, 김도희, 2012).

4) 사회복지실천에서의 다양성 존중을 위한 지침

다양성의 존중, 사회정의, 인권 등을 핵심가치로 하고 있는 사회복지를 실천하기 위해서, 사회복지사는 사회적 다양성에 대한 이해를 높이고 민감성을 발달시켜야 한다. 특정 소수집단에 대한 고정관념과 선입견을 최소화하고, 사회 내에서 이루어지고 있는 차별적 행동과 제도적 억압을 인식하고 이를 개선해 나가도록 해야 한다. 특히 차이와 다양

성을 존중하고 사회적 소수자에 대한 편견과 차별에 맞서 대응할 수 있도록 다양성 존중이라는 사회복지의 핵심가치를 강화해야 한다.

문화적 역량의 증진을 위해서는 타문화에 대한 이해와 함께 지속적인 자기인식과 성찰의 노력이 이루어져야 한다(김정연, 2017). 그러기 위해서 사회복지사는 자기성찰을 통해 자기 자신의 신념, 가치, 편견을 인식할 수 있는 기회를 가져야 하며, 이런 것들이 다양한 집단들과의 관계 형성 및 소통과정에 영향을 미치는 지에 대해서도 고찰해 봐야 한다(Harro, 2018). 사회복지사는 다양성과 차이가 인간의 경험이나 가치, 정체성 형성에 어떻게 영향을 미치는지를 이해해야 한다. 계급, 성과 젠더, 종교, 연령, 장애, 인종, 국적 등의 다양성과 차이로 인해 각 개인이 특권이나 권력을 경험하기도 하지만, 억압, 빈곤, 사회적 배제와 소외를 경험하기도 한다는 점을 이해하는 것이 필요하다. 사회적 구조상에서 억압, 차별, 배제 등이 어떤 형태로 나타나는지에 대해서도 인식할 수 있어야 한다. 사회복지사는 사회복지실천현장 및 과정에서 다양성과 차이로 인해 개인에게 나타날 수 있는 영향을 이해하고, 이를 실천과정에 적용 및 활용해야 한다. 사회복지사는 반드시 문화적 · 사회적 다양성에 대해 전문적이고 지속적인 교육을 받고, 클라이언트의 다양성을 수용하는 개방적인 태도를 가지는 것이 필요하다.

사회복지사의 문화적 역량을 키우기 위해 다른 소수집단의 문화를 경험할 수 있는 다양한 문화적 기회를 갖도록 노력하는 것도 매우 중요하다(이경은, 김도희, 2012). 선행연구에 따르면, 소수자와의 직접적 접촉 빈도가 높을수록(손상희, 2005; 인태정, 2009), 소수자 관련 이해교육에 참여 경험이 있을수록(정명희, 박의병, 2014), 소수자에 대한 사회적 거리감이 낮아진다. 사회적 소수자에 대한 차별적 인식을 줄이기 위해, 사회적 소수자와 함께 하는 직접적 경험을 많이 갖고, 사회적 소수자에 대한 이해교육을 늘려야 한다. 또한 기관, 조직, 서비스 전달체계 등의 차원에서 정례적인 슈퍼비전 및 사례회의 활성화, 세분화된 다문화 관련 교육과정 기획 및 실시 등이 이루어져야 한다(김정연, 2017).

참고자료

다음의 다문화 사회복지 실무자의 문화적 역량 척도(노충래, 김정화, 2011)를 통해, 사회복지사로서의 문화적 역량을 측정해 보는 것도 도움이 될 것이다.

〈다문화 사회복지 실무자의 문화적 역량 척도〉 (노충래, 김정화, 2011).

1점('전혀 적절하지 않다')에서 5점 ('매우 적절하다')의 5점 Likert 척도로서, 높은 점수일수록 문화적 역량이 높은 것으로 볼 수 있다.

〈다문화적 실천기술〉

1. 다문화 클라이언트의 성장을 도모할 수 있는 종결방법을 알고 있다.
2. 나는 다문화 클라이언트의 정체성을 파악하는 방법을 알고 있다.
3. 나는 다문화 클라이언트의 특성에 맞게 다양한 개입기술을 적용한다.
4. 나는 다문화 클라이언트의 욕구를 효과적으로 사정할 수 있다.
5. 나는 다문화 클라이언트와 그 민족집단의 지역사회 자원을 연계하는 방법을 알고 있다.
6. 나는 다문화 클라이언트에게 효과적인 상담방법을 알고 있다.
7. 나는 문화적으로 적합한 목표를 설정할 수 있다.
8. 나는 다문화 클라이언트의 언어적 · 비언어적 메시지(어투, 목소리, 제스처 등)를 이해하는 데 문제가 없다.
9. 나는 다문화 클라이언트가 믿는 종교에 대해 잘 이해하고 있다.

〈다문화적 인식 및 민감성〉

10. 나는 다문화 클라이언트의 행동을 이해할 때 그 사람의 문화적 맥락을 고려한다.
11. 나는 다문화 클라이언트의 문화를 이해할 때 그들의 연령, 성별, 경제상태와 같은 인구 · 사회 · 경제적 특성을 고려한다.
12. 나는 다문화 클라이언트의 문화적 배경을 고려하여 이들의 욕구를 충족시킬 수 있는 서비스를 제공하고 있다.
13. 다문화 클라이언트와 일할 때, 나는 문화적 실수나 오해를 재빠르게 파악하고 고칠 수 있다.
14. 나는 다문화 클라이언트의 문화적 특성에 대해 편안하게 질문할 수 있다.
15. 나는 다문화 클라이언트의 문화적 강점을 고려하면서 사정한다.

〈다문화 지식〉

16. 나는 클라이언트의 상황에 부정적인 영향을 줄 수 있는 한국사회의 제도적인 장벽들을 이해하고 있다.
17. 나는 클라이언트의 문화적 배경이 그들의 생활방식에 미치는 영향을 이해한다.

18. 나는 다문화 클라이언트가 한국 문화에 적응하는 것과 관련된 지식을 갖추고 있다.
19. 나는 다문화 클라이언트에게 행해지는 우리사회의 차별에 대해 이해하고 있다.
20. 나는 나와 클라이언트 간의 문화적 차이를 알고 있다.
21. 나는 비자, 영주권, 귀화 등과 같이 다문화 클라이언트의 국내 체류와 관련된 법과 제도들을 잘 알고 있다.
22. 나는 한국인을 대상으로 한 사정(평가)도구들이 다문화 클라이언트에게 적용될 때 발생할 수 있는 한계점을 알고 있다.

〈문화차이 극복노력〉

23. 나는 다문화 관련 워크숍이나 교육과정에 참여한다.
24. 나는 다문화 클라이언트를 이해하기 위해 그 민족의 축제나 고유행사, 음식 등 다양한 문화를 체험하려고 노력한다.
25. 나는 한국 클라이언트보다 다문화 클라이언트를 위해 옹호활동을 더 많이 하고 있다.
26. 나는 한국문화와 다문화 클라이언트 문화 간의 중개자 역할을 한다.

사례 2-2

"길가다 이유 없이 히잡 벗겨" 이주민 10명 중 7명 차별 경험

한국일보 2020. 3. 19.

한국 이주민 10명 중 7명 가까이가 여전히 한국 사회에 인종차별이 존재한다고 느낀다는 국가인권위원회 조사 결과가 나왔다.

인권위가 오는 21일 세계 인종차별 철폐의 날을 맞아 이주민 338명을 대상으로 한국사회의 인종차별 실태를 조사한 결과 68.4%가 "한국에 대체로 인종차별이 존재한다."라고 응답했다고 19일 밝혔다.

이주민들이 생각하는 차별 사유(중복응답)로는 한국어 능력(62.3%)이 가장 많았다. 한국인이 아니라서(59.7%), 출신 국가(56.8%) 등이 뒤를 이었다.

차별을 경험한 응답자 중 반말이나 욕, 조롱 등 언어적 비하를 경험한 비율은 56.1%로 절반을 훌쩍 뛰어넘었다. 사생활에 대해 지나치게 물어보거나(46.9%) 기분 나쁜 시선을 받고(43.1%), 없는 사람 취급을 당했다(34.9%)는 비율도 상당했다. 성희롱이나 성폭행을 당했다는 응답도 전체의 7.1%였다. 한 무슬림 이주민은 인권위 조사에서 "한 번은 길을 지나가다가, 한 번은 마트에서 누군가 내 히잡을 벗긴 일이 있었다."라고 털어놓기도 했다.

하지만 인종차별을 경험한 이주민 절반 가까이는 아무런 대처를 하지 못했다. 응답자의 48.9%는 차별을 당했을 때 '무엇인가 하고 싶었지만 그냥 참았다.'고 답했다. '이주민이기 때문에 무시당하는 것이 당연하다고 생각했다.'(28.5%), '나의 행동을 뒤돌아보았다.'(28.5%) 등 피해 원인을 자신에게 돌리고 차별적 관행을 받아들이는 이들도 있었다.

이주민들은 인종차별을 막기 위한 법과 정책 필요성에 크게 공감했다. 국가 · 공공기관을 포함해 모든 개인·단체 등에 의한 인종차별을 금지하는 법규 마련이 필요하다고 응답한 이들이 88.3%에 달했다. 이 밖에도 '모든 정책 입안 시 인종차별 영향 평가를 고려'(86.9%), '인종주의적 동기로 발생한 범죄에 대한 가중처벌'(86.8%) 등의 방안이 필요하다는 목소리도 많았다.

〈이하 생략〉

4. 차별금지 및 관련 법안

1) 인종 및 이민자 차별금지

한국 사회는 다문화 · 다인종 사회로 변해 가고 있다. 여성가족부의 '제4차 다문화가족 정책 기본계획(2023~2027)'에 따르면, 우리나라 다문화가족 수는 매년 증가하여 2021년 기준 약 112만 명에 이르렀다. 장기 거주 결혼이민자가 증가하고, 다문화 한부모가족 및 본국 귀환 다문화가족 등 다문화가족의 가구유형이 다변화되고 있다. 결혼이민자의 차별 경험은 감소하고 있으나, 국민의 다문화 수용성은 낮은 수준으로 나타났다(여성가족부, 2023). 또한 국내에 체류 중인 외국인은 2024년 2월 기준으로 2,359,618명이며, 결혼이민자는 176,269명, 외국인유학생은 230,422명, 불법체류외국인은 419,174명으로 나타난다(법무부, 2024). 이러한 다문화 사회로 변화하는 과정 속에서 새로이 사회로 진입하거나 이주한 집단과 기존의 집단이 갈등할 수 있는데, 경제적으로 침체되거나 변화가 있는 시기에는 특히 그렇다. 새로운 이민자나 외국인이 일자리를 다 차지한다는 불안감과 소수집단을 멸시하는 감정이 섞여 인종차별로 나타나는 것이다. 이에 사회복지사는 개인적 편견뿐만 아니라, 사회복지기관, 지역사회에 존재하고 있을 수도 있는 인종차별에 대해 민감하게 반응할 필요가 있다. 사회복지사는 인종차별을 예방하고, 제도적 · 사회적 인종차별에 항거해야 한다. 혹시라도 존재할 수 있는 사회복지실천 과정에서의 인종차별 행위에 관여하지 않았다 해도, 이를 묵인했다면 심각한 윤리적 위반이 될 수 있다. 인종차별 외에도 비윤리적인 차별이나 실천이 있는 경우 사회복지사는 이에 항거하고 변화시킬 수 있도록 노력해야 한다.

다문화 및 이민자 가정을 지원하는 법으로는 「다문화가족지원법」이 있다. 이 법은 다문화가족 구성원이 안정적인 가족생활을 영위하고 사회구성원으로서의 역할과 책임을 다할 수 있도록 함으로써 이들의 삶의 질 향상과 사회통합에 이바지함을 목적으로 2008년 3월 21일 제정되었다. 「다문화가족지원법」에 따라, 3년마다 다문화가족에 대한 실태조사가 실시되어야 하며(제4조), 국가와 지방자치단체는 다문화가족에 대한 이해증진을 위한 다문화 이해교육과 홍보 등의 필요한 조치를 하여야 한다(제5조). 그 외에도 「다문화가족지원법」에는 결혼이민자 등과 그 배우자 및 가족구성원들에게 생활정보 제공 및 교육 지원(제6조), 평등한 가족관계의 유지를 위한 조치(제7조), 가정폭력 피해자에 대한 보호 · 지원(제8조), 아동 · 청소년 보육 · 교육(제10조), 다국어에 의한 서비스 제공(제11조), 다문화가족지원센터의 설치 · 운영 등(제12조)에 대한 내용이 다음과 같이 포함되어 있다.

제6조(생활정보 제공 및 교육 지원): ① 국가와 지방자치단체는 결혼이민자 등이 대한민국에서 생활하는 데 필요한 기본적 정보를 제공하고, 사회적응교육과 직업교육 · 훈련 및 언어소통 능력 향상을 위한 한국어교육 등을 받을 수 있도록 필요한 지원을 할 수 있다.

② 국가와 지방자치단체는 결혼이민자 등의 배우자 및 가족구성원이 결혼이민자 등의 출신 국가 및 문화 등을 이해하는 데 필요한 기본적 정보를 제공하고 관련 교육을 지원할 수 있다.

제7조(평등한 가족관계의 유지를 위한 조치): 국가와 지방자치단체는 다문화가족이 민주적이고 양성평등한 가족관계를 누릴 수 있도록 가족상담, 부부교육, 부모교육, 가족생활교육 등을 추진하여야 한다. 이 경우 문화의 차이 등을 고려한 전문적인 서비스가 제공될 수 있도록 노력하여야 한다.

제8조(가정폭력 피해자에 대한 보호 · 지원): ① 국가와 지방자치단체는 다문화가족 내 가정폭력을 예방하기 위하여 노력하여야 한다. ② 국가와 지방자치단체는 가정폭력으로 피해를 입은 결혼이민자 등을 보호 · 지원할 수 있다. ③ 국가와 지방자치단체는 가정폭력의 피해를 입은 결혼이민자 등에 대한 보호 및 지원을 위하여 외국어 통역 서비스를 갖춘 가정폭력 상담소 및 보호시설의 설치를 확대하도록 노력하여야 한다. ④ 국가와 지방자치단체는 결혼이민자 등이 가정폭력으로 혼인관계를 종료하는 경우 의사소통의 어려움과 법률체계 등에 관한 정

보의 부족 등으로 불리한 입장에 놓이지 아니하도록 의견진술 및 사실 확인 등에 있어서 언어통역, 법률상담 및 행정지원 등 필요한 서비스를 제공할 수 있다.

제10조(아동 · 청소년 보육 · 교육): ① 국가와 지방자치단체는 아동 · 청소년 보육 · 교육을 실시함에 있어서 다문화가족 구성원인 아동 · 청소년을 차별하여서는 아니 된다. ② 국가와 지방자치단체는 다문화가족 구성원인 아동 · 청소년이 학교생활에 신속히 적응할 수 있도록 교육지원대책을 마련하여야 하고, 특별시 · 광역시 · 특별자치시 · 도 · 특별자치도의 교육감은 다문화가족 구성원인 아동 · 청소년에 대하여 학과 외 또는 방과 후 교육 프로그램 등을 지원할 수 있다. ③ 국가와 지방자치단체는 다문화가족 구성원인 18세 미만의 사람의 초등학교 취학 전 보육 및 교육 지원을 위하여 노력하고, 그 구성원의 언어발달을 위하여 한국어 및 결혼이민자 등인 부 또는 모의 모국어 교육을 위한 교재지원 및 학습지원 등 언어능력 제고를 위하여 필요한 지원을 할 수 있다.

제11조(다국어에 의한 서비스 제공): 국가와 지방자치단체는 제5조부터 제10조까지의 규정에 따른 지원정책을 추진함에 있어서 결혼이민자 등의 의사소통의 어려움을 해소하고 서비스 접근성을 제고하기 위하여 다국어에 의한 서비스 제공이 이루어지도록 노력하여야 한다.

제12조(다문화가족지원센터의 설치 · 운영 등) ① 국가와 지방자치단체는 다문화가족지원센터를 설치 · 운영할 수 있다.

……

④ 지원센터는 다음 각 호의 업무를 수행한다.

- 다문화가족을 위한 교육 · 상담 등 지원사업의 실시
- 결혼이민자 등에 대한 한국어교육
- 다문화가족 지원서비스 정보제공 및 홍보
- 다문화가족 지원 관련 기관 · 단체와의 서비스 연계
- 일자리에 관한 정보제공 및 일자리의 알선
- 다문화가족을 위한 통역 · 번역 지원사업
- 다문화가족 내 가정폭력 방지 및 피해자 연계 지원
- 그 밖에 다문화가족 지원을 위하여 필요한 사업

⑤ 지원센터에는 다문화가족에 대한 교육 · 상담 등의 업무를 수행하기 위하여 관련 분야에 대한 학식과 경험을 가진 전문인력을 두어야 한다.

※ 「다문화가족지원법 시행규칙」 제3조(다문화가족지원센터 전문인력의 기준): 다문화가족지원센터에는 건강가정사, 사회복지사, 그 밖에 여성가족부장관이 인정하는 관련 분야의 전문인력 중 어느 하나에 해당하는 전문인력을 1명 이상 두어야 한다.

사회복지사는 사회복지실천에서 다문화가정이나 이민가정, 외국인 노동자, 결혼이민 여성과 같이 일할 기회가 자주 있다. 이들이 갖고 있는 인종차별, 문화의 차이, 한국 사회로의 적응문제, 사회적 · 경제적 · 법적 어려움, 사회복지에 대한 욕구와 필요에 대한 배경지식을 갖고, 이들의 문화 · 정서에 기반을 둔 사회복지실천을 해 나갈 수 있도록 노력해야 한다.

사례 2-3

"낙상 위험 있다" 휠체어 탔다고 치과 진료 거부… 인권위 "장애인 차별"

〈뉴스1〉 2024. 4. 19.

지체 장애가 있다는 이유로 환자의 치과 진료를 거부한 것은 인권 침해라고 국가인권위원회(인권위)가 18일 판단했다. 인권위는 A 치과의원 원장에게 장애인 환자 의료서비스 제공 관련 업무 매뉴얼 마련과 전 직원 대상 장애인식 개선 인권 교육 실시를 권고했다. 인권위에 따르면 휠체어 이용 장애인인 피해자는 배우자 및 활동지원사와 함께 임플란트 시술을 위해 A 치과의원을 방문해 스스로 진료 의자에 앉을 수 있다는 의사를 밝혔지만 진료를 거부당했다.

이에 A 치과의원은 "휠체어에서 팔걸이가 없는 치과 진료용 의자로 이동할 때 낙상 위험이 있다."라고 설명했다. 그러면서 "피해자가 거동이 가능하다며 휠체어에서 일어났으나 바로 다시 앉는 모습을 보였고 이에 위험하다고 판단해 장애인 전문 치과를 상세히 알려 주며 상급 병원으로 옮길 것을 안내했다."라고 답변했다.

그러나 인권위는 당시 피해자가 휠체어에서 일어나려다 다시 앉은 사실이 없다고 주장하는 데다 의족을 착용하고 있었지만 약간의 부축만으로도 안정적으로 일어설 수 있는 상태였다고 판단했다. 아울러 피해자가 다른 치과에서 동일한 유형의 진료용 의자에 스스로 앉아 어려움 없이 진료받은 사실이 확인됐기 때문에 A 치과의원이 진료를 거부할 이유가 없었다고 보았다. 그러면서 A 치과의원의 진료 거부 행위가 「장애인차별금지 및 권리구제 등에 관한 법률」 제31조 제1항의 장애인 차별행위에 해당한다고 지적했다.

2) 장애인차별금지 및 기회의 평등한 접근 보장

장애인구가 급속히 증가함에 따라 장애인 일자리 및 사회참여 욕구도 빠르게 진행되고 있다. 하지만 〈사례 2-3〉과 같은 장애인을 대상으로 하는 차별은 여전히 사회 곳곳에 남아 있다. 이에 장애인의 권리를 구제하고 장애를 사유로 한 차별을 금지하기 위하여 2007년 4월 「장애인차별금지 및 권리구제 등에 관한 법률」을 제정하였다. 이 법률에서는 신체적 · 정신적 손상 또는 기능 상실이 장기간에 걸쳐 개인의 일상 또는 사회생활에 상당한 제약을 초래하는 상태에 있는 사람을 장애인으로 정의하고, 장애인을 돕기 위한 보호자 · 후견인 및 보조견 · 보조기구 사용 등을 차별금지 대상으로 규정하였다. 여기에는 다음과 같은 차별행위를 금지하였다.

- 장애인을 정당한 이유 없이 제한 · 배제 · 불리 · 거부 등 불리한 대우 금지
- 형식상 공정한 기준을 적용하였으나, 장애를 고려하지 않은 기준을 적용해 장애인에게 불리한 결과를 초래하는 행위 금지
- 장애인에 대한 정당한 편의 제공 거부 금지(정당한 편의: 장애인이 장애가 없는 사람과 동등하게 같은 활동에 참여할 수 있도록 장애인의 성별, 장애의 유형 및 정도, 특성 등을 고려한 편의시설 · 설비 · 도구 · 서비스 등 인적 · 물적 제반 수단과 조치)
- 장애인에 대한 제한 · 배제 · 분리 · 거부 등 불리한 대우를 표시 · 조장하는 행위 금지

「장애인차별금지 및 권리구제 등에 관한 법률」에 의해 금지되는 차별영역 및 내용은 다음과 같다.

- 고용: 모집 · 채용 · 임금 · 승진 · 인사 · 정년 · 퇴직 등 인사상 차별금지 및 직무수행에 필요한 정당한 편의제공 등
- 교육: 입학 및 전학 강요 · 거부금지, 수업 · 실험 · 수학여행 등 배제 · 거부금지 및 기타 학업에 필요한 정당한 편의제공 등
- 재화와 용역의 제공 및 이용: 비장애인과 동등한 재화와 용역의 이용 및 시설물, 교통수단, 정보통신, 의사소통, 문화, 체육 등에서 차별금지 및 정당한 편의제공 등
- 사법 · 행정절차 및 서비스와 참정권: 사법 · 행정서비스 이용 및 참정권 행사에 따른 정당한 편의제공 등
- 모 · 부성권, 성 등: 임신 · 출산 · 양육 등 모 · 부성권에 있어 차별금지 및 성에 대한 자기결정권 보장 등
- 가족 · 가정 · 복지시설, 건강권, 장애여성 및 장애아동 등: 장애인의 의사결정권 보장, 유기 · 학대 · 폭력 · 괴롭힘 등 금지 및 장애여성 및 장애아동에 대한 권리보호 강조

2020년 보건복지부의 '2020년 장애인 실태조사'에 따르면, 2020년 기준으로 장애인의 29.3%가 장애 때문에 본인이 차별받고 있다고 느끼고 있고, 63.6%는 우리나라에서 장애인에 대한 차별이 있다고 느끼고 있는 것으로 보고되었다. 장애인들은 교육현장, 취업 및 직장생활, 의료기관 이용 및 지역사회생활 등에서 사회적 차별을 경험하는 것으로 나타났다. 초등학교 입학 · 전학 시에 사회적 차별을 받았다는 응답이 37.2%으로 가장 높게 나타났으며, 그 외에 중학교 입학 · 전학 시에는 33.5%, 고등학교 입학 · 전학 시에는 26.5%, 유치원(보육시설) 입학 · 전학시 24.7%, 대학교 입학 · 전학 시 8.8%의 순으로 사회적 차별을 경험한 것으로 보고하였다. 그 외에도 취업 시에 차별을 경험했다고 응답한 장애인의 비율은 21.5%였으며, 직장생활에서 소득(임금) 차별 경험이 있다고 응답한 비율은 13.6%였다. 직장생활 중 동료와의 관계에서 차별을 경험했다는 응답 비율은 13.5%로 나타났으며, 직장생활의 승진에서 차별을 경험했다는 장애인의 비율은 7.8%로 나타났다. 의료기관 이용 시 차별을 경험한 경우는 전체 응답자의 3.7%를 차지하였으며, 지역사회생활(음식점, 극장, 공연장, 체육시설 등)에서 차별을 경험했다는 응답은 전체의 6.8%로 나타났다.

장애인에 대한 차별행위가 있는 경우에 이를 국가인권위원회에 진정하게 되면, 조사 후에 권고가 내려지게 된다. 법무부의 시정명령에도 차별행위가 근절되지 않을 시에는 과태료 등이 부과되며, 법원 민사상 손해에 대한 손해배상을 청구하거나 사법기관에 형사소송할 수 있다.

장애인에게 기회의 평등한 접근을 보장하는 또 다른 법률로는 「장애인고용촉진 및 직업재활법」을 들 수 있다. 「장애인고용촉진 및 직업재활법」은 장애인이 그 능력에 맞는 직업생활을 통하여 인간다운 생활을 할 수 있도록 장애인의 고용촉진 및 직업재활을 꾀하는 것을 목적으로 한다. 국가와 지방자치단체는 소속 공무원 정원에 대하여 일정 비율 이상을 고용해야 하는 의무가 있다. 상시 50명 이상의 근로자를 고용하는 사업주는 그 근로자의 총수의 5%의 범위에서 의무고용률 이상에 해당하는 장애인을 고용해야 하며, 장애인을 고용한 사업주에게 고용장려금이 지급될 수 있다. 반면에, 의무고용률에 못 미치는 장애인을 고용하는 사업주는 부담금을 납부해야 한다.

사례 2-4

'육아기 근로시간 단축' 사용했다고 '구내식당 이용 제한'… 여전히 심각한 '구조적 성차별'

〈경향신문〉 2024. 3. 15.

10년차 여성 직장인 A 씨의 연봉은 더디게 오른다. 회사는 '남자 신입보다 월급이 많으면 안 된다.'는 이유를 들며 A 씨의 연봉을 매번 부분적으로만 인상해 줬다. 그는 "회사가 성차별적으로 급여를 적용하고 있다."라며 "노동부에 신고할 수 있는지 궁금하다."라고 했다.

여성 직장인 10명 중 4명은 같은 일을 해도 남성보다 임금을 적게 받는 차별을 경험한 적이 있다고 답했다. 모집·채용, 교육·배치·승진 등에서도 30%가량은 차별을 겪은 것으로 조사됐다.

노동인권단체 직장갑질119는 지난달 2~13일 전국 직장인 1,000명을 대상으로 실태조사를 벌인 결과 이같이 나타났다고 3일 밝혔다.

차별은 다양한 영역에서 존재했다. 전체 성별 응답자를 대상으로 '고용상 성차별' 경험 여부를 물으니 '동일 가치 노동에 대해 성별에 따라 임금 차등 지급'이 29.9%로 가장 높게 나타났다. 이어 '모집과 채용 시 성차별'이 27.4%, '교육·배치·승진 성차별'이 26.5%, '임금 외 복리후생 등에서 성차별'이 23.0%, '혼인·임신·출산을 퇴직 사유로 예정하는 근로계약'이 22.5%, '정년·퇴직 및 해고에서 성차별'이 21.2%로 뒤를 이었다.

여성 직장인만을 대상으로 '고용상 성차별' 경험을 질문한 결과 '동일 가치 노동에 대해 성별에 따라 임금 차등 지급'을 겪었다는 응답이 40.6%로 더 높았다. '교육·배치·승진 성차별'은 35.5%, '모집과 채용 시 성차별'은 34.6%였다. 이어 '임금 외 복리후생 등에서 성차별'은 29.0%, '혼인·임신·출산을 퇴직 사유로 예정하는 근로계약'은 27.1%, '정년·퇴직 및 해고에서 성차별'은 25.8%로 모두 전체 평균보다 높았다.

직장갑질119에도 다양한 성차별 상담 사례들이 접수됐다. 한 병원은 법에 따라 육아기 근로시간 단축제도를 사용한 3년 차 직원에게 '지나친 혜택을 받고 있다.'며 구내식당 점심을 먹지 못하게 했다. 한 직장인은 결혼을 앞두고 본부장으로부터 퇴사 요구를 받았다. 경조휴가에 연차를 붙여 신혼여행을 다녀오려 했는데, "어차피 연차를 결재해 주지 않을 것이니 퇴사하라."라는 말을 들었다는 경우도 있었다.

〈이하 생략〉

3) 남녀차별 금지 및 양성평등의 보장

〈사례 2-4〉과 같은 여성차별 근절과 사회의 모든 영역에서 남녀평등 실현을 목적으로,「남녀고용평등과 일 · 가정 양립 지원에 관한 법률」과「양성평등기본법」이 시행되고 있다.「남녀고용평등과 일 · 가정 양립 지원에 관한 법률」은「대한민국헌법」의 평등이념에 따라 고용에서 남녀의 평등한 기회와 대우를 보장하고 모성보호와 여성 고용을 촉진하여 남녀고용평등을 실현함과 아울러 근로자의 일과 가정의 양립을 지원함으로써 모든 국민의 삶의 질 향상에 이바지하는 것을 목적으로 1987년 12월 4일「남녀고용평등법」으로 제정되었다. 그리고 2007년 12월 21일「남녀고용평등과 일 · 가정 양립 지원에 관한 법률」(약칭: 남녀고용평등법)로 법률 이름을 변경하였다. 이 법률에 따르면, 차별은 사업주가 근로자에게 성별, 혼인, 가족 안에서의 지위, 임신 또는 출산 등의 사유로 합리적인 이유 없이 채용 또는 근로의 조건을 다르게 하거나 그 밖의 불리한 조치를 하는 경우로 정의될 수 있다(제2조). 단, 직무의 성격에 비추어 특정 성이 불가피하게 요구되는 경우, 여성 근로자의 임신 · 출산 · 수유 등 모성보호를 위한 조치를 하는 경우, 그 밖에 이 법 또는 다른 법률에 따라 적극적 고용개선조치를 하는 경우는 제외된다. 적극적 고용개선조치란 현존하는 남녀 간의 고용차별을 없애거나 고용평등을 촉진하기 위하여 잠정적으로 특정 성을 우대하는 조치를 말한다.「남녀고용평등법」에서는 모집과 채용(제7조), 임금(제8조), 정년 · 퇴직 및 해고(제11조), 직장 내 성희롱의 금지(제12조), 육아휴직(제19조)에 대한 내용을 다음과 같이 포함하고 있다.

제7조(모집과 채용):

① 사업주는 근로자를 모집하거나 채용할 때 남녀를 차별하여서는 아니 된다.

② 사업주는 여성 근로자를 모집 · 채용할 때 그 직무의 수행에 필요하지 아니한 용모 · 키 · 체중 등의 신체적 조건, 미혼 조건, 그 밖에 고용노동부령으로 정하는 조건을 제시하거나 요구하여서는 아니 된다.

제8조(임금):

① 사업주는 동일한 사업 내의 동일 가치 노동에 대하여는 동일한 임금을 지급하여야 한다.

② 동일 가치 노동의 기준은 직무 수행에서 요구되는 기술, 노력, 책임 및 작업 조건 등으로 하고, 사업주가 그 기준을 정할 때에는 노사협의회의 근로자를 대표하는 위원의 의견을 들어야 한다.

③ 사업주가 임금차별을 목적으로 설립한 별개의 사업은 동일한 사업으로 본다. 사업주는 동일한 사업 내의 동일 가치 노동에 대하여는 동일한 임금을 지급하여야 한다.

제11조(정년 · 퇴직 및 해고):

① 사업주는 근로자의 정년 · 퇴직 및 해고에서 남녀를 차별하여서는 아니 된다.

② 사업주는 여성 근로자의 혼인, 임신 또는 출산을 퇴직 사유로 예정하는 근로계약을 체결하여서는 아니 된다.

제12조(직장 내 성희롱의 금지): 사업주, 상급자 또는 근로자는 직장 내 성희롱을 하여서는 아니 된다.

제19조(육아휴직):

① 사업주는 임신 중인 여성 근로자가 모성을 보호하거나 근로자가 만 8세 이하 또는 초등학교 2학년 이하의 자녀(입양한 자녀를 포함한다)를 양육하기 위하여 휴직(이하 "육아휴직"이라 한다)을 신청하는 경우에 이를 허용하여야 한다. 다만, 대통령령으로 정하는 경우에는 그러하지 아니하다.

② 육아휴직의 기간은 1년 이내로 한다.

③ 사업주는 육아휴직을 이유로 해고나 그 밖의 불리한 처우를 하여서는 아니 되며, 육아휴직 기간에는 그 근로자를 해고하지 못한다. 다만, 사업을 계속할 수 없는 경우에는 그러하지 아니하다.

④ 사업주는 육아휴직을 마친 후에는 휴직 전과 같은 업무 또는 같은 수준의 임금을 지급하는 직무에 복귀시켜야 한다. 또한 제2항의 육아휴직 기간은 근속기간에 포함한다.

⑤ 기간제근로자 또는 파견근로자의 육아휴직 기간은 「기간제 및 단시간근로자 보호 등에 관한 법률」 제4조에 따른 사용기간 또는 「파견근로자 보호 등에 관한 법률」 제6조에 따른 근로자파견기간에서 제외한다.

⑥ 육아휴직의 신청방법 및 절차 등에 관하여 필요한 사항은 대통령령으로 정한다.

남녀평등 실현을 목적으로 하는 또 다른 법률인 「양성평등기본법」은 1995년 제정된 「여성발전기본법」을 전부 개정한 것으로, 2015년 7월 1일부터 시행되고 있다. 이 법률은 「대한민국헌법」의 양성평등 이념을 실현하기 위한 국가와 지방자치단체의 책무 등에 관한 기본적인 사항을 규정함으로써 정치 · 경제 · 사회 · 문화의 모든 영역에서 양성평등을 실현하는 것을 목적으로 하고 있다. 이 법에서는 양성평등정책 기본계획을 5년마다 수립해야 한다는 것(제7조), 기본계획에 따라 연도별 시행계획을 수립해야 하며(제8조),

양성평등 실태조사를 5년마다 실시(제10조)해야 하고, 양성평등위원회를 두어야 한다(제11조)는 내용을 포함하고 있다. 그 외에도 양성평등정책책임관의 지정(제13조), 국가성평등지수 등 대한 사항(제19조), 정책결정과정 · 공직 · 정치 · 경제활동 등 사회 전 분야에서 여성과 남성의 평등한 참여(제21조), 모성 · 부성의 권리 보장(제25조), 양성평등 교육(제36조) 등에 대한 내용이 명시되어 있다.

4) 연령차별 금지

〈사례 2-5〉는 나이차별(ageism) 또는 연령차별의 예다. 나이차별은 나이가 듦에 따라 사람의 매력, 지적 · 성적 능력, 생산성 등이 떨어진다는 믿음을 근거로 나이 든 사람에게 가해지는 편견과 차별을 말한다. 인종차별이나 성차별과는 다르게, 차별하는 사람들이 나이가 들면 차별받는 입장이 된다는 특징을 갖는다.

경제활동에서의 나이차별을 방지하기 위해 2009년 3월부터 「고용상 연령차별 금지 및 고령자 고용촉진에 관한 법률」(약칭: 「고령자고용법」)이 시행되고 있다. 이 법은 합리적인 이유 없이 연령을 이유로 하는 고용차별을 금지하고, 고령자가 그 능력에 맞는 직업을 가질 수 있도록 지원하고 촉진함으로써, 고령자의 고용안정과 국민경제의 발전에 이바지하는 것을 목적으로 한다.

사례 2-5

"성별에, 나이에" 채용 차별에 눈물짓는 구직자들

〈세계일보〉 2023-10-17 https://www.segye.com/newsView/20231017509255?OutUrl=naver

취업포털사이트의 채용 공고문을 분석한 결과 연령과 성별을 이유로 채용상 불이익을 주는 사례가 매년 2000건이 넘는 것으로 나타났다. 국회 환경노동위원회 소속 국민의힘 임이자 의원이 16일 고용노동부에서 받은 자료에 따르면 지난해 모집·채용상 연령차별 위반이 의심되는 사업장은 1237곳이다. 성차별 위반이 의심되는 사업장은 924건으로 파악됐다. 아르바이트를 비롯한 구인·구직 정보를 제공하는 인크루트와 사람인, 잡코리아, 벼룩시장, 알바몬, 알바천국 등 7개 취업포털 구인광고 플랫폼을 조사한 결과다.

성별과 나이를 차별해 시정 조치와 사법처리를 받은 사업장은 꾸준히 증가하는 추세다. 연령차별이 적발된 사업장 가운데 시정 조치는 2020년 246곳(23.3%) 지난해 346곳(29.4%)으로 늘었다. 사법처리 역시 2020년 2곳(0.2%)에서 지난해 9곳(0.8%)으로 4배 이상 증가했다.

성차별이 적발된 사업장의 시정 조치는 2020년 182곳(26.9%), 지난해 233곳(28.7%)으로 나타났다. 다만 사법처리는 2020년과 지난해 모두 1곳(0.1%)으로 같았다.

〈이하 생략〉

65살 되면 변전 노동 자격증 말소… 인권위 "나이 이유로 차별"

〈한겨레〉 2024. 03. 04 https://www.hani.co.kr/arti/society/society_general/1130770.html

고령 노동이 크게 증가하는 상황에서 용역 노동자의 '나이'만을 이유로 업무에 필요한 자격증 유효기간을 차별하지 말라는 국가인권위원회(인권위) 권고가 나왔다. 인권위는 "한국전력공사 사장에게 변전 전기원 자격인증 대상자가 인증예정일로부터 5년 이내에 만 65세에 도달하는 경우는 만 65세가 되는 날로 한다는 규정을 삭제할 것을 권고했다."라고 4일 밝혔다. 변전 전기원은 고전압으로 받은 전기를 낮추어 내보내는 변전기기를 설치, 유지・보수하는 업무를 하는데, 한국전력은 안정적인 전기 공급을 위하여 변전 전기원 자격증 제도를 운영・관리하며 이 자격증을 가지고 있어야 변전 전기원으로 일할 수 있다.

'변전 전기원 교육 및 평가관리 업무 기준서'에 따르면 "변전 전기원의 자격 유효기간은 자격 인증일로부터 5년으로 한다. 다만 자격인증 대상자가 인증예정일로부터 5년 이내에 만 65세에 도달하는 경우는 만 65세가 되는 날로 한다."라고 규정한다. 즉, 만 65세가 되면 변전 전기원 자격증이 말소된다는 의미다. 변전 전기원 2급 자격자인 진정인은 "다른 요소에 대한 고려 없이 단지 나이를 이유로 자격에 제한을 두는 것은 부당하다."며 인권위에 진정을 제기했다.

이에 대해 한국전력은 "변전 전기원의 노동강도가 높고 산업재해 발생 요인이 있어 작업자의 안전을 위하여 나이 제한을 유지하고 있으며, 변전 전기원 자격이 말소됐다고 해도 일반 작업자로서 공사에 참여하는 것은 가능하다."라고 답변했다.

인권위 차별시정위원회(소위원장 남규선 상임위원)는 △만 65세에 도달했다고 하여 건강 및 능력 감퇴를 일률적으로 단정할 수는 없는 점, △실제로 사고 발생 현황도 만 65세 이상에 집중된다거나 더 많다고 할 수 없는 점 △보수교육 실시 및 자격증 갱신 주기를 짧게 하는 등의 방법으로 안전 및 능률을 확보할 수 있는 점 등을 종합적으로 고려할 때, 만 65세 도달을 이유로 일률적으로 자격을 말소하는 것은 합리적인 이유가 있다고 보기 어렵다고 판단했다.

〈이하 생략〉

「고령자고용법」에 따르면 사업주는, 첫째, 모집 · 채용, 둘째, 임금, 임금 외의 금품 지급 및 복리후생, 셋째, 교육 · 훈련, 넷째, 배치 · 전보 · 승진, 다섯째, 퇴직 · 해고의 분야에서 합리적인 이유 없이 연령을 이유로 근로자 또는 근로자가 되려는 자를 차별하여서는 안 된다. 고령자의 직업지도와 취업 알선 등의 업무를 효율적으로 수행하기 위하여 필요한 지역에 고령자 고용정보센터가 설립 · 운영될 수 있으며, 다음과 같은 업무를 수행하게 된다.

- 고령자에 대한 구인 · 구직 등록, 직업지도 및 취업 알선
- 고령자에 대한 직장 적응훈련 및 교육
- 정년연장과 고령자 고용에 관한 인사 · 노무관리와 작업환경 개선 등에 관한 기술적 상담 · 교육 및 지도
- 고령자 고용촉진을 위한 홍보
- 그 밖에 고령자 고용촉진을 위하여 필요한 업무

「고령자고용법」에서는 사업주가 채용 과정에서 나이차별을 하게 되면 진상 조사를 거쳐 시정 권고를 하게 되며, 사업주가 이를 이행하지 않으면 고용노동부가 과태료를 부과할 수 있다. 「고령자고용법」은 모집 · 채용에서 퇴직 · 해고에 이르기까지 고용의 전 단계에 걸쳐 나이를 이유로 한 차별행위를 금지하고 있다. 사업주가 나이차별을 할 경우 국가인권위원회에 진정을 제기할 수 있으며, 인권위는 조사 뒤 사업장에 시정권고를 하고 권고 내용을 고용노동부에 통보하게 된다. 사업주가 이를 이행하지 않으면 고용노동부 장관은 피해자의 신청을 받아서나 직권으로 시정명령을 내릴 수 있으며, 이후에도 고쳐지지 않으면 과태료가 부과된다.

// 학습과제 //

1. 사회적 약자를 위한 우대정책이나 할당정책이 필요한지에 대해 토론하시오. 예를 들어, 남성보다 여성에게 고용의 우선권을 주는 여성 고용차별 철폐 프로그램을 지지하겠는가?
2. 불평등이나 차별을 직접 경험하거나, 그런 일을 간접적으로 보고 들은 경우에 대해 자신의 경험과 생각을 토론하시오.

3. 특정 그룹에 대한 자기 자신의 편견에 대해서도 생각해 보고, 자신의 개인적 편견 및 사회문화적 편견의 형성에 대하여 토론하시오.
4. 주변에서 보고 듣거나 본인이 경험한 장애인차별, 성차별, 연령차별 등의 실례를 찾아보시오.
5. 성적 소수자에 대한 다음과 같은 속설이 과연 맞는지 성적 소수자에 대한 자료를 찾아보고, 개인적 · 사회적 편견에 대해 토론해 보시오.

- 동성애는 부도덕적이며, 정신질환이다.
- 동성애자가 이성애자보다 더 많은 성적 파트너를 가진다.
- 게이는 어린아이를 성희롱한다.
- 게이나 레즈비언은 그들의 행동이나 입는 옷으로 알아볼 수 있다.
- 게이는 좋은 부모가 될 수 없으며, 그들의 생활방식에 아이를 노출시킴으로써 게이로 자라나게 할 수 있다.

6. 차별과 불평등에 관한 다음의 영화 및 다큐멘터리를 보고, 감상을 토론해 보시오.

- 〈82년생 김지영〉(2019): 한국 사회의 여성 차별과 불평등에 대한 문제를 다루는 영화
- 〈천하장사 마돈나〉(2006): 성전환을 꿈꾸는 한 씨름 선수 소년의 이야기
- 〈학교 가는 길〉(2021): 공립특수학교인 서진학교 설립 과정을 담은 다큐멘터리
- 〈69세〉(2020): 69세의 여성이 29세 남자에게 성폭행을 당하면서 겪는 연령차별에 관한 영화
- 〈마이리틀히어로〉(2013): 음악감독이 되고자하는 남자와 다문화 가정 배경의 아이의 만남을 통해 서로에게 꿈과 희망을 주는 이야기
- 〈방가방가〉(2010): 취직이 되지 않자 한국인이 부탄인 행세를 하며 외국인 노동자들이 일하는 공장에 취직하면서 생기는 이야기
- 〈완득이〉(2011): 몸이 불편한 아버지와 없는 줄 알고 살았던 외국 필리핀 엄마의 사이에서 태어난 사춘기 성장통을 겪는 완득이의 이야기
- 〈어른이 되면〉(2018): 13세 때 가족들과 떨어져서 18년간 시설에서 살던 중증 발달장애인 동생과 함께 탈시설하여 살게 된 이야기
- 〈너에게 가는 길〉(2021): 자식의 커밍아웃을 받은 부모들의 이야기를 담은 다큐멘터리

// **학습정리** //

- 사회복지사는 가용 자원을 모든 클라이언트에게 평등하게 배분해야 하는 의무가 있다.
- 사회복지실천에서 제한된 자원을 배분하는 분배적 정의의 기준은 평등, 욕구, 기여, 보상의 원칙에 기초한다.
- 사회복지사는 차별, 억압 등 사회적 불의를 없애기 위해 노력해야 하며, 문화적 · 종교적 다양성에 민감해야 한다.
- 사회복지사는 억압받는 사람과 사회문제에 대해 특별한 관심을 가지고, 사회정의를 이루기 위해 노력해야 한다.
- 차별은 어떠한 개인이나 집단에 대해 자의적인 기준으로 불평등하게 대우하여 그 특정 개인과 집단을 사회적으로 불이익을 주거나 배제시키는 행위를 말하며, 직접적인 차별과 간접적인 차별로 나눌 수 있다. 또한 사회적 약자에 대한 편견과 차별적 내용을 대중에게 유포하여 차별적 행위를 조장하는 행위도 포함한다.
- 차별금지 관련 법안은 대표적으로 「장애인차별금지 및 권리구제 등에 관한 법률」 「남녀고용평등과 일 · 가정 양립 지원에 관한 법률」 「양성평등기본법」 「고용상 연령차별 금지 및 고령자 고용촉진에 관한 법률」 등이 있다.
- 사회통합은 구성원들 간 관계적 속성으로서, 공통의 가치와 일체감을 기반으로 상호 존중과 협력 그리고 책임 의식이 발휘되면서 개인과 집단 간 차이로 인해 불가피하게 발생하는 사회갈등이 조화롭게 극복되어 가는 과정을 말한다.
- 사회 내 다양성을 존중하고, 사회적 소수자에 대한 배제나 차별에 항거해야 하는 것은 사회복지사의 가치다.
- 사회복지사가 문화적으로 다양한 사람들과 상호작용하기 위해 다양성에 대한 문화적 인식, 클라이언트의 세계관에 대한 문화적 지식, 문화적 기술을 개발하고 습득함으로써 문화적 역량을 키워야 한다.

참고문헌

경향신문(2024. 3. 15.). '육아기 근로시간 단축' 사용했다고 '구내식당 이용 제한'…여전히 심각한 '구조적 성차별'. https://v.daum.net/v/20240315102647104 (2024. 8. 30. 인출).

김수정, 마경희(2020). 사회복지교육과정의 다양성 교육에 관한 국제 동향과 법적 과제. **사회복지법제연구, 11**(1), 183-202.

김연희(2007). 한국사회의 다문화와 사회복지분야의 문화적 역량. **사회복지연구, 35**(4), 117-144.

김정연(2017). 다문화실천가의 다문화 실천경험과 문화적 역량 획득과정에 대한 질적연구. **미래사회복지연구, 8**(2), 95-124.

김태성(2000). 생산적 복지 무엇을 해야 하나? **사회복지연구, 16**, 25-48.

노충래, 김정화(2011). 다문화 사회복지 실무자의 문화적 역량 척도개발 및 타당화. **한국사회복지학, 63**(2), 207-231.

뉴스1(2024. 4. 19). “낙상 위험 있다” 휠체어 탔다고 치과 진료 거부…인권위 “장애인 차별”. https://v.daum.net/v/20240419120008695 (2024. 8. 30. 인출).

손상희(2005). 통합학급 아동의 장애급우에 대한 사회적 거리감 특성. **특수아동 교육연구, 7**(4), 147-170.

법무부(2024). 2024년 2월 출입국 · 외국인정책 통계월보. 출입국 · 외국인정책본부 이민정보과. https://viewer.moj.go.kr/skin/doc.html?rs=/result/bbs/227&fn=temp_1713314748084100 (2024. 8. 30. 인출).

보건복지부(2020). 2020년 장애인 실태조사. https://www.mohw.go.kr/board.es?mid=a10411010200&bid=0019&act=view&list_no=369030 (2024. 8. 30. 인출).

세계일보(2023. 10. 17) “성별에, 나이에” 채용 차별에 눈물짓는 구직자들. https://www.segye.com/newsView/20231017509255?OutUrl=naver (2024. 8. 30. 인출).

여성가족부(2023). 제 4차 다문화가족정책 기본계획(2023-2027). 관계기관 합동. https://www.mogef.go.kr/mp/pcd/mp_pcd_s001d.do?mid=plc503 (2024. 8. 30. 인출).

오혜경(2005). **사회복지 윤리와 철학**. 창지사.

이경은, 김도희(2012). 예비사회복지사의 차별태도에 미치는 영향요인에 관한 연구. **한국사회복지교육, 19**, 130-148.

이미림(2011). 사회복지사들은 문화적 역량을 어떻게 터득하는가? 한남대학교 대학원 박사학위논문.

이정민, 이동영(2019). 대학생이 인식한 소수자에 대한 사회적 거리감 비교연구: 장애인 · 다문화인 · 동성애자에 대한 태도차이 및 영향요인분석. **한국장애인복지학, 43**, 61-98.

인태정(2009). 다문화 사회지향을 위한 인종의 사회적 거리감과 문화의 다양성 태도 연구. **국제지역연구, 13**(2), 339-36.

임혁, 이효영(2014). 다문화실천가의 문화적 역량형성에 대한 이해. **직업교육연구, 33**(1), 201-221.

정명희, 박의병(2014). 대학생의 다문화교육경험이 사회적 거리감과 다문화수용성에 미치는 영향: 충북지역 대학생을 중심으로. **다문화교육연구, 4**(2), 81-105.

최소연(2010). 원조전문직을 위한 문화적 역량 척도개발 연구. **한국지역사회복지학, 12**(1): 23-53.

한겨레(2024. 03. 04.). 65살 되면 변전 노동 자격증 말소…인권위 "나이 이유로 차별." https://www.hani.co.kr/arti/society/society_general/1130770.html (2024. 8. 30. 인출).

한국사회복지사협회(2023). 선서문 및 윤리강령. https://www.welfare.net/welfare/cm/cntnts/cntntsView.do?mi=1036&cntntsId=1044 (2024. 8. 30. 인출).

한국행정연구원(2022). 2021년 사회통합실태조사. https://www.kipa.re.kr/site/kipa/research/selectBaseView.do?seSubCode=BIZ017A001&seqNo=BASE_000000000000671 (2024. 8. 30. 인출).

한국일보(2020. 3. 19.). "길가다 이유 없이 히잡 벗겨" 이주민 10명 중 7명 차별 경험. https://v.daum.net/v/20200319140117375 (2024. 8. 30. 인출).

현외성(2002). **사회복지정책강론**. 양서원.

Campinha-Bacote, J. (1999). A Model and Instrument for Addressing Cultural Competence in Health Care. *Journal of Nursing Education, 38*(5): 203-207.

Diller, J. V. (2010). *Cultural Diversity: A Primer for the Human Service*. Belmont. Brooks/Cole.

Gilbert, N., Specht, H., & Terrell, P. (1992). *Dimensions of Social Welfare Policy* (3rd ed.). Englewood Cliffs, Prentice-Hall.

Harro, B. (2018). The cycle of socialization. In M. Adams, W. J. Blumenfeld, C. Castaneda, D. C. J. Catalano, K. S. DeJong, H. W. Hackman, L. E. Hopkins, B. J. Love, M. L. Peters, D. Shlasko, & X. Zuniga (Eds.), *Readings for diversity and social justice* (4th ed.). New York, Routledge.

Hugman, R. (2008). Social work values: Equity or equality? A response to solas. *Austrulian Secial work, 61*(2), 141-145.

Lum, D. (2010). *Culturally competent practice*(4th ed.). Brooks/Cole.

National Association of Social Workers (2015). *Standards and indicator for cultural competence in social work practice*. https://www.socialworkers.org/LinkClick.aspx?fileticket=7dVckZAYUmk%3d&portalid=0 (2024. 8. 30. 인출).

National Association of Social Workers (NASW, 2021). *Read the Code of Ethics*. https://www.socialworkers.org/About/Ethics/Code-of-Ethics/Code-of-Ethics-English (2024. 8. 30. 인출).

Potocky-Tripodi, M. (2002). *Best Practices for Social Work with Refugees and Immigrants*. Columbia University Press.

Reamer, F. G. (1995). *Social Work Values and Ethics*. New York: Columbia University Press.

Ronnau, J. P. (1994). Teaching cultural competence: Practical ideas for social work educators. *Journal of Multicultural Social Work, 3*(1), 29-42.

Sue, S. (2006). Cultural competency: From philosophy to research and practice. *Journal of Community Psychology, 34*(2), 237-245.

Sue, D. W., Bernier, J. B., Durran, M., Feinberg, L., Pedersen, P. Smith, E., Vasquez-Nuttall, E. (1982). Position paper: Cross cultural counseling competencies. *The Couseling Psychologist, 10*, 45-52.

Suh, E. E. (2004). The Model of Cultural Competence Trough an Evolutionary Concept Analysis. *Journal of Transcultural Nursing, 15*(2), 93-102.

제3장

사회복지사 윤리강령

학습목표

- 윤리강령의 기능이 무엇이고, 사회복지사에게 왜 필요한지 고찰한다.
- 한국과 미국의 사회복지사 윤리강령에 대한 변천과정을 알아본다.
- 한국과 미국의 사회복지사 윤리강령을 비교분석한다.

1. 윤리강령의 개념과 기능

윤리강령은 전문가들이 윤리적 실천을 수행하기 위해 지켜야 할 전문적 행동기준과 원칙을 규정해 놓은 것이다. 비록 법적으로 제재할 힘은 없지만, 전문가들이 공통으로 합의한 내용을 바탕으로 자율적으로 규제함으로써 사회윤리적 제재의 힘을 갖는다. 윤리강령은 전문직 가치기준에 맞는 기본적인 윤리행동 지침을 제시함으로써 전문직의 비윤리적 행위에 대한 판단기준을 제시한다. 즉, 사회복지사 윤리강령은 사회복지사의 사명이나 실천방법에 관련된 지침을 규정함으로써 사회복지사가 사회복지 가치기준에 맞는 실천을 하였는가에 대한 판단기준이 된다.

윤리강령의 기능에 대해서는 여러 학자(양옥경 외, 2004; Loewenberg & Dolgoff, 1996; Reamer, 1998)가 다양한 견해를 제시하였다.

로웬버그와 돌고프(1996)는 윤리강령이 다음과 같은 기능을 가지고 있다고 보았다. 첫째, 윤리적 딜레마로 인한 갈등이 있을 때, 사회복지실천에 대한 지침을 제공한다. 둘째, 비윤리적인 실천을 행하는 불완전한 사회복지사로부터 공공을 보호한다. 셋째, 전문가 집단이 공통으로 합의한 윤리강령을 통해 전문직 스스로 자신의 실천을 규제함으로써 정부와 같은 외부의 통제와 규제로부터 전문직을 보호한다. 넷째, 동료 전문가와의 상호작용을 위한 기준을 제시하고 윤리적인 동료관계가 가능하도록 한다. 다섯째, 윤리강령을 준수한 사회복지사를 부당치료 소송으로부터 보호할 수 있다.

로웬버그와 돌고프(1996)가 제시한 윤리강령의 기능과 비슷하게, 리머(1998)는 윤리강령의 윤리지침은 사회복지사의 행동을 안내하고, 업무상의 과실과 책임 위험을 줄이고, 윤리적 고소에 대한 판결의 근본을 제공하는 기능을 한다고 보았다.

양옥경 외 동료들(2004)은 로웬버그와 돌고프(1996), 리머(1998)의 윤리강령 기능을 바탕으로 하여 한국 사회복지사 윤리강령의 기능을 다음과 같이 정리하였다.

첫째, 사회복지실천 현장에서 윤리적 갈등 시 지침과 원칙을 제공한다.

둘째, 자기규제를 통해 클라이언트를 보호한다.

셋째, 스스로 자기규제를 가짐으로써 사회복지전문직의 전문성을 확보하고 외부 통제로부터 전문직을 보호한다.

넷째, 일반 대중에게 전문가로서의 사회복지 기본업무 및 자세를 알리는 일차적 수단으로 기능한다.

다섯째, 선언적 선서를 통해 사회복지전문가의 윤리적 민감화를 고양시키고 윤리적으로 무장시킨다.

2. 한국의 사회복지사 윤리강령

1) 한국 사회복지사 윤리강령의 역사

한국의 사회복지사 윤리강령은 1973년 2월 윤리강령 초안을 제정하고자 하는 결의를 통해 최초로 이루어졌다(한국사회복지사협회, 2011). 1982년 1월 15일에는 사회사업가협회 총회에서 윤리강령을 통과시켰으나, 공포하지는 못하였다. 이에 1988년 3월 자구수정을 거쳐 1차 개정을 한 사회복지사 윤리강령을 제정 · 공포하였다(양옥경 외, 2004). 이 윤리강령은 전문과 강령 8개 조항으로 구성되어 있으며, 인도주의와 민주주의 이념을 기반으로 인간 존엄성과 사회정의 실천을 강조하고 있다.

1992년 10월 사회복지사 윤리강령이 2차적으로 개정되고, 전문과 10개 조로 구성된 윤리강령이 채택되었다. 이 윤리강령은 전문가로서 사회복지사의 태도 및 전문직에 대한 책임, 클라이언트에 대한 사회복지사의 의무, 동료와의 관계에 대한 사회복지사의 태도, 동료나 기관의 비윤리적 행위에 대한 사회복지사의 의무, 사회와의 관계에 관한 역할규정에 대해 최소한의 행동지침을 제시하고 있다. 하지만 단순한 윤리기준만 제시되어 있어 전문적 서비스의 현장과 실천과정에서 사회복지사가 참조할 수 있는 구체적 윤리기준과 지침이 결여되었다는 한계가 있었다.

2001년 12월에는 3차적으로 윤리위원회 구성, 차별대우 조건 다양화, 슈퍼바이저와의 관계 강조, 사회복지사의 경제적 이익 취득 제한, 재교육을 포함한 협회의 활동 강조 등을 중점으로 한 사회복지사 윤리강령의 개정이 이루어졌다. 1992년 10개 조항이었던 윤리강령을 전문직의 직무 내용에 따라 세분하여 전문, 윤리기준 6장(46개 조항) 그리고 사회복지사 선서로 구성하였다(양옥경 외, 2004). 이 윤리강령에서는 사회복지실천에서 적용하고 활용할 수 있는 행동지침을 제시하여 실천적 행동강령으로서의 역할을 할 수 있도록 개정되었다. 2001년에 개정된 사회복지사 윤리강령의 전문에서는 인본주의와 평등주의 사상에 기초하여, 인간의 존엄성과 가치존중, 천부의 자유권과 생존권의 보장, 사회정의, 평등 · 자유, 민주주의 가치 실천 등을 목표로 함을 선언하고 있다. 사회복지

사 윤리강령의 윤리기준은 사회복지사의 기본적 윤리기준, 클라이언트에 대한 윤리기준, 동료에 대한 윤리기준, 사회에 대한 윤리기준, 기관에 대한 윤리기준, 사회복지 윤리위원회의 구성과 운영 등 크게 6가지로 분류되었다. 마지막으로, 사회복지사 선서를 통해 사회복지사 자격증을 취득하고, 사회복지사로서 일하게 되는 사람이 일을 시작하기 전에 사회복지사로서의 의무와 책임을 다하고 윤리강령을 준수할 것을 맹세하도록 하고 있다.

2001년 3차 개정 이후, 약 20년 동안 윤리강령의 개정이 이루어지지 않다가 2021년 7월 제4차 윤리강령이 일부 개정되었다. 4차 개정은 윤리강령의 다음 내용에서 '성 취향'을 '성적 취향'으로 수정하였다.

> **II. 사회복지사의 기본적 윤리기준**
>
> **1. 전문가로서의 자세**
>
> 2) 사회복지사는 클라이언트의 종교 · 인종 · 성 · 연령 · 국적 · 결혼상태 · 성 취향(성적 취향으로 수정) · 경제적 지위 · 정치적 신념 · 정신, 신체적 장애 · 기타 개인적 선호, 특징, 조건, 지위를 이유로 차별 대우를 하지 않는다.

2021년의 자구수정 외에는 2001년 개정된 윤리강령을 그대로 활용하고 있어, 사회복지사 윤리강령의 개정 필요성에 대한 의견이 지속적으로 제기되어 왔다. 한국사회복지사협회의 현장 사회복지사 리서치패널단을 대상으로 한 최명민 등(2019)의 연구결과에 따르면, 사회복지사 윤리강령의 내용적 구조적 한계에서 기인하여 현장 활용성이 상당히 저조하며, 시대적 · 문화적 상황을 고려하여 다양성, 첨단 과학과 의학 발달에 따른 새로운 이슈 등에 대한 내용들이 보강되어야 한다고 지적하였다. 이에 시대 변화와 세계적 윤리강령의 기준에 맞춰 실효성 있는 윤리강령이 될 수 있도록 2023년 4월 사회복지사 윤리강령의 5차 개정이 이루어졌다.

2023년 5차 개정에서는 윤리강령이 사회복지전문직의 가치와 사회복지실천을 위한 기준을 제시하는 가이드 역할을 하며, 윤리적 딜레마 상황에서 사회복지사들이 참고할 수 있는 기준을 제시하려 하였다. 이를 위해 개정된 윤리강령의 구조는 〈표 3-1〉과 같이 변경되었다.

표 3-1 기존 윤리강령과 2023년 개정 윤리강령 비교 (한국사회복지사협회 외, 2023, p. 165)

기존 윤리강령	2023년 개정 윤리강령
전문	전문
–	윤리강령의 목적(7조항)
–	윤리강령 가치와 원칙(8조항) –인간존엄성의 존중(4조항) –사회정의 실현(4조항)
I. 사회복지사의 기본적 윤리기준(15조항) 1. 전문가로서의 자세(7조항) 2. 전문성 개발을 위한 노력(5조항) 3. 경제적 이득에 대한 태도(3조항)	I. 기본적 윤리기준(31조항) 1. 전문가로서 자세 1) 인간존엄성의 존중(5조항) 2) 사회정의 실현(3조항) 2. 전문성 개발을 위한 노력 1) 직무능력 개발(4조항) 2) 지식기반의 실천 증진(4조항) 3. 전문가로서의 실천 1) 품위와 자질(7조항) 2) 자기관리(2조항) 3) 이해충돌(3조항) 4) 경제적 이득에 대한 태도(3조항)
II. 사회복지사의 클라이언트에 대한 윤리기준(11조항) 1. 클라이언트와 관계(9조항) 2. 동료의 클라이언트와의 관계(2조항)	II. 클라이언트에 대한 윤리기준(17조항) 1. 클라이언트의 권익 옹호(1조항) 2. 클라이언트의 자기결정권 존중(2조항) 3. 클라이언트의 사생활 보호 및 비밀 보장(1조항) 4. 정보에 입각한 동의(1조항) 5. 기록 · 정보 관리(4조항) 6. 직업적 경계 유지(5조항) 7. 서비스의 종결(3조항)
III. 사회복지사의 동료에 대한 윤리기준(10조항) 1. 동료(6조항) 2. 슈퍼바이저(4조항)	III. 사회복지사의 동료에 대한 윤리기준(12조항) 1. 동료(8조항) 2. 슈퍼바이저(4조항)
IV. 사회복지사의 사회에 대한 윤리기준(4조항)	IV. 기관에 대한 윤리기준(3조항)
V. 사회복지사의 기관에 대한 윤리기준(3조항)	V. 사회에 대한 윤리기준(5조항)
VI. 사회복지윤리위원회의 구성과 운영(3조항)	삭제
46조항	83조항

2) 2023년 개정된 사회복지사윤리강령의 주요 개정 내용

2023년 개정된 윤리강령에서는 윤리강령의 목적, 윤리강령의 가치와 원칙이 신설되었으며, 사회복지윤리위원회의 구성과 운영에 대한 조항은 삭제되었다. 그 외에 사회복지사의 기본적 윤리기준과 사회복지사의 클라이언트에 대한 윤리기준, 사회복지사의 동료에 대한 윤리기준, 사회복지사의 기관에 대한 윤리기준, 사회복지사의 기관에 대한 윤리기준에 대한 조항들이 추가되거나 수정되었다. 이전의 윤리강령은 46조항으로 구성되어 있었으나, 개정된 윤리강령에서는 83조항으로 늘어났다. 개정된 윤리강령의 주요 내용은 다음과 같다.

첫째, 사회복지전문직의 가치와 윤리적 실천을 위한 기준을 안내하고, 윤리적 이해가 충돌할 때 고려해야 할 사항을 제시하고자, 다음과 같은 윤리강령의 목적을 명시하였다.

- 윤리강령은 사회복지전문직의 사명과 사회복지실천의 기반이 되는 핵심 가치를 제시한다.
- 윤리강령은 사회복지전문직의 핵심 가치를 실현하기 위한 윤리적 원칙을 제시하고, 사회복지실천의 지침으로 사용될 윤리기준을 제시한다.
- 윤리강령은 사회복지실천 현장에서 발생하는 윤리적 갈등 상황에서 의사결정에 필요한 사항을 확인하고 판단하는 데 필요한 윤리 기준을 제시한다.
- 윤리강령은 사회복지사가 전문가로서 품위와 자질을 유지하고, 자기 관리를 통해 클라이언트를 보호할 수 있도록 안내한다.
- 윤리강령은 사회복지의 전문성을 확보하고 외부 통제로부터 전문직을 보호할 수 있는 기준을 제공한다.
- 윤리강령은 시민에게 전문가로서 사회복지사의 역할과 태도를 알리는 수단으로 작용한다.

둘째, 2023년 개정된 윤리강령에는 새로이 윤리강령의 가치와 원칙이 추가되었다. 인간 존엄성과 사회정의라는 사회복지의 핵심 가치에 기반을 두고 사회복지전문직이 준수해야 할 윤리적 원칙을 제시하였다.

핵심 가치 1. 인간 존엄성

윤리적 원칙: 사회복지사는 인간의 존엄성과 가치를 인정하고 존중한다.

- 사회복지사는 개인적 · 사회적 · 문화적 · 정치적 · 종교적 다양성을 고려하며 개인의 인권을 보호하고 존중한다.
- 사회복지사는 클라이언트의 자율성을 존중하고, 자기결정을 지원한다.
- 사회복지사는 클라이언트가 역량을 강화하고, 자신과 환경을 변화시킬 수 있도록 지원한다.
- 사회복지사는 사회복지실천 과정에서 클라이언트의 개입과 참여를 보장한다.

핵심 가치 2. 사회정의

윤리적 원칙: 사회복지사는 사회정의 실현을 위해 앞장선다.

- 사회복지사는 개인적 · 집단적 · 사회적 · 문화적 · 정치적 · 종교적 차별에 도전하여 사회정의를 촉진한다.
- 사회복지사는 개인, 가족, 집단, 지역사회의 다양성을 존중하는 포용적 지역사회를 만들기 위해 노력한다.
- 사회복지사는 부적절하고 억압적이며 불공정한 사회제도와 관행을 변화시키기 위해 사회의 다양한 구성원들과 협력한다.
- 사회복지사는 포용적이고 책임 있는 사회를 만들어 가기 위해 연대 활동을 한다.

셋째, 사회복지사의 기본적 윤리기준의 주요 개정 내용들은 다음과 같다.

(1) 전문가로서의 자세에서 인간 존엄성의 존중에 해당하는 내용들이 추가되었다. 예를 들어, 다양한 문화 존중 및 문화적 역량을 바탕으로 사회복지를 실천하는 내용 그리고 문화적으로 민감한 실천을 위해 자기인식을 증진하기 위해 힘써야 한다는 내용이 들어갔다. 사회정의에 관해서는 자원에 대한 평등한 접근과 공평한 분배, 그리고 개인이나 집단을 차별 및 억압하는 것을 해결 및 예방하기 위해 노력해야 한다는 내용이 포함되었다.

(2) 전문성 개발을 위한 노력은, ① 직무능력 개발과 ② 지식기반의 실천 증진으로 구성되었다. ① 직무능력 개발에서는 사회적 다양성, 차별, 억압 등에 대해 교육을 받고 이해를 증진해야 한다는 내용이 들어갔으며, 새로운 실천기술을 향상시키기 위해 교육, 훈련, 연수, 자문, 슈퍼비전 등을 받아야 한다는 내용이 포함되었다. 또한 정보통신 관련 지식과 기술을 습득하기 위해 노력하며, 이를 활용하는 과정에

서의 윤리적 문제들을 인식해야 한다는 조항이 신설되었다. ② 지식기반의 실천 증진은 평가와 연구조사에 대한 내용이 포함되었다. 평가와 연구조사를 통해 사회복지실천의 지식 기반 형성 및 사회복지실천의 질적 향상에 기여해야 한다는 내용이 들어갔으며, 연구참여자의 권리 보장을 위해 연구참여자의 보호와 이익, 존엄성, 고지된 자발적 동의, 비밀보장, 자기결정권 등을 고려하여야 하며 관련 법령과 규정에 따라 연구윤리를 준수해야 한다는 내용이 포함되었다.

(3) 전문가로서의 실천에서는, ① 품위와 자질 유지, ② 자기관리, ③ 이해 충돌에 대한 대처, ④ 경제적 이득에 대한 실천으로 구성되어 있다. ① 품위와 자질 유지에서는 전문가로서 품위와 자질을 유지하고, 성실하고 공정하게 업무를 수행해야 하며, 불법적이고 부당한 일을 행하거나 묵인해서는 안 된다고 제시되어 있다. 또한, 사회복지사의 소속이나 전문 자격, 역량 등을 클라이언트에게 정확하게 알려야 하며, 클라이언트나 실습생, 슈퍼바이지, 위계적 권력 관계에 있는 동료와 성적 관계 형성이나 성적·인격적 수치심을 주는 행위를 해서는 안 된다고 규정하고 있다. 마지막으로, 사회정의 실현과 사회복지사의 권익 옹호를 위해 노력해야 한다. ② 자기관리에서는 사회복지사의 정신적·신체적 건강 문제, 법적 문제 등이 사회복지 실천 과정에서의 전문적 판단이나 실천에 부정적 영향을 주거나 클라이언트의 이익을 저해하지 않도록 조치를 해야 하며, 클라이언트에게 최상의 사회복지 서비스를 제공하기 위해 사회복지사 자신의 정신적·신체적 건강, 안전을 유지·보호·관리하도록 노력해야 한다는 내용이 새로 신설되었다. ③ 이해 충돌에 대한 대처에서는 사회복지사는 클라이언트의 이익을 우선으로 고려하고, 취약한 사람의 이해와 권리를 우선시 해야 한다는 것과 사회복지사의 개인적 신념과 직업적 의무 사이의 충돌이 있을 시에는 클라이언트가 적절한 지원을 받을 수 있도록 다른 사회복지사에 의뢰하거나 다른 사회복지 서비스를 연결한다는 것이 포함되었다. 뿐만 아니라, 사회복지사는 업무를 수행하는 과정에서 기관 내외로부터 부당한 간섭이나 압력을 받아서는 안 된다는 점이 제시되었다. ④ 경제적 이득에 대한 실천에서는 클라이언트의 지불능력에 상관없이 복지 서비스를 제공하고 차별하지 않으며, 공정하고 합리적인 이용료를 책정해야 하고, 정당하지 않은 방법으로 경제적 이득을 취해서는 안 된다는 기존의 조항들이 유지되었으며, 몇몇 문구 수정이 이루어졌다.

넷째, II. 클라이언트에 대한 윤리기준은, (1) 클라이언트의 권익옹호, (2) 클라이언트의 자기결정권 존중, (3) 클라이언트의 사생활 보호 및 비밀보장, (4) 정보에 입각한 동의, (5) 기록 · 정보 관리, (6) 직업적 경계 유지, (7) 서비스의 종결로 구성되어 있다. 이전의 윤리강령에서 II. 클라이언트에 대한 윤리기준은 (1) 클라이언트와의 관계, (2) 동료의 클라이언트와의 관계로 크게 두 부분으로 구성된 것에 비하면, 개정된 윤리강령에서는 클라이언트에 대해 더 상세하고 구체적인 윤리기준들로 세분된 것을 알 수 있다.

(1) 클라이언트의 권익옹호에서는 기존의 내용이었던 클라이언트의 이익을 최우선의 가치로 삼고 이를 실천한다는 것에 클라이언트의 권리를 존중하고 옹호한다는 내용이 추가 수정되어 유지되었다.

(2) 클라이언트의 자기결정권 존중에서는 클라이언트가 자기결정권을 최대한 행사할 수 있도록 돕고, 의사 결정이 어려운 클라이언트에 대해서는 클라이언트의 이익과 권리를 보장하기 위해 적절한 조치를 취해야 한다는 내용이 포함되었다.

(3) 클라이언트의 사생활 보호 및 비밀보장에서는 클라이언트의 사생활을 존중하고 보호하며, 클라이언트 관련 정보에 대해 비밀을 유지한다는 내용이 포함되었다. 클라이언트가 자신과 타인에게 해를 입히거나 범죄행위와 관련된 경우와 같은 예외적인 상황에 대해서도 추가로 제시되고 있다.

(4) 정보에 입각한 동의에서는 클라이언트의 알 권리에 대한 내용을 다루고 있으며, 서비스의 목적과 내용, 범위, 합리적 대안, 위험, 서비스의 제한, 동의를 거절 또는 철회할 수 있는 클라이언트의 권리 등 클라이언트가 알아야 하는 정보들을 구체적으로 나열하고 있다.

(5) 기록 · 정보 관리에서는 클라이언트에 대한 기록이 중립적이고 객관적으로 작성되어야 하며, 클라이언트가 기록의 공개를 요구하면 정당한 비공개 사유가 없는 한 정보에 접근할 수 있도록 해야 한다. 또한 클라이언트에 대한 문서, 전자, 개인정보를 보호해야 하며, 클라이언트 관련 정보나 기록을 법적 사유 또는 기타 사유로 제삼자에게 공개할 때는 클라이언트에게 안내하고 동의를 얻어야 한다고 하였다.

(6) 직업적 경계 유지에서는 사회복지사는 클라이언트와의 전문적 관계를 자신의 개인적 이익을 위해 이용해서는 안 되며, 어떠한 상황에서도 클라이언트와 사적 금전 거래, 성적 관계 등 부적절한 행동을 해서는 안 된다는 내용 그리고 동료의 클라이언트를 의뢰받을 때는 기관 및 슈퍼바이저와 논의하는 과정을 거쳐 클라이언트에게 설명하고 동의를 얻은 후 서비스를 제공한다는 내용이 포함되어 있다.

또한 정보통신기술에 관련된 직업적 경계 유지에 대한 내용들이 추가로 신설되었는

데, 업무 외의 목적으로 정보통신기술을 사용해 클라이언트와 의사소통을 해서는 안 되며, 정보처리기술을 이용하는 것이 클라이언트의 권리를 침해할 위험성이 있다는 사실을 인식하고 직업적 범위 안에서 활용해야 한다는 내용들이 들어가 있다.

(7) 서비스의 종결에서는 클라이언트에게 제공되는 서비스가 더 이상 클라이언트의 이해나 욕구에 부합하지 않으면 업무상 관계와 서비스를 종결한다는 내용, 사회복지사의 개인적 또는 직업적 이유로 클라이언트와의 전문적 관계를 중단하거나 종결할 때 사전에 클라이언트에게 충분히 설명하고 다른 기관 또는 다른 전문가에게 의뢰하는 등 필요한 조치를 취해야 한다는 내용 그리고 사회복지사는 클라이언트의 고의적 · 악의적 · 상습적 민원 제기에 대해 소속 기관, 슈퍼바이저, 전문가 자문 등의 논의 과정을 거쳐 서비스를 중단하거나 거부권을 행사할 수 있다는 내용들이 추가로 신설되었다. 기존의 윤리강령에 있었던 동료의 클라이언트와의 관계에 대한 조항들은 삭제되거나, II. 클라이언트에 대한 윤리기준 (6) 직업적 경계 유지로 위치가 이동되었다.

다섯째, III. 동료에 대한 윤리기준은 (1) 동료와 (2) 슈퍼바이저로 구성되어 있다.

(1) 동료에서는 다른 전문직의 동료의 비윤리적 행위에 대한 대처, 정보통신기술을 사용한 비윤리적 행위 금지, 동료에 대한 부당한 조치에 대한 변호 및 원조, 동료에 대한 차별, 학대, 따돌림, 괴롭힘과 전문적 권위를 행사하는 다른 동료와의 부적절한 성적 행동에 가담하거나 용인해서는 안 된다는 내용 그리고 슈퍼바이지, 학생, 훈련생, 실습생, 자신의 전문적 권위를 행사하는 다른 동료와의 성적 행위나 성적 접촉과 성적 관계에 관여해서는 안 된다는 내용들이 신설되었다.
그 외에도 동료를 존중과 신뢰를 기반으로 대하고, 동료와 다른 전문직 동료와도 협력하고 협업하며, 동료의 비윤리적인 행위에 따른 윤리적 갈등이 발생했을 시에는 윤리강령과 제방 법령에 따라 대처해야 한다는 내용 그리고 동료 간의 민주적인 직무 관계를 이루도록 노력해야 한다는 내용들이 포함되었다.

(2) 슈퍼바이저에서는 슈퍼바이저는 슈퍼바이지가 전문적 업무 수행을 할 수 있도록 지원하고 슈퍼바이지는 슈퍼바이저의 전문적 지도와 조언을 존중해야 한다는 내용, 슈퍼바이저는 전문적 기준에 따라 슈퍼비전을 수행하며, 공정하게 평가하고 평가 결과를 슈퍼바이지와 공유해야 한다는 내용 그리고 슈퍼바이저는 개인적인 이익 추구를 위해 자신의 지위를 이용해서는 안 된다는 내용들이 포함되었다.

여섯째, IV. 사회복지사의 기관에 대한 윤리기준에서는 기존의 윤리강령에서 내용이 조금 수정되었다. 사회복지사는 기관의 사명과 비전을 확인하고, 정책과 사업 목표를 달성하기 위해 노력해야 하며, 사회복지사는 소속 기관의 활동에 적극적으로 참여함으로써 기관의 성장과 발전을 위해 노력해야 한다는 내용이 제시되었다. 그리고 사회복지사는 기관의 부당한 정책이나 요구에 대해 전문직의 가치와 지식을 근거로 대응하고, 제반 법령과 규정에 따라 해결하도록 노력해야 한다는 내용들이 포함되었다.

일곱째, V. 사회복지사의 사회에 대한 윤리기준에서는 사회복지사는 사회재난과 국가위급 상황에서 문제를 해결하기 위해 적극적으로 활동해야 한다는 내용, 사회복지사는 지역사회, 국가, 나아가 전 세계와 그 구성원의 복지 증진, 삶의 질 향상을 위해 적극적으로 노력해야 한다는 내용 그리고 사회복지사는 인간과 자연이 서로 떨어져 살 수 없음을 깨닫고, 인간과 자연환경, 생명 등 생태에 미칠 영향을 생각하며 실천해야 한다는 내용이 신설되었다. 그 외에도 사회복지사는 자신이 일하는 지역사회를 이해하고, 클라이언트가 지역사회에서 서로 도우며 함께 살아가도록 지원해야 한다는 내용과 사회복지사는 정치적 영역이 클라이언트의 권익과 사회복지실천에 미치는 영향을 인식하여 사회정의 실현을 위한 사회정책의 수립과 법령 제·개정을 지원·옹호해야 한다는 내용이 포함되었다. 그리고 마지막으로 기존의 윤리강령에 있던 VI. 사회복지윤리위원회의 구성과 운영에 대한 내용은 삭제되었다.

2) 한국 사회복지사 윤리강령의 사회복지실천 가치

한국 사회복지사 윤리강령에서는 인간 존엄성과 사회정의를 핵심 가치로 제시하고 있다. 인간의 존엄성과 가치를 인정하고 존중해야 한다는 인간 존엄성의 가치와 사회정의 실현을 위해 앞장서야 한다는 사회정의의 핵심가치 외에도, 윤리강령에서는 사회복지실천의 윤리적 갈등 상황에서 윤리적 의사결정을 내릴 시 기반을 두어야 하는 사회복지전문직의 가치를 다음과 같이 제시하고 있다. 각각의 가치에 대해서는 앞으로 상세하게 다루겠으므로, 여기에서는 간략하게 정리하고 넘어가도록 하겠다.

(1) 자기결정권

클라이언트가 스스로 선택하고 결정할 수 있도록 클라이언트의 권리와 욕구를 인정

하는 가치다. 사회복지사의 개인적 가치나 의견 등을 클라이언트에게 강요해서는 안 되며, 클라이언트 스스로가 자신에게 최선이라고 생각하는 것을 결정할 수 있도록 해야 한다는 것이 이 가치의 핵심 내용이다. 이때 사회복지사는 클라이언트가 여러 대안 중에서 적절한 선택을 할 수 있도록 필요한 정보를 제공하고 선택한 대안에 따른 결과를 이해시켜야 하는데, 이는 고지된 동의의 원칙에 해당된다. 자기결정권은 클라이언트가 스스로 결정할 수 있는 능력이 없거나, 클라이언트의 결정이 자기 자신 및 다른 사람에게 해를 입힐 가능성이 있을 때와 같은 특정한 상황에서는 제한될 수 있다. 생활에 따라 자기결정권의 제한을 결정해야 할 경우, 사회복지사는 윤리적 갈등을 겪을 수 있다.

(2) 비밀보장

사회복지사가 클라이언트의 동의 없이는 클라이언트의 개인정보, 사회복지실천 과정에서 나눈 대화내용, 클라이언트에 대한 전문가로서의 의견, 자료 등과 같은 정보를 누설하지 않겠다는 가치다. 대부분의 경우 비밀보장의 원칙을 지키지만, 특정한 상황에서는 제한될 수 있다. 클라이언트가 자신 또는 타인을 해할 위험이 있는 경우, 아동학대나 노인학대가 일어나는 경우, 클라이언트의 이익이나 보호를 위한 경우, 미성년 클라이언트의 부모나 보호자의 요청이 있는 경우 그리고 정보 공개의 법적 명령이 있는 경우에는 비밀보장의 원칙을 어기고 정보가 공개될 수 있다. 비밀보장의 원칙 제한에 관련하여 클라이언트가 타인을 심각하게 신체적으로 해하겠다는 위협이 있거나, 위협을 가할 가능성이 있는 경우 사회복지사는 잠재적인 희생자나 희생자와 관련된 사람, 경찰에게 경고해야 하는 경고의 의무를 갖고 있다.

(3) 알 권리

사회복지사는 클라이언트에게 정직하게 실천 과정에서의 정보나 경과를 보고할 책임이 있으며, 클라이언트는 자신에게 중대한 영향을 미칠 사실이나 정보에 대해 알 권리가 있다는 가치다. 클라이언트는 사회복지실천 과정에서 제안된 개입방법이나 정보 유출의 의미와 특성에 대해 충분히 인지하고 있어야 하며, 사회복지사는 이에 대해 충분한 정보를 제공해야 한다. 특히 사회복지실천 과정에서 발생할 수 있는 위험과 혜택, 클라이언트 자신이나 주위 사람들에게 미칠지도 모르는 영향 그리고 가능한 대안과 예상되는 비용에 대해 클라이언트가 충분히 이해하도록 설명해야 한다. 그러나 클라이언트의 알 권리와 관련하여 어느 정도의 사실과 정보를 클라이언트에게 제공해야 하는지에 대한 윤리적 갈등이 발생할 수 있다. 제삼자가 사회복지사에게 클라이언트에 관한 정보를 제공했을 때, 그 사실을 클라이언트에게 알려 주는 것이 좋은가? 만약 알려 준다면 그 사람의 비밀보장은 어떻게 되는가? 반대로, 클라이언트가 제공한 정보나 행동이 제삼자에게 영향을 미칠 수 있는 일이라면, 클라이언트의 비밀보장보다 제삼자의 알 권리를 더 우선해야 하는가? 클라이언트의 알 권리를 존중하였을 때, 오히려 클라이언트에게 해가 될 경우 어떻게 해야 하는가? 이와 같이 사회복지사는 클라이언트의 알 권리와 사회복지사의 진실을 말할 의무와 관련하여 윤리적 갈등을 경험할 수 있다.

(4) 그 외의 사회복지실천 가치

앞서 제시한 가치 외에도 사회복지실천에서 윤리적 갈등과 관련된 여러 사회복지전문직의 가치가 있다. 한정된 자원을 공평하게 분배해야 한다는 '제한된 자원의 공정한 분배의 가치'도 그중 하나다. 한정된 자원을 어떻게 해야 똑같이 제공할 수 있을지에 대한, 형평성의 기준에 관련한 윤리적 갈등이 일어날 수 있다. 특히 사회적으로 약자이거나 차별을 받는 집단에 자원을 더 분배해 주는 것에 대한 논란이 있을 수 있다.

사회복지사의 상충되는 의무와 기대에 관련해서도 윤리적 갈등이 있을 수 있다. 클라이언트, 동료, 상사, 기관, 사회 등이 사회복지사에 대해 상충된 기대를 가질 때, 사회복지사는 누구의 욕구를 우선해야 하는지 갈등하게 된다. 사회복지사는 자신이 속한 사회복지기관의 규칙과 정책을 준수해야 하지만, 기관의 규칙과 정책이 클라이언트의 이익에 해가 되거나 클라이언트의 문제를 해결하기 위해 내린 결정이 기관 정책에 어긋날 때 사회복지사는 윤리적 갈등을 겪을 수 있다.

상충되는 의무와 기대 사이에서 갈등이 일어날 수 있는 것처럼 클라이언트의 이익과 사회복지사의 이익 간에 갈등이 일어날 수 있다. 사회복지실천 과정에서 사회복지사는 자신의 이익이 아닌 클라이언트의 최선의 이익을 위해 행동해야 한다. 그럼에도 불구하고, 사회복지사가 자신의 권위를 이용하여 클라이언트를 착취하려 하는 경우, 클라이언트의 이익을 위해 사회복지사의 안전이 위태롭거나 희생이 강요되는 경우에 윤리적 갈등이 일어날 수 있다.

가치의 상충으로 사회복지사는 윤리적 갈등 상황에 빠지기도 한다. 사회복지사 자신의 개인적 가치와 전문가로서의 가치가 서로 다른 경우에 사회복지실천에서 어떠한 결정을 내려야 할지 갈등을 경험할 수 있다. 낙태를 반대하는 자신의 개인적 가치와 클라이언트의 자기결정권을 존중해야 하는 전문가로서의 가치가 상충되는 경우 사회복지사는 어떠한 윤리적 결정을 내려야 할 것인가? 또는 사회복지사의 가치와 클라이언트의 개인적 · 종교적 가치가 크게 다른 경우 어떻게 해야 할 것인가? 이와 같이 가치의 상충으로 인한 윤리적 갈등이 발생할 수 있다.

이외에도 전문적 동료관계의 가치는 동료 사회복지사의 비윤리적인 실천행동을 발견했을 때 어떻게 행동해야 하는지에 대한 윤리적 의사결정을 하는 데 바탕이 된다. 동료 사회복지사가 전문가로서의 권위를 남용해 클라이언트나 전문직에 해를 끼치는 행동을 했거나, 기관의 규정을 위반하고 부정수단이나 속임수를 사용했을 경우 사회복지사는 이에 대해 어떻게 윤리적으로 대처할지에 대한 갈등이 있을 수 있다.

3. 미국의 사회복지사 윤리강령

1) 미국 사회복지사 윤리강령의 역사

미국의 윤리강령은 1920년 메리 리치먼드(Mary Richmond)의 도움으로 최초로 사회복지사 윤리강령 초안이 발표되면서 시작되었다. 미국 사회복지사협회에서는 1951년 최초로 윤리강령을 채택하였으나, 이 협회는 미국 전역의 사회복지사를 대표하는 통일된 조직이 아니었기 때문에 공식 윤리강령으로 인정받지 못하였다. 이후 미국 사회복지사의 대표성을 가진 전미사회복지사협회에서 1960년 공식적인 협회 윤리강령을 발표하였다. 이 윤리강령에서는 사회복지사의 전문가로서의 책임, 클라이언트의 사생활 존중, 공공의 위기상황에 적절하고 전문적인 서비스 제공, 인간 복지를 위한 프로그램 개발을 위한 지식과 기술 그리고 협력에 대한 기여의 내용을 포함하였다. 이 윤리강령은 1967년에 1차 개정을 거치면서 클라이언트에 대한 비차별에 대한 내용이 첨가되었으며, 1979년의 2차 개정에서는 사회복지사의 행위와 태도, 사회복지사의 클라이언트, 동료, 전문직, 사회에 대한 책임에 대한 내용을 포함시켰다. 1990년에도 윤리강령이 개정되었는데, 이때는 동료 사회복지사의 클라이언트를 상대로 실천하는 것을 금지하는 내용을 삭제하였고, 대신 사회복지사와 클라이언트 간에 개인의 이익을 위한 사적인 관계를 금지하는 내용과 클라이언트 의뢰 시 소개비를 금지하는 내용을 추가하였다. 1993년에는 비윤리적인 실천을 하는 동료에 대한 책임과 클라이언트와의 이중관계를 금지하는 내용이 첨가되었다. 그 후 1996년 대표협의회를 통해 새로운 서문, 윤리강령의 목적, 윤리

원칙, 윤리기준 등 크게 네 부분으로 구성된 새로운 윤리강령이 승인되었다. 이 윤리강령에서는 비밀보장의 제한, 과학기술의 발전으로 인한 비밀보장에 관련된 윤리적 문제, 가족 · 집단 활동에서의 비밀보장, 보호관리, 문화의 다양성에 대한 이해능력, 이중관계, 성적인 관계, 신체접촉, 성희롱의 문제, 비윤리적이고 무능력한 동료 사회복지사의 문제, 사회복지사의 교육과 훈련 등과 같은 시대 변화에 따른 윤리적 문제를 새롭게 반영하였다. 그리고 1999년 전미사회복지사협회의 대표회의를 통해, 사소하지만 큰 의미를 갖는 윤리강령의 개정이 있었다. 바로 사생활과 비밀보장에 대한 기준인 1.07c에서 '클라이언트의 동의 없이 법이나 규제에 의해 공개가 요구되는 경우에는' 부분이 삭제된 것이다. 개정된 사생활과 비밀보장에 대한 기준은 다음과 같으며, 괄호 친 부분이 삭제된 부분이다.

1.07 사생활과 비밀보장

(c) 사회복지사는 직업상의 이유로 강제된 경우를 제외하고는 전문직의 서비스 과정에서 얻게 된 모든 비밀정보를 보호해야 한다. 클라이언트나 확인된 제삼자에 대해 예상할 수 있는 심각하고 임박한 해를 방지하기 위해 정보의 공개가 불가피한 경우에는(클라이언트의 동의 없이 법이나 규제에 의해 공개가 요구되는 경우에는) 사회복지사가 정보를 기밀로 유지할 것이라는 일반적인 기대는 적용되지 않는다. 사회복지사는 항상 바람직한 목적을 달성하는 데 필요한 최소한의 비밀정보를 공개해야 한다. 즉, 공개되어야 달성 가능한 목적과 직접적인 관련이 있는 정보만이 공개되어야 한다.

이 부분이 삭제됨으로써 윤리강령에서 법적인 요청에 의한 비밀노출에 대한 근거자료가 없어지게 되었고, 사회복지사는 비밀보장의 원칙을 제한하는 경우에 있어 많은 혼란을 갖게 되었다(Reamer, 2006).

2008년 전미사회복지사협회의 윤리강령은 다시 한번 개정을 거치면서, 다음과 같은 몇 가지 수정사항이 있었다. 개정을 통해 '성 정체성 및 표현(gender identity or expression)'의 용어가 추가(NASW, 2008)됨으로써 트랜스젠더와 같은 성전환자에 대한 고려를 포함하였다.

1.05 문화적 능력과 사회적 다양성

(c) 사회복지사는 사회적 다양성의 특징, 인종, 민족, 국적, 피부색, 성별, 성적 성향, 성 정체성 및 표현, 연령, 혼인 상태, 정치적 믿음, 종교, 정신적 또는 신체적 장애에 따른 억압의 특징에 대한 교육을 수료해야 하며, 이를 이해하려는 노력을 기울여야 한다.

2.01 존경

(a) 사회복지사는 동료를 존경하는 마음으로 대해야 하며, 동료의 자격, 견해, 의무를 정확하고 공정하게 표명해야 한다.

(b) 사회복지사는 클라이언트나 다른 전문가와의 의사소통에서 동료에 대한 부당하고 부정적인 비난을 피해야 한다. 동료의 능력수준을 언급하거나 인종, 민족, 국적, 피부색, 성, 성적 취향, 성 정체성 및 표현, 연령, 혼인관계, 정치적 신념, 종교, 정신적 또는 신체적 장애와 같은 개인적 특성에 관한 품위를 떨어뜨리는 언사가 이에 해당한다.

4.02 차별

사회복지사는 민족, 인종, 국적, 피부색, 성별, 성적 취향, 성 정체성 및 표현, 연령, 혼인관계, 정치적 신념, 종교 혹은 정신적 및 신체적 장애에 근거한 어떤 형태의 차별도 묵인, 조장 또는 협조해서는 안 된다.

6.04 사회적 및 정치적 행동

(d) 사회복지사는 민족이나 인종, 국적, 피부색, 성, 성적 취향, 성 정체성 및 표현, 연령, 혼인관계, 정치적 신념이나 정신적, 신체적 장애를 이유로 특정 개인이나 집단, 계급을 지배, 착취, 차별하는 행위를 방지하고 제거하기 위한 활동을 해야 한다.

2018년에는 윤리강령의 목적 부분에서 일부가 수정되었으며, '클라이언트에 대한 사회사업 윤리적 책임' 부분을 비롯하여 총 19개 영역이 개정되었다(김성호, 2018). 가장 많은 변경이 이루어진 부분은 전자 또는 디지털 기술 사용과 관련된 내용으로, 고지된 동의, 역량, 문화적 역량과 사회적 다양성, 이익 상충, 개인정보와 비밀보장, 기록에의 접근, 성적 관계, 성추행, 서비스 중단, 존중, 동료의 비윤리적 행동, 슈퍼비전과 자문, 교육과 훈련, 클라이언트 기록, 평가와 조사의 영역에서 기술 사용과 관련된 윤리적 지침을 제시하였다. 그리고 능력이나 다양성에 관한 윤리를 다룬 몇몇 영역에서 부정적인 의미를 가진 '장애(disability)'라는 용어를 포괄적이고 긍정적인 의미를 가진 '능력(ability)'으로 변경하였다. 예를 들어, 다음의 윤리적 원칙에서 '정신적 또는 신체적 장애'를 '정신적 또는 신체적 능력'으로 대체하였다.

> **6. 1.05 문화적 능력**
> (d) 사회복지사는 사회적 다양성의 특징, 즉 인종, 민족, 출신국, 피부색, 성, 성적 성향, 젠더 정체성이나 그에 대한 표현, 연령, 혼인상태, 정치적 신념, 종교, 이민자 지위, 정신적 또는 신체적 능력에 따른 사회적 다양성 및 억압의 성격 등에 대해 교육을 받아야 하고 이해하도록 힘써야 한다.
> 2021년의 개정에서는 윤리강령의 목적 및 윤리 원칙에 '자기돌봄(self-care)'이라는 용어를 다음과 같이 포함시켰다.
>
> **6. 가치: 충실성**
> 윤리적 원칙: 사회복지사는 신뢰받을 수 있게 행동한다.

사회복지사는 사회복지전문직의 사명, 가치, 윤리적 원칙과 윤리기준을 항상 숙지해 이에 일치되게 실천한다. 사회복지사는 직업적으로나 개인적으로 자신을 돌볼 수 있는 조치를 취해야 한다. 사회복지사는 정직하고 책임 있게 행동하며 자신들이 속한 조직의 구성원으로서 윤리적인 실천을 증진시킨다.

뿐만 아니라, 2021년 개정에서는 윤리강령의 기준 1.05를 '문화 인식과 사회적 다양성(cultural awareness and social diversity)'에서 '문화 역량(cultural competence)'으로 다시 복원시켰다. 2017년 윤리강령 개정에서 '문화 역량'을 '문화 인식과 사회적 다양성'으로 한 차례 변경하였으나, 2021년 이를 다시 '문화 역량'이라는 용어로 개정하여 문화적 능력이 어떻게 입증되는지를 강조하는 내용을 포함하였다(Murray, 2021).

2) 전미사회복지사협회의 윤리강령

전미사회복지사협회는 1996년 개정된 윤리강령에서 서비스(봉사), 사회정의, 인간 존엄성과 가치존중, 인간관계의 중요성, 성실, 능력이라는 6가지 사회복지 가치를 바탕으로 한 윤리원칙을 제시하였다(NASW, 2008). 미국 사회복지사 윤리강령에서는 클라이언트에 대한 윤리적 책임, 동료에 대한 윤리적 책임, 실천 현장에서의 윤리적 책임, 전문가로서의 윤리적 책임, 직업에 대한 윤리적 책임, 더 넓은 사회에 대한 윤리적 책임에 관해 상세하게 행동기준을 제시하고 있다.

표 3-2 **전미사회복지사협회 윤리강령의 핵심가치와 윤리원칙**

가치	윤리원칙
서비스(봉사)	사회복지사의 일차적 목표는 욕구를 가지고 있는 사람을 원조하고 사회문제를 해결하는 것이다.
사회정의	사회복지사는 사회적 불의에 도전한다. 사회복지사는 특히 사회적으로 취약한 위치에 있는 사람을 위해 그들과 함께 활동하고 사회적 변화를 추구한다.
인간 존엄성과 가치존중	사회복지사는 인간의 천부적 존엄성과 가치를 존중한다.
인간관계의 중요성	사회복지사는 인간관계의 중요성을 인식한다.
성실	사회복지사는 신뢰받을 수 있게 행동한다. 사회복지사는 전문직의 사명, 가치와 윤리적 기준을 인식하고 이에 부합하는 실천을 수행한다.
능력	사회복지사는 자신의 능력 범위 내에서 실천하며, 자신의 전문적 지식과 기술을 향상시킨다.

4. 한국과 미국의 윤리강령 비교분석

한국 사회복지사 윤리강령은 크게 전문, 윤리강령의 목적, 윤리강령의 가치와 원칙 그리고 윤리기준으로 네 부분으로 나뉘어 있다. 전문에서는 사회복지의 가치인 인본주의, 평등주의 사상, 인간 존엄성과 가치존중, 천부의 자유권과 생존권의 보장, 사회정의, 평등·자유, 민주주의 가치 실천 등을 바탕으로 사회복지실천을 행할 것을 선언하고 있다. 윤리강령의 목적에서는 윤리강령이 사회복지전문직의 가치와 윤리적 실천을 기준을 안내하고, 윤리적 이해가 충돌할 때 고려해야 할 사항을 제시한다는 점이 명시되어 있다. 또한 윤리강령은 사회복지의 전문성을 확보하고 외부 통제로부터 전문직을 보호하는 기준을 제공하며, 시민에게 전문가로서 사회복지사의 역할과 태도를 알리는 수단으로 작용한다는 점을 제시하고 있다. 윤리강령의 가치와 원칙에서는 인간 존엄성과 사회정의를 주요 가치로 제시하고 있으며, 그에 따른 원칙들을 제공하고 있다. 그리고 윤리기준에서는 사회복지사의 기본적 윤리기준, 클라이언트에 대한 윤리기준, 동료에 대한 윤리기준, 기관에 대한 윤리기준, 사회에 대한 윤리기준에 관한 상세한 윤리기준을 제시하였다.

반면에 전미사회복지사협회 윤리강령은 크게 세 부분으로 나뉘어 있다. 첫 번째는 전문으로 사회복지전문직의 사명과 핵심가치를 요약하며, 두 번째는 전미사회복지사협회 윤리강령의 목적으로 강령의 주요 기능과 사회복지실천에서의 윤리적 문제와 갈등에 대처하기 위한 간략한 지침을 제시하고 있다. 세 번째 부분에서는 윤리기준으로 윤리적 판단의 근거를 제공하고 사회복지사의 행동지침이 될 수 있는 상세한 윤리기준이 제시되었다.

한국과 미국의 사회복지 윤리강령은 비슷한 가치를 공유하면서도 조금씩 다른 윤리기준을 제시하고 있다. 이는 사회문화적 요인을 반영하다 보니 이러한 차이가 나타난 것으로 보인다. 한국 사회복지사 윤리강령에서는 인간 존엄성과 사회정의를 핵심가치로 명시하고 있으며, 전미사회복지사협회 윤리강령에서는 서비스, 사회정의, 인간의 존엄과 가치, 인간관계의 중요성, 충실성, 능력을 핵심 가치로 명시하고 있다. 한국과 미국의 사회복지 윤리강령은 각각의 사회의 가치와 변화를 반영하고 있다. 예를 들어, 한국 사회복지사 윤리강령에서는 슈퍼비전 관계나 사회복지조직 내에서 동료들 간에 부당한 전문적 권위 행사 및 부당한 차별 및 괴롭힘 등의 행동을 행사하는 것에 대한 윤리적 지침이 포함되어 있다. 또한 최근의 클라이언트의 악성 민원 등에 대한 이슈가 대두되면서, 사회복지사는 클라이언트의 고의적 · 악의적 · 상습적 민원 제기에 대해 소속 기관, 슈퍼바이저, 전문가 자문 등의 논의 과정을 거쳐 서비스를 중단하거나 거부권을 행사할 수 있다는 점이 명시되어 있다. 반면에, 전미사회복지사협회 윤리강령에서는 개업하는 사회

표 3-3 **한국 사회복지사 윤리강령과 전미사회복지사협회의 윤리강령의 내용 비교**

한국 사회복지사 윤리강령	전미사회복지사협회 윤리강령
전문	전문
윤리강령의 목적	윤리강령의 목적
윤리강령 가치와 원칙 –인간존엄성의 존중 –사회정의 실현	윤리적 원칙 –서비스 –사회정의 –인간의 존엄과 가치 –인간관계의 중요성 –충실성 –능력

I. 기본적 윤리 기준	1. 전문가로서 자세 1) 인간존엄성의 존중 2) 사회정의 실현	4. 전문가로서의 윤리적 책임 4.02 차별 6. 사회 전반에 대한 윤리적 책임 6.04 사회적, 정치적 행동
	2. 전문성 개발을 위한 노력 1) 직무능력 개발 2) 지식기반의 실천 증진	4. 전문가로서의 윤리적 책임 4.01 전문성 5. 사회복지전문직으로서의 윤리적 책임 5.01 전문직의 충실성 5.02 평가와 연구 조사
	3. 전문가로서의 실천 1) 품위와 자질 2) 자기관리 3) 이해충돌 4) 경제적 이득에 대한 태도	3. 실천 현장에서의 윤리적 책임 3.05 청구서 작성 3.07 행정 4. 전문가로서의 윤리적 책임 4.03 사적 행위 4.04 부정직 · 사기 · 기만 4.05 손상 4.06 잘못된 설명 4.07 권유 4.08 공적의 인정
II. 클라이언트에 대한 윤리기준	1. 클라이언트의 권익 옹호 2. 클라이언트의 자기결정권 존중 3. 클라이언트의 사생활 보호 및 비밀보장 4. 정보에 입각한 동의 5. 기록 · 정보 관리 6. 직업적 경계 유지 7. 서비스의 종결	1. 클라이언트에 대한 사회복지사의 윤리적 책임 1.01 클라이언트에 대한 헌신 1.02 자기의사결정권 1.03 고지된 동의 1.04 업무 역량 1.05 문화적 능력 1.06 이익의 갈등 1.07 개인정보 및 기밀 유지 1.08 기록에 대한 접근 1.09 성적 관계 1.10 신체적 접촉 1.11 성희롱 1.12 인격을 손상시키는 언어 1.13 서비스 비용 지불 1.14 의사결정 능력이 없는 클라이언트

		1.15 서비스의 중단 1.16 서비스의 의뢰 1.17 서비스의 종결 3. 실천 현장에서의 윤리적 책임 3.04 클라이언트의 기록 3.06 클라이언트의 이전
III. 사회복지사의 동료에 대한 윤리기준	1. 동료 2. 슈퍼바이저	2. 동료에 대한 윤리적 책임 2.01 존경 2.02 비밀 보장 2.03 학제 간 협업 2.04 동료가 관련된 분쟁 2.05 자문 2.06 성적 관계 2.07 성추행 2.08 동료의 손상 2.09 동료의 능력 부족 2.10 동료의 비윤리적 행위 3. 실천 현장에서의 윤리적 책임 3.01 슈퍼비전과 자문 3.02 교육 및 훈련 3.03 업무 평가 3.08 교육과 직원의 능력 개발
IV. 기관에 대한 윤리기준		3. 실천 현장에서의 윤리적 책임 3.09 고용주에 대한 의무 3.10 노사분쟁
V. 사회에 대한 윤리기준		6. 사회 전반에 대한 윤리적 책임 6.01 사회복지 6.02 대중의 참여 6.03 공공비상사태

복지사의 경우를 반영하여 청구서 작성에 대한 지침 그리고 다민족사회인 미국 사회를 반영하여 다양성에 대한 지침들이 강조되고 있다. 한국과 미국의 사회복지 윤리강령의 내용을 〈표 3-3〉과 같이 비교하였다.

그 외에도 한국 사회복지사 윤리강령과 전미사회복지사협회 윤리강령의 차이점은 정보통신기술 사용에 대한 내용이다. 전미사회복지사협회의 윤리강령에서는 시대적 변화를 반영하여, 정보통신기술의 활용에 대한 윤리적 지침을 윤리강령 전반적에 걸쳐 반영되어 있다. 반면에 한국 사회복지사 윤리강령(〈표 3-4〉 참조)에도 정보통신기술의 사용에 관련된 윤리지침이 직무능력 개발, 클라이언트에 대한 기록 · 정보 관리, 직업적 경계 유지, 동료에 대한 윤리기준 등에 반영되어 있으나, 전미사회복지사협회(〈표 3-5〉 참조)에 비하면 간략한 편이다. 앞으로 사회복지실천 분야에서 정보통신기술(Information & Communication Technology: ICT), 사물인터넷, 인공지능, 빅데이터, 케어로봇, 가상현실 등의 디지털 기술들이 많이 접목되어 활용될 것으로 기대되고 있으므로, 이에 따른 한국사회복지사 윤리강령의 윤리적 지침도 더 상세하게 제시되는 것이 필요할 것으로 보인다.

표 3-4 한국 사회복지사 윤리강령의 정보통신기술 관련 주요 내용

영역	정보통신기술 관련 내용
I. 기본적 윤리기준 2. 전문성 개발을 위한 노력	1) 직무 능력 개발 라. 사회복지사는 사회복지실천에 필요한 정보통신 관련 지식과 기술을 습득하기 위해 노력하며, 이를 사용하는 과정에서 발생할 수 있는 윤리적 문제를 인식하고 정보통신 관련 지식과 기술을 활용하도록 한다.
II. 클라이언트에 대한 윤리기준 5. 기록 · 정보 관리	3) 사회복지사는 클라이언트에 대한 문서 정보, 전자 정보, 기타 민감한 개인정보를 보호해야 한다.
6. 직업적 경계 유지	2) 사회복지사는 업무 외의 목적으로 정보통신기술을 사용해 클라이언트와 의사소통을 해서는 안 된다. 5) 사회복지사는 정보처리기술을 이용하는 것이 클라이언트의 권리를 침해할 위험성이 있다는 사실을 인식하고 직업적 범위 안에서 활용한다.
III. 사회복지사의 동료에 대한 윤리기준 1. 동료	6) 사회복지사는 동료들에게 정보통신기술을 사용한 비윤리적 행위를 하지 않는다.

표 3-5 전미사회복지사협회 윤리강령의 정보통신기술 관련 주요 내용

영역	정보통신기술 관련 내용
윤리강령의 목적	다양한 사회복지실천현장에서 정보통신기술 사용이 증가함에 따라, 사회복지사는 비밀보장, 고지된 동의, 전문적 경계, 전문적 적임능력, 기록보관 그리고 기타의 윤리적 고려사항들의 유지와 관련해 발생하는 독특한 도전에 대해 알 필요가 있다. 대체로 이 윤리강령의 모든 윤리기준은 사람 간 관계이건 정보통신기술을 사용하건 관계없이 상호작용, 관계 혹은 의사소통에 대해 적용성이 있다. 이 윤리강령의 목적을 단성하기 위해, '정보통신기술의 지원을 받는 사회복지 서비스'는 컴퓨터, 휴대전화 혹은 일반전화, 태블릿PC, 비디오 기술, 혹은 기타의 전자적 기술 혹은 디지털기술 등의 사용을 비롯한 모든 사회복지 서비스를 포함한다. 여기에는 인터넷, 온라인 소셜 미디어, 채팅방, 문자메시지, 이메일 그리고 새로 등장하고 있는 디지털 애플리케이션 등 다양한 전자적 기술 혹은 디지털 플랫폼의 사용이 포함된다. 정보통신기술의 지원을 받는 사회복지 서비스는 심리치료, 개인·가족·집단상담, 지역사회조직, 행정, 옹호, 중재, 교육, 슈퍼비전, 연구조사, 평가 그리고 기타의 사회복지 서비스를 포함하는 모든 영역의 사회복지실천을 망라한다. 사회복지사는 사회복시실천에 사용될 수 있는 새로 등장하는 정보통신기술의 발전과 다양한 윤리기준이 여기에 어떻게 적용될지에 대해 알고 있어야 한다.
1. 클라이언트에 대한 사회복지사의 윤리적 책임	
1.03 고지된 동의	(e) 사회복지사는 전문적인 서비스를 제공할 때 정보통신기술 사용과 관련된 사회복지사의 정책에 대해 클라이언트와 상의해야 한다. (g) 사회복지사는 사회복지서비스 제공할 때 정보통신기술을 사용하는 경우 전자적 및 원격 서비스에 대한 클라이언트의 적절성과 역량을 사정해야 한다. (h) 사회복지사는 클라이언트에 대해 녹음 또는 녹화를 하거나 제삼자로 하여금 클라이언트에 대한 서비스를 관찰하도록 허용할 때는 사전에 클라이언트의 동의를 받아야 한다. (i) 사회복지사는 클라이언트에 대한 전자적 연구조사를 실시하기 전에 클라이언트의 동의를 얻어야 한다.
1.04 적임능력 (역량)	(d) 사회복지사는 사회복지서비스 제공 때 정보통신기술을 사용하는 경우 그와 같은 서비스 제공에 필요한 지식과 기술을 충분히 갖추고 있음을 확인해야 한다. 여기에는 정보통신기술을 사용하는 특정 의사소통에 있어서의 문제점들에 대한 이해와 이 문제점들에 초점을 맞추는 전략을 실행하는 능력을 포함한다. (e) 사회복지사는 사회복지서비스 제공 때 정보통신기술을 사용하는 경우 그들을 규제하고 그들이 위치해 있으며, 해당될 경우 클라이언트가 거주하고 있는 사법적 관할구역의 정보통신 기술과 사회복시실천을 규제하는 법률들에 따라야 한다.

1.05 문화적 능력과 사회적 다양성	(e) 사회복지사는 전자 사회복지서비스를 제공하는 경우, 클라이언트 간의 문화적 · 사회경제적 차이와 그들이 전자적 기술을 어떻게 사용할지에 대해 인지해야 한다. 사회복지사는 문화적 · 환경적 · 경제적 · 정신적 또는 신체적 능력 그리고 이와 같은 서비스를 제공하는 데 영향을 끼치거나 서비스를 사용할 때 발생하는 언어적 이슈 그리고 기타의 이슈들에 대해 사정해야 한다.
1.06 이익의 갈등	(e) 사회복지사는 개인적 혹은 업무와 무관한 목적으로 클라이언트와 (소셜 네트워킹 사이트, 온라인 채팅, 이메일, 문자메시지, 전화 그리고 비디오 등의) 정보통신기술을 사용한 의사소통을 해서는 안 된다. (f) 사회복지사는 전문직의 웹 사이트나 기타의 미디어에 개인정보를 포스팅하는 행위는 경계 혼란, 부적절한 상호관계 혹은 클라이언트에 대한 위해를 초래한다는 사실을 알아야 한다. (g) 사회복지사는 웹 사이트, 소셜 미디어 그리고 기타 형태의 정보통신기술에 개인적으로 가입하면 클라이언트들이 해당 공간에서의 사회복지사의 존재를 발견하게 될 가능성이 커진다는 사실을 알아야 한다. 사회복지사는 인종, 민족, 인어, 성적 지향, 젠더 정체성이나 그에 대한 표현, 정신 · 신체적 능력, 종교, 이민자의 지위 그리고 기타 형태의 가입 등에 바탕을 두고 있는 집단들과의 전자적 의사소통에 참여하면 특수한 클라이언트와 효과적으로 일할 수 있는 능력에 영향을 끼친다는 점을 알아야 한다. (h) 사회복지사는 경계 혼동, 부적절한 상호관계 혹은 클라이언트에 대한 위해를 방지하기 위해 소셜 네트워킹 사이트 또는 기타 전자 미디어에서 클라이언트로부터 개인적인 관계를 요청받더라도 이를 수용하거나 참여해서는 안 된다.
1.07 개인정보 및 기밀 유지	(f) 사회복지사는 가족, 부부, 집단에 대해 상담서비스를 제공할 때에는 개인의 비밀보장 권리나 타인과 공유하는 정보의 비밀보장의 의무에 관해 당사자들 간의 합의를 구해야 한다. 이 계약에는 기밀 정보가 공식 상담 세션 외에 클라이언트 간에 또는 다른 사람들과 직접 또는 전자적으로 교환될 수 있는지 여부에 대한 고려가 포함되어야 한다. (l) 사회복지사는 클라이언트에 대한 문서정보, 전자정보, 기타 민감한 정보에 대해 비밀을 보호해야 한다. 사회복지사는 클라이언트에 대한 기록을 안전한 장소에 보관하고 무자격자가 접근할 수 없도록 적절한 조치를 취해야 한다. (m) 사회복지사는 클라이언트나 제삼자에게 세공된 정보를 포함해 전자적 의사소통의 비밀보호를 위해 합리적인 조취를 취해야 한다. 사회복지사는 이메일, 온라인 포스트, 온라인 채팅 세션, 모바일 의사소통 그리고 문자메시지 같은 전자적 의사소통을 사용할 때 (암호화, 방호벽 그리고 비밀번호 등) 적절한 보호장치를 사용해야 한다. (o) 사회복지사는 사회복지사의 전자적 의사소통이나 보관시스템에 대한 접근을 포함해 클라이언트의 기록이나 정보에 대해 무자격자가 접근하는 사건이 발생할 때 그와 같은 정보누설에 대해 해당 법률과 전문적 기준에 맞게 클라이언트에게 알려야 한다.

	(p) 사회복지사는 클라이언트에 대한 정보를 얻기 위한 인터넷 기반의 검색엔진의 사용 등 전자적 기술의 사용에 대해 사회복지실천의 현행 윤리기준에 맞는 그들의 정책을 개발하고 이에 대해 클라이언트에게 알려야 한다. (q) 사회복지사는 전문적인 근거에 의한 불가피한 경우가 아닌 한 클라이언트에 대한 정보를 전자적으로 검색하거나 수집하는 행위를 피해야 하며, 적절한 근거가 있을 때는 클라이언트에게 고지된 동의를 구해야 한다. (r) 사회복지사는 전문직의 웹 사이트 혹은 다른 형태의 소셜 미디어에 클라이언트에 대한 그 어떤 신원이나 비밀정보도 포스팅해서는 안 된다.
1.08 기록에의 접근	(b) 사회복지사는 클라이언트에게 자신에게 관한 기록에 접근하도록 할 때 정보통신기술을 사용하는 것과 관련해 현행 사회복지실천 윤리기준에 맞는 그들의 정책을 개발하고 클라이언트에게 고지해야 한다.
1.09 성적 관계	(a) 사회복지사는 합의에 의한 것이나 강요된 것이거나 관계없이 현재의 클라이언트와의 성적 행위에 관여될 수 있는 어떤 상황에도 놓여서는 안 되며, 이는 정보통신기술을 사용하건 사람 간 접촉이건 관계없이 모든 상황에 적용된다.
1.15 서비스의 중단	사회복지사는 유용성 부족, 전자적 의사소통의 단절, 재배치, 질병, 정신 · 신체적 능력 또는 사망 등의 사유로 서비스가 중단될 경우 서비스의 계속성을 보장하기 위한 합리적인 노력을 기울여야 한다.
2. 동료에 대한 사회복지사의 윤리적 책임	
2.01 존경	(b) 사회복지사는 클라이언트나 다른 전문가들과의 구두, 문서 및 전자적 의사소통에서 동료에 대해 부당하고 부정적인 비판을 하지 말아야 하며, 여기에는 동료의 능력 수준이나 인종, 민족, 출신국, 피부색, 성, 성적 지향, 젠더 정체성이나 그에 대한 표현, 연령, 혼인 여부, 정치적 신념, 종교, 이민자 지위, 정신적 · 신체적 능력과 같은 개인적 특성에 관해 품위를 떨어뜨리는 언사가 포함된다.
2.06 성적 관계	(a) 사회복지사는 슈퍼바이저나 교육자의 역할을 담당할 때(구두, 문서, 전자적 혹은 신체적 접촉을 포함해) 슈퍼바이지, 학생, 훈련생, 자신의 전문적 권위를 행사하는 다른 동료와의 성적 행위나 성적 접촉에 관여해서는 안 된다.
2.07 성추행	사회복지사는 감독관, 학생, 훈련생 또는 동료를 성추행해서는 안 된다. 성추행에는 성행위를 비롯하여 성적인 접근, 성적인 호의요청, 구두, 서면, 온라인 접촉을 포함한다. 사회복지사는 슈퍼바이지, 학생, 훈련생 또는 동료를 성적으로 희롱해서는 안 된다. 성희롱에는 성적 유혹, 성적 권유 그리고 기타 구두 문서, 성적 본성의 전자적 · 신체적 접촉 등이 포함된다.
2.10 동료의 비윤리적 행위	(a) 사회복지사는 정보통신기술을 사용한 비윤리적 행위를 포함해 동료의 비윤리적 행위를 저지하고, 예방하고, 적발하고, 시정하도록 적절한 대책을 강구해야 한다.

3. 사회복지사의 실천현장에서의 윤리적 책임	
3.01 슈퍼비전과 자문	(a) 사회복지사는 슈퍼비전이나 자문을 제공할 때 (사람 간 관계이건 원격이건) 필요한 지식과 기술을 갖추고 있어야 하며, 자신의 지식이나 능력의 범위 내에서만 제공해야 한다. (c) 사회복지사는 슈퍼바이지를 착취하거나 해를 끼칠 위험이 생길 경우에는 소셜 네트워킹 사이트나 다른 전자적 미디어를 사용할 때 발생할 수 있는 이중관계를 포함해 슈퍼바이지와 이중 및 다중의 관계를 맺지 말아야 한다.
3.02 교육 및 훈련	(d) 사회복지사는 교육자, 학생실습지도자의 역할을 담당하는 경우 소셜 네트워킹 사이트나 다른 전자적 미디어를 사용할 때 발생할 수 있는 이중관계를 포함해 학생을 착취하거나 해를 끼칠 위험이 있는 이중 및 다중의 관계를 맺지 말아야 한다. 교육자나 실습지도자는 명백하고 적절하며 문화적으로 민감한 경계를 설정할 책임이 있다.
3.04 클라이언트의 기록	(a) 사회복지사는 전자적 및 문서상의 기록이 정확하며 제공된 서비스가 그대로 반영되고 있음을 보증하기 위해 합리적 수단을 강구해야 한다.
5. 사회복지전문직에 대한 사회복지사의 윤리적 책임	
5.01 전문직의 충실성	(f) 사회복지사는 평가나 연구조사를 촉진하기 위해 전자적 기술을 사용하는 경우 그러한 정보통신기술 사용에 대해 참가자들에게 고지된 동의를 제공해야 한다는 점을 명확히 해야 한다. 사회복지사는 참가자들이 정보통신기술을 사용할 능력이 있는지 여부를 사정해야 하며, 가능한 한 평가나 연구조사에 참여할 수 있는 합리적인 대안을 제공해야 한다.

한국과 미국의 사회복지사 윤리강령의 내용을 비교분석한 결과, 주요한 사회복지사 윤리의 실천 원칙을 다음과 같이 정리할 수 있다.

① 전문가 및 전문직로서의 윤리적 책임과 원칙

- 전문적 능력의 원칙: 사회복지사는 클라이언트에게 최상의 서비스를 제공하기 위해, 지식과 기술을 개발하는 데 최선을 다하며 이를 활용하여야 한다. 사회복지사는 전문성을 개발하기 위해 노력하되, 이를 이유로 서비스 제공을 소홀히 해서는 안 된다. 사회복지사는 사회복지사협회 등이 실시하는 제반 교육에 적극 참여하여야 한다. 사회복지사는 교육, 훈련, 면허, 인가, 상담, 지도감독을 받은 자신의 경험과 기타 전문 경험의 능력 범위 내에서만 클라이언트에게 서비스를 제공해야 한다.
- 차별금지의 원칙: 사회복지사는 성, 연령, 정신·신체적 장애, 경제적 지위, 정치적 신념, 종교, 인종, 국적, 결혼 상태, 임신 또는 출산, 가족 형태 또는 가족 상황, 성적

지향, 젠더 정체성, 기타 개인적 선호·특징·조건·지위 등에 따른 어떠한 형태의 차별이 담긴 실천을 해서는 안 되며, 이를 묵인, 조장 또는 협조해서도 안 된다.

- 사회정의의 원칙: 사회복지사는 전문가 단체 활동에 적극 참여하여, 사회정의 실현과 사회복지사의 권익옹호를 위해 노력해야 한다. 사회복지사는 사회정의 실현과 클라이언트의 복지 증진에 헌신하며, 이를 위한 환경 조정을 국가와 사회에 요구해야 한다.
- 전문직의 성실성 원칙: 사회복지사는 높은 수준의 실천을 유지 및 증진하기 위해 노력해야 한다. 사회복지사는 조사와 연구, 교육, 출판, 전문가 회의에서의 발표, 자문, 지역사회와 전문가 단체 참가 등을 통해 전문직의 성실성을 증진해야 한다. 사회복지사는 사회복지의 지식기반에 기여하기 위해, 실천, 조사 및 윤리에 관련된 지식을 동료들 및 전문가 회의에서 공유해야 한다.
- 평가와 조사윤리의 원칙: 클라이언트를 대상으로 연구하는 사회복지사는 클라이언트의 권리를 보장하기 위해, 자발적이고 고지된 동의를 얻어야 한다. 연구과정에서 얻은 정보는 비밀보장의 원칙에서 다루어져야 하고, 이 과정에서 클라이언트는 신체적·정신적 불편이나 위험·위해 등으로부터 보호되어야 한다. 연구대상자들은 충분한 정보에 근거한 문서화된 동의를 받아야 하며, 참가 거부에 의한 손해나 불이익이 없어야 한다. 연구참여자는 언제라도 불이익 없이 동의를 철회할 권리가 있으며, 제공한 자료의 익명성과 비밀을 보장받아야 한다. 사회복지사는 비밀보장의 한계, 비밀보장을 위해 취해진 조치, 기록들이 폐기될 시기 등을 연구참여자들에게 알려야 하며, 연구결과를 정확하게 보고해야 한다.
- 개인적 손상에 관한 원칙: 사회복지사는 개인적 문제, 심리적 스트레스, 법적 문제, 정신건강상의 어려움 등으로 자신의 전문적 판단과 직무수행에 어려움을 초래하거나 클라이언트들에게 해가 가도록 해서는 안 된다. 필요할 시에 사회복지사는 전문적인 도움 요청, 업무량 조정, 실천 종료 등 필요한 조치를 취해야 한다.
- 허위진술 금지의 원칙: 사회복지사는 발언이나 행동을 해야 할 때, 개인으로서의 언행인지 또는 사회복지전문직 및 사회복지 기관의 대표로서의 언행인지를 명백하게 구분해야 한다. 사회복지사는 실제로 취득된 관련 전문직 자격증만을 주장해야 하며, 자신의 능력, 자격증명서, 교육 등에 대한 그릇된 설명이 있을 시에는 시정조치를 취해야 한다.
- 사적 행위, 부정직, 사기 금지 원칙: 사회복지사는 전문적 책임을 수행하는 능력을 제

한하는 사적 행위를 해서는 안 된다. 사회복지사는 부정직, 사기 또는 기만행위에 가담, 묵인 혹은 연루되어서는 안 된다. 사회복지사는 자신의 이익을 위해 사회복지 전문직의 가치와 권위를 훼손해서는 안 된다.

- 공적 인정 원칙: 사회복지사는 실제로 자신이 수행했거나 공헌한 일에 대해 책임을 지며 이를 공적으로 인정받아야 한다. 사회복지사는 타인의 업적과 공헌을 정직하게 인정해야 한다.
- 외부압력 불타협의 원칙: 사회복지사는 전문가로서 성실하고 공정하게 업무를 수행하며, 이 과정에서 어떠한 부당한 압력에도 타협하지 않는다. 사회복지사는 전문적 가치와 판단에 따라 업무를 수행함에 있어, 기관 내외로부터 부당한 간섭이나 압력을 받지 않는다.
- 사회복지 증진 및 사회행동의 원칙: 사회복지사는 인간의 기본적 욕구를 충족시키기 위한 생활조건을 향상시키고 사회정의 실현에 기여함으로써 전체 사회의 복지를 증진시켜야 한다. 사회복지사는 필요한 사회서비스 개발과 사회환경 개선 및 사회정의 증진을 위한 사회정책의 수립, 발전, 입법, 집행에 적극적으로 참여하고 지원해야 한다. 사회복지사는 자신이 일하는 지역사회의 문제를 이해하고 그것을 해결하는 일에 적극적으로 참여해야 한다. 사회복지사는 인권존중과 인간평등을 위해 헌신해야 하며, 사회적 약자를 옹호하고 대변하는 일을 주도해야 한다.

② 클라이언트에 대한 윤리적 원칙

- 클라이언트 이익 우선의 원칙: 사회복지사는 클라이언트의 권익옹호를 최우선으로 해야 하며, 클라이언트의 복지를 증진하는 것이 사회복지사의 주요 책임이다. 사회복지사는 개인적 이익 또는 부당한 이익을 위해 클라이언트와의 전문적 관계를 이용하여서는 안 된다. 실질적 · 잠재적인 이해관계의 상충이 발생할 경우, 이를 클라이언트에게 고지하고, 가능한 한 최대로 클라이언트의 이익을 보호하도록 해야 한다. 하지만 사회복지사의 전체사회에 대한 책임이 클라이언트 이익 우선의 원칙보다 우위에 있는 예외상황도 있다.
- 자기결정의 원칙: 클라이언트는 자신의 삶에 영향을 미치는 결정에 스스로 참여할 수 있으며, 사회복지사는 클라이언트가 자기결정권을 최대한 행사할 수 있도록 도와야 한다. 그러나 클라이언트의 결정이나 잠재적 결정이 자신이나 타인에게 예상 가능하며 임박한 위험을 야기할 때에는 클라이언트의 자기결정권이 제한될 수 있다.

의사결정을 내릴 능력이 없는 클라이언트를 사회복지사가 대신할 때는 클라이언트의 권리와 이익을 보호할 수 있는 적절한 조치를 취해야 한다. 사회복지사는 부당한 영향, 조작 혹은 강제 등의 영향을 받기 쉬운 잠재적인 클라이언트에게 과도한 권유를 해서는 안 된다.

- 고지된 동의의 원칙: 클라이언트나 잠재적 클라이언트에게 정보를 수집하거나 서비스를 제공하고자 할 때 클라이언트로부터 반드시 사전동의를 얻어야 한다. 클라이언트가 동의한 능력이 없을 시에는 적절한 제삼자에게 허락을 구해야 한다. 클라이언트가 강제적으로 서비스를 받는 경우, 서비스의 본질과 한도, 서비스를 거부할 수 있는 클라이언트의 권리의 한계에 관한 정보를 제공해야 한다. 고지된 동의는 클라이언트가 이해하기 쉽도록 명확하고 알기 쉬운 언어로 이루어져야 하며, 제공되는 서비스의 목적, 서비스에 관련된 위험, 소요되는 비용, 서비스의 다양한 대안, 동의를 거부하거나 철회할 수 있는 클라이언트의 권리, 동의가 유효한 기간, 서비스가 갖는 한계 등의 내용이 포함되어야 한다.
- 알 권리의 원칙: 사회복지사는 클라이언트가 받는 서비스의 범위와 내용에 대해, 정확하고 충분한 정보를 제공해야 한다. 사회복지사는 클라이언트가 클라이언트와 관련된 기록에 대한 합당한 접근을 할 수 있도록 해야 한다. 이러한 접근이 클라이언트에게 심각한 해를 입힐 수 있는 불가피한 증거가 있는 예외적인 상황에서는 기록의 공개나 클라이언트의 기록에 대한 접근을 제한할 수 있다.
- 문화적 역량과 사회적 다양성의 원칙: 사회복지사는 클라이언트의 특정한 문제를 이해하기 위해 인종, 국적, 피부색, 성별, 연령, 결혼 여부, 정치적 신념, 정신 · 신체적 장애 등 클라이언트의 문화와 사회적 다양성의 특징에 대한 지식을 갖고 있어야 한다. 문화와 사회적 다양성을 이해하고, 사람, 문화, 집단 간의 차이에 따라 민감한 서비스를 제공할 수 있어야 한다.
- 이중관계 금지의 원칙: 사회복지사는 착취나 잠재적 해를 입을 수 있는 위험이 있는 클라이언트 또는 과거에 클라이언트였던 사람과 이중 또는 다중의 관계를 맺어서는 안 된다. 이중 또는 다중관계가 불가피한 경우, 사회복지사는 클라이언트를 보호하기 위한 조치를 취해야 하며 명확하고 적절한 한계를 설정해야 한다.
- 부적절한 성적 접촉 및 경멸의 용어 사용 금지의 원칙: 사회복지사는 클라이언트와 성적 행위 또는 성적 접촉, 성희롱, 경멸의 용어 사용 등을 해서는 안 된다. 신체적 접촉으로 인해 클라이언트가 심리적 해를 입을 가능성이 있는 경우에도 신체적 접촉

을 해서는 안 된다.

- 비밀보장과 사생활 존중의 원칙: 사회복지사는 클라이언트의 사생활을 존중하고 보호하며, 직무 수행과정에서 얻은 정보에 대해 철저하게 비밀을 유지해야 한다. 사회복지사는 서비스 제공이나 사회복지 평가 연구에 필수적인 경우가 아닌 한 클라이언트의 사적 정보를 요청할 수 없으며, 일단 얻은 사적인 정보는 비밀이 보장된다. 사회복지사는 비밀보장의 한계, 정보를 얻어야 하는 목적 및 활용에 대해 구체적으로 알려야 한다. 클라이언트나 법적 대리인의 동의 없이는 비밀정보를 공개할 수 없다. 그러나 클라이언트가 자기 자신이나 제삼자에 대해 심각하고 긴급한 위해가 예상되는 경우에는 이를 방지하기 위해, 최소한의 비밀정보가 공개될 수 있다. 이외에도 클라이언트에게 이익을 주거나 돕기 위해, 미성년 클라이언트의 부모나 보호자의 요청이 있을 시, 법적 명령이 있을 시에 비밀정보가 공개될 수 있다. 이때 정보공개에 앞서, 비밀정보의 공개 및 잠재적인 결과에 관해 클라이언트에게 공지해야 하며, 비밀보장에 대한 클라이언트의 권리 제한에 대해 클라이언트와 논의해야 한다. 클라이언트의 정보 및 기록이 안전한 장소에 보관되도록 해야 하며, 공개적인 장소에서 비밀정보를 논의하지 않도록 하는 등 비밀을 보호할 수 있도록 예방 조치를 취해야 한다.
- 서비스 비용 지불의 원칙: 사회복지사는 제공된 서비스에 대해, 공정하고 합리적으로 이용료를 책정해야 한다. 이때 클라이언트의 지불능력에 대해 고려해야 한다. 클라이언트의 지불능력에 상관없이 서비스를 제공해야 하며, 이를 이유로 차별대우해서는 안 된다. 업무와 관련하여 정당하지 않은 방법으로 경제적 이득을 취하여서는 안 되며, 전문직 서비스에 대한 대가로 재화나 용역을 받아서는 안 된다.
- 서비스 중단 및 종료의 원칙: 서비스가 중단되는 경우에는 클라이언트의 욕구에 따라 서비스 의뢰 등을 통해 서비스의 지속성을 보장하기 위해 노력해야 하며, 서비스 욕구를 갖고 있는 클라이언트가 방치되지 않도록 노력해야 한다. 서비스 및 관계가 더 이상 필요하지 않거나 클라이언트의 욕구나 이익에 더 이상 효과가 없는 경우, 사회복지사는 클라이언트에 대한 서비스를 종료해야 한다.

③ 실천현장에서의 윤리적 원칙

- 동료 간 존경의 원칙: 사회복지사는 동료를 존중과 신뢰로서 대해야 하며, 동료의 자격이나 견해 등을 공정하게 다루어야 한다. 동료의 능력수준을 언급하거나, 성, 연

령, 정신 · 신체적 장애, 경제적 지위, 정치적 신념, 종교, 인종, 국적, 결혼 상태, 임신 또는 출산, 가족 형태 또는 가족 상황, 성적 지향, 젠더 정체성, 기타 개인적 선호 · 특징 · 조건 · 지위 등과 같은 개인적 특성에 관하여 동료의 전문가로서의 지위와 인격을 훼손하는 언행을 하지 않는다. 사회복지사는 사회복지직의 동료뿐만 아니라 다른 전문직의 동료들과도 민주적인 직무관계를 이루며 협력해야 한다.

- 동료 간 비밀보장의 원칙: 사회복지사는 전문적 관계나 상호교류 과정에서 동료와 함께 공유하게 된 비밀을 보장해야 한다. 사회복지사는 동료들에게 비밀보장에 관한 사회복지사의 의무에 대해 확실하게 이해시켜야 한다.
- 학제 간 협력의 원칙: 다학문 간 팀의 구성원인 사회복지사는 사회복지전문직의 관점, 가치 그리고 경험을 바탕으로 클라이언트의 복지에 영향을 미치는 결정에 참여하고 기여해야 한다.
- 자문 및 서비스 의뢰의 원칙: 사회복지사는 동료의 자문이 클라이언트에게 최선의 이익이 되는 경우에는 언제든지 그 동료에게 충고나 조언을 구해야 한다. 클라이언트에게 충분한 서비스를 제공하기 위해서 다른 전문가에게 의뢰해야 하며, 순조로운 이전을 용이하게 하기 위해 적절한 조치를 취해야 한다.
- 비윤리적 행위 및 결함이 있거나 무능력인 동료에 대한 책임 원칙: 동료의 개인적 문제, 심리사회적 고통, 약물남용 또는 정신건강상의 문제로 인한 동료의 결함 및 동료의 무능력 그리고 비윤리적 행위가 효과적인 사회복지실천을 방해하고, 동료가 자신의 결함, 무능력 또는 비윤리적 행위에 대해 적절한 조치를 취하지 않는다면, 고용주, 기관, 사회복지사 협회, 기타 전문가 조직 등의 적절한 경로를 통해 조치를 취해야 한다.
- 동료 관련 분쟁의 원칙: 사회복지사는 자신의 지위 획득이나 이익을 추구하기 위해 동료와 고용주 간의 분쟁을 이용하거나, 동료와의 분쟁에 클라이언트를 이용하거나 끌어들여서는 안 된다.
- 동료 간 성적 행위 금지의 원칙: 슈퍼바이저이거나 교육자의 역할을 수행하는 사회복지사는 다른 동료나 학생, 훈련생, 슈퍼비전을 받는 사람과 성적 행위나 접촉 또는 성희롱을 해서는 안 된다.
- 슈퍼비전, 자문, 및 교육의 원칙: 사회복지사는 슈퍼비전, 자문, 교육 및 실습지도자의 역할을 적절하게 수행하기 위한 지식과 기술을 가져야 하며, 자신의 지식과 능력의 범위 안에서 슈퍼비전이나 자문을 행해야 한다. 슈퍼비전을 제공하는 사회복지사

는 전문적 기준에 의해 공정하게 슈퍼바이지의 업무수행을 평가해야 하며, 그 평가를 슈퍼바이지 및 실습생과 공유해야 한다. 잠재적으로 착취나 해의 위험이 있기 때문에, 사회복지사는 슈퍼바이지와 이중 혹은 다중 관계를 가져서는 안 되며, 슈퍼바이지와 적절한 경계를 설정해야 한다. 슈퍼바이저는 개인적인 이익의 추구를 위해 자신의 지위를 이용해서는 안 된다. 사회복지사는 슈퍼바이저의 전문적 지도와 조언을 존중해야 하며, 슈퍼바이저는 사회복지사의 전문적 업무수행을 도와야 한다. 슈퍼바이저는 사회복지사 · 수련생 및 실습생에 대해 인격적 · 성적으로 수치심을 주는 행위를 해서는 안 된다. 서비스가 실습생이나 슈퍼바이지에 의해 제공될 때는 이 사실을 클라이언트에게 고지해야 한다.

- 기록의 원칙: 서비스 전달의 용이성과 지속성을 보장하기 위해 정확하고 충분한 문서의 기록이 이루어져야 한다. 서비스 전달에 직접적으로 관련 있는 정보만 한정하여 기록함으로써 클라이언트의 사생활을 최대한 보장해야 한다. 서비스 종결 이후에도 이후의 적절한 접근을 보장하기 위해 기록을 관련 법이나 규칙에 명시된 기간 동안 보존해야 한다.
- 클라이언트 이전의 원칙: 다른 기관이나 동료에게서 이미 사회복지 서비스를 받고 있는 클라이언트가 새로운 서비스를 위해 사회복지사를 찾아올 때, 서비스의 제공을 동의하기 전에 클라이언트의 욕구, 다른 서비스 제공자와 클라이언트의 현재 관계, 예상되는 이익과 손실에 대해 클라이언트와 충분히 논의해야 한다.
- 행정의 원칙: 사회복지행정가는 클라이언트의 욕구를 충족시키기 위해 필요한 자원을 기관 내외로부터 얻기 위해 옹호활동을 펼쳐야 한다. 공개적이고 공정한 자원의 할당 절차를 옹호해야 한다. 사회복지행정가는 조직환경이 사회복지사 윤리강령에 부합하도록 적절하고 합리적인 조치를 취한다.
- 평생교육 및 직원 능력 계발의 원칙: 사회복지행정가와 슈퍼바이저는 모든 직원에게 사회복지실천 및 윤리에 관한 최근의 지식과 발전에 대한 지속적인 교육 및 직원개발을 제공해야 한다.
- 고용기관에 대한 의무의 원칙: 사회복지사는 소속 기관 활동에 적극 참여하고, 고용주나 고용기관에 충실해야 한다. 사회복지사는 고용기관의 정책과 사업 목표의 달성, 서비스의 효과성과 효율성 증진을 위해 노력해야 한다. 고용기관의 부당한 정책이나 절차, 규정에 대해서는 전문직의 가치와 지식을 근거로 대응하고, 사회복지사 윤리강령과 일치하도록 합리적 조치를 취해야 한다. 고용기관의 업무할당이나 고용

정책, 실천에서 차별을 예방하고 제거하기 위해 노력해야 한다.

- 노사분쟁의 원칙: 노사분쟁, 준법투쟁 혹은 파업 등에 관련된 사회복지사의 행동은 전문직의 가치, 윤리 원칙 및 윤리적 기준에 의해서 결정되어야 하며, 이러한 행동들이 클라이언트에게 어떤 영향을 미칠 수 있는지 신중하게 검토해야 한다.

// 학습과제 //

1. 윤리적 딜레마를 해결하는 데 있어 윤리강령의 역할은 무엇인지 생각해 보시오.
2. 윤리강령이 클라이언트, 기관, 사회복지사 자신에게 어떤 도움을 줄 것으로 판단되는지 기술하시오.
3. 한국과 미국의 사회복지사 윤리강령을 읽고, 공통점과 차이점을 토론하시오.

// 학습정리 //

- 윤리강령은 전문가가 지켜야 할 전문적 행동기준과 원칙을 기술해 놓은 공통으로 합의된 내용으로 사회윤리적 제재의 힘을 갖는다. 또한 전문직 가치기준에 맞게 실천할 수 있도록 판단기준과 전문직의 비윤리적 행위에 대한 판단기준을 제시한다.
- 윤리강령의 기능으로는 사회복지실천에 대한 지침을 제공하고, 무능력한 사회복지사로부터 공공을 보호하고, 전문직 스스로의 자율에 의한 규제를 가지며, 바른 동료관계가 가능하도록 하며, 부당치료 소송으로부터 보호하는 것이 있다.

참고문헌

김상균, 오정수, 유채영(2002). **사회복지 윤리와 철학**. 나남출판.

김성호(2018). 미국 NASW 윤리강령의 변화과정 및 2018 개정의 함의. **생명연구**, 47, 209-248.

양옥경, 김미옥, 김미원, 김정자, 남경희, 박인선, 신혜령, 안혜영, 윤현숙, 이은주, 한혜경(2004). **사회복지 윤리와 철학**. 나눔의 집.

최명민, 황보람, 김기덕, 김욱, 유서구, 이순민(2019). 한국사회복지윤리강령의 개정 필요성과 방향에 관한 연구. **한국사회복지행정학**, 21(2), 171-202.

한국사회복지사협회(2023). 선서문 및 윤리강령. https://www.welfare.net/welfare/cm/cntnts/cntnts View.do?mi=1036&cntntsId=1044 (2023. 6. 23. 인출).

한국사회복지사협회, 오승환, 박일규, 한은영, 김유경, 유영주, 이상희, 이순민, 임수경, 최장열 (2023). **사회복지사 윤리강령의 이해와 활용**. 양서원.

National Association of Social Workers (NASW, 2021). *Read the Code of Ethics*. https://www.socialworkers.org/About/Ethics/Code-of-Ethics/Code-of-Ethics-English

Murray, A. (2021). 2021 Amendments. *NASW Code of Ethics: Self-Care and Cultural Competence*. https://www.socialworkers.org/LinkClick.aspx?fileticket= UyXb_VQ35QA%3d&portalid=0

Loewenberg, F., & Dolgoff, R. (1996). *Ethical decisions for social work practice*. F. E. Peacock Publishers.

Reamer, F. G. (1998). The evolution of social work ethics. *Social Work, 43*(6), pp. 488-500.

Reamer, F. G. (2006). *Ethical standards in social work: A review of the NASW Code of Ethics* (2nd ed.). NASW.

제 4 장 사회복지실천에서의 윤리적 의사결정

학습목표

- 윤리적 딜레마와 윤리적 의사결정의 개념을 설명할 수 있다.
- 학자별 윤리적 의사결정 모델의 특징을 나열할 수 있다.
- 사회복지실천의 윤리적 딜레마에서 윤리적 의사결정 모델을 적용하여 윤리적 의사결정을 할 수 있다.

1. 윤리적 딜레마와 윤리적 의사결정

윤리적 딜레마(ethical dilemma)는 사회복지사가 전문가로서 지켜야 하는 윤리적 가치가 상충하여 어떤 것이 윤리적인 실천행동인지 판단하기 어려운 갈등 상태를 말한다(김기덕, 2002). 특히 두 가지 이상의 가치가 상충하는 상황에서 한 가지를 선택하였을 경우, 이 선택이 개인 혹은 여러 사람에게 영향을 미치게 될 때 윤리적 딜레마, 즉 윤리적 갈등(ethical conflict)을 겪게 된다. 윤리적 갈등 상황에서 사회복지사가 선택해야 하는 가장 윤리적인 실천이란 무엇이며, 그 판단의 근거는 무엇인가? 사회복지사는 어떤 방법으로 가장 윤리적인 결정에 도달할 수 있는가? 이러한 물음에 답하는 과정이 윤리적 의사결정이다. 윤리적 의사결정은 사회복지실천 과정에서 발생하는 다양한 윤리적 딜레마를 해결하기 위해 여러 실천 행위의 대안 중에서 사회복지사가 선택할 수 있는 최선의 윤리적 선택 행위다.

2. 사회복지실천에서의 윤리적 딜레마

사회복지실천에서 발생할 수 있는 윤리적 딜레마는 크게 직접적인 실천 차원의 갈등, 사회복지정책 및 프로그램 차원의 갈등, 사회복지 조직체 및 동료 사회복지사와 관련된 윤리적 갈등의 세 가지로 나눌 수 있다(Reamer, 1999).

첫째, 사회복지사가 개인, 가족 또는 집단을 대상으로 직접적인 실천을 수행하는 과정에서, 두 개 또는 그 이상의 가치가 상충되는 상황일 때 직접적인 실천 차원의 갈등에 빠질 수 있다. 클라이언트가 자살을 계획하고 있을 때 사회복지사는 클라이언트가 자신의 삶에 대해 결정할 수 있는 권리가 있으므로 그의 선택을 존중해야 할 것인가? 또는 인간의 생명보호라는 가치에 따라 클라이언트의 자살을 막아야 할 것인가? 이와 같이 사회복지실천에서는 비밀보장, 클라이언트의 자기결정, 온정주의, 진실의 의무와 같은 가치나 의무를 어느 정도까지 보장해야 하는가에 관련한 윤리적 갈등이 빈번하게 발생할 수 있다.

사회복지실천 과정에서 내린 결정의 결과가 불확실할 때도 사회복지사는 윤리적 딜레마에 빠지게 된다. 특정한 가치에 바탕을 두고 결정을 내렸음에도, 이 결정이 클라이언트를 위한 최선의 결정인지 확신하지 못하는 경우가 그렇다. 예를 들어, 아기를 낳고자 하는 십대 클라이언트와 낙태를 원하는 클라이언트의 부모 사이에서 사회복지사는 어떤 결정이 클라이언트의 이익을 최우선으로 하는 것인지 확신하지 못해서 의사결정에 어려움을 겪을 수 있다.

클라이언트가 여러 명일 때도 윤리적 딜레마가 나타날 수 있다. 집단상담이나 가족상담을 하는 경우에는 누가 클라이언트이고 누구의 이익을 최우선적으로 고려하여 윤리적 결정을 내려야 할지 판단하기가 어렵다. 부부간의 불화를 상담하는 과정에서 남편의 외도 사실이 드러났을 때, 사회복지사는 이를 아내에게도 알려야 할 것인가? 남편의 비밀보장을 위해 알리지 말아야 할 것인가? 이와 같이 클라이언트가 여러 명일 때는 사회복지실천 과정에서 윤리적 갈등이 일어날 수 있다.

또 다른 윤리적 갈등 상황으로는 사회복지사의 의무가 상충되는 경우다. 사회복지사는 개인적으로 가족에 대한 의무, 사회복지사로서 클라이언트에 대한 의무, 사회복지기관의 일원으로서 기관에 대한 의무 등 여러 의무가 있으며, 이 의무가 상충되는 상황이 야기될 수 있다. 지진이나 홍수와 같은 자연재해 상황에서 사회복지사는 자신이 근무하는 재가시설의 클라이언트를 구해야 할 것인가? 아니면 근처 자신의 집에 있는 가족을 구해야 할 것인가? 사회복지기관에서 한정된 자원과 재정의 이유로 클라이언트에 대한 서비스를 제한하였을 때, 사회복지사는 기관의 정책을 준수해야 할 것인가? 클라이언트에 최선의 서비스를 제공해야 한다는 의무를 다하기 위해 기관의 정책을 어길 것인가? 이렇게 사회복지사가 갖고 있는 여러 의무가 상충되었을 때 윤리적 딜레마가 발생할 수 있다.

이외에도 직접적인 사회복지실천과 관련하여 사회복지사와 클라이언트 간에 권력이나 힘의 불균형 때문에 윤리적 갈등 상황이 나타날 수 있다. 클라이언트는 사회복지사에게 전문적 도움을 받으면서 그들에게 의존하기 쉽다. 그리고 전문직 관계의 특성상 사회복지사가 클라이언트보다 더 많은 권력을 가지게 된다. 이러한 불평등한 관계에서 사회복지사는 자신의 권력을 남용하는 경우가 있을 수 있으며, 윤리적 갈등 상황이 발생할 수 있다. 클라이언트와의 전문적 관계 이외에 사적인 이중관계를 갖게 되었을 때, 사회복지사가 의존적인 클라이언트를 이용할 수 있다는 점에서 전문적 관계에 부정적 영향을 미칠 수 있다.

둘째, 간접적 사회복지실천 활동으로 분류되는 사회복지정책 및 프로그램 차원에서의 윤리적 갈등으로는 평등한 기회나 제한된 자원의 배분과 관련하여 사회복지정책 및 프로그램을 기획하고 실행해 나가는 과정에서 나타날 수 있는 윤리적 문제에 관련된 것이다. 한정된 사회복지사의 시간과 프로그램 예산 · 재화가 있을 때 사회복지정책 및 프로그램의 대상자 선정기준을 어떻게 정할 것인가? 한정된 자원을 어떻게 분배할 것인가? 사회적 약자인 사람들에게는 사회적 장애를 극복하기 위해 더 많은 자원이 제공되어야만 하는가? 이와 같이 평등과 분배에 관련된 윤리적 문제가 사회복지실천에서 쟁점이 되고, 이에 따른 윤리적 갈등이 야기될 수 있다.

셋째, 사회복지 조직체 및 동료 사회복지사와의 관계에서 윤리적 갈등이 발생할 수 있다. 동료 사회복지사의 비윤리적인 실천 행동을 보았을 때 어떻게 행동해야 하는가? 사회복지조직 내에서 비윤리적 규범이 존재한다면 어떻게 해야 하는가? 이처럼 사회복지조직 내에서의 내부갈등과 윤리문제로 인해, 조직체의 일원인 사회복지사가 윤리적 갈등을 겪을 수 있다.

3. 윤리적 의사결정 모델

사회복지사는 사회복지실천 상황에서 한 가지 이상의 가치나 윤리적 관점 중 하나를 우선으로 결정해야 하는 윤리적 갈등 상황을 종종 경험하게 된다. 이때 사회복지사가 윤리적 의사결정을 내리는 데 도움이 되는 윤리적 결정지침이나 윤리적 의사결정 모델이 필요하다. 사회복지실천에서의 윤리적 의사결정 모델을 제시한 여러 학자 중 로웬버그와 돌고프(Loewenberg & Dolgoff, 1996)의 일반결정 모델, 리머(Reamer, 1999)의 의사결정 모델, 콩그래스(Congress, 2004)의 ETHIC 모델이 대표적이다. 그리고 국내연구에서는 양옥경과 동료들(2004)이 제시한 5~9단계 모델과 한국사회복지사협회 외(2023)의 윤리적 의사결정 과정 7단계가 있다.

1) 로웬버그와 돌고프의 일반결정 모델

로웬버그와 돌고프(1996)는 조직화된 사고의 단계 및 절차 구성과 윤리적 원칙과 우선순위 구성에 초점을 맞추어 일반결정 모델(General Decision-Making Model)을 제시하였다. 〈표 4-1〉의 일반결정 모델은 사회복지사가 전문가로서 문제해결을 주도하여 의사결정을 한 후 이를 실행하고, 그 결과에 대한 검토 및 평가 그리고 추가적인 문제를 고려

표 4-1 로웬버그와 돌고프(Lowenberg & Dolgoff, 1996)의 일반결정모델

1단계	문제가 무엇인지, 문제를 야기하는 요인은 무엇인지를 확인한다.
2단계	누가 클라이언트이고 피해자인지, 지지체계와 다른 전문가 등 해당 문제와 관련된 사람과 단체는 누구인지 확인한다.
3단계	사회적 가치, 전문가로서의 가치, 클라이언트와 사회복지사의 개인적 가치 등 두 번째 단계에서 확인된 다양한 주체들이 주어진 문제와 관련해서 어떤 가치가 있는지 확인한다.
4단계	주어진 문제를 해결하거나 혹은 최소한 문제의 정도를 경감시킬 수 있는 개입목표를 명확히 한다.
5단계	개입수단과 개입대상을 확인한다.
6단계	확정된 목표에 따라 설정된 각각의 개입 방안의 효과성과 효율성을 평가한다.
7단계	누가 의사결정에 참여할 것인가 결정한다.
8단계	개입방법을 선택한다.
9단계	선택된 개입방법을 수행한다.
10단계	선택된 개입방법이 수행되는 것을 검토하며 예상하지 않았던 결과가 나타나는지 주의를 기울인다.
11단계	결과를 평가하고 추가적인 문제들이 무엇인지 확인한다.

하는 것까지 결정과정에 포함하고 있다. 일반결정 모델은 복잡한 상황에서 적용할 수 있는 일반적 모델로 윤리적 결정만이 아니라 일반적 의사결정에도 사용이 가능하다.

로웬버그와 돌고프(1996)는 일반결정 모델과 더불어, 세 가지 윤리적 심사표를 제시했다. 〈표 4-2〉의 윤리적 사정 심사표(Ethical Assessment Screen)는 사회복지실천에서의 의사결정의 윤리적 측면을 더욱 강조한 것으로서 윤리적 갈등 상황과 관련된 사회적 가치, 사회복지사의 가치, 개인적 가치를 분석해 보고, 윤리적 행위의 대안 중에서 가장 갈등과 해악을 최소화하는 선택을 하게 도와준다는 점에서 효과적이다. 특히 각각의 대안의 효율성, 효과성을 분석하게 해 줌으로써, 대안을 선택하면서 나타날 수 있는 결과나 단기 혹은 장기적인 윤리적 영향에 대해 고려할 수 있다.

표 4-2 윤리적 사정 심사표(Ethical Assessment Screen)

1	직면하고 있는 윤리적 갈등 상황과 관련하여 개인적 가치들은 무엇인지 확인한다.
2	윤리적 결정과 관련된 사회적 가치들은 무엇인지 확인한다.
3	문제와 관련하여 전문적 가치와 윤리를 확인한다.
4	선택할 수 있는 윤리적 대안이 있는지 확인한다.
5	어떤 윤리적 행동이 당신의 클라이언트 및 다른 사람의 권리와 행복을 최대한 보호해 줄 수 있는가?
6	어떤 윤리적 행동이 최대한 사회의 권리와 이익을 보호해 줄 수 있는가?
7	위의 1, 2, 3번 사이의 가치 갈등을 줄이기 위해 무엇을 할 수 있는가? 5, 6번 사이의 갈등들을 줄이기 위해 무엇을 할 수 있는가?
8	어떠한 대안적 행동이 최소한 손실의 원칙을 지킬 수 있을까?
9	각각의 대안적 행동들은 어느 정도 효율적 · 효과적이며 윤리적인가?
10	각각의 대안들이 가지고 있는 단기 혹은 장기적인 윤리적 측면을 고려하고 비교해 보았는가?

〈표 4-3〉의 윤리적 규칙 심사표(Ethical Rules Screen: ERS)는 윤리적 갈등 상황에 윤리강령 적용을 위한 지침을 제시하고 있다. 사회복지실천에서 윤리적 딜레마가 있을 때는 사회복지사의 윤리강령에서 적용할 만한 규정이 있는지를 살펴보아야 한다. 사회복지사의 개인적인 가치체계를 바탕으로 윤리적 의사결정을 내리기보다, 사회복지전문직의 가치를 바탕으로 한 사회복지사 윤리강령에 따르는 것이 윤리적 판단을 내릴 수 있기 때문이다. 그러나 윤리적 규칙 심사표를 이용하여 주어진 윤리적 갈등 상황에 윤리강령을 적용해도 직접적으로 부합되는 윤리강령의 내용이 없거나 상충되는 지침이 있는 경우에는 〈표 4-4〉의 윤리적 원칙 심사표(Ethical Principles Screen: EPS)를 사용하게 된다. 윤리적 원칙 심사표는 윤리적 원칙의 순위를 제시함으로써, 어떤 가치나 윤리원칙이 우선시되는지를 결정할 수 있다. 윤리적 원칙 심사표의 7가지 윤리적 원칙 중에서 상위의 원칙이

표 4-3 윤리적 규칙 심사표(Ethical Rules Screen: ERS)

1	윤리강령을 살펴보고 어떤 규칙을 적용할 수 있는지 결정한다. 이러한 규칙들은 사회복지사 개인의 가치체계보다 우선되어야 한다.
2	적용 가능한 한 가지 혹은 여러 가지의 강령규칙을 따른다.
3	구체적인 문제에 대해서 강령규칙이 직접적으로 부합되지 않거나 혹은 여러 개의 강령규칙들이 상충되는 지침을 제공하는 경우에는 윤리적 원칙 심사표(EPS)를 활용한다.

표 4-4 윤리적 원칙 심사표(Ethical Principles Screen: EPS)

윤리원칙 1	생명보호의 원칙	인간의 생명보호가 다른 모든 것에 우선한다.
윤리원칙 2	평등 및 불평등의 원칙	능력이나 권력이 같은 사람들은 '똑같이 취급받을 권리'가 있고, 능력이나 권력이 다른 사람들은 '다르게 취급받을 권리'가 있다.
윤리원칙 3	자율과 자유의 원칙	클라이언트의 자율성과 독립성 그리고 자유는 중시되나 무제한적인 것은 아니라는 것으로서 자신이나 타인의 생명을 위협하거나 학대할 권리 등은 없다.
윤리원칙 4	최소 해악의 원칙	선택 가능한 대안이 다 유해할 때 가장 최소한으로 유해한 것을 선택해야 한다.
윤리원칙 5	삶의 질의 원칙	지역사회는 물론이고 개인과 모든 사람의 삶의 질을 좀 더 증진시킬 수 있는 것을 선택해야 한다.
윤리원칙 6	사생활 보호와 비밀보장의 원칙	사회복지사가 클라이언트에 대해 알게 된 사실을 다른 사람에게 공개해서는 안 된다.
윤리원칙 7	진실성과 완전공개의 원칙	클라이언트와 여타의 관련된 당사자에게 오직 진실만을 이야기하며 모든 관련 정보를 완전히 공개해야 한다.

우선적으로 적용된다.

〈사례 4-1〉에서 사회복지사는 어떤 윤리적 원칙을 기준으로 윤리적 의사결정을 내려야 하는가? 이 상황에서 상충되는 윤리적 원칙에는 무엇이 있으며, 어느 원칙이 우선시되어야 하는가? 〈사례 4-1〉에서는 사회복지사가 사생활 보호와 비밀보장의 원칙과 생명보호의 원칙 사이에서 윤리적 갈등을 겪고 있다. 이때 로웬버그와 돌고프의 윤리적 원칙 심사표(EPS)에 따르면, 상위의 원칙이 우선시되어야 한다. 즉, 사생활 보호와 비밀보장의 원칙과 생명보호의 원칙 사이에서 생명보호의 원칙이 더 우선시되어야 하는 것이다.

사례 4-1

사회복지사가 클라이언트와의 상담에서 클라이언트가 아내에게 지속적으로 폭력을 휘둘렀으며, 특히 지난 3개월 동안 친딸을 상습적으로 성폭행했다는 사실을 알게 되었다. 클라이언트는 사회복지사에게 상담 초기에 공지했던 '비밀보장의 원칙'을 상기시키며, 비밀을 지켜 줄 것을 부탁했다.

2) 리머의 윤리적 결정 모델

(1) 윤리적 갈등 해결의 지침

리머(1999)는 사회복지실천 현장에서 직면하는 윤리적 갈등 상황을 일관성 있게 적용할 수 있는 윤리적 갈등 해결의 지침(〈표 4-5〉 참조)을 제시하였다. 리머의 윤리적 갈등 해결의 지침은 거워스(Gewirth, 1978)의 자유와 행복의 권리를 위한 3가지 욕구의 위계를 바탕으로 한다. 이는 다음과 같다.

- 기본적인 소유물의 추구(생명유지, 건강보호, 의식주 등)
- 공제되지 않는 소유물의 추구(열악한 생활조건이나 좋지 않은 노동환경의 결과 혹은 도둑, 사기, 거짓으로 피해를 입은 경우 이를 해결하기 위한 것)
- 추가적인 소유물의 추구(개인의 능력을 강화하는 물질, 지식, 자아존중의 증진, 물질 등)

즉, 사회복지실천에서 윤리적인 결정을 하려면 가장 상처받기 쉬운 사람들의 욕구를 우선적으로 고려하고, 욕구의 위계에 우선하여 서비스가 제공되어야 한다.

표 4-5 리머의 윤리적 갈등 해결의 지침

지침 1	인간활동에 필수적인 전제조건(생명, 건강, 음식물, 주거지, 정신적 균형상태 등)에 대한 위해와 관련된 규범들은 거짓정보 제공이나 비밀의 폭로, 오락, 교육, 부와 같은 부차적인 것들의 위협과 관련된 조항에 우선한다.
지침 2	어떤 개인이 가진 기본적인 안녕(인간활동에 필수적인 수단이나 조건을 포함해서)에 대한 권리는 다른 사람이 소유한 자기결정에 대한 권리에 우선한다.
지침 3	어떤 개인이 가지는 자기결정에 관한 권리는 자신의 기본적인 안녕에 대한 권리에 우선한다.
지침 4	자신이 자유로운 상태에서 스스로 동의한 법률, 규칙, 규정을 준수하는 것은 이러한 법률, 규칙, 규정과 상충되는 방식으로 자유롭게 행동할 수 있는 개인의 권리에 우선한다.
지침 5	개인이 가지는 안녕에 대한 권리가 자신이 자발적으로 참여한 단체의 법률, 규칙, 규정, 협정 등과 충돌할 때에는 행복에 대한 권리가 우선한다.
지침 6	기아 등과 같은 기본적인 해악을 예방해야 된다는 의무와 주택, 교육, 공적부조 등과 같은 공공재를 제공해야 된다는 의무는 개인이 자신의 재산에 대해서 전적으로 가지는 처분권에 우선한다.

(2) 윤리적 의사결정의 과정

리머(1999)는 윤리적 갈등 해결의 지침을 바탕으로 윤리적 의사결정을 위해 밟아 나가야 하는 절차를 다음 〈표 4-6〉과 같이 제시하였다.

표 4-6 리머의 윤리적 의사결정의 과정

1	상충되는 사회복지 가치와 의무를 포함해서 윤리적 쟁점이 무엇인지 확인한다.
2	윤리적 결정으로 영향을 받을 수 있는 개인, 집단, 조직체 등이 누구인지 확인한다.
3	가능해 보이는 모든 실천 활동과 관련된 당사자, 그에 따른 이득과 위험 등을 잠정적으로 분명히 확인해 본다.
4	각각의 행동방안에 대한 찬성과 반대 논리들을 아래의 사항을 고려하여 충분히 검토한다. • 윤리이론, 원칙, 지침 • 사회복지사 윤리강령 및 법률적 원칙들 • 사회복지실천 이론들과 원칙들 • 개인적 가치(종교, 문화, 인종, 정치적 이념을 포함해서), 특히 자신의 개인적 가치와 충돌하고 있는 가치들 • 동료 혹은 적절한 전문가와의 상의(기관의 직원, 상사, 관리자, 변호사, 윤리학자 등)
5	결정을 내리고 의사결정과정을 기록한다.
6	결정 내용을 모니터링, 평가, 기록한다.

3) 콩그래스의 ETHIC 모델

로웬버그와 돌고프(1996)와 리머(1999) 외에도 콩그래스(2004)는 ETHIC 모델이라 불리는 윤리적 의사결정 모델을 제시하였다. 로웬버그와 돌고프(1996) 그리고 리머(1999)의 모델에 비해 간결하게 정리하여 이해하기 쉬우며, 사회복지실천에 적용하거나 활용하기 쉽다는 장점이 있다.

표 4-7 콩그래스의 ETHIC 모델

1	E (Examine relevant personal, societal, agency, client and professional values) 관련되는 사회복지사의 개인적 가치, 사회적 가치, 기관의 가치, 클라이언트의 가치, 전문가의 가치를 검토한다.
2	T (Think about what ethical standard of the NASW code of ethics applies to the situation as well as about relevant laws and case decisions) 상황에 적용되는 윤리강령의 윤리기준, 관련법과 판례들을 고려한다.

3	H (Hypothesize about possible consequences of different decisions) 각기 다른 결정으로 나타날 수 있는 가능한 결과에 대해 가설을 설정한다.
4	I (Identify who will benefit and who will be harmed in view of social work's commitment to the most vulnerable) 가장 취약한 대상에 대한 사회복지의 헌신에 비추어, 누가 혜택을 받을 것이며, 누가 피해를 입을 것인가를 확인한다.
5	C (Consult with supervisor and colleagues about the most ethical choice) 가장 윤리적인 선택에 관해 슈퍼바이저와 동료들로부터 자문을 구한다.

사례 4-2

사회복지사 윤 씨는 여성의 전화 상담사회복지사로 일하고 있다. 클라이언트인 지 씨 부인은 폭력적인 남편에게 폭행을 당하고 집을 나와 여성의 전화에 도움을 청했다. 지 씨 부인은 이미 가정폭력으로 인해 여러 차례 상담을 받은 적이 있다. 그러나 매번 지 씨 부인은 남편에게 돌아가곤 했고, 집으로 돌아갈 때마다 남편의 폭력은 점점 심해졌다. 이번에도 지 씨 부인은 상담 중에 남편의 회유로 다시 집으로 돌아가 남편과 생활하기로 결정했다. 사회복지사 윤 씨는 지 씨 부인이 집으로 가면 반드시 남편의 폭력에 시달릴 것을 알고도 지 씨 부인의 자기결정을 허용해야 할 것인가? 아니면 자기결정에 제한을 가하면서 쉼터 등 격리시설을 선택하게 할 것인가?

〈사례 4-2〉의 윤리적 갈등 상황에서 콩그래스의 ETHIC 모델은 다음과 같이 적용될 수 있다.

(1) 사회복지사의 개인적 가치, 사회적 가치, 기관의 가치, 클라이언트의 가치, 전문가의 가치를 검토한다

① 개인적 가치

사회복지사는 어린 시절 폭력적인 아버지 밑에서 자랐다. 평소에는 조용한 아버지였지만, 술만 마시면 어머니와 어린 그에게 폭력을 휘둘렀다. 아버지는 술이 깨면 멍투성이가 된 어머니에게 다시는 이런 일이 없을 거라며 사과의 의미로 고액의 선물을 사다 주었다. 어머니는 같이 못 살겠다고 푸념하면서도 아버지의 사과를 받아들이곤 했다. 하지만 얼마 지나지 않아 아버지의 폭력은 계속되었다. 어린 사회복지사는 폭력적인 아버지도 미웠지만, 아버지를 떠나지 못하는 어머니도 이해할 수 없었다. 그는 폭력적인 남편에게서 떠나지 못한 어머니 때문에 자신의 어린 시절이 폭력으로 점철되었다고 믿었다. 사회복지사는 어린 시절의 경험 때문에 가정폭력 문제와 피해 여성 및 아동을 돕는 것에 큰 관심을 갖게 되었고, 현재 가정폭력 관련 기관에서 일하게 되었다. 사회복지사는 가정폭력 상황에 처한 여성은 즉시 가해자를 떠나야 하며, 그렇지 않은 경우 가해자를 영영 떠나지 못한 채 계속 학대받게 될 것이라고 믿고 있다.

② 사회적 가치

가정폭력은 심각한 범죄행위라고 인식되고 있지만, 아직도 가정 내에서 일어난다는 이유로 남의 집안 문제에 개입해서는 안 된다고 보는 잘못된 사회적 인식이 남아 있다. 이는 가정폭력을 사회문제가 아닌 개인의 문제로 보고 있기 때문에 사회적 대처가 낮은 것이다. 특히 사회의 가부장적 이데올로기로 인해 전통적 성역할에 대한 신념이 강한 남성이 여성에게 헌신, 순종, 여성다움과 같은 가치를 과도하게 기대하게 되고, 그러한 여성 특유의 가치 강조가 가정폭력을 초래하거나 정당화하기도 한다. 이혼에 대한 사회적 인식이 아직까지도 좋지 않기 때문에 가정폭력 피해 여성이 이혼을 꺼릴 수도 있다.

③ 기관의 가치

여성의 전화 기관에서는 가정폭력 여성과 아동을 위해 상담을 제공하고, 이들이 위급한 상황에 놓였을 경우 피해자를 임시보호나 의료기간 또는 가정폭력 피해자 보호시설로 인도하는 등 적극적으로 개입한다. 학대받는 여성을 위해 서비스를 제공하는 것에 가치를 두고 있으며, 여성의 자존감 회복 및 온전한 사회인으로 복귀를 도모하는 것을 목적으로 한다. 도움을 요청하는 여성에게는 서비스를 제공하지만, 여성이 도움을 원하지 않을 경우에는 개입하지 않는다. 또한 가정폭력 여성이 가정으로 다시 돌아간다 하여도 자기결정권을 존중해 주어야 한다는 기관의 원칙이 있다.

④ 클라이언트의 가치

클라이언트인 지 씨 부인은 오랜 기간 남편의 학대로 낮은 자존감을 갖고 있다. 남편이 나쁜 사람이 아니며, 자신이 조금만 노력한다면 가정폭력이 사라질 것이라고 믿고 있다. 그녀는 가족의 가치를 매우 중요시하며, 아이들을 위해서는 부모가 모두 있어야 한

다고 생각한다. 이혼은 마지막 선택으로 남겨 두고 있다.

⑤ 전문가의 가치

〈사례 4-2〉에서 사회복지사는 상충되는 전문가의 가치를 가질 수 있다. 사회복지사는 클라이언트의 이익을 대변하고 클라이언트의 권익을 보호해야 하는 가치를 갖는다. 그와 동시에 사회복지사는 클라이언트의 자기결정권을 존중해야 하는 가치를 갖는다. 자기결정권의 존중이라는 전문가의 가치에 의하면, 클라이언트가 다시 학대받는 상황으로 돌아가는 선택을 하더라도 클라이언트의 자기결정을 존중해야 한다. 하지만 이러한 선택이 클라이언트의 안전을 보장하지 못할 가능성이 있다. 클라이언트의 이익과 안전을 도모해야 하는 전문가의 가치에 따르면, 가정폭력 상황에서 클라이언트의 자기결정을 제한해야 할 것이다.

(2) 상황에 적용되는 윤리강령의 윤리기준, 관련 법과 판례를 고려한다

한국 사회복지사 윤리강령(한국사회복지사협회, 2023)에는 다음과 같은 윤리기준이 있다.

- 사회복지사는 클라이언트의 권익옹호를 최우선의 가치로 삼고 행동해야 한다.
- 사회복지사는 클라이언트가 자기결정권을 최대한 행사할 수 있도록 도와야 하며, 저들의 이익을 최대한 대변해야 한다.

(3) 각기 다른 결정으로 나타날 수 있는 가능한 결과에 대해 가설을 설정한다

사회복지사가 취할 수 있는 행동으로는 다음과 같이 두 가지가 있다.

- 사회복지사가 클라이언트의 자기결정권을 존중하는 경우: 클라이언트의 자기결정권을 존중함으로써 지 씨 부인은 남편에게로 돌아가게 될 것이다. 지 씨 부인은 또다시 가정폭력에 시달릴 가능성이 있으며, 안전을 보장받을 수 없다. 그러나 사회복지사가 클라이언트의 자기결정권을 존중함에 따라 지 씨 부인은 사회복지사가 자신을 존중한다는 느낌을 받을 것이며, 후에 다시 도움을 요청할 경우에도 사회복지사를 다시 찾아올 가능성이 많다.
- 사회복지사가 클라이언트의 자기결정권을 제한하는 경우: 클라이언트의 자기결정권을 제한하고, 사회복지사는 지 씨 부인에게 남편에게 돌아가지 말 것을 강권할 것이다.

지 씨 부인은 당장은 사회복지사의 의견에 따를지도 모른다. 하지만 사회복지사가 자신을 조정한다는 느낌을 받을 수 있으며, 후에 남편의 회유책에 흔들릴 수 있다. 또한 사회복지사가 클라이언트를 대신하여 결정을 내림으로써 오래 학대받은 경험 때문에 낮아진 독립성 및 자존감이 더 낮아질 수 있으며, 사회복지사에게 높은 의존성을 보일 수 있다. 사회복지사가 남편에게 돌아가는 것을 만류했음에도 불구하고, 지 씨 부인이 남편에게 돌아갔을 경우 가정폭력이 반복되어도 사회복지사를 다시 찾아오기는 힘들 것이다. 사회복지사 또한 클라이언트의 자기결정권을 보장하지 못했다는 점에서 비윤리적 실천을 했다는 자괴감에 빠질 수 있다.

(4) 가장 취약한 대상에 대한 사회복지의 헌신에 비추어 누가 혜택을 받을 것이며, 누가 피해를 입을 것인가를 확인한다

사회복지사 윤 씨는 이 사례에서 누가 피해를 입고, 누가 혜택을 받을지 살펴보았다. 지 씨 부인은 가정폭력에 처해 있으며, 남편의 학대로 인해 신체적 · 심리적 손상으로 매우 낮은 자존감을 갖고 있는 등 가장 취약한 대상이라고 할 수 있다. 게다가 사회복지사가 클라이언트의 자기결정권을 제한하게 되면 지 씨 부인은 자신의 권익을 침해받게 된다.

(5) 가장 윤리적인 선택에 관해 슈퍼바이저와 동료에게 자문을 구한다

사회복지사 윤 씨는 같은 기관의 슈퍼바이저에게 이 사례에 대한 자문을 구하였고, 슈퍼바이저는 가정폭력에 처한 여성은 떠날 시도를 여러 차례 반복한 후에야 학대하는 남편에게서 완전히 떠나게 되는 경우가 많다고 하였다. 그러므로 지 씨 부인이 다시 가정으로 돌아가는 것에 대해 윤 씨가 너무 실망할 필요는 없다고 충고했다. 슈퍼바이저는 사회복지사 윤리강령의 클라이언트의 자기결정권 존중에 대해 언급하며, 사회복지사는 클라이언트가 최선의 선택을 할 수 있도록 도울 수는 있지만 클라이언트를 대신하여 선택을 해 줄 수는 없다고 하였다. 다만, 지 씨 부인이 다시 가정폭력에 처했을 경우 언제라도 사회복지사에게 도움을 요청할 수 있도록 가능성을 열어 두는 것이 중요하며, 다시 가정으로 돌아가더라도 가정폭력에 처했을 때를 대비한 안전계획을 미리 세워 보는 것도 좋은 대비책이라고 제시했다.

사회복지사는 콩그래스의 ETHIC 모델을 통해 윤리적인 결정을 내릴 수 있었다. 윤 씨는 클라이언트의 자기결정권을 존중하기로 결정했다. 대신 지 씨 부인이 다시 가정폭력에 처했을 때를 대비한 대처방안을 같이 모색해 보았다. 지 씨 부인은 남편이 다시 폭력

을 휘두를 경우 미리 연락해 둔 친구의 집으로 가서 맡겨 둔 통장과 옷가지를 가지고 쉼터에 오기로 약속하였다. 사회복지사는 지 씨 부인에게 도움이 필요할 때는 언제라도 찾아오라고 당부하였다.

4) 양옥경과 동료들의 5~9단계 모델

양옥경과 동료들(2004)은 윤리적 결정을 내리는 과정에서 사회복지실천 과정의 다섯 단계마다 다양한 윤리적 측면을 고려해야 하며, 윤리적 결정과정 9단계에 따를 것을 제안하였다. 그리고 이 윤리적 결정 모델을 '5~9단계 모델'로 명명하였다. 양옥경과 동료들(2004)은 접수, 사정, 계약, 개입, 종결의 사회복지실천 단계별로 이루어져야 하는 과업과 이에 관련한 윤리적 갈등 문제를 〈표 4-8〉과 같이 정리하였다.

표 4-8 사회복지실천 과정 5단계 모델(양옥경 외, 2004: 159)

1. 접수단계: 문제파악, 자료수집
   - 문제를 정확히 파악하고 문제와 관련이 있는 요소들을 알아낸다.
   - 문제와 관련 있는 사람들을 파악한다.
   - 문제와 관계있는 클라이언트 주변 체계를 탐구한다.
   - 문제를 지속시키는 요인을 파악한다.
   - 이들을 대상으로 자료를 수집한다.

   ※ 제공된 자료에 대한 비밀보장과 관련된 윤리적 측면이 부각된다.

2. 사정단계: 자료수집, 사정
   - 지속적으로 자료를 수집하면서 무엇이 문제인지 사정한다.
   - 문제 확정 시 결정에 동참할 주변 인물들을 정리한다.
   - 여러 사람이 관련있는 것으로 밝혀졌을 때 각 사람의 이해 및 가치관을 파악한다.

   ※ 클라이언트 및 주변 인물의 상충되는 의무와 기대에 관련된 윤리적 측면이 부각된다.

3. 계약단계: 목표설정, 문제해결방법 제시, 적합한 방법 선정, 계약
   - 문제 해결을 위한 목적과 세부 목표를 클라이언트와 함께 세운다.
   - 목표달성을 위한 다양한 해결방법을 모색한다.
   - 각 해결방법의 효과성과 효율성을 사정하여 가장 적합한 방법을 결정한다.

   ※ 클라이언트의 자기결정권이나 승인과 관련된 윤리적 측면이 부각된다.
   ※ 규칙과 정책준수, 제한된 자원의 공정한 분배와 관련된 윤리적 측면이 부각된다.
   ※ 클라이언트 이익 대 사회적 이익이라는 윤리적 측면이 부각된다.

4. 개입단계: 선정된 문제해결방법 시행, 목표달성 여부 모니터링
   - 선정된 문제해결 전략과 방법을 실시한다.
   - 목표달성 여부 및 선정된 방법의 적합성 여부를 모니터링한다.
   - 기대하지 못했던 효과나 역효과, 부작용 등에 주목한다.

※ 클라이언트 이익 대 사회복지사의 이익이라는 윤리적 측면이 부각된다.
※ 클라이언트와의 전문적 관계유지라는 윤리적 측면이 부각된다.

5. 종결단계: 목표달성 여부 평가, 의뢰, 사후세션 여부 검토, 종결
   - 결과를 평가하고 새로운 문제가 없는지 살펴본다.
   - 필요시 의뢰하거나 사후세션을 갖는다.
   - 종결 후 사후세션의 필요성을 검토한다.
   - 종결하지 않을 경우 2단계부터 다시 반복한다.

※ 클라이언트 이익 대 사회복지사의 이익이라는 윤리적 측면이 부각된다.
※ 전문적 관계 유지, 동료관계 유지 등과 관련된 윤리적 측면이 부각된다.
※ 클라이언트의 자기결정권과 관련된 윤리적 측면이 부각된다.

양옥경과 동료들(2004)은 사회복지실천 과정 5단계 모델을 바탕으로 윤리적 결정 과정 9단계를 〈표 4-9〉와 같이 제시하였다. 1단계는 '쟁점 확인하기'로 당면한 윤리적 쟁점을 확인하는 과정이다. 2단계는 '관련 인물 및 수혜자 밝히기'로, 문제해결 과정에서 누가 이해관계를 가지고 있는지, 이권 갈등이 있다면 이 결정으로 누가 수혜를 받는지를 밝혀내는 단계다. 3단계는 '윤리기준에 의거해 결정안 마련하기'로 윤리적 딜레마 상황에서 어떠한 윤리적 기준을 적용하는 것이 바람직한지를 정확하게 파악하는 것이 중요하다. 4단계는 '우선순위 정하기'로, 하나 이상의 윤리원칙이나 가치가 상충될 때 어느 윤리원칙이 우선시되는지 우선순위를 정하는 것이 필요하다. 5단계는 '개인, 집단, 사회의 가치 및 전문가 가치 비교하기'로 개인의 가치관, 집단의 가치관과 사회가 갖고 있는 가치관, 그리고 사회복지전문직이 갖는 전문가 가치관을 비교하여 현재의 관점과 가치관을 명료화하는 과정이다. 6단계는 '다른 대안 및 그에 따른 결과를 생각하고 그 대안과 3단계 결정안을 비교하기'로, 다른 윤리적 대안으로는 무엇이 있는지를 생각해 보고, 어떤 결과가 나올지를 예상해 보는 것이다. 이 결과를 3단계에서 내린 결정안과 비교해 보는 것이 필요하다. 7단계는 '동료 및 전문가의 자문 구하기'로, 동료와 전문가의 자문을 통해 새로운 관점에서 윤리적 결정을 평가해 보는 것이 좋다. 8단계는 '결정하고 실행하기'로, 3단계나 6, 7단계에서 고려하고 수정했던 과정을 통해 윤리적 결정을 내리는 것이

표 4-9 윤리적 결정 9단계 모델(양옥경 외, 2004: 162)

1단계	쟁점 확인하기
2단계	관련 인물 및 수혜자 밝히기
3단계	윤리기준에 의거해 결정안 마련하기
4단계	우선순위 정하기
5단계	개인, 집단, 사회의 가치 및 전문가 가치와 비교하기
6단계	다른 대안 및 그에 따른 결과 생각하고 그 대안과 3단계 결정안을 비교하기
7단계	동료 및 전문가의 자문 구하기
8단계	결정하고 실행하기
9단계	모니터링 및 평가하기

다. 마지막으로, 9단계는 '모니터링 및 평가하기'로 실행한 결정 내용에 대해 다시 한번 점검하고 평가하는 단계다.

5) 한국사회복지사협회 외(2023)의 윤리적 의사결정 과정 7단계

한국사회복지사협회 외(2023)는 사회복지사가 윤리적 갈등을 경험했을 때 윤리적 의사결정을 하는 과정을 다음의 7단계로 제시하였다.

- 1단계: 문제 인식(identify)
- 2단계: 가치 확인(examine)
- 3단계: 관련 규정, 법 등 확인(research)
- 4단계: 선택 가능한 가설 설정(hypothesize)
- 5단계: 자문(consult)
- 6단계: 판단과 행동(judge and act)
- 7단계: 평가(evaluate)

(1) 문제 인식

첫 번째 단계인 문제 인식에서 사회복지사는 윤리적 의사결정을 하기 위해서 문제를 파악하고 인식해야 한다. 객관적으로 문제를 인식하기 위해서는 전문적 가치와 윤리에 입각하여 문제를 기술해야 하며, 다음과 같은 육하원칙을 활용해 기록해야 한다.

- 누가(who): 관계된 사람들은 누구인가?
- 언제(when): 언제 발생하였는가?
- 어디서(where): 어디서 발생하였는가?
- 무엇을(what): 발생한 사건은 무엇인가?
- 어떻게(how): 사건이 어떻게 발생하였는가?
- 왜(why): 사건이 발생하게 된 이유는 무엇인가?

(2) 가치 확인

두 번째 단계에서 사회복지사는 가치 확인 단계에서 윤리적 갈등 상황에서 충돌되는 가치가 무엇인지 확인하고, 상충되는 가치들 중에서 문제의 중심이 되는 가치를 확인한다. 그리고 사회복지 전문적 가치와 의무, 윤리강령, 윤리원칙 등을 참고하여 관련된 윤리적 이슈들의 우선순위를 정해본다. 예를 들어, 비밀보장과 생명호호의 가치가 서로 상충된다면 로웬버그와 돌고프(Loewenberg & Dolgoff, 1996)의 원칙에 의해 생명보호를 우선한다.

(3) 관련 규정, 법 등 확인

세 번째 단계에서는 사회복지사는 윤리적 갈등과 관련된 규정, 법 등 자료를 수집하고 확인해야 한다. 기관 내 규정, 사회복지현장에서의 유사 사례, 유사 사례에서의 윤리적 의사결정 등에 대한 자료를 수집하고 확인한다. 뿐만 아니라, 윤리적 갈등과 관련한 법률이 있다면 이에 근거하여 판단할 수 있다.

(4) 선택 가능한 가설 설정

네 번째 단계는 선택 가능한 가설을 설정하는 것으로, 선택 가능한 다양한 대안을 제시하고, 해당 대안의 선택으로 인해 어떤 일이 발생할 수 있는지, 피해 또는 혜택을 보는 사람이 있는지 등을 충분히 고려하는 것이 필요하다. 예를 들어, 첫 번째 대안이 다른 두 번째 대안과 어떤 차이점이 있는지, 첫 번째 대안을 진행하기 위해 어떤 과정을 거쳐야 하는지, 첫 번째 대안의 장점과 단점, 첫 번째 대안을 선택한 이후에 어떤 변화가 있을 수 있는지 등을 고려해야 한다.

(5) 자문

다섯 번째 단계는 동료 사회복지사, 슈퍼바이저, 기관 외부의 전문가 등에게 자문을 구하는 것으로, 사회복지사가 미처 생각하지 못한 것을 확인하고 타학문 분야의 전문가들로부터 새로운 대안을 제시받을 수 있다. 사회복지사가 처한 상황을 타인에게 공개하는 것이 부담스러울 수 있으나, 동료 또는 전문가들로부터 도움을 받아 사회복지사가 윤리적으로 적절한 의사결정을 할 수 있다는 점에서 자문은 윤리적 의사결정의 중요한 과정이라 할 수 있다.

(6) 판단과 행동

여섯 번째 단계는 윤리적 갈등에 대처하기 위한 대안 중에서 가장 옳은 것이 무엇인지 판단하고 이를 행동으로 실천하는 것이다. 앞의 단계들을 통해서 사회복지사는 윤리적 갈등에 관련된 문제를 인식하고 윤리적 갈등에 내재되어 있는 관련 가치가 무엇인지 인식하며, 이에 관련된 규정, 법 등 확인한 이후에 선택 가능한 가설을 설정하고, 다른 동료나 전문가들로부터 자문을 받는다. 이를 바탕으로 사회복지사는 윤리적 갈등에 대처하기 위해 어떤 대안을 선택할지 판단하고, 이를 실천해야 한다. 필요하다면 윤리적 갈등을 해결하기 위해 여러 사회복지사, 기관, 협회 차원의 판단과 행동이 요구될 수 있으며, 이를 지원하는 체계가 마련되어야 할 것이다.

(7) 평가

마지막 단계는 평가로, 윤리적 갈등에 대한 사회복지사의 판단과 행동 뒤에 나타나게 된 결과 및 상황을 후속 관찰하고 평가하는 것이다. 윤리적 갈등이 해결이 되었는지, 관련 당사자들이 처한 상황 등을 확인 및 평가하고, 필요하다면 후속 조치를 취하는 것이 이루어져야 한다.

// 학습과제 //

로웬버그와 돌고프(1996), 리머(1999), 콩그래스(2004), 양옥경과 동료들(2004)의 의사결정 모델 그리고 한국사회복지사협회 외(2023)의 윤리적 의사결정 과정 중 하나를 선택하여, 다음 사례에 대한 윤리적 결정을 해 보시오.

1. 오랜 기간 동안 만성질환으로 극심한 고통을 받아 온 클라이언트가 사회복지사에게 안락사를 요청한 경우, 사회복지사는 어떠한 윤리적 결정을 내려야 할 것인가? 클라이언트의 자기결정에 관한 권리를 존중하여 클라이언트의 뜻대로 해야 하는 것인가? 강제적으로 의료적 처치를 해야 할 것인가?
2. 도박으로 인한 사채 빚 때문에 신체포기각서를 쓴 클라이언트는 매일같이 생명에 대한 위협을 받고 있다. 클라이언트는 사고를 위장한 자살을 함으로써 보험회사에서 보험금을 탄 후 가족에게 전해 주고 자살할 것을 고민하고 있다고 사회복지사에게 고백했다. 이때 사회복지사는 어떻게 행동해야 할 것인가?
3. 사회복지사 사 씨는 현재 김 씨 부부와 상담을 하고 있다. 이들에게는 두 딸이 있으며, 경제적인 문제로 결혼생활에 갈등이 있다. 김 씨 남편은 자신들을 상담해 주고 여러 가지로 도움을 준 사회복지사에게 사례를 하고 싶어 했다. 하지만 경제적 사정으로 선물을 하기가 어려우므로 대신 사회복지사의 집을 고쳐 주겠다고 하였다. 사회복지사는 김 씨 남편의 제안을 받아들여야 하는가?

// 학습정리 //

- 윤리적 딜레마는 사회복지사가 전문가로서 지켜야 하는 윤리적 가치가 상충하여 어떤 것이 윤리적인 실천 행동인지 판단하기 어려운 갈등 상태를 말한다.
- 윤리적 의사결정은 사회복지실천 과정에서 발생하는 다양한 윤리적 딜레마를 해결하기 위해 사회복지사가 선택할 수 있는 다양한 실천 행위의 대안 중에서 결정하는 최선의 윤리적 선택행위라 할 수 있다.
- 사회복지사가 윤리적 의사결정을 내리는 데 도움이 되는 대표적인 윤리적 의사결정 모델은 다음과 같다.
  - 로웬버그와 돌고프의 일반결정 모델과 세 가지 윤리적 심사표(윤리적 사정 심사표, 윤리적 규칙 심사표, 윤리적 원칙 심사표)
  - 리머의 윤리적 결정 모델(윤리적 갈등 해결의 지침, 윤리적 의사결정의 과정)

- 콩그래스의 ETHIC 모델
- 양옥경과 동료들의 5~9단계 모델
- 한국사회복지사협회 외(2023)의 윤리적 의사결정 과정 7단계

참고문헌

김기덕(2002). **사회복지 윤리학**. 나눔의 집.

양옥경, 김미옥, 김미원, 김정자, 남경희, 박인선, 신혜령, 안혜영, 윤현숙, 이은주, 한혜경(2004). **사회복지 윤리와 철학**. 나눔의 집.

한국사회복지사협회, 오승환, 박일규, 한은영, 김유경, 유영주, 이상희, 이순민, 임수경, 최장열(2023). **사회복지사 윤리강령의 이해와 활용**. 양서원.

한국사회복지사협회(2023). 선서문 및 윤리강령. https://www.welfare.net/welfare/social-workers/ethics-and-oath (2024. 7. 11. 인출).

Congress, E. (2004). **사회복지 가치와 윤리** (*Social Work Values and Ethics*). (강선경, 김욱 공역). 시그마프레스. (원저는 1999년에 출판).

Gewirth, A. (1978). *Reason and Morality*. University of Chicago Press.

Loewenberg, F., & Dolgoff, R. (1996). *Ethical decisions for social work practice*. F. E. Peacock Publishers.

Reamer, F. G. (1999). *Social Work Values and Ethics*(2nd ed.). Columbia University press.

제5장

비밀보장, 알 권리, 고지된 동의

학습목표

- 비밀보장의 개념과 비밀보장의 원칙 제한 유형을 나열할 수 있다.
- 비밀보장과 연관하여 경고의무의 개념을 설명할 수 있다.
- 알 권리의 개념을 설명할 수 있다.
- 알 권리에 연관하여 기록의 공개에 대해 설명할 수 있다.
- 고지된 동의의 개념을 설명할 수 있다.
- 비밀보장, 알 권리, 고지된 동의의 개념을 사회복지실천에 적용할 수 있다.

1. 비밀보장

비밀보장은 개인의 사생활 보호의 권리에 근거하고 있다. 「대한민국 헌법」 제17조에서는 "모든 국민은 사생활의 비밀과 자유를 침해받지 아니한다."라고 하였다. 사회복지 관련법인 「아동복지법」 「청소년의 성보호에 관한 법률」 「정신건강복지법」 등에서는 비밀누설의 금지 의무를 규정하고, 이를 위반한 경우에는 징역 또는 벌금에 처한다고 규정하고 있다. 「사회복지사업법」에서도 "사회복지사업 또는 사회복지 업무에 종사하였거나 종사하고 있는 자는 그 업무수행의 과정에서 알게 된 다른 사람의 비밀을 누설해서는 아니 된다."(제47조)라고 하였다. 이 법률에서 현재뿐만 아니라 과거에 사회복지사업 또는 사회복지업무에 종사하였던 사람도 비밀보장의 의무를 가진다는 것에 유의해야 한다. 법뿐만 아니라, 윤리강령으로도 사생활보호의 권리와 비밀보장에 대해 규정하고 있다. 한국 사회복지사 윤리강령의 클라이언트에 대한 윤리기준(한국사회복지사협회, 2023)에서 클라이언트의 사생활 보호 및 비밀보장 그리고 기록 · 정보 관리에 관하여 다음과 같이 명시하고 있다.

- 사회복지사는 클라이언트의 사생활을 존중하고 보호하며, 전문적 관계에서 얻은 클라이언트 관련 정보에 대해 비밀을 유지한다. 그러나 클라이언트 자신과 타인에게 해를 입히거나 범죄행위와 관련된 경우에는 예외로 할 수 있다.
- 사회복지사는 클라이언트에 대한 문서 정보, 전자 정보, 기타 민감한 개인정보를 보호해야 한다.
- 사회복지사가 획득한 클라이언트 관련 정보나 기록을 법적 사유 또는 기타 사유로 제삼자에게 공개할 때는 클라이언트에게 안내하고 동의를 얻어야 한다.

이와 같이 비밀보장의 의무를 윤리적 차원에서 규제뿐만 아니라 법적인 책임도 부여한 것은 비밀보장의 원칙이 사회복지실천의 전문적 관계에서 클라이언트가 전문가를 신뢰할 수 있는 기반을 마련할 수 있는 매우 중요한 요인이기 때문이다. 비밀보장의 원칙을 지킴으로써 클라이언트의 사회복지 서비스에 대한 접근 가능성을 증진시키기 위함이라 할 수 있다.

비밀보장은 사회복지사가 클라이언트와의 전문적 관계에서 신뢰를 바탕으로 얻은 정보를 클라이언트의 허가 없이 어느 누구에게도 발설하지 않는 것을 말한다. 비밀보장의 원칙은 전문적 관계에서 매우 중요한데, 이는 사회복지사에 대한 클라이언트의 신뢰를 증가시키는 데 큰 역할을 하기 때문이다. 비밀보장을 지키지 않았을 경우, 클라이언트와 사회복지사의 관계에 다음과 같은 악영향이 일어날 수 있다(Loewenberg & Dolgoff, 2000).

- 전문적 도움을 필요로 하는 사람들이 도움을 요청하지 않을 수 있다.
- 사회복지사와 관계를 맺기 시작한 사람들도 제대로 사실을 말하지 않을 수 있다.
- 안정된 신뢰관계가 깨질 수 있다. 비밀정보가 노출된 클라이언트는 믿었던 전문가에게 배신감을 느낄 수 있다.

비밀보장과 관련된 윤리적 딜레마는 사회복지사가 클라이언트의 사생활보호에 대한 권리와 그 정보에 대한 다른 사람과 사회의 권리 사이에서 득과 실을 비교할 때 일어난다. 예를 들어, 클라이언트의 비밀보장 권리보다도 제삼자의 알 권리가 더 중요해지는 경우도 있다. 이러한 윤리적 딜레마에서 비밀보장이 사회복지사에게는 의무이고 클라이언트에게는 권리임을 명심해야 한다. 그리고 클라이언트 및 관련된 사람에 대한 보호를 위해서는 비밀보장의 원칙이 제한될 수 있다는 것 등에 대해서도 명확하게 이해하고 실천해야 한다.

1) 비밀보장의 원칙 제한

사회복지사는 상황에 따라 클라이언트와의 전문적 관계에서 얻게 되는 언어적 · 비언어적 의사소통 내용과 그에 대한 사회복지사의 전문적 판단에 대해 정보를 노출해야 하는 경우가 있다. 이렇게 비밀보장의 원칙을 제한하는 상황으로는 자기 자신이나 제삼자를 해하려 하는 경우, 클라이언트에게 이익을 주거나 돕기 위해 비밀을 유출하는 경우, 미성년 클라이언트의 부모나 보호자의 요청에 응하는 경우 그리고 법적 명령에 따르기 위한 경우가 있다.

(1) 자기 자신이나 제삼자를 해하려 하는 경우

사례 5-1

프로센지트 포더(Prosenjit Poddar)는 상담치료사에게 타티아나 타라소프(Tatiana Tarasoff)라는 여자가 여행에서 돌아오면, 그녀를 살해할 계획이라고 털어놓았다. 상담치료사는 이를 심각하게 받아들였고, 슈퍼바이저와 대학 내의 경찰에게 연락하였다. 경찰은 포더를 잠시 구금하였으나, 포더가 이성적으로 보이는 데다 그 여성을 해치지 않겠다고 약속하자 풀어 주었다. 그러나 두 달 후 타라소프가 여행에서 돌아오자 포더는 얼마 뒤에 그녀를 살해했다. 그녀의 가족은 상담치료사, 슈퍼바이저, 경찰 그리고 캘리포니아 대학의 이사회를 대상으로 타라소프나 가족에게 위험을 제대로 경고하지 못한 것에 대한 소송을 하였다. 캘리포니아 대법원은 "상담치료사가 전문직의 기준에 따라 클라이언트가 타인에게 심각한 폭력의 위험을 가지고 있는지를 결정할 때, 그는 예상된 피해자를 그런 위험으로부터 보호할 수 있도록 합리적인 조치를 취해야 할 의무가 있다(Tarasoff, 1976: 34)."라고 판결하였다. 법원은 추가적으로, 첫째, 예상되는 피해자나 피해자에게 위험을 알려 줄 수 있는 다른 사람에게 경고하거나, 둘째, 경찰에게 알리거나, 셋째, 그 상황에서 필요한 합리적인 조치의 단계를 밟아야 한다고 선고하였다.

〈사례 5-1〉은 미국의 1976년 타라소프 대 캘리포니아 대학 사건(Tarasoff v. Regents of the University of California at Berkeley)에 대한 것이다. 이 사례를 통해 상담 관련 전문가들은 클라이언트의 위험행동을 감지하였을 때 비밀보장의 의무보다는 생명보호의 의무가 우선되어야 한다는 원칙을 만들게 되었다.

사회복지사는 클라이언트가 자기 자신에게나 제삼자에게 신체적으로 해를 가하려는 위협적인 상황이 있는 경우가 이에 해당된다고 말했다. 클라이언트가 자살을 시도하려 할 경우에는 이를 막기 위해 사회복지사는 가족 및 경찰에게 알리는 등 적절한 조치를 취해야 한다. 제삼자에게 폭력을 행사하거나 위협할 가능성이 있는 경우에는 사회복지사는 제삼자를 보호하기 위해 이를 사법체계나 해당자에게 알려야 하는 경고의 의무를 가진다. 아동학대 및 아동에 대한 방임, 노인학대, 아동성범죄가 의심되는 경우에도 사회복지사는 이를 신고해야 하는 의무가 있다.

경고의 의무는 잠재적인 희생자나 희생자와 관련된 사람에게 경고하거나, 경찰에 알리거나, 사법체계의 수행절차를 밟거나, 위협의 본질에 대한 정신건강감정을 하는 것 등 예상되는 피해자를 폭력이나 살해로부터 보호할 수 있는 합리적인 조치를 취하는 것을 의미한다. 클라이언트가 타인을 해치겠다고 위협할 경우 비밀유지로 인해 다른 사람이 위험해질 수 있기 때문에, 긴급한 위험으로부터 사람의 생명을 구하는 것이 비밀보장보다 더 우선적인 윤리원칙이라 할 수 있다. 그러므로 제삼자의 생명보호를 위해 비밀보장의 원칙이 제한될 수 있다.

제삼자에 대한 위협이 있을 경우, 사회복지사는 클라이언트의 위협적 또는 폭력적 행동을 제지하기 위해 즉각적으로 개입해야 하며, 어렵겠지만 비밀보장의 제한에 대한 클라이언트의 동의를 받도록 노력해야 한다. 정보공개에 대한 클라이언트의 동의를 얻지 못할 시에는 제삼자를 보호하기 위해 여러 조치를 취해야 한다. 이때 정보공개가 사회복지사와 클라이언트의 신뢰 관계에 어떤 영향을 미치는지, 클라이언트가 어떤 사법적 상황에 처할 수 있는지, 제삼자를 제대로 보호할 수 있는지 등에 대해 고려해 봐야 한다.

사회복지사는 실질적인 위협이 있었는지, 예상되는 피해자에게 심각하고, 진정한, 절박한 위험이 되는지, 피해자를 확인 가능한지 우선 알아보고, 이에 따라 제삼자를 보호하기 위한 행동을 취해야 한다. 사회복지사가 제삼자를 보호하기 위해 비밀보장의 원칙을 어기고 정보를 유출하는 결정을 내릴 때 그에 따른 합리적인 근거가 필요하다. 클라이언트가 제삼자에게 폭력으로 위협했거나, 폭력 행위가 예측 가능하거나, 폭력 행위가 임박했다는 증거가 필요하며, 잠재적인 희생자가 누구인지 밝힐 수 있어야 한다. 예를 들어, 한 클라이언트가 배우자와 배우자의 불륜 상대에 대해 "그 둘을 모두 없애 버리겠다."라고 말한 경우, 이 말이 당시의 감정에 치우쳐서 나온 말에 불과한 것인지, 아니면 해칠 의도와 실천하려는 구체적인 계획을 가지고 있는지를 신속히 사정해 봐야 한다. 클라이언트가 배우자와 불륜 상대의 하루 스케줄을 인지하고 있으며, 해를 가할 방법이나 도구를 구체적으로 제시하는 경우 위협행위가 일어날 가능성이 높다. 사회복지사는 클라이언트가 불분명한 대상에게 모호한 위협을 표출할 때에도 일어날 수 있는 가능성에 주시해야 한다. 상황이 심각하지 않더라도, 사회복지사는 슈퍼바이저나 다른 전문직과의 의논을 통해 결정을 내리고, 그 결정의 근거를 잘 기록해 놓아야 한다. 또한 폭력의 위험이 사라질 때까지 계속 상황을 잘 주시하고 있어야 한다(Kagle & Kopels, 1994).

누구라도 폭력 행위를 할 수 있지만, 어떤 클라이언트는 다른 사람보다 높은 확률을 보인다. 클라이언트의 전반적인 폭력 성향을 사정하는 데 있어서 사회복지사는 클라이언트가 과거에 폭력적인 행동을 행한 적이 있는지, 현재 정신 상태는 어떠한지, 알코올이나 다른 약물을 사용하는지, 폭력이 일어날 수 있는 상황인지에 대해 사정해 봐야 한다.

케이글과 코펠스(Kagle & Kopels, 1994)는 클라이언트의 폭력성 또는 상황의 폭력성을

표 5-1 폭력성을 예측하는 사정 정보(괄호 안은 높은 위험요소 의미)

- 나이(청소년 혹은 젊은 성인), 성별(남자), 인종/민족(소수집단 신분) (VandeCreek, 1989)
- 지적 능력(낮음), 교육과 직장경험(기대치보다 낮은 실적)
- 가족 경험(순종적이거나 폭력의 대상이었음)
- 사회 경험(순종적이거나 폭력의 대상이었음, 공개적으로 창피당함)
- 동료문화(폭력을 장려함)
- 대처 방식(스트레스 상태일 때 폭력적임)
- 폭력적인 행동을 행한 과거(폭력, 학대, 방화)
- 충동성(심각, 빈번함)
- 알코올이나 다른 약물의 영향(취한 상태에서는 폭력적임)
- 정신적 상태(정신병, 환각, 망상, 강박증, 조증, 흥분)

출처: Kagle & Kopels (1994).

표 5-2 폭력이 일어날 수 있는 상황을 평가하는 사정 정보(괄호 안은 높은 위험요소 의미)

- 최근 사건들(위기, 가까운 사람의 죽음, 위협, 스트레스를 주는 사건)
- 정황(클라이언트가 폭력적이었거나, 폭력의 대상이었거나, 폭력을 목격했을 때와 유사한 상황)
- 동기(말이나 행동으로 표현함)
- 위협(분명하고, 구체적이고, 진지하고, 절박함)
- 도구(숙고하고, 이용 가능함)
- 계획(숙고하고, 실현 가능함)
- 잠재적 피해자(확인 가능하고, 접근할 수 있음)
- 예상된 피해자 보호(불가능, 용납되지 않음)

출처: Kagle & Kopels (1994).

평가할 때, 〈표 5-1〉과 〈표 5-2〉에 나와 있는 정보를 고려해야 한다고 제시하였다.

(2) 클라이언트에게 이익을 주거나 돕기 위해 비밀을 유출하는 경우

클라이언트가 사회복지사의 비밀보장 의무를 이용하여 자신의 부당한 행위를 지속하는 경우가 있을 수 있다. 이러한 행위는 클라이언트 자신을 포함한 누구에게도 도움이 되지 않는 결과를 가져올 수 있다. 예를 들어, 부부상담을 받고 있는 남편이 전염병을 갖고 있다는 사실을 사회복지사에게 털어놓고는 아내에게 비밀을 지켜 달라고 하는 경우 사회복지사는 어떻게 해야 하는가? 비밀보장의 원칙에 따라, 사회복지사는 남편의 요청대로 이 사실을 부인에게 비밀로 하고, 상담을 지속할 수도 있다. 그렇게 되면 비밀보장의 원칙은 지킬 수 있으나, 남편이 부인을 속이는 것을 묵인함으로써 부인을 속이는 행위를 허가한다는 잘못된 메시지를 줄 수 있다. 뿐만 아니라, 부인 역시 질병에 걸리는 위험에 노출시키며, 부부관계를 개선시키고자 하는 상담의 목적도 이루지 못할 것이다. 그렇다면 사회복지사가 비밀보장의 원칙을 위배하고 부인에게 이 사실을 알린다면 어떻게 될 것인가? 남편과의 신뢰관계가 무너져서 더 이상 상담을 지속하지 못할 수도 있다.

이 상황에서 가장 윤리적인 대응은 남편과의 상담을 통해 스스로 부인에게 사실을 알리도록 격려하는 것이다. 그럼으로써 부인을 속이는 상황에 동조하지 않으면서도 상담을 지속하고 클라이언트에게 필요한 서비스를 지속할 수 있다. 사회복지사는 비밀보장이 제한되는 상황에 대해 먼저 이야기하고, 부부관계 개선을 위해 부부관계에 영향을 미치는 중요한 정보는 공유해야 한다고 설명한다. 남편이 부인에게 사실을 말하는 것에 대한 두려움이나 수치심과 같은 감정을 다루고, 남편이 부인에게 직접 말할 수 있도록 도와주어야 한다. 이러한 격려에도 불구하고 부인을 계속 속이는 상황이 지속될 경우, 사회복지사는 일정 시한을 정하여 이를 알리고 상담을 종결할 수도 있다.

사례 5-2

사회복지사 강 씨는 가출청소년 임 군을 상담하게 되었다. 임 군은 학교 부적응과 부모와의 불화로 가출하여 거리를 방황하다가 어머니에게 붙잡혀서 청소년상담센터에 오게 되었다. 임 군의 어머니는 임 군이 친구들과 자주 싸우며, 다른 사람들과 관계를 잘 맺지 못하고 자신의 감정이나 의사를 적절하게 표현하지 못한다고 하였다. 이 때문에 친구관계에 어려움을 갖고 있으며 학교생활에 잘 적응하지 못했다고 하였다. 학교 부적응적인 행동 때문에 부모와도 불화를 겪은 임 군은 차라리 학교를 자퇴하고 사설 기술학원이나 직업훈련원 등에서 기술을 습득하여 취업을 하겠다고 하였다. 하지만 임 군의 부모는 임 군이 꼭 다시 학교에 돌아가기를 바라며, 임 군이 학교로 복귀하여 궁극적으로 대학에 진학하는 것을 주된 상담 목표로 삼기를 바랐다. 임 군의 부모는 사회복지사 강 씨가 임 군과 나누었던 상담내용에 대해 매우 궁금해하였다. 사회복지사 강 씨는 클라이언트인 임 군과의 상담내용을 비밀보장의 원칙에 따라 비밀로 해야 할지, 법적 보호자인 부모에게 상담내용을 공유해야 할지 고민되었다.

(3) 미성년 클라이언트의 부모나 보호자의 요청에 응하는 경우

미성년자인 아동이나 청소년을 클라이언트로 함께 일하는 경우, 사회복지사는 클라이언트의 법적 후견인이나 보호자와 정보를 공유해야 할지를 놓고 갈등할 수 있다. 학교폭력에 시달리고 있는 청소년 클라이언트의 고민을 들은 사회복지사가 이를 부모와 공유할지를 고민하거나, 클라이언트의 부모가 사회복지사에게 상담내용에 대해 문의를 할 수도 있다. 사회복지사는 미성년자인 클라이언트의 문제가 약물남용, 원조교제, 임신, 폭력, 범죄 등 심각한 경우에도 비밀보장을 지속해야 할지, 부모나 보호자에게 클라이언트의 문제를 알려야 할지 갈등할 수 있다. 〈사례 5-2〉와 같이 미성년자인 클라이언트와의 상담에 대해 부모가 정보제공을 요구하는 경우에 부모나 보호자에게 클라이언트와의 상담내용을 공개할 경우 신뢰를 바탕으로 한 사회복지사와 클라이언트와의 관계가 위험에 처할 수 있다. 하지만 부모가 미성년자인 클라이어트에 대한 법적인 책임을 지니기 때문에, 부모는 아동에 대한 정보를 제공받을 필요가 있으며 상담이나 개입에 있어서도 부모의 승인을 받을 필요가 있다는 것을 고려해야 한다. 그러므로 사회복지사는 보호자에게 미성년 클라이언트의 정보 및 비밀을 노출하기 전에 클라이언트 스스로 보호자에게 직접 이야기하도록 격려해야 한다. 클라이언트가 부모에게 알리는 것을 허락하지 않는 경우, 사회복지사와 클라이언트의 신뢰관계에서 비밀보장의 중요성과 비밀 누설로 인한 클라이언트에게 해를 끼칠 수 있다는 가능성을 부모에게 충분히 고지하여 비밀보장의 원칙이 지켜질 수 있도록 노력해야 한다. 그러나 클라이언트와의 상담내용을 부모에게 알리는 것이 클라이언트를 위해 필요하다고 판단되는 경우에는 클라이언트에게 사전에 이를 알리겠다는 것을 통보한 후, 부모가 꼭 알아야 할 필요가 있는 최소한의 정보만 제공하도록 한다(강진령, 이종연, 유형근, 손현동, 2007; 손현동, 2007).

(4) 법적 명령에 따르기 위한 경우

법에 따라 신고의 의무 또는 정보 제공의 의무가 있는 경우에 사회복지사는 법적 명령에 따라 클라이언트로부터 얻은 정보를 노출해야 하는 상황에 놓일 수 있다. 아동학대나 노인학대가 의심되는 상황이 이에 해당된다. 또 사회복지사가 법정 증인으로서 증언을 해야 할 경우, 클라이언트의 비밀보장을 함으로써 얻는 이익보다는 해악이 클 가능성이 있다면 클라이언트에 대한 비밀보장의 원칙을 어기고 클라이언트에 관한 정보를 공개하게 된다.

하지만 사회복지사의 법정 증언으로 클라이언트에게 피해가 갈 경우에는 어떻게 해야 하는가? 이와 관련해서 클라이언트의 비밀보장을 유지해야 할 책임이 있는 사회복지사와 같은 전문가와 클라이언트 간에 이루어진 대화에 대한 법률적인 면책을 부여받는 특권이 있다.

비밀정보유지특권(privileged communication)은 전문가 집단에 자신의 클라이언트와 관련된 특정 정보의 일부 혹은 전부를 공개하도록 요구하는 법적인 의무에서 면제되는 특권을 말한다. 「민사소송법」 제315조(증언 거부권)에 따르면, 변호사, 변리사, 공증인, 공인회계사, 세무사, 의료인, 약사, 그 밖에 법령에 따라 비밀을 지킬 의무가 있는 직책 또는 종교의 직책에 있거나 이러한 직책에 있었던 사람이 직무상 비밀에 속하는 사항에 대하여 신문을 받을 때, 또는 기술 또는 직업의 비밀에 속하는 사항에 대하여 신문을 받을 때 증언을 거부할 수 있다. 즉, 「아동복지법」 「청소년의 성보호에 관한 법률」 「정신건강복지법」 등의 법령에서 사회복지사의 비밀누설 금지 의무를 규정하고 있기 때문에, 민사소송법에 따르면 사회복지사는 '그 밖의 법령에 따라 비밀을 지킬 의무가 있는 직책'에 해당되어 클라이언트의 특정 비밀을 공개할 의무에서 면제된다고 해석할 수 있다. 하지만 사회복지사가 형사소송법의 증언 거부권에 해당되는 직책에는 명확하게 포함되어 있지는 않다는 점에서 사회복지사의 비밀정보유지특권은 절대적이라고 하기는 어렵다. 참고로, 「형사소송법」 제149조(업무상비밀과 증언거부)에 따르면, 변호사, 변리사, 공증인, 공인회계사, 세무가, 대서업자, 의사, 한의사, 치과의사, 약사, 약종상, 조산사, 간호사, 종교의 직에 있는 자 또는 이러한 직에 있던 자가 그 업무상 위탁을 받는 관계로 알게 된 사실로서 타인의 비밀에 관한 것은 증언을 거부할 수 있도록 되어 있다.

한국에서는 아직까지 사회복지사의 비밀정보유지특권에 대한 인지도가 낮고, 법적 소송 중인 클라이언트의 사회복지사가 상담내용을 증언하도록 법원에서 소환 및 명령을 받고 비밀보장의 의무와 법적 명령 사이에서 갈등하는 윤리적 딜레마 상황은 자주 발생하고 있지 않다. 그러나 외국의 경우 사회복지사를 소환하여 전문가의 입장을 듣고자 하는 상황이 종종 발생한다. 이혼소송 중에 부모나 아동을 상담했던 사회복지사를 소환하여, 부모로서의 양육 능력이나 아동의 상태 등에 대한 전문가의 의견을 듣고자 하는 경우가 있을 수 있다. 이 같은 경우에는 사회복지사는 법원의 소환에 응할지 응하지 않을지에 대해 결정해야 한다. 또한 법 준수의 가치, 비밀보장의 원칙, 클라이언트와의 관계 등에 대한 신중한 고려가 필요하다. 특히 사회복지사는 클라이언트와 함께 법원 소환의 의미와 영향에 대해 의논해야 하며, 클라이언트의 안녕과 복지에 위배되는지를 살펴본 뒤 정보를 개방할지 결정해야 한다. 법정 소환에 응하기로 결정했을 때에는 클라이언트에게 그 상황을 충분히 설명해야 한다. 반면에 사회복지사가 비밀보장의 원칙을 지키기로 했을 때의 결과에 대해서도 면밀히 검토해야 한다. 클라이언트가 사회복지사가 법정 소환에 응하지 않기를 바라거나, 사회복지사의 진술이나 증언이 클라이언트에게 해를 끼칠 가능성이 높다고 사회복지사가 판단했을 경우에는 법에 명시되어 있는 비밀보장 의무를 근거로 법원의 소환을 거부할 수 있다. 법원이 클라이언트의 허락 없이 사적인 정보를 밝힐 것을 요구한 경우에는 클라이언트와의 관계를 해칠 수 있기 때문에 정보를 요구하지 말 것을 법원에 요청해야 한다. 이러한 요청이 받아들여지지 않아 꼭 정보를 공개해야 할 경우에는 구체적인 상담이나 사회복지실천의 내용을 노출하지 말고, 상담 일시와 장소와 같은 서비스에 관련한 가장 기본적인 사항들만을 확인해 주며, 더 많은 사항이나 사적인 정보의 공개에 앞서 클라이언트에게 알리는 것이 필요하다(손현동, 2007). 또는 사회복지사의 진술 외에도 법원에서 필요한 정보를 제공할 수 있는 다른 출처를 알려 주는 것도 대안의 한 방법이다.

2) 정보공개에 대한 동의

〈사례 5-3〉은 클라이언트의 동의 없이, 클라이언트의 정보가 다른 기관으로 전달된 경우다. 사회복지사는 다른 개인이나 기관으로부터 클라이언트에 관한 정보를 요청받을 수 있다. 이런 경우에 사회복지사는 정보 공개의 이유와 상황을 클라이언트에게 충분히 설명해야 하며, 윤리적 절차에 따라 정보를 공개해야 한다. 우선적으로는 클라이언트로부터 정보공개에 관한 동의를 얻어야 한다. 이때 클라이언트에게 공개되는 정보사항이나 정보의 내용 등을 충분히 설명하고, 이 같은 내용이 명시된 동의서에 서명을 받고 동의를 구해야 한다. 동의서에는 정보공개 일시, 담당 기관명, 정보를 요구한 기관명, 정보를 공유하기 위한 목적, 사용처, 정보의 회람 여부, 공개 영역, 정보가 제3의 담당자나 제3의 해당기관 등으로 전달되지 않기 위한 대비책, 증인의 서명과 같은 내용이 포함되어야 한다. 또한 정보 공개에 대해 동의를 했더라도, 이후에 취소할 수 있는 방법이나 정보 공개에 대한 동의가 소멸되는 시점 등에 대해서도 충분히 설명해야 한다. 정보공개에 따른 불이익이 발생한 염려가 있는 경우에는 이에 대한 내용도 충분히 설명해 주어야 한다. 정보를 공개할 때는 사례기록을 전부 공개하기보다 필요한 정보를 요약해서 보내는 것이 바람직하다. 그리고 사회복지사는 정보가 공개되는 것에 관해 클라이언트가 이해할 수 있도록 충분하게 설명하고 동의를 얻어야 한다.

사례 5-3

오 씨는 부부간의 불화로 정신적으로 힘든 나머지 불면 및 식욕 부진 등의 증상을 호소하다 몇 차례 정신과 상담을 받았다. 그런데 어느 날 오 씨는 경찰청에서 정신과 진료로 인한 '운전면허 수시적성검사 통보서'를 받았는데, 이에 대해 오 씨는 진료 사실이 유출된 것으로 인해 자신의 사생활이 침해되었다고 여겼다(국가인권위원회, 2009).

3) 정보통신기술을 활용한 사회복지 서비스에서의 비밀보장 관련 윤리적 갈등

코로나19 이후 사회복지실천현장에서는 웹 기반 인터넷 상담 서비스, 화상회의 프로그램을 활용한 상담, SNS나 애플리케이션을 활용한 모바일 기반 서비스, 유튜브의 스트리밍, 인공지능 활용서비스 등의 형태로 이루어지는 서비스 등이 활성화되고 있다. 사이버상담의 형태는 게시판, 이메일상담, 채팅상담 등을 통해 이루어지고 있으며, 이와 같은 사이버상담을 운영하는 공공기관은 1388 청소년사이버상담센터, 117 학교폭력 신고센터, 청소년모바일상담센터 다들어줄개, 커리어넷, 워크넷 등 청소년 대상이나 가정폭력, 성폭력 등 위기상담 중심으로 운영되고 있다.

정보통신기술을 활용한 사회복지 서비스를 제공하는 과정에서, 다양한 비밀보장 관련 윤리적 갈등이 나타날 수 있다. 예를 들어, 온라인 상담 시 취약계층의 주거환경이 독립된 공간이 없거나 협소한 경우 다른 가족들에게 상담 내용이 노출될 위험이 있을 수 있다(이인정, 김지혜, 2022). 그 외에도 정보통신기술을 활용하는 기계적인 문제가 발생하여 비밀보호의 한계와 관련된 윤리적 문제가 나타날 수 있다. 사회복지사가 아닌 관계자가 서비스 운영 중 클라이언트의 상담 정보에 접근할 수 있는 상황이 발생할 수 있으며(이윤희, 김경민, 이상민, 2021), 응급상황일 경우 사이버상담사 간 상담 채팅기록을 공유하거나, 이전 기록을 바탕으로 클라이언트의 정보를 미리 알고 상담하고 있으나 클라이언트는 이를 알지 못하는 경우, 클라이언트가 채팅상담 기록을 캡처하여 보관 및 배포하는 등 채팅상담 기록 보안에 대한 윤리적 갈등이 나타날 수 있다(정다운, 이영선, 2022).

한국 사회복지사 윤리강령(한국사회복지사협회, 2023)에서는 정보통신기술상의 비밀보장에 대해, 사회복지사는 클라이언트에 대한 문서 정보, 전자 정보, 기타 민감한 개인정

보를 보호해야 한다고 명시하고 있다. 다소 간략하게 명시된 한국 사회복지사 윤리강령과는 달리, 전미사회복지사협회의 윤리강령(NASW, 2021)에서는 정보통신기술 관련 비밀보장 내용을 비교적 자세하게 다음과 같이 명시하고 있다.

1.07 개인정보 및 기밀 유지

(l) 사회복지사는 클라이언트에 대한 문서정보, 전자정보, 기타 민감한 정보에 대해 비밀을 보호해야 한다. 사회복지사는 클라이언트에 대한 기록을 안전한 장소에 보관하고 무자격자가 접근할 수 없도록 적절한 조치를 취해야 한다.

(m) 사회복지사는 클라이언트나 제삼자에게 세공된 정보를 포함해 전자적 의사소통의 비밀보호를 위해 합리적인 조치를 취해야 한다. 사회복지사는 이메일, 온라인 포스트, 온라인 채팅 세션, 모바일 의사소통 그리고 문자메시지 같은 전자적 의사소통을 사용할 때 (암호화, 방호벽 그리고 비밀번호 등) 적절한 보호장치를 사용해야 한다.

(n) 사회복지사는 클라이언트 정보의 비밀보장 위반에 관한 정책을 개발하고 모든 클라이언트에게 정책과 절차를 적절하게 고지해야 한다.

(o) 사회복지사는 사회복지사의 전자적 의사소통이나 보관시스템에 대한 접근을 포함해 클라이언트의 기록이나 정보에 대해 무자격자가 접근하는 사건이 발생할 때 그와 같은 정보누설에 대해 해당 법률과 전문적 기준에 맞게 클라이언트에게 알려야 한다.

(p) 사회복지사는 클라이언트에 대한 정보를 얻기 위한 인터넷 기반의 검색엔진의 사용 등 전자적 기술의 사용에 대해 사회복지실천의 현행 윤리기준에 맞는 그들의 정책을 개발하고 이에 대해 클라이언트에게 알려야 한다.

(q) 사회복지사는 전문적인 근거에 의한 불가피한 경우가 아닌 한 클라이언트에 대한 정보를 전자적으로 검색하거나 수집하는 행위를 피해야 하며, 적절한 근거가 있을 때는 클라이언트에게 고지된 동의를 구해야 한다.

(r) 사회복지사는 전문직의 웹 사이트 혹은 다른 형태의 소셜 미디어에 클라이언트에 대한 그 어떤 신원이나 비밀정보도 포스팅해서는 안 된다.

4) 사회복지실천에서의 비밀보장 지침

첫째, 과학기술의 진보로 인해 전화, 이메일, 팩스 등을 통한 정보 유출과 기록, 녹음, 컴퓨터를 사용한 정보 보관방법에 대한 주의가 필요하다. 사회복지 서비스를 받는 클라이언트에 대한 정보가 행정전산망을 통해 쉽게 접근될 수 있고 클라이언트에 대한 개인정보가 공개적으로 유포될 수 있다는 점에서 클라이언트에 대한 정보 보안의 중요성이 대두되고 있다. 이에 각 데이터베이스나 파일에 암호를 걸어 놓고 암호를 수시로 변경하는 등의 보안조치가 필요하다. 뿐만 아니라, 사회복지사의 부주의로 이메일이나 공용팩스, 컴퓨터를 이용하여 주고받은 클라이언트의 정보가 유출되는 경우도 발생할 수 있다. 이에 대해 각별히 주의해야 하며, 사회복지기관 차원에서의 비밀보장에 관련한 조치와 절차를 만들어야 한다.

둘째, 사례와 관련된 대화를 공개된 장소에서 하지 않도록 한다. 사회복지사는 특정 사례나 특정 클라이언트에 관한 대화를 복도, 엘리베이터, 화장실, 식당 등과 같은 공개된 장소에서는 하지 않도록 주의해야 한다. 특히 클라이언트의 신분을 확인할 수 있는 개인정보를 대화 도중에 밝혀서는 안 된다. 물론 자문, 슈퍼비전 또는 교육의 목적 등으로 사례가 공개될 수 있다. 이런 경우에는 클라이언트의 개인신상 정보를 변경하거나 가명을 사용함으로써 클라이언트의 신분이 밝혀지는 것을 막아야 한다.

셋째, 사회복지실천 초기에 클라이언트에게 비밀보장의 권리와 한계에 대해서 분명하고 구체적으로 알려 주어야 한다. 클라이언트와의 관계에서 비밀보장의 중요성, 비밀보장 관련 법 조항, 비밀보장을 위한 기관 차원의 조치와 절차, 정보공개와 관련된 사회복지사의 법적 의무사항, 클라이언트의 비밀보장이 제한받는 경우, 교육을 목적으로 정보가 공유되는 경우, 정보공개 시 클라이언트의 동의를 받는 절차 등에 대해 클라이언트에게 설명해야 한다.

넷째, 정보를 공개하는 경우에는 윤리적 절차를 밟아야 한다. 클라이언트에 대한 정보공개 시에는 클라이언트에게 공개의 이유와 상황을 충분히 설명함으로써 이를 납득시켜야 하며, 정보공개의 절차 또한 윤리적으로 정당해야 한다. 우선 정보공개에 대한 클라이언트의 동의를 얻고자 노력해야 하며, 정보공개와 관련된 정보를 충분히 제공해야 한다. 정보가 누구에게 공개될 것인지, 어떤 목적으로 어떤 사용처에서 쓰일지, 다른 사람들에게도 회람될 것인지, 어느 정도 공개될 것인지, 정보공개에 동의했더라도 취소할 수 있는지 등에 대해서 충분히 설명해야 한다. 즉, 정보를 공개해야 하는 경우에는 클라이언트에게 사전동의를 통해 미리 알리는 절차를 거쳐야 하며, 전반적인 상담 및 사회복지실천의 진행과정의 기본적인 사항들만 공개하고 자세한 내용들에 대해서는 알리지 않는 것이 바람직하다(손현동, 2007).

다섯째, 미성년자인 클라이언트와의 상담에 대해 부모가 정보제공을 요구하는 경우

에는 클라이언트가 직접 부모에게 정보를 이야기할 것인지, 사회복지사가 말하도록 할 것인지를 논의해야 한다. 클라이언트가 정보제공을 허락하지 않으면, 비밀유출이 사회복지사와 클라이언트 간의 관계에 미칠 수 있는 부정적 영향에 대해 부모에게 설명하여, 클라이언트의 비밀을 최대한 보장할 수 있도록 노력해야 한다. 부득이하게 클라이언트와의 상담 내용을 부모에게 알리는 것이 클라이언트의 이익을 위해 필요하다고 판단될 경우에는 클라이언트에게 부모가 상담내용을 알아야 하는 필요성을 설명하고 부모에게 알릴 것임을 사전에 이야기해야 한다. 그리고 부모에게는 꼭 알아야 할 필요성이 있는 최소한의 정보만을 제공해야 한다(강진령, 이종연, 유형근, 손현동, 2007; 손현동, 2007). 즉, 부모가 미성년자인 클라이언트에 대한 법적인 책임을 지니기 때문에 부모는 아동에 대한 정보를 제공받을 필요가 있으며 상담이나 개입에 있어서도 부모의 승인을 받을 필요가 있음을 고려해야 하지만, 클라이언트의 비밀보장의 권리도 최대한 존중하도록 노력해야 한다.

여섯째, 학교행정가나 교사로부터 학생인 클라이언트와의 상담내용을 공개하라는 요청을 받는 경우에는 클라이언트에게 사전동의를 통해 미리 알리는 절차를 거쳐야 하며, 전반적인 상담 진행과정에 대해서만 알리고 자세한 내용들에 대해서는 알리지 않는 것이 바람직하다(손현동, 2007). 클라이언트의 동의를 받지 않은 상태에서 상담내용을 공개하라는 요구가 있을 경우에는 더욱 핵심적인 정보만 공개하는 것이 좋다. 학교폭력과 관련하여 정보공개가 요청되었을 경우에는 「학교폭력예방 및 대책에 관한 법률」 제21조에 따라 자치위원회의 회의는 비공개이지만, 피해학생, 가해학생 또는 그 보호자가 요청한 때에는 개인정보에 관한 사항을 제외하고 회의록을 공개할 수 있음을 염두에 둔다. 참고로, 「학교폭력예방 및 대책에 관한 법률 시행령」 제33조에서는 학교폭력의 예방 및 대책과 관련된 업무를 수행하거나 수행하였던 자는 그 직무로 인하여 알게 된 비밀 또는 가해학생 · 피해학생 및 신고자 · 고발자와 관련된 다음의 자료를 누설하여서는 안 된다고 규정하고 있다. 학교폭력 피해학생과 가해학생 개인 및 가족의 성명, 주민등록변호 및 주소 등 개인정보에 관한 사항, 학교폭력 피해학생과 가해학생에 대한 심의 · 의결과 관련된 개인별 발언 내용, 그 밖에 외부로 누설될 경우 분쟁당사자 간에 논란을 일으킬 우려가 있음이 명백한 사항 등이다. 즉, 자치위원회의 회의록은 공개할 수 있으나 자세히 대화를 다 적은 기록을 공개할 필요는 없으며, 피해학생이나 가해학생의 진술서를 요청할 시에는 공개하지 않아야 한다.

일곱째, 법원이 클라이언트의 허락 없이 사적인 정보를 밝힐 것을 요구할 경우에는 클라이언트와의 관계를 해칠 수 있기 때문에 정보를 요구하지 말 것을 법원에 요청하고, 요청이 받아들여지지 않아 꼭 정보를 공개해야 할 때에는 면담 일시, 장소, 주된 호소 등 기본적인 것들만을 밝힌다(손현동, 2007). 또한 클라이언트와 법원의 요청에 대해 의논해야 하며, 어느 정도의 정보를 제공하는 것이 적절할지에 대해서도 논의해야 한다. 클라이언트가 상담확인서 및 사회복지 서비스를 받았다는 것을 확인하는 서류를 요청할 경우에도, 법원, 검찰, 경찰, 학교제출용인지 용도를 확인한 후, 서비스를 받은 기간, 회기 및 주된 호소에 관해 간략히 작성한다. 특히 클라이언트의 범죄 내용과 관련한 상담 내용은 법원의 요구가 있을 경우라도 클라이언트의 동의 없이 알리게 되면 비밀보호의무 위반의 소지가 있다(김형수, 2021). 비밀노출 동의에 대한 의사결정은 클라이언트의 의사결정 능력의 한계에 대한 판단, 요구 주체 그리고 사안의 내용에 따라 공개 절차를 신중하게 결정해야 하며, 일반적으로 의사능력이 있다고 인정되는, 중학생 이상의 클라이언트에 대하여는 클라이언트의 동의를 얻어 공개하고, 그 미만의 클라이언트에 대하여는 검사 또는 판사의 허가를 받아 공개하는 방법을 취하는 것이 적절하다(김형수, 2021). 즉, 상담내용 공개에 대해서 클라이언트의 사전 동의를 얻는 것이 바람직하며, 법률자문을 통해서 법적 허가를 얻어 공개하는 순서가 적합하다 할 수 있다.

여덟째, 집단을 대상으로 사회복지실천이 이루어지는 경우, 비밀보장과 비밀보장의 제한에 대한 세심한 주의가 필요하다. 사회복지사가 두 명 이상의 사람에게 서비스를 제공하는 경우, 실천의 초기단계에서 집단 내 클라이언트와 사회복지사가 나눈 대화는 비밀보장의 원칙에 따라 보호받음을 설명해야 한다. 집단 구성원과 비밀보장에 관한 문제를 토의하는 것이 필요하며, 집단 구성원이 아닌 사람들과는 구성원에 대한 정보를 공유하지 않는다는 비밀보장의 규범을 만들어야 한다. 그럼에도 불구하고 집단 내의 모든 정보가 반드시 비밀로 지켜질 수 없는 경우도 있음을 집단 구성원에게 알리고, 비밀보장이 제한받는 경우에 대해서는 동의를 받는 절차가 필요하다. 집단 사례기록서의 공개가 필요한 경우에는 필요한 부분을 요약 정리해서 보여 준다든지, 기록의 특정 부분만 남기고 지우는 방법을 통해 비밀 유출을 최소화할 수 있다.

아홉째, 가족을 대상으로 사회복지실천이 이루어지는 경우, 사회복지사는 가족에게 비밀보장의 제한에 관해 설명하고 동의받는 일을 확실하게 해야 한다. 가족을 대상으로 상담을 할 경우 모든 가족 구성원이 함께하는 가족상담은 좋지만, 모든 구성원이 참여하기엔 어려움이 뒤따른다. 그렇기 때문에 구성원의 필요에 따라 선택적으로 상담하거나 개별상담을 하기도 한다. 개별상담에서 한 가족 구성원이 다른 가족 구성원에게는 알리

고 싶지 않은 비밀을 사회복지사에게 털어놓는 경우, 사회복지사는 이를 다른 구성원들에게 알려야 할지에 대한 윤리적 갈등을 겪을 수 있다. 개입 초기에 사회복지사는 가족 구성원에게 클라이언트의 비밀보장에 관한 설명을 하면서 가족 중 한 사람이 자신의 정보를 가족에게 알리고 싶지 않은 경우에 대해서도 충분히 논의해 봐야 한다. 뿐만 아니라 가족 구성원과의 논의 후에 비밀보장의 원칙을 설정해야 하며, 각각의 구성원에게 이 원칙에 대해 충분히 고지되었으며, 이에 동의했음을 확인해야 한다. 또한 서로 각각의 다른 가족 구성원들을 상담하고 있는 사회복지사들이 해당 클라이언트들에게 알리거나 동의 여부를 묻지 않고 상담과정에서 알게 된 정보를 공유해서는 안 된다(이탄영, 이소연, 김지선, 2023).

열 번째, 클라이언트의 자기 자신이나 제삼자를 해치는 것이 예견되는 상황에서는 생명보호의 원칙에 따라 사회복지사는 이를 막기 위해 필요한 조치를 취해야 한다. 기관에 자살예방 규칙이나 프로토콜이 있는 경우에는 이를 따라야 한다(김형수, 2021). 자살예방을 위한 프로토콜이 없는 경우, 기관은 클라이언트를 임상 치료와 연결해야 하며 클라이언트가 전문적인 도움을 거부하는 경우 비상 연락처를 통해 클라이언트의 주변인에게 고지해야 한다. 이와 같이 사회복지사가 자살 등을 막기 위해 최선을 다했음에도 불구하고 이를 막지 못할 수 있다. 하지만 이를 막기 위한 사회복지사의 판단과 조치가 전문가로서의 합리적인 재량 판단을 벗어나지 않았다면, 사회복지사의 법적 책임이 성립되기는 어렵다(김형수, 2021).

열한 번째, SNS, 인터넷, 화상회의 프로그램 등 정보통신기술을 활용한 사회복지 서비스가 활성화되면서, 정보통신상에서의 비밀보장에 대한 지침이 매우 중요해지고 있다. 이에, 미국 국가공인상담사위원회(National Board for Certified Counselors, 2023)의 윤리강령에서 정보통신기술을 활용한 온라인 상담 및 사회복지 서비스를 제공하는 경우에 지켜야 할 비밀보장 관련 지침을 다음과 같이 제시하고자 한다. 비록 상담환경에서의 윤리적 지침이지만, 사회복지실천 분야에도 적용될 수 있는 내용으로 보인다.

- 클라이언트와의 모든 전자 기술 커뮤니케이션이 암호화되고 안전하게 이루어지도록 해야 한다.
- 모든 원격 정신건강 클라이언트에게 클라이언트 기록, 계정 및 관련 비밀번호, 전자통신 및 클라이언트 신원 보호에 관한 서면 정보를 제공해야 한다.
- 상담사는 원격 정신건강 서비스를 받는 클라이언트에게 보안에 관한 정보(공용 컴퓨

터나 공유 네트워크 사용 시에 개인정보 전송에 대한 경고 등)를 전달해야 한다.

- 상담사는 업무용 컴퓨터 시스템에서 개인 커뮤니케이션을 금지하는 고용주의 정책 확인, '자동 저장'되는 사용자 이름 및 비밀번호 사용 금지 등 원격 정신건강 서비스를 이용하는 클라이언트들에게 사생활 및 비밀보호에 대한 조언을 해야 한다.
- 권한이 없는 개인에게 원격 정신건강 클라이언트의 비밀정보를 배포하지 않아야 한다. 기밀 정보가 권한이 없는 개인에게 실수로 전송될 가능성을 줄이기 위해 클라이언트가 취할 수 있는 조치에 대해 논의해야 한다.
- 상담사는 원격 정신건강 서비스 이용자에게 이용자와 관련된 응급지원 상황에 관한 구체적인 서면 절차를 제공해야 한다. 클라이언트의 위치 근처에 있는 응급 구조대원의 신원에 대한 정보, 응급 상황이 확인된 경우에 연락할 수 있는 개인 연락처를 확인해야 한다. 비상 연락처에 연락할 상황들이 어떤 것인지 그리고 비상 연락처와 공유할 정보들이 무엇인지에 대해 클라이언트에게 알려야 한다.
- 상담사는 각 접촉을 시작할 때 각 원격 정신건강 클라이언트의 신원, 현재 위치, 진행 준비 상태를 확인하는 서면절차를 개발해야 한다. 확인의 예로는 "지금이 상담을 진행하기에 좋은 시기인가요?"와 같은 코드명, 문구, 또는 질문의 사용이 포함된다.
- 소셜 미디어 출처(예: 페이스북, 트위터)를 통해 얻은 고객 정보의 사용을 제한해야 한다.
- 상담사는 원격 정신건강 서비스 제공에 활용되는 소셜 미디어 및 기타 전자 플랫폼의 개인정보 보호 및 보안 설정 사용에 대해 숙지해야 한다. 상담사는 이러한 설정의 목적과 클라이언트의 비밀보장에 미치는 영향을 이해하고 해당 설정이 사용 중인지 확인해야 한다.
- 상담사는 클라이언트의 동의 없이 업데이트 및 블로그를 포함한 모든 소셜 미디어 플랫폼에 클라이언트의 기밀 정보를 게시해서는 안 된다.

2. 알 권리 및 기록에의 접근

국민의 알 권리에 대한 이슈는 2015년 5월에 중동호흡기증후군(메르스, MERS)이 발병되어 확산되면서 큰 논란이 되었다. 메르스에 대한 정부의 대처 과정에서 메르스 확진환자가 발생하거나 방문한 병원의 이름 등 관련 정보 공개가 이루어지지 않았기 때문이다. 이에 불안한 시민들이 사회 관계망 서비스(SNS)를 통해 부정확한 메르스 확진자 발생 병원 명단을 공유하는 등의 사건이 발생하며 정보공개의 필요성은 더욱 커졌다. 그러나 정부는 병원을 공개하게 되면 이후 치료에 어려움이 있을 것이라는 염려에 병원 이름을 공개하지 않았고, 메르스 확진 환자와 같은 시기에 병원에 입원 또는 진료를 받았던 다른 환자들이 감염되는 사태가 야기되었다. 이에 정부는 국민의 건강과 안전에 중요한 정보에 대한 알 권리를 침해했다는 비판을 받게 되었다.

반면에 국민의 알 권리에 너무 중점을 둔 나머지, 개인의 사생활 보호가 이루어지지 않은 사례도 있다. 2019년 12월부터 시작된 코로나19로 인해 정부에서는 코로나19 확진자의 이동 경로, 나이, 직업 등의 개인신상에 대한 정보를 시민들에게 공개하였다. 이를 통해 해당 부근에 대한 자체적인 거리두기를 하고 정확한 방역구역을 설정하기 위한 목적이었지만, 과도하게 공개되는 정보들로 인해 확진자들에게 2차 피해까지 발생하게 되었다. 여러 비판이 일자, 정부에서는 감염병 예방에 필요한 정보에 한해서만 공개하고, 거주지 세부주소 및 직장명, 개인을 특정하는 정보는 공개하지 않는 것으로 가이드라인을 다시 정하여 배포하였다. 이와 같이 사회복지실천 현장에서뿐만 아니라, 일상생활에서도 알 권리와 사생활 침해라는 두 가치가 대치되는 윤리적 갈등이 나타날 수 있다.

알 권리는 사람은 누구나 자신의 일생에 중대한 영향을 끼칠 정치적 · 사실적 현실에 대한 정보를 알 권리가 있으며, 이와 관련된 의사결정 과정에 참여할 권리가 있음을 인정하는 것을 말한다. 알 권리의 대상이 되는 정보로는 정부부처와 지방자치단체의 정보, 국가기관 사업체, 특히 환경 관련 정보, 사회복지 서비스를 포함하는 공적 서비스 관련 정보, 학교기록, 의무기록 그리고 고용주가 피고용인에 관해 가지고 있는 정보 등 환경, 건강, 안전, 인권 및 차별 등과 같이 공공의 이익과 관련된 모든 정보를 포함한다.

우리나라의 경우, 「공공기관의 정보공개에 관한 법률」이 1998년부터 시행되었으며, 「뉴스통신진흥에 관한 법률」「보건의료기본법」「응급의료에 관한 법률」「군사기밀보호법」「외국 간행물 수입배포에 관한 법률」「마약류 관리에 관한 법률」「형법」 등에 의해 국민의 알 권리를 명시하고 있다. 한국 사회복지사 윤리강령에서도 사회복지사는 클라이언트의 알 권리를 인정해야 하며, 클라이언트가 받는 서비스의 목적과 내용, 범위, 합리적 대안, 위험, 서비스의 제한, 동의를 거절 또는 철회할 수 있는 클라이언트의 권리에 대해 정확하고 충분한 정보를 제공해야 한다고 제시하고 있다.

알 권리는 사회복지실천에서도 여러 윤리적 문제와 맞물려서 강조되고 있다. 첫째, 자기결정권을 위한 정보 확보, 고지된 동의, 기록의 공개 등 클라이언트가 자기결정권을 행사하는 데에는 충분한 정보가 제공되어야 하며, 이때 클라이언트의 알 권리가 강조되어야 한다. 고지된 동의도 사회복지실천 과정에서 클라이언트가 자신이 받는 서비스의 내용이나 선택에 대해 사실과 정보에 대해 사전에 설명을 듣고 이해한 상태에서 동의해야 한다는 점에서 알 권리를 바탕으로 하고 있다. 둘째, 클라이언트의 알 권리뿐만 아니라, 클라이언트의 정보에 대해 제삼자의 알 권리가 중요해지는 경우가 있다. 이것은 클라이언트의 비밀보장 권리보다 제삼자의 알 권리가 더 중요해지는 경우로서, 비밀보장의 원칙이 제한되는 경우에 해당되므로 비밀보장에 대한 앞부분의 내용을 참고하길 바란다. 마지막으로는, 클라이언트 자신에 관한 기록에 대해 접근성을 가지는 경우로, 클라이언트의 알 권리를 행사하는 것이다.

1) 자기결정권을 위한 정보 확보

사례 5-4

51세인 클라이언트는 당뇨로 인해 발의 상처가 심해져서 대학병원에 입원해 있는 환자다. 의사는 그에게 두 가지 치료방법이 있는데 둘 다 약간의 위험이 따른다고 하였다. 그가 의사의 의견을 묻자, 담당의사는 수술을 제안하였다. 병원에서 일하는 사회복지사는 전공의와의 토론 중에 담당의사가 환자에게 가장 위험이 적은 치료방법에 대해서는 이야기하지 않았으며, 클라이언트가 결정을 하는 데 있어서 필요한 모든 정보를 얻지 못했다는 것을 알게 되었다. 담당의사는 현재 연구 중인 실험적 치료방법을 선호하여 추천한 것으로 보였다.

〈사례 5-4〉는 클라이언트가 자기결정권을 행사하는 데 필요한 정보를 갖지 못한 경우다. 이 상황에서 사회복지사는 클라이언트에게 이 사실을 말하여야 하는가? 아니면 의료정보를 제공하는 일은 의사가 담당하고 있으므로, 개입하지 말아야 하는가? 클라이언트의 알 권리에 비추어서 생각해 볼 필요가 있다.

사회복지실천에서는 클라이언트가 모든 의사결정 과정에 참여하여 자신의 문제에 대해 결정하는 자기결정권을 강조하고 있다. 하지만 정확한 정보가 없는 상황에서 클라이언트가 내리는 자기결정은 여러 가지 문제를 발생시킬 수 있다. 클라이언트가 자기결정권을 제대로 행사하기 위해서는 결정에 관련된 정확한 정보를 제공받고 그 의미를 이해

해야 한다. 사회복지사는 클라이언트의 알 권리를 인정하고 클라이언트에게 적절한 자기결정을 하는 데에 필요한 정보와 사실을 전해야 할 의무가 있다.

그렇지만 클라이언트의 알 권리가 무조건적으로 존중되어야 하는 것은 아니다. 클라이언트의 최선의 이익을 위해서 클라이언트의 알 권리를 제한할 수도 있다. 클라이언트에게 해로운 결과가 있는 것을 피하기 위해 알고 있는 정보의 제공을 늦추거나 선의의 거짓말을 하는 경우도 발생할 수 있다. 예를 들어, 교통사고로 크게 다친 클라이언트의 충격을 염려하여 병원에서 일하는 사회복지사가 같이 교통사고를 당한 가족이 사망했다는 것을 알리지 않을 수 있다. 이와 같이 클라이언트의 알 권리를 제한하는 경우에는 제삼자 또는 사회복지사의 이익, 기관의 이익을 위해 클라이언트의 알 권리를 제한하면서, 이것이 클라이언트의 이익을 위해서라고 착각하고 있지는 않은지 다시 한번 생각해 봐야 한다. 알 권리의 제한에 관련한 윤리적 딜레마에 놓였을 경우에는 이 상황에서 누가 제일 약자이며, 누구의 권리와 이익이 가장 우선시되어야 하는지를 사정해 볼 필요가 있다. 그리고 알 권리가 제한되었을 때, 누가 가장 불이익을 달하게 될 것인가를 충분히 사정해 봐야 한다. 특히 클라이언트가 개인이 아닌 집단인 경우, 누구의 권리와 이익을 우선으로 할지에 따라 윤리적 판단이 달라질 수 있다.

2) 기록의 공개

사회복지사는 클라이언트와의 상담 내용을 기록하여 남겨 두고 보관할 의무가 있으며, 사회복지사가 작성하는 기록에는 클라이언트에 대한 기본적인 정보, 클라이언트의 사회력, 개입의 필요성 및 서비스를 제공하는 이유, 사회복지사의 면접 및 사정 내용, 사회복지실천의 목적 및 계획, 사회복지실천 과정, 종결 및 평가, 사후관리 등의 내용이 포함된다. 사회복지사가 기록을 하는 데에는 몇 가지 주요한 목적이 있다. 첫째, 사회복지사는 자신들이 제공하는 서비스나 개입에 대해 기록하고 설명하며 평가함으로써 전문직으로서의 책임을 다할 수 있다. 둘째, 기록은 사회복지실천과정에서 이루어지는 모든 내용을 자료로 남기는 것이기 때문에 주요한 정보자료가 된다. 기록을 통해 서비스의 질 관리, 기관 및 정책 승인, 재정 마련 및 기금 조성, 연구 등을 위한 근거자료를 제공할 수 있다. 또한 클라이언트의 알 권리를 존중하기 위해 클라이언트와 그 가족, 대리인에게 정보자료로서 제공될 수 있을 뿐만 아니라 치료적으로 활용되기도 한다. 기록은 기관 내외의 전문직들과 의사소통하고 협력하는 데 활용될 수 있다. 셋째, 기록을 통해 사회복지실천과정이 어떻게 진행되었으며 개입이 어떻게 이루어지고 있는지 과정을 점검하고, 실천과정이나 개입이 효과적이었는지 평가할 수 있다. 넷째, 기록을 통해 클라이언트에 대한 이해를 높일 수 있다. 사회복지사는 클라이언트가 무엇을 원하는지 욕구를 파악하고 개입의 방향을 설정하는 데 도움을 받을 수 있으며, 반대로 클라이언트는 기록하는 과정에 참여함으로써 자신에 대한 이해를 높일 수 있다. 다섯째, 슈퍼바이저나 사회복지사 상급자가 사회복지실습생이나 학생 또는 초보 사회복지사들이 제공하는 서비스나 업무 내용을 파악하고 평가하며 지도 및 감독하는 데 활용할 수 있다. 여섯째, 클라이언트에게 제공된 사회복지실천과정이 모두 기록됨으로써, 서비스의 중복이나 누락을 막을 수 있으며 타 전문가에게 의뢰될 때도 서비스가 계속적으로 연결될 수 있는 등 효과적인 사례관리가 가능하다. 즉, 기록은 효과적인 사회복지실천과 클라이언트 보호뿐만 아니라, 사회복지사 자신의 보호를 위해서도 필요하다. 사회복지사는 사회복지실천과정 및 사회복지실천에 관련된 개입 결정 등에 관련된 자료들을 문서화함으로써, 사회복지실천의 윤리성 및 정당성을 입증할 수 있다. 그런 면에서 사회복지사는 사회복지실천과정에서 이루어지는 주요한 사항들을 기록에 남기는 것이 후에 있을 수 있는 클라이언트와의 분쟁이나 소송에 대한 대비책이 될 수 있다.

한국 사회복지사 윤리강령(한국사회복지사협회, 2023)에서는 기록과 정보관리에 관련하여 다음과 같이 명시하고 있다.

- 클라이언트에 대한 사회복지실천 기록은 사회복지사의 윤리적 실천의 근거이자 평가 · 점검의 도구이기 때문에 중립적이고 객관적으로 작성해야 한다.
- 사회복지사는 클라이언트가 자신과 관련된 기록의 공개를 요구하면 정당한 비공개 사유가 없는 한 정보에 접근할 수 있도록 해야 한다.
- 사회복지사는 클라이언트에 대한 문서 정보, 전자 정보, 기타 민감한 개인정보를 보호해야 한다.
- 사회복지사가 획득한 클라이언트 관련 정보나 기록을 법적 사유 또는 기타 사유로 제삼자에게 공개할 때는 클라이언트에게 안내하고 동의를 얻어야 한다.

미국 사회복지사 윤리강령(NASW, 2021)에서도 클라이언트의 기록 및 기록에의 접근에 대해서 다음과 같이 자세하게 명시하고 있다.

1.08 기록에의 접근

(a) 사회복지사는 클라이언트가 자신에 대한 기록에 적절하게 접근할 수 있도록 해야 한다. 클라이언트의 기록에 대한 접근이 클라이언트에게 심각한 오해를 야기하거나 해를 끼칠 우려가 있는 경우 사회복지사는 기록에 대해 설명을 하거나 조언을 해 주어야 한다. 사회복지사는 기록에 대한 클라이언트의 접근이 클라이언트에게 심각한 해를 입힐 수 있는 명백한 증거가 있는 예외적인 상황에 한해서만 클라이언트의 기록에 대한 접근 또는 기록의 공개를 제한할 수 있다. 클라이언트의 요구와 일부 또는 모든 기록에 대한 접근을 제한하는 합리적인 이유를 클라이언트의 서류철에 기록해야 한다.

(b) 사회복지사는 클라이언트에게 자신에게 관한 기록에 접근하도록 할 때 정보통신기술을 사용하는 것과 관련해 현행 사회복지실천 윤리기준에 맞는 그들의 정책을 개발하고 클라이언트에게 고지해야 한다.

(c) 사회복지사는 클라이언트로 하여금 클라이언트의 기록에 접근하도록 할 때 기록에 포함되어 있는 내용 중 언급되거나 논의된 다른 사람의 비밀을 보호하는 조치를 취해야 한다.

3.04 클라이언트의 기록

(a) 사회복지사는 전자적 및 문서상의 기록이 정확하며 제공된 서비스가 그대로 반영되고 있음을 보증하기 위해 합리적 수단을 강구해야 한다.

(b) 사회복지사는 서비스 제공을 용이하게 하고 미래의 클라이언트에게 제공될 서비스의 연속성을 보장하기 위해 충분하고 적시적인 자료를 기록에 포함시켜야 한다.

(c) 사회복지사는 문서자료 작성 때 가능한 한 적절하게 클라이언트의 사생활을 보호해야 하며, 서비스 제공에 직접적으로 관련된 정보만을 포함해야 한다.

(d) 사회복지사는 서비스 종결 이후에도 미래의 적절한 접근을 보장하기 위해 기록을 보관해야 한다. 기록은 관계 법령, 기관정책 그리고 계약서에 명시된 기간 동안 보존되어야 한다.

알 권리에 따르면 클라이언트는 자신에 대한 내용이 적힌 사례기록을 읽을 수 있는 권리가 있다. 하지만 클라이언트에게 자신에 대한 기록을 공개하는 것을 반대하는 주장도 있다. 기록의 공개를 반대하는 이유는 다음과 같이 정리할 수 있다. 첫째, 기록을 공개했을 때 비밀보장의 원칙이 위협당할 수 있기 때문이다. 클라이언트에 대한 기록은 클라이언트에 의해 제공된 정보뿐만 아니라, 다른 사회복지사나 학교, 병원, 가족과 같은 제삼자나 다른 기관에서 비밀보장을 전제로 하여 얻은 정보도 포함되어 있다. 이러한 정보를 클라이언트에게 유출하였을 때, 정보를 제공한 사람의 비밀보장은 어떻게 되는가? 이 정보를 노출할 수 있는 권리는 누가 가지고 있는가? 그 정보의 대상인 클라이언트인가? 아니면 그 정보를 제공한 사람인가? 이렇게 클라이언트가 자신에 관한 정보를 원하거나 자신의 사례기록을 읽고자 할 때, 기록의 공개와 비밀보장에 관련한 윤리적 갈등 상황이 발생할 수 있다. 둘째, 사례기록에는 아직 검증되거나 평가되지 않은 초기 자료가 그대로 포함되어 있기도 하다. 잘못 해석될 수 있는 검사결과나 기타 자료를 클라이언트가 읽었을 때에는 사례기록에 대한 오해가 생길 수 있다. 또 클라이언트가 기록내용에 대해 이의를 제기하면 그에 대해 설명하고 논박하기 위해 불필요한 행정비용과 시간을 낭비할 수 있다. 셋째, 사회복지사는 기록을 하면서 사회복지실천에서의 다양한 대안을 탐색하거나 불확실한 문제를 명확하게 정리하기도 한다. 이러한 기록을 클라이언트가 읽을 경우, 사회복지사에 대한 신뢰가 손상될 수도 있다. 넷째, 기록 확인이 오히려 클라이언트에게 해가 될 수 있다. 사회복지사는 클라이언트의 강점보다는 문제나 병적인 것을 강조해서 기록하는 경우가 많다. 사례기록에 포함되어 있을 수 있는 자신에 대한 부정적인 정보를 읽거나 들음으로 해서 클라이언트의 개선의지가 꺾일 수도 있으며 정신적 충격을 받을 수도 있다. 다섯째, 클라이언트가 사회복지사와 기관을 대상으로 사회복지실천에 관련한 소송을 하는 목적으로 사례기록을 사용할 수 있다.

반대로 기록의 공개를 찬성하는 입장은 다음과 같은 이유로 기록 공개를 지지한다. 첫째, 기록을 공개함으로써 클라이언트의 개인적 기록이 정확한지를 알 수 있는 권리와 잘못 기재된 정보를 정정할 수 있는 기회를 보장할 수 있다. 본인에 대한 사례기록을 읽으면서 잘못된 부분을 수정할 수 있는 기회를 클라이언트에게 주어야 한다는 것이다. 둘째, 기록에 어떤 정보가 있는지 알아야만 그것을 다른 사람과 공유하는 것에 대해 클라이언트가 동의할 수 있다. 즉, 기록을 제삼자와 공유하는 것에 동의하기 위해서는 클라이언트가 어떤 내용이 기록에 들어 있는지를 충분히 인지하고 있어야 한다는 것이다. 셋째, 사례기록을 읽으면서 자신에 대한 객관적인 정보를 알아야만 클라이언트가 변할 수 있다. 클라이언트가 자신에 대한 객관적인 정보를 모른다면 객관적인 시각으로 자신의 상황을 보지 못하고, 현재의 만족스럽지 못한 상황을 개선시킬 수 없다. 넷째, 사례기록을 공개함으로써 클라이언트와 사회복지사 사이의 협조가 얼마나 효율적인지를 평가할 수 있고, 이를 바탕으로 클라이언트의 적극적인 참여를 유도할 수 있다.

3) 알 권리 및 기록 공개에 대한 지침

알 권리에 관련하여, 사회복지사는 사회복지실천의 초기단계에서 클라이언트가 받는 서비스의 목적과 내용, 범위, 합리적 대안, 위험, 서비스의 제한, 동의를 거절 또는 철회할 수 있는 클라이언트의 권리 등에 대해 정확하고 충분한 정보를 제공해야 한다. 그리고 기록 공개에 대한 반대와 찬성의 논박이 있음에도 불구하고, 사회복지사는 클라이언트에게 기록을 공개해야 할 의무가 있으며, 클라이언트는 자신에 대한 기록을 읽을 수 있는 권리가 있다. 사회복지사는 클라이언트가 자신의 기록을 열람할 권리가 있음을 알려 주어야 한다. 그렇다면 클라이언트에게서 사례기록에 대한 문의를 받았을 때 사회복지사는 어떻게 행동해야 할까? 사회복지사는 클라이언트가 기록을 확인하고 해석하는 데 필요한 도움과 조언 및 자문을 제공해야 한다. 클라이언트가 사회복지사가 적는 기록의 내용에 궁금증을 가질 때는 사회복지사는 기록하는 과정에 클라이언트를 동참시켜 기록의 내용을 클라이언트가 확인하고 그 사실을 기록하게 할 수도 있다. 이 경우, 클라이언트의 참여로 인해 클라이언트에 대한 기록을 정확하게 마칠 수 있으며, 클라이언트에 대한 더 많은 정보를 기록에 포함시킬 수 있다는 장점이 있다. 하지만 클라이언트가 기록을 봄으로써 심각한 해악이 발생할 수 있는 우려가 있는 상황에서는 사회복지사는 클라이언트가 기록을 보는 것에 제한을 둘 수도 있다.

기록 공개와 관련하여, 여러 명의 클라이언트에 관한 내용을 함께 기록하고 보관하는 경우나 클라이언트의 정보를 공유하는 과정에서 다른 클라이언트에 관한 정보도 같이 노출되는 경우가 있다. 예를 들어, 집단상담에 참여하고 있는 한 클라이언트가 자신에 대한 기록을 보고 싶다고 한다. 그러나 사례기록에는 다른 클라이언트에 관한 정보도 기록되어 있기 때문에 사회복지사는 기록을 공유하는 것에 대해 염려할 수 있다. 이런 경우 어떻게 해야 클라이언트의 알 권리를 충족시키면서도 다른 사람들의 비밀보장을 유지할 수 있는가? 이런 경우에는 특정 클라이언트의 기록만 따로 정리해서 보여 주거나, 다른 사람의 기록을 지우고 특정 부분만 보여 줄 수 있다. 이때 사회복지사는 기록내용에 포함되어 있는 다른 사람의 비밀을 보장하는 데 주의를 기울여야 한다.

최근에는 온라인 상담이나 메타버스를 통한 정신건강 서비스를 제공하거나, 사회복지실천에서 SNS와 같은 정보통신기술을 활용하는 경우가 많아지면서 온라인상에서의 클라이언트의 알 권리 및 기록 공개에 대한 윤리적 지침이 강조되고 있다. 미국 국가공인상담사위원회(National Board for Certified Counselors, 2023)의 윤리강령에서는 정보통신기술을 활용한 온라인 상담 및 사회복지 서비스를 제공하는 경우, 다음의 내용들을 알려야 함을 명시하고 있다.

- 모든 원격 정신건강 클라이언트에게 클라이언트 기록, 계정 및 관련 비밀번호, 전자통신 및 클라이언트 신원 보호에 관한 서면 정보를 제공해야 한다.
- 원격 정신건강 서비스를 받는 클라이언트에게 보안에 관한 정보를 전달해야 한다. 원격 정신건강 서비스 이용자에게 공용 액세스 컴퓨터 또는 공유 네트워크에 있는 컴퓨터를 사용할 때 개인정보 전송에 대한 경고를 포함하여 정신건강 통신의 잠재적 위험에 대해 알려야 한다.
- 선별 또는 접수 과정에서 상담사는 잠재 클라이언트에게 원격 정신건강 상담 과정 및 서비스 제공에 대한 자세한 서면 설명을 제공해야 한다. 특정 목표와 관련된 정신건강 상담의 적절성, 서비스 전달 형식, 특정 기능을 갖춘 컴퓨터의 필요성 등 전자 장비의 요건, 비밀 유지의 한계, 개인정보 보호 우려, 기술적 실패 가능성, 전자통신에 대한 예상 응답 시간, 대체 서비스 전달 프로세스, 잠재 클라이언트가 자신의 필요에 맞는 원격 정신건강 서비스 전달형식의 적합성을 결정하는 데 도움이 되는 추가 고려사항 등을 알려야 한다.
- 첫 상담 전 또는 상담 중에 클라이언트에게 정신건강 서비스 및 기술의 목적, 목표, 절차, 제한사항, 잠재적 위험 및 이점에 대해 알려야 한다.
- 원격 정신건강 서비스 이용자에게 이용자와 관련된 응급지원 상황에 관한 구체적인 서면 절차를 제공한다. 이 정보에는 클라이언트의 위치 근처에 있는 응급 구조대원의 신원이 포함되어야 한다. 응급 상황이 확인된 경우에 개인 연락처를 확인하는 것의 중요성에 대한 정보를 클라이언트에게 제공하고, 클라이언트에게 그러한 연락처를 확인하게 해야 함. 비상 연락처에 연락할 상황들이 어떤 것인지 그리고 비상 연락처와 공유할 정보들이 무엇인지에 대해 클라이언트에게 알려야 한다.

4) 기록 및 문서보관에 대한 윤리적 지침

다음은 기록 및 문서보관이 윤리적으로 이루어지기 위한 지침이다. 첫째, 기록을 하기 전에 클라이언트에게 양해와 동의를 구하고, 기록을 하는 목적 및 기록이 클라이언트에게 어떤 도움이 될 수 있는지에 대해 설명한다. 사회복지사는 효과적인 사회복지실천,

클라이언트에게 연속적인 서비스 제공, 클라이언트의 보호, 사회복지사의 보호 등을 위해 클라이언트와의 사회복지실천 내용을 기록하여 남겨 두고 보관할 의무가 있다. 둘째, 녹음이나 녹화를 하는 경우에는 반드시 허락을 구하고, 클라이언트가 불편해하거나 승인하지 않는 경우에는 중단한다. 셋째, 클라이언트와 면담하는 중에는 면담의 진행을 방해할 수 있으므로, 기록하는 것을 최소한으로 줄인다. 면담이 끝난 후에 잊기 전에, 주요한 사실에 대해서만 정확하고 간단하게 메모한다. 넷째, 기록은 중립적이고 객관적으로 작성해야 한다. 전미사회복지사협회(NASW, 2021)의 윤리강령에 따르면, 전자적 및 문서상의 기록에 제공된 서비스가 그대로 반영되도록 기록되어야 하며, 클라이언트에게 제공될 서비스의 연속성을 보장하기 위해 충분하고 적시적인 자료를 포함해야 한다. 그리고 서비스 제공에 직접적으로 관련된 정보만을 포함해야 한다. 다섯째, 기록 내용은 다른 사람에게 함부로 공개해서는 안 된다. 기록은 철저하게 안전이 보장되는 장소에 보관해야 하며, 오디오 및 비디오 파일, 컴퓨터 파일과 같은 전자화된 문서는 암호를 달고 아무나 보지 못하도록 보관해야 한다. 여섯째, 기록을 슈퍼비전이나 사례회의에 사용할 경우에는 클라이언트의 사적인 정보가 노출되지 않도록 가명을 사용하거나 주요 인적정보를 지우고 변경하는 것이 필요하다. 특히, 기록된 내용이 클라이언트의 동의 없이 연구자료나 공개 자료로 사용되어서는 안 된다. 일곱째, 정보통신기술을 활용한 온라인 상담 및 사회복지 서비스를 제공하는 경우에는 원격 서비스 이용자와의 모든 임상접촉 기록을 유지해야 하며, 원격 서비스가 잠재적인 클라이언트에게 적절한지를 결정하고 관련 고려사항을 클라이언트 기록에 문서화해야 한다(National Board for Certified Counselors, 2023).

3. 고지된 동의

사회복지실천 현장에서 클라이언트의 고지된 동의(informed consent)는 알 권리와 연결되어 이해되어 왔다. 고지된 동의는 사회복지실천과정에서 클라이언트에게 서비스를 제공하고자 할 때, 사회복지사는 클라이언트에게 서비스나 선택에 대한 충분한 정보를 전달해야 하며, 클라이언트는 이를 충분히 이해한 상태에서 동의해야 한다는 것을 의미한다. 그리고 클라이언트의 동의 없이는 사회복지사는 클라이언트와 관련된 정보 공개, 서비스 개입 등을 해서는 안 된다. 고지된 동의는 사회복지실천과정의 각 단계에서 클라이언트가 참여할지를 이성적으로 자발적으로 자기결정 및 선택할 수 있도록 하는 절차다(Fallon, 2006). 고지된 동의 또는 사전동의를 얻는 과정은 클라이언트를 문제나 진단의 대상으로 보는 것이 아니라, 스스로 결정권을 행사할 수 있는 존엄성을 가진 인간으로 보고 있음을 나타내며, 사회복지실천에 관련한 충분한 정보를 제공함으로써 클라이언트들이 사회복지실천과정에 자발적으로 참여하고 사회복지사에 협력하는 것을 증진시킬 수 있다(고향자, 현선미, 2008). 특히, 사전동의 절차가 효과적으로 이루어질 경우, 클라이언트는 자기개방을 긍정적으로 하게 되고 사회복지실천의 결과에 대해 긍정적인 기대를 가지게 되며(Brabender, 2006), 클라이언트의 불안을 낮추고 상담계획에 협조(Cheyenne & Barrio, 2012)하게 할 수 있다. 뿐만 아니라, 클라이언트가 사회복지실천의 개입방법을 결정하고 사회복지실천 과정에 대해 사전준비를 하는 데 도움이 된다(Earley, 2000). 반면에, 사전동의가 잘못 적용하게 된다면 사전동의 과정이 오히려 클라이언트를 경직되게 함으로써 클라이언트와 사회복지사 간의 관계에서 라포르 형성을 방해할 수도 있다(하혜숙, 최은미, 2013).

1) 고지된 동의 관련 윤리강령

한국 사회복지사 윤리강령(한국사회복지사협회, 2023)의 정보에 입각한 동의에 따르면, 사회복지사는 클라이언트의 알 권리를 인정하고 동의를 얻어야 하며, 클라이언트가 받는 서비스의 목적과 내용, 범위, 합리적 대안, 위험, 서비스의 제한, 동의를 거절 또는 철회할 수 있는 클라이언트의 권리 등에 대해 정확하고 충분한 정보를 제공해야 한다. 즉, 클라이언트에게 서비스의 목적과 내용, 기간 등을 알리고 동의를 받아야 하며, 클라이언트에게 서비스를 거부할 권리가 있음을 알려야 한다. 또한 사회복지사가 정보를 얻어야 하는 목적 및 활용에 대해 구체적으로 알려야 하며, 문서, 사진, 컴퓨터 파일 등의 형태로 된 클라이언트의 정보에 대한 비밀보장의 한계에 대해서도 구체적인 정보를 제공해야 한다. 클라이언트에 대한 정보를 공개하는 경우에는 클라이언트의 동의를 얻는 것이 필요하다. 클라이언트에게 사회복지실천에 관해 사회복지사에게 질문할 권리가 있음을 알리고, 녹음이나 비디오 녹음 등을 실시하기 전에 반드시 클라이언트의 동의를 받아야만 하는 것도 고지된 동의에 해당된다. 특히 사회복지 분야에서 클라이언트를 대상으로 연구하는 사회복지사는 클라이언트들의 권리를 보장하기 위해, 자발적이고 고지된 동의를 얻어야 한다(NASW, 2021). 즉, 고지된 동의를 얻기 위해 클라이언트는 관련 정보나 사실

을 충분히 알 권리가 있으며, 이를 바탕으로 동의를 결정하게 된다.

미국 사회복지사 윤리강령(NASW, 2021)에 따르면, 고지된 동의에 대해 매우 상세한 지침을 다음과 같이 명시하고 있다.

1.03 고지된 동의

- 사회복지사는 유효한 고지된 동의에 기초한 전문적 관계의 맥락 안에서만 서비스를 제공해야 한다. 사회복지사는 서비스의 목적, 서비스와 관련된 위험, 제삼의 지불자의 요건에 의한 서비스의 제한, 관련 비용, 합리적인 대안들, 동의를 거절 또는 철회할 수 있는 클라이언트의 권리, 동의가 유효한 기간에 대해 클라이언트에게 통지할 때, 명확하고 이해할 수 있는 용어를 사용해야 한다. 사회복지사는 클라이언트에게 질문할 수 있는 기회를 제공해야 한다.
- 사회복지사는 클라이언트가 문해능력이 없거나 실천현장에서 사용되는 주요 용어를 이해할 수 없을 때 클라이언트가 이를 이해할 수 있도록 조치를 취해야 한다. 여기에는 자세한 설명을 클라이언트에게 해 주는 것 또는 가능한 한 자격을 갖춘 통역가나 번역가를 준비하는 것이 포함된다.
- 사회복지사는 클라이언트가 고지된 동의를 제공받을 능력이 부족한 경우 적절한 제삼자의 허가를 받거나 클라이언트의 이해능력에 부합하는 수준으로 내용을 전달해 줌으로써 클라이언트의 이익을 보호해야 한다. 이러한 경우 사회복지사는 제삼자가 클라이언트의 희망과 이익과 부합하는 행동을 하는지를 확인해야 한다. 사회복지사는 클라이언트가 고지된 동의를 제공받을 수 있는 능력을 증진시키도록 합리적인 조치를 취해야 한다.
- 사회복지사는 클라이언트가 강제적으로 서비스를 받게 되는 경우 서비스의 본질과 한계 그리고 서비스를 거부할 수 있는 클라이언트의 권리의 한계에 관해 정보를 제공해야 한다.
- 사회복지사는 전문적인 서비스를 제공할 때 정보통신기술 사용과 관련된 사회복지사의 정책에 대해 클라이언트와 상의해야 한다.
- 사회복지사는 사회복지 서비스 제공 때 정보통신기술을 사용하는 경우 초기 사정 혹은 인터뷰와 서비스 제공 전에 개인들로부터 고지된 동의를 얻어야 한다. 사회복지사는 의사소통을 위해 정보통신기술을 사용할 때 고지된 동의를 제공할 수 있는 클라이언트의 능력에 대해 사정해야 하고 클라이언트의 신원과 위치를 확인해야 한다.
- 사회복지사는 사회복지 서비스 제공 때 정보통신기술을 사용하는 경우 전자적 및 원격 서비스에 대한 클라이언트의 적절성과 역량을 사정해야 한다. 사회복지사는 서비스 수용에 대한 클라이언트의 지적 · 정서적 및 신체적 능력과 그와 같은 서비스의 잠재적 혜택, 위험과 한계를 이해할 수 있는 클라이언트의 능력을 고려해야 한다. 사회복지사는 만일 클라이언트가 정보통신기술을 통한 서비스 제공을 원치 않는다면 대안적 방법의 서비스를 찾아 그를 도와야 한다.

- 사회복지사는 클라이언트에 대해 녹음 또는 녹화를 하거나 제삼자로 하여금 클라이언트에 대한 서비스를 관찰하도록 허용할 때는 사전에 클라이언트의 동의를 받아야 한다.
- 사회복지사는 클라이언트에 대한 전자적 연구조사를 실시하기 전에 클라이언트의 동의를 얻어야 한다. 클라이언트나 다른 사람들의 심각하고 예측 가능하며 즉각적인 위험이나 다른 급박한 전문적 이유가 있을 때에는 예외가 될 수 있다.

윤리강령의 내용을 정리해 볼 때, 고지된 동의는 사회복지실천의 특정 단계에서만 이루어지는 것이 아닌, 각 단계마다 필요에 의해서 지속적으로 이루어져야 한다. 실천이 시작되는 단계에서는 클라이언트에게 실천의 목적과 방법 등에 대한 필요한 정보를 설명해야 하며, 이에 대한 동의를 받아야 한다. 무엇보다 클라이언트가 동의한 사항에 대해서 충분히 이해하는지를 확인해야 한다. 이는 실천 현장에서 클라이언트에게 진단과 치료 그리고 예후, 계획된 치료과정과 내용, 치료를 통해서 얻을 수 있는 이득과 위험에 대한 내용 등에 대해 충분히 고지하는 것을 의미한다. 사회복지사는 제공하는 사회복지서비스의 한계에 대해 클라이언트에게 이야기하는 것을 꺼려 할 수도 있지만, 클라이언트가 반드시 서비스의 한계를 인지하고 사회복지 서비스에 대한 잘못된 기대나 예측을 하지 않도록 도와주어야 한다. 사회복지실천과정에서 사회복지사와 클라이언트 간에 있는 대화 내용 및 공유된 정보는 비밀보장이 된다는 것과 비밀보장의 예외상황을 클라이언트에게 설명하는 것이 필요하다. 그리고 계약과정에서는 서비스의 목적, 서비스와 관련된 위험, 비용을 지불하는 제삼자의 요구로 인한 서비스의 제한, 관련된 비용, 적절한 다른 방안, 다른 기관으로 의뢰하는 일에 동의하는 클라이언트의 권리 혹은 동의를 포기할 수 있는 클라이언트의 권리, 동의에 의해 포함시킬 수 있는 치료기간을 계획하는 것 등을 알려야 한다. 상담내용을 녹음 및 녹화하는 경우에도 클라이언트의 동의를 얻어야 하며, 동의한 사실에 대해서도 다시 한번 고지해야 한다.

2) 고지된 동의의 전제조건

클라이언트에게서 고지된 동의를 얻기 위해서는 지식, 자발성, 능력, 동의방식이 전제가 되어야 한다. 전제조건이 충족되었을 경우에만 클라이언트가 충분한 정보를 가지고 자발적으로 동의했음을 인정할 수 있다.

첫째, 전제조건인 지식은 클라이언트가 고지된 동의를 하기 위해 사회복지실천 개입의 종류나 방법, 서비스를 받는 도중이나 그 결과로 일어날 수 있는 일, 동의를 하지 않을 때 어떻게 되는지에 대해 충분한 정보가 제공되어야 한다는 것이다. 사회복지실천 과정에서 여러 가지 개입의 대안 중에 하나를 선택할 때, 이 개입에 동의하는 것이 더 좋은 것인지 나쁜 것인지를 클라이언트가 알아야 한다. 하지만 너무 많은 정보를 제공하였을 때는 클라이언트가 어느 것이 중요한 정보인지를 구분하지 못할 뿐만 아니라, 사회복지사가 제공하는 정보에 별다른 주의를 기울이지 않게 될 수 있다. 따라서 클라이언트가 너무 많은 정보에 압도당하지 않으면서도, 고지된 동의를 위해 어느 정도의 정보를 제공해야 할지를 결정하는 것이 중요하다.

둘째, 자발성은 자유로운 상태에서 강제성 없이 고지된 동의가 이루어질 때 의미가 있다는 전제조건이다. 교도소나 정신병원처럼 클라이언트에게 전혀 자유가 없거나 상당히 제한된 상황에서는 자발적 동의를 구하기가 어렵다. 법원 명령에 의해 강제적으로 상담을 받는 경우나 정신병원에서 강제치료를 받는 경우가 이에 해당한다. 하지만 강제성이 없는 경우라도 클라이언트가 사회복지사에게 맹목적 · 무조건적으로 동의하거나, 이를 거부할 시에 생길지도 모를 불이익의 걱정으로 동의하게 될 수도 있다. 고지된 동의를 얻을 시, 사회복지사는 클라이언트에게 강제성이 없으며 동의를 거부해도 어떤 불이익도 없음을 강조해야 한다.

셋째, 능력은 고지된 동의를 하는 클라이언트가 동의를 할 수 있는 능력이 충분할 때 이를 전제하는 것이다. 그러나 클라이언트가 고지된 동의를 할 만큼의 능력이 충분하지 못한 경우도 있다. 미성년자인 아동 · 청소년, 노인, 정서장애나 지적장애를 가진 사람의 경우가 이에 해당된다. 하지만 클라이언트가 결정을 할 수 있는 능력이 있는지를 판단할 수 있는 객관적인 기준이 없기 때문에 이를 사정하기란 쉽지 않다. 아동의 연령이 어느 정도 이상이어야 동의를 결정할 능력이 있는지, 연령이 높은 노인의 경우 어떤 기준을 가져야만 사리판단을 할 수 있다고 볼 수 있는지를 사회복지사가 주관적으로 판단해야 한다. 『정신질환 진단 및 통계편람(Diagnostic and Statistical Manual of Mental Disorders: DSM-5)』은 정신장애, 성격장애, 신체적 질병, 심리사회적 문제를 사정하고 이를 바탕으로 현재의 기능수준을 판단하는 정신장애 분류체계다. 『정신질환 진단 및 통계편람(DSM-5)』은 클라이언트가 고지된 동의를 하는 데 필요한 능력을 판단하는 데 도움이 될 수 있다.

〈사례 5-5〉를 보면, 강 씨 할아버지를 노인요양시설에 보내는 것은 매우 중요한 결정으로, 당사자의 동의 없이 수행해서는 안 된다. 강 씨 할아버지의 경우, 고지된 동의의 필요성을 무시할 수 있는 전제조건에 해당되는가? 고지된 동의를 할 수 없는 무능력임을 어떻게 판단할 수 있는가?

마지막으로, 적절한 동의방식은 고지된 동의를 하는 전제조건이 된다. 클라이언트가 동의의 의사로 고개를 끄덕이는 등 비언어적으로 표현할 수도 있고, 구두 또는 서면으로 직접적인 동의의사를 표현할 수도 있다. 이렇게 동의를 나타내는 데에는 다양한 방식이 존재한다. 사회복지사는 클라이언트가 동의에 대한 표현을 비언어적으로 했을 때는 해석하는 데 주의를 기울이는 것이 필요하다. 특히 클라이언트가 침묵을 하거나 적극적으로 거부의사를 밝히지 않은 경우 이를 동의로 받아들이지 않도록 조심해야 한다. 과거에 고지된 동의를 했다고 해서 클라이언트가 현재나 미래에도 계속 동의하는 것은 아니기 때문에 지속적으로 동의를 확인하는 것이 필요하다.

사례 5-5

강 씨 할아버지는 87세로 8년 전 부인과 사별하고 혼자 살고 있다. 결혼한 자녀들은 강 씨 할아버지가 거동이 불편해 일상생활을 영위하기 어려운 상황이라, 가사 및 신체활동 수발을 도와줄 노인돌보미 서비스를 신청하였다. 노인돌보미인 50대 후반의 박 씨에게 강 씨 할아버지는 많이 의지하였고, 얼마 후 강 씨 할아버지는 박 씨와 결혼을 하겠다고 자녀들에게 말하였다. 이에 자녀들은 무척 당황하였다. 자녀들은 변호사에게 아버지가 87세로 노쇠하였으므로 그가 무능력자임을 판단해 달라고 요청하였고, 아버지를 노인요양시설에 보내려고 하였다. 그들은 요양시설의 사회복지사에게 아버지가 고령의 연세로 더 이상 무엇이 최선인지를 판단할 수 없으므로 할아버지의 거취에 대한 결정은 자신들이 하겠다고 하였다. 입원 전 면담을 하기 위해 강 씨 할아버지를 방문했을 때 사회복지사는 노인돌보미인 박 씨가 있을 때만 그와 이야기를 나눌 수 있었다. 겉보기에 그는 아주 늙어 보였고 대화도 거의 되지 않았다. 그러나 그는 어떤 상황에서도 요양시설에 들어가지 않을 것이며, 박 씨와 함께할 것이라고 분명하게 자신의 의견을 이야기하였다.

다음은 고지된 동의를 위한 윤리적 지침이다.

첫째, 서비스의 목적과 내용, 기간, 상담 시 일어날 수 있는 일들, 상담의 예상되는 결과, 동의하지 않을 때의 결과 등과 같은 사회복지실천과정에 대한 적절한 정보를 제공하고 동의를 받아야 한다. 사회복지 서비스의 성격과 목표 및 일부 활동의 참여를 거부할 클라이언트의 권리, 비밀보장의 한계와 클라이언트의 적극적 참여가 클라이언트에게 어떠한 영향을 줄 가능성이 있는지에 대해 클라이언트들에게 분명하고 충분하게 알려 주는 것이 필요하다(Corey & Corey, 1997). 둘째, 클라이언트에게 사회복지 서비스를 거부할 권리가 있음을 알려야 한다. 법원 명령이나 처벌 대신에 교육을 받거나, 부모가 대신 미성년자의 사회복지 서비스를 신청하는 등 클라이언트의 많은 수가 비자발적으로 사회복지기관을 찾는다. 비자발적 클라이언트의 경우, 효과적인 고지된 동의 과정을 통해 클라이언트 스스로 상담에 참여하는 자기결정권을 행사하도록 도와주는 데 많은 노력을 기울여야 한다(고향자, 현선미, 2008). 클라이언트에게 사회복지실천 서비스를 정식으로 계약하기 이전에 서비스를 몇 번 받아 보고, 참여할 것인지를 결정하게 해 보는 것도 한 방법이 될 수 있다. 그럼에도 클라이언트가 사회복지 서비스를 거부할 경우에는, 클라이언트의 결정을 수용해야 한다. 사회복지실천의 효과적 결과를 이루기 위해서는 클라이언트의 자발적인 참여 및 협력이 바탕이 되어야 하기 때문이다. 대신에, 서비스를 거부하는 클라이언트에게 이후에 필요할 때 언제라도 다시 찾아올 수 있다는 가능성을 열어 두는 것이 중요하다. 셋째, 클라이언트는 사회복지 서비스에 관해 사회복지사에게 질문할 권리가 있다는 것을 충분히 설명해 주어야 한다. 궁금하거나 이해가 되지 않는 개입이나 실천과정에 대한 의문은 언제라도 질문할 수 있음을 알려야 한다. 넷째, 클라이언트로부터 고지된 동의를 얻는 것은 일회성 과제가 아니라 지속적인 과정이 되어야 한다. 사회복지실천과정의 초기에 고지된 동의를 얻었다고 하더라도, 그 이후에도 필요시에는 계속적으로 클라이언트의 동의를 얻어야 한다. 다섯째, 클라이언트가 미성년자이거나 발달장애인인 경우 등 정보를 이해할 수 있는 능력에 제한이 있을 경우에는 클라이언트에게 수준에 맞는 언어로 알기 쉽게 풀어서 정보를 제공함으로써 고지된 동의를 얻어야 하며, 클라이언트의 부모 및 법적 보호자에게서도 고지된 동의를 얻는 것이 필요하다. 하지만, 대리동의자와 당사자인 클라이언트 간의 의견이 일치하지 않을 때에는 결정한 내용이 무엇인가에 관심을 기울여야 한다(서미경, 1998). 여섯째, 정보를 얻어야 하는 목적 및 활용에 대해 구체적으로 알리며, 정보 공개 시에는 동의를 얻어야 한다. 특히 녹음이나 비디오 녹음 등을 실시하기 전에 반드시 클라이언트의 동의를 받아야 하며, 문서, 사진, 컴퓨터 파일 등의 형태로 된 클라이언트의 정보에 대해 비밀보장의 한계에 대해 설명을 해야 한다. 일곱 번째, 집단상담이 이루어지는 경우에는 집단상담의 목적, 진행과정과 절차, 집단 과정 동안 일반적으로 일어날 수 있는 상황들, 예상되는 집단상담 결과 등의 정보가 집단원이 집단상담 참여를 결정하기 전에 제공되어야 한다(방기연, 2004). 또한 사회복지사가 교육 및 실제 집단상담 경험을 가지고 집단상담의 리더가 될 만한 자격이 있는지, 집단 구성원들은 어떤 사람들인지, 집단상담에서 집단원에게 기대되는 것이 무엇인지 그리고 집단 구성원으로서의 권리와 책임, 집단원은 집단상담을 통해서 잠재적으로 얻게 될 도움 및 부작용, 집단상담 참여 후의 잠재적 후유증, 집단원의 집단상담 참여를 선택할 권리 및 거부 혹은 중단할 권리 등에 대해 정보가 제공된 후에 집단원은 집단상담 참여 여부를 결정지어야 한다(하혜숙, 최은미, 2013).

// 학습과제 //

1. 다음 사례는 정보통신기술이 활용되는 사회복지실천에서 클라이언트의 사적인 정보가 유출될 수 있는 상황을 보여 주고 있다. 비밀보장을 위해 어떤 조치가 이루어져야 할지 토론해 보시오.

> 사회복지사 이 씨는 청소년을 대상으로 하고 있는 사이버상담실에서 일하고 있다. 현재 그는 우울증 문제를 겪는 중학생 남학생과 채팅 및 원격화상으로 온라인 상담을 진행하고 있다. 사회복지사 이 씨는 클라이언트와의 상담 내용이 스피커를 통해 상담실 밖으로 새어 나가지는 않을지, 검사 자료를 화면으로 공유하면서 기록보관에 대해 클라이언트가 염려하지 않을지 등에 대해 걱정이 되었다. 또한 클라이언트가 원격화상이나 채팅으로 이루어진 상담 내용을 무단으로 컴퓨터에 녹음 및 저장하지는 않을까 염려가 되었다. 그 외에도 채팅이나 원격 화상 상담의 기록이 화상회의 플랫폼 서버에 남거나, 구글 설문지 등과 같은 온라인으로 상담 동의를 받으면 서버에 기록이 남아서, 기술적인 문제로 정보 유출이 일어나거나 안전하지 못할 수도 있다는 생각에 들었다.

2. 비밀보장의 원칙이 제한되는 유형을 나열해 보시오.
3. 고지된 동의를 위한 전제조건을 나열해 보시오.

// 학습정리 //

- 비밀보장의 원칙은 전문적 관계에서 매우 중요하며, 사회복지사가 클라이언트와의 전문적 관계에서 신뢰를 바탕으로 얻은 정보를 클라이언트의 허가 없이는 어느 누구에게도 발설하지 않는 것을 말한다.
- 비밀보장의 원칙은, 첫째로 자기 자신이나 제삼자를 해하려 하는 경우, 둘째로 클라이언트에게 이익을 주거나 돕기 위해 비밀을 유출하는 경우, 셋째로 미성년 클라이언트의 부모나 보호자의 요청에 응하는 경우, 넷째로 법적 명령에 따르기 위한 경우에 제한될 수 있다.

- 경고 의무는 심각한 신체적 폭력에 대한 위협이 예상되는 혹은 수행할 가능성이 있는 경우, 잠재적인 희생자나 희생자와 관련된 사람에게 경고하는 것, 경찰에 알리는 것, 수행절차를 밟는 것, 위협의 본질에 대한 정신건강감정을 하는 것 등을 의미한다.
- 기관 차원에서의 비밀보장에 관련된 조치와 절차가 필요하며, 사회복지실천과정 초기에 비밀보장의 권리와 한계에 대해 분명하고 구체적으로 설명해야 한다.
- 정보를 공개하는 경우에는 정보공개와 관련된 정보를 충분히 제공하고, 클라이언트의 동의를 얻어야 한다.
- 정보통신기술을 활용한 온라인 상담 및 사회복지 서비스를 제공하는 경우, 비밀보장을 위해 합리적인 조치를 취해야 한다. 정보통신기술이라는 매체를 사용하기 때문에 데이터 유출의 위험이 있고 불안정할 수 있음을 클라이언트에게 알려야 한다.
- 사회복지사는 클라이언트의 알 권리를 인정하고 클라이언트에게 사실을 알릴 의무가 있다.
- 사회복지사는 클라이언트가 자신과 관련된 공적인 사회복지 기록을 정당한 이유로 보고자 할 때 이를 허용해야 한다.
- 클라이언트가 자신의 기록을 요구하였을 때, 사회복지사는 그 기록으로 확인되거나 논의된 다른 사람의 비밀을 보장하는 데 주의를 기울여야 한다.
- 고지된 동의는 사회복지사나 다른 전문가가 클라이언트의 삶에 간섭하지 않고 또한 클라이언트의 동의 없이 그와 관련된 정보를 타인에게 제공해서는 안 된다는 것을 의미한다.
- 고지된 동의를 위한 전제조건으로는 지식, 자발성, 능력, 동의방식이 있다.

참고문헌

강진령, 이종연, 유형근, 손현동(2007). 학교상담자 윤리 교육 및 인지 실태 분석. **상담학연구, 8**(2), 751-768.

고향자, 현선미(2008). 청소년 상담의 사전동의(Informed Consent)에 관한 고찰. **상담학연구, 9**(1), 45-65.

구승영, 김계현(2015). 학교상담 관련 주체의 입장에 따른 상담자의 비밀보장 예외 판단 차이 분석, **상담학연구, 16**(4), 321~338.

김형수(2021). 대학상담센터의 자살 위기 내담자에 대한 상담윤리 적용과 법적 판단 비교. **인간이해, 42**(2), 1-17.

국가인권위원회(2009). 정신장애 분야 인권교육 교재.

서미경(1998). 정신보건 영역에서의 고지된 동의(informed consent) 과정에 관한 연구. **정신보건과 사회사업, 6**, 5-23.

손현동(2007). 현행법에 나타난 학교상담자의 비밀보장과 그 한계 고찰. **청소년상담연구. 15**(2), 3-14.

방기연(2004). 집단상담에서의 상담 윤리강령. **연세상담연구, 17**(1), 99-111.

이윤희, 김경민, 이상민(2021). 비대면 상담 윤리강령 기초 연구. **상담학연구, 22**(5), 77-106.

임은미(2006). **사이버상담 이론과 실제**. 학지사.

이인정, 김지혜(2022). 코로나 19 이후 사회복지사의 비대면 실천 경험: 이용시설종사자를 중심으로. **사회복지연구, 53**(2), 103-137.

이탄영, 이소연, 김지선(2023). 윤리적 갈등상황에서 아동상담자의 윤리적 판단 및 행동에 관한 실태 연구. **한국놀이치료학회지, 26**(2), 101-121.

정다운, 이영선(2022). 사이버상담사가 경험하는 윤리적 딜레마에 대한 고찰: 청소년상담 공공기관 채팅상담 경험을 중심으로. **청소년상담연구, 30**(1), 249-269.

정미라, 유금란(2018). 비밀보장 갈등상황에서 전문상담교사의 대처행동에 대한 합의적 질적 연구. **한국심리학회지: 상담 및 심리치료, 30**(3), 541-574.

하혜숙, 최은미(2013). 집단상담 사전동의 형태에 따른 사용실태 비교 연구. **상담학연구, 14**(2), 1033-1055.

한국사회복지사협회(2023). 선서문 및 윤리강령. https://www.welfare.net/welfare/social-workers/ethics-and-oath (2024. 7. 11. 인출).

Brabender, V. (2006). The ethical group psychotherapist. *International Journal of Group Psychotherapy, 56*(4), 395-414.

Carnes-Holt, K., Maddox II, R. P., Warren, J., Morgan, M., & Zakaria, N. S. (2016). Using bookmarks: An approach to support ethical decision making in play therapy. *International Journal of Play Therapy, 25*(4), 176-185.

Cheyenne, P. C., & Barrio, M. C. (2012). Counseling programs'informed consent practices: A survey of student preferences. *Counselor Education and Supervision, 51*(4), 308-319.

Corey, M. S., & Corey, G. (1997). *Group: Process and practice.* Brooks/Cole.

Earley, J. (2000). *Interactive group therapy: Intergrating interpersonal, action-orientated, and psychodynamic approaches*. Brunner/Mazel(Taylor & Francis Group).

Fallon, A. (2006). Informed Consent in the Practice of Group Psychotherapy. *International Journal of Group Psychotherapy, 56*(4), 431-453.

Kagle, J. & Kopels, S. (1994). Confidentiality after Tarasoff. *Health & Social Work, 19*(3), 217-

222.

Kiweewa, J. M. (2010). *Endorsement of growth factors and Ist relation to stage of group development in experiential group*. Syracuse University Ph. D. Dissertation.

Loewenberg, F., & Dolgoff, R. (2000). **사회복지실천윤리** [*Ethical Decisions for Social Work Practice* (5th ed.)]. (서미경, 김영란, 박미은 공역). 양서원. (원저는 1996년에 출판).

National Association of Social Workers (NASW, 2021). *Read the Code of Ethics*. https://www.socialworkers.org/About/Ethics/Code-of-Ethics/Code-of-Ethics-English

National Board for Certified Counselors (2023). *National Board for Certified Counselors, INC*. Code of Ethics. https://nbcc.org/Assets/Ethics/NBCCCodeofEthics.pdf

Tarasoff v. Board of Regents of the University of California (1976). 551 P.2d 334

VandeCreek, L. (1989). Assessment of dangerous behavior. *Psychotherapy Bulletin, 24*, 17-19.

제6장

가치유보 대 가치표명, 자기결정권

학습목표

- 가치유보 대 가치표명의 개념을 사회복지실천에서의 딜레마에 적용할 수 있다.
- 사회복지사의 자기인식 및 자아성찰의 중요성을 인식하고, 이를 실천할 수 있다.
- 자기결정의 개념을 사회복지실천에서의 딜레마에 적용할 수 있다.
- 자기결정권을 제한할 수 있는 상황을 나열할 수 있다.

1. 가치유보 대 가치표명

가치는 사회복지실천에서 중요한 영향을 미친다. 성별, 인종, 연령, 능력, 종교, 성적 관념, 사회경제적인 지위, 성장배경, 신념, 정치적인 견해 등에 따라 개인 간 가치의 차이가 발생한다. 그리고 가치의 차이는 클라이언트가 다양한 생활방식이나 결정을 내리는 데 영향을 준다. 클라이언트의 가치뿐만이 아니라, 사회복지사의 가치도 사회복지실천 과정에 의식적으로나 무의식적으로 많은 영향을 미치게 된다. 사회복지사가 가지고 있는 가치는 클라이언트의 문제에 개입하는 방법을 결정하게 되는데, 이는 사회복지사가 클라이언트를 어떻게 보느냐에 따라 클라이언트를 대하는 방식이 달라지기 때문이다. 사회복지실천 과정에서 중요한 클라이언트와 사회복지사의 가치가 서로 크게 다른 경우, 사회복지사는 자신과 상반된 클라이언트의 가치를 존중하면서 어떻게 윤리적인 사회복지실천을 할 수 있을지 윤리적 딜레마에 봉착할 수 있다.

사회복지사는 자신의 개인적 가치를 클라이언트에게 부여해서는 안 되며 클라이언트의 행위에 대해서 판단을 보류함으로써 가치중립을 지켜야 한다(Loewenberg & Dolgoff, 2000). 이는 사회복지사가 자신의 가치를 표명할 때 사회복지실천의 관계에 여러 영향을 미칠 수 있기 때문이다. 예를 들어, 사회복지사가 클라이언트의 가치와 상반되는 특정한 방식으로 행동하도록 조종, 강요, 설득하게 되면, 클라이언트는 이를 따르지 못하는 것에 대한 죄책감을 느끼고 자유롭게 자신의 결정을 내리지 못할 수 있다. 그뿐만 아니라 클라이언트는 사회복지사가 클라이언트의 행동이나 클라이언트 자신에 대해 가치판단을 내렸다는 것에 화를 내고 서비스를 중단할 수도 있다. 또한 사회복지사는 클라이언트의 문화적 가치와 상반되는 다른 문화적 가치나 기관의 가치를 대변할 수도 있다. 그러므로 사회복지사의 가치표명은 신중하게 이루어져야 하며, 가치표명이 이루어졌을 때 클라이언트와의 관계 및 사회복지실천에 어떤 영향을 미치게 될지에 대해서도 고려해야 한다.

가치중립의 가치는 객관성을 유지하는 과학적 태도를 중시하는 사조와 함께 사회복지실천의 전통적 원칙으로 자리 잡았다. 하지만 사회복지사가 사회복지실천 과정에서 클라이언트와 정서적으로 친밀한 관계를 갖게 되고 클라이언트의 상황에 깊게 관여하는 경우에는 개인적 가치와 전문적 가치에 대한 객관적이며 명확한 사고를 하는 것이 어렵다. 사회복지사는 사회복지실천 과정에서 자신의 개인적 가치가 영향을 미치고 있음을 자각하지 못하고 있다가 결과가 역기능적으로 판명된 후에야 이를 자각하기도 한다. 이렇듯 개인적 가치가 사회복지사의 전문적 기능을 방해할 때 윤리적 실천은 방해를 받게 된다.

클라이언트의 행동이나 결정은 특정 가치에 따라 '옳고' '그름'이 달라진다. 예를 들어, 낙태의 경우 태아의 생명보호 가치를 우선한다면 윤리적이지 못한 행동이지만, 임신한 여성의 자기결정권 가치를 우선한다면 옳은 행동이다. 이렇게 같은 행동에 대해서도 가치에 따라 옳고 그름이 달라질 수 있다. 즉, 절대적으로 '옳고' '그름'은 존재하지 않으며, 사회복지사는 자신의 가치를 바탕으로 클라이언트의 가치를 판단해서는 안 된다는 것이다. 따라서 사회복지사 자신의 가치가 사회복지실천 과정에서 유일한 기준이 되지 않도록 노력해야 한다.

하지만 사회복지사의 가치유보가 과연 현실적으로 가능한 것인가에 대해서는 의문이 가지 않을 수 없다. 사회복지실천은 본질적으로 가치를 함유하고 있기 때문에 가치로부터 자유로울 수 없다. 예를 들어, 사회복지실천은 사회정의와 인간의 존엄성 존중이라는 가치를 바탕으로 하고 있으며, 이 두 가치는 사회복지실천 방법, 개입결과, 클라이언트와의 관계에도 큰 영향을 미친다. 사회복지실천 과정에서 사회복지사가 결정하는 모든 것이 가치를 바탕으로 이루어지는 것이다. 그리고 사회복지사의 표정이나 음성, 눈빛과 같이 비언어적인 방식으로 사회복지사의 가치가 은연중에 나타날 수 있기 때문에, 아무리 가치중립이 되려고 노력하더라도 사실상 완벽한 가치중립은 불가능하다. 가치판단을 보류하고 대신 다양한 가치선택의 기회를 제공하고자 할 때조차도 사회복지사는 사실상 자신의 가치를 부여할 수 있다. 예를 들어, 가정폭력으로 여성쉼터에 도움을 청한 클라이언트가 다시 남편에게 돌아가고 싶어 하는 모습을 보이자, 사회복지사가 계속해서 클라이언트가 자립할 수 있는 방법에 대해서만 논의를 하는 식으로 자신의 의견이나 생각 및 가치를 나타낼 수 있다. 이렇게 클라이언트에게 은밀하게 가치를 전달하는 것이 직접적으로 가치를 표명하는 것보다 더 큰 영향을 줄 수 있다.

하지만 사회복지사가 클라이언트에게 자신의 가치를 표명함으로써 클라이언트의 자기결정이나 선택을 조종하거나, 강요·설득하는 것은 클라이언트의 자기결정권에 위배될 수 있기 때문에 사회복지실천 과정에서 주의해야 하는 행동이다. 사회복지사의 가치노출 혹은 가치표명이 부적절하게 또는 예상치 않은 상황에서 이루어지면 클라이언트의 자유로운 의사표현과 자기결정을 위한 탐색을 원천적으로 막을 우려 등이 있을 수도 있다. 이런 경우 클라이언트와 사회복지사 사이의 가치 차이의 인식 및 공유, 토론 등의 과정을 거쳐 윤리적 문제해결이 필요하다.

1) 사회복지사의 자기인식 및 자아성찰

자기인식(self-awareness) 또는 자아인식은 한 개인의 주의(attention)를 내면으로 집중시키는 것으로, 개인 자신의 정신상태와 환경에 대한 전반적이고 널리 퍼져 있는 인식으로 정의될 수 있다(Harrington & Loffredo, 2011). 자기인식은 자신을 보호하고 개선하기 위한 감정과 생각의 관찰 및 관리가 포함된다(Feize & Faver, 2019). 즉, 자기인식은 나의 감정, 생각, 동기들에 대해 정확하게 인지하고 이러한 것이 나의 가치, 견해 그리고 관점 등에 영향을 미칠 수 있음을 알고 있는 것을 포함하며, 자신의 성격, 강점, 약점, 좋아하는 것, 싫어하는 것들에 대해 충분한 인지를 하고 있다는 것을 의미한다. 사회복지사가 자신에 대해 충분히 알지 못하면 클라이언트와의 관계에서 경험하게 되는 자신의 감정, 태도 등을 이해하는 데 한계를 가지게 되기 때문에, 사회복지사의 자기인식은 매우 중요하다. 자기인식은 끊임없는 연습을 통해 가능하며, 이러한 연습은 자아성찰이라는 과정을 통해 이루어진다. 사회복지사의 자아성찰은 클라이언트와 사회복지사의 역동이나 면접 회기 안에서의 현상을 이해하기 위해 사회복지사 자신의 행동, 정서, 사고 등을 점검하는 활동이라 할 수 있다(Neufeldt, 2004). 즉, 자아성찰은 정신활동 중 자신에 초점을 두는 과정으로, 자신을 바라보고 자신의 경험이 갖는 의미를 탐색하는 노력이다.

사회복지실천은 개인의 삶의 질 향상을 목표로 하고 있으며, 이러한 목표 달성을 위한 사회복지실천의 주요도구는 사회복지사 자신이다. 뉴펠트(Neufeldt, 2004)는 실천가가 가장 우선을 두어야 하는 것은 실천가 자신의 개인적 경험에 대한 성찰이며, 자기에 대한 이해와 인식이 이루어져야 실천현장에서 자신을 치료적 도구로 잘 활용할 수 있다고 하였다. 성찰을 통해서 사회복지사 자신의 내면을 반영해 보는 것은 자신의 문제와 사건을 객관적으로 보게 하고 자신을 이해하게 할 뿐만 아니라, 사회적 관계에서 개방적인 태도를 갖게 하여 클라이언트를 수용하고 더 공감할 수 있도록 한다(정희선, 김지현, 2017; Ardelt, 1997). 또한 객관적 자기인식 수준이 높은 사람일수록 행동의 결과에 상관없이 자신의 행동에 더 책임을 지며(Duval & Wicklund, 1972), 더 강한 정체성을 가지고(Ickes, Layden, & Barnes, 1978), 환경의 자극에 덜 영향을 받을 뿐만 아니라(Lefcourt, Hogg, & Sordoni, 1975), 더 나은 자기관리와 더 큰 행복감을 갖는 것으로 나타났다(Harrington & Loffredo, 2011; Richards, Campenni, & Muse-Burke, 2010). 이와 같이 자기인식은 사회복지사의 사회복지실천 효율성을 증가시키는 여러 특성을 가지는 것으로 보여지고 있다(Feize & Faver, 2019). 즉, 자기인식과 자아성찰을 통해 사회복지사는 실천 역량을 높이고 객관적이고 개방적인 태도를 가짐으로써, 클라이언트와의 관계의 질과 실천과정의 내용 그리고 실천의 결과는 달라질 수 있다는 것이다. 사회복지사는 깊은 성찰을 통해 자신을 도구로 하는 사회복지실천 일련의 과정과 그 결과가 사회복지사와 대상자 모두에게 만족스러울 수 있도록 노력하는 것이 필요하다.

한국 사회복지사 윤리강령(한국사회복지사협회, 2023)은 기본적 윤리기준에서 자기인식에 대하여 다음과 같이 명시하고 있다.

> 1. 전문가로서의 자세
>
> 1) 인간 존엄성 존중
>
> 마. 사회복지사는 문화적으로 민감한 실천을 제공하기 위해, 사회복지실천 과정에서 자신의 개인적 · 사회적 · 문화적 · 정치적 · 종교적 가치, 신념과 편견이 클라이언트와 동료 사회복지사에게 미칠 수 있는 영향을 고려하여 자기인식을 증진하기 위해 힘쓴다.

사회복지교육 커리큘럼에서는 예비 사회복지사들을 위해 다음의 단계를 거쳐서 자기인식을 증진시키는 것을 가르치는 것이 필요하다(Feize & Faver, 2019).

- 자기인식을 연습하기 위해서는 자신의 감정이나 생각 등을 편안하고 안전하게 토로할 수 있는 환경이 필요하다.
- 자기인식은 심리적 · 정서적 불편함을 해결하는 과정을 통해 발달한다. 다른 종교적 배경의 사람, 사회적 소수자 등에 대한 다양한 읽기 자료, 초청 연사, 다양성에 대한 노출을 통해 도발적인 상황을 제공하여 불편감을 유발해야 한다. 이러한 불편함, 잠재적인 불안이나 두려움의 감정이 그들의 태도, 생각 그리고 경험에서 나온 것임을 배우고 인지하는 기회가 되어야 한다.
- 마음챙김(mindfulness)과 자아성찰로 정서적 불편감에 반응하는 것은 자기인식의 길을 열어 주게 된다. 다양성 노출로 인해 생긴 불편감을 활용하여 학생들이 도발에 대한 생리적 반응을 알아차리게 하고, 불편감과 관련된 생각과 감정의 뿌리를 성찰하게 한다.

표 6-1 상담자 자기성찰 척도(정희선, 김지현, 2017)

요인	문항내용
상담자-내담자 상호작용	나는 상담과정 중 나와 내담자의 상호작용에 대해 집중하고, 어떤 역동이 일어나는지 알고 있다.
	나는 내담자의 증상이 어떻게 형성되고 유지되어 왔는지 안다.
	나는 내담자와의 상호작용으로 인해 발생하는 문제들을 알아차리고, 상담 장면에서 다루려고 노력한다.
	나는 상담전문가로서의 객관적 입장과 주관적 혹은 개인적 입장이 상담과정과 내담자에게 어떤 영향을 미치는지 알고 있다.
	나는 내담자의 역동 혹은 문제를 명확하게 개념화할 수 있다.
상담자 자기이해	나는 나의 욕구가 무엇인지 알고 있다.
	나는 지금, 내가 어떤 기분인지 분명히 느낄 수 있다.
	나는 스트레스 상황에서 내가 어떻게 대처하는지 알고 있다.
	나의 사고, 감정, 행동의 원인에 대해 잘 알고 있다.
상담자 전문성	나는 상담과정에서 나의 반응 및 태도 등에 대해 점검한다.
	나는 상담이 끝난 후 상담회기를 되돌아보고 상담전문가로서의 부족함과 개선할 부분을 찾으려고 노력한다.
	나는 내가 상담자로서 전문가적 자질을 갖추고 있는지 살펴본다.

- 교육자들은 자기노출과 유머를 통해 학생들이 자기인식을 할 수 있도록 격려한다. 학생들이 자기인식으로 이어지는 자아성찰의 실천을 지속할 수 있도록, 전문적 실천을 위한 자기인식의 장점이 무엇인지를 보여 주는 개인적인 이야기를 공유하거나, 유머를 사용함으로써 감정적 성장의 도전이 덜 두렵도록 할 수 있다.

〈표 6-1〉은 정희선, 김지현(2017)이 개발한 상담자 자기성찰 척도다. 이 척도는 총 12문항으로 5점 Likert 척도로서 상담자의 자기성찰을 잘 반영하고 있는지에 대해서 '매우 아니다(1점)'에서 '매우 그렇다(5점)' 사이로 평가할 수 있다(신뢰도 Cronbach's α=.866). 이 척도는 상담자를 위해 개발되었으나, 사회복지사들의 자기성찰을 위해서도 적용가능할 것으로 보인다.

앞의 선행연구들을 종합해 볼 때, 사회복지사의 자기인식을 증진하기 위해서 다음의 단계를 거쳐 자아성찰을 해 볼 수 있다. 이러한 단계는 임의적이며, 순서가 변경되거나 반복적으로 이루어질 수 있다.

- 시간을 갖고 내가 좋아하는 것과 싫어하는 것, 장단점, 특정 주제나 상황에 대한 어떤 감정이나 생각을 갖고 있는지에 대해 생각해 보고, 글로 적어 보기
- 글로 적어 본 내용을 통해 자신의 가치관이나 생각들을 스스로 분석해 보기
- 내가 좋아하고 싫어하는 것, 나의 가치관이나 생각 등이 형성되는 데 나의 환경적 요인이나 개인적 경험, 가까운 사람 등으로부터 영향을 받은 것인지 생각해 보기
- 나의 가치관이나 생각들이 사회복지사로서의 전문적 실천에 어떤 영향을 줄 수 있을지 생각해 보기
- 필요하다면 자신의 생각이나 행동들을 개선하고 변화시키려고 노력해 보기

2) 사회복지실천에서의 수용

가치유보의 가치는 사회복지사와 클라이언트 간에 전문적인 관계를 형성하는 데 중요한 사회복지사의 수용하는 태도와 깊이 연관되어 있다. 수용은 비심판적인 것 이상으로 사회복지사가 클라이언트의 모든 능력과 가치를 존중하고, 클라이언트를 이해하려 노력해야 하며 잘못을 평가하지 않는 것을 의미한다. 클라이언트가 갖고 있는 장점과 약점 혹은 단점 등을 포함하여, 클라이언트의 있는 그대로의 모습을 이해하고 받아들이고 수용해야 하는 것이다. 수용하는 태도는 사회복지사의 가치표명을 유보하고, 클라이언트의 가치나 행동에 대한 중립적인 것을 내포한다. 클라이언트는 가치 있는 인간으로서 인정받고 싶은 욕구를 가지고 있기 때문에 클라이언트는 수용받는 경험을 통하여 있는 그대로의 자신을 표현하고 안정감을 느낄 수 있다(엄명용, 김성천, 오혜경, 윤혜미, 2000). 클라이언트는 사회복지사에게 자신을 있는 그대로 드러내고 수용받으면서, 자신의 문제를 현실적이고 객관적인 방법으로 대처할 수 있게 된다. 또한 사회복지사가 클라이언트를 무비판적으로 수용한다고 느끼게 되면, 클라이언트의 거절에 대한 불안을 줄일 수 있고, 사회복지사에 대한 신뢰감도 증가할 수 있다. 하지만 수용하는 자세는 클라이언트의 일탈 행동이나 태도에 동의·허용하거나, 그 책임을 면제시켜 주는 것 등을 의미하지는 않는다. 다만 클라이언트의 행동에 대해 좋다, 나쁘다 등을 비판하지 않고, 일단 아무런 판단도 하지 않는다는 정도다. 그러므로 사회복지사는 윤리와 법, 전문적 가치에 의거하여 클라이언트의 행동에 관해 바람직한 것과 수용할 수 있는 것에 대한 기준을 가져

야 한다.

사회복지사가 수용하는 자세를 갖기 위해서는 특정 집단이나 가치, 행동 등에 대해 편견이나 선입견을 가져서는 안 되며, 클라이언트를 이해하고 클라이언트와의 가치관 차이를 극복하기 위해 노력해야 한다. 사회복지사는 클라이언트의 가치를 존중해야 하며, 자신의 가치를 드러내고 이를 클라이언트에게 강요해서는 안 된다. 특히 특정 문화나 가치 및 집단 등을 폄하하는 단어를 사용해서는 안 된다. 이는 사회복지사가 인식하지 못하는 사이에 클라이언트가 중요하게 여기는 윤리적 측면을 무시함으로써 사회복지사와 클라이언트 간의 신뢰성과 관계형성에 악영향을 미칠 수 있기 때문이다. 가치나 문화적 배경이 다른 클라이언트에게 개입하는 경우, 사회복지사의 기준이나 판단에 따라 행동하거나 가치나 문화적 차이를 무시하여 다루지 않는 것 모두 좋은 방법이 아니다. 사회복지사의 입장에서는 문제가 되지 않을 수 있고, 어려움으로 인식되지 않을 수도 있지만, 클라이언트의 입장에서는 다를 수 있다. 클라이언트가 먼저 문제 제기를 하지 않더라도 가치 차이로 인한 어려움이 있을 수 있으므로 이를 고려해야 한다. 클라이언트가 가진 가치나 문화에 대한 이해와 지식을 바탕으로 클라이언트에게 접근하는 것이 필요하다.

사례 6-1

클라이언트 박 씨는 어린 두 딸을 상습적으로 성폭행한 혐의로 기소되었고, 징역 20년과 함께 80시간의 성폭력 치료강의 수강을 선고받았다. 박 씨의 큰딸은 12세의 어린 나이에 임신과 출산을 겪었으며, 이 과정에서도 성폭행을 당했다. 성폭력 치료강의 수강을 위해 사회복지사를 만난 박 씨는 재판이 자신에게 불리하게 이루어졌으며, 판결이 부당하다고 불만을 토로했다. 박 씨는 정보통신망을 통해 자신의 정보가 공개되고, 10년 동안 위치추적 전자장치를 부착하게 됨으로써 자신의 사생활 보호와 자유가 침해당했다고 분노했다. 또한 자신은 두 딸을 사랑하며, 자신이 두 딸을 사랑하는 방식을 재판부가 이해하지 못하는 것이라고 말했다. 박 씨는 두 딸과 만나지 못하도록 접근금지를 한 것에 대해서도 매우 화가 난 상태로, 80시간의 성폭력 치료강의 수강을 받을 이유가 없다고 주장하고 있다.

사회복지사는 사회복지실천과 관련된 문제에 대한 자신의 신념과 가치에 대해 점검해 볼 필요가 있다. 예를 들어, 혼외정사, 피임, 청소년의 성, 동성애, 불임수술, 입양, 사형,

안락사와 같이 상반된 가치관으로 논란을 일으키는 주제에 대한 자신의 신념과 가치에 대해 생각해 봐야 한다. 또한 자신과 다른 가치를 가진 클라이언트를 포용하고 같이 일해 나갈 수 있는지에 대해서도 미리 생각해 봐야 한다.

〈사례 6-1〉에서 클라이언트는 명확하게 사회규범을 위반하는 가치를 가지고 불법적인 행동을 범하였다. 사회복지사는 클라이언트의 폭력, 사기, 절도, 거짓말, 성적 학대나 강간과 같은 반사회적이고 불법적인 행동에 대해 가치표명을 해야 하는가? 아니면 가치유보를 해야 하는가? 어떤 한도를 넘는 일탈행동에 대해서는 사회복지사는 더 이상 가치중립적 입장을 유지하고 판단을 보류하기보다는 가치를 표명하고 비판적이 될 수 있다. 이런 경우에는 사회복지사가 자신의 가치판단과 태도를 표명하는 것도 필요하다. 사회복지사가 아무런 가치를 표명하지 않을 경우에 클라이언트는 사회복지사가 자신의 가치와 행동을 허용하는 것으로 오해할 수 있기 때문이다. 하지만 가치표명을 하는 경우에도 사회복지사는 클라이언트를 비난하기보다, 클라이언트의 행동이 문제임을 밝히고 그 행동이 변화될 수 있도록 돕는 것이 중요하다. 즉, "당신은 수용하지만, 당신의 행동은 수용할 수 없다."라고 설명해 주어야만 한다.

사례 6-2

30대 초반의 클라이언트인 김 씨는 현재 임신 6개월이다. 얼마 전에 있었던 기형아검사에서 신경관결속 이분척추 기형아 판정을 받았다. 김 씨는 아기를 포기할 것인지, 장애에도 불구하고 아기를 낳을 것인지 고민하고 있다. 김 씨의 남편은 장애를 가진 채로 태어나는 것은 아이에게도 못할 짓이라면서 아기를 포기하자고 하였다. 그렇게 되면 이미 임신 6개월이라 수술은 어렵고 유도분만을 통해 조산을 해야 할 것이다. 클라이언트는 사회복지사에게 눈물을 흘리며 며칠째 잠도 못 자고 고민하고 있다고 털어놓았다. 사회복지사는 평소 낙태에 대해 반대하고 있는 입장이다. 게다가 사회복지사는 다낭성 난소 증후군으로 임신에 어려움을 갖고 있으며, 아기를 간절히 바라고 있다.

〈사례 6-2〉는 윤리적 결정을 내리기가 어려운 상황이다. 배 속에 있는 아기의 기형이나 질병으로 인한 낙태는 과연 정당화될 수 있는가? 앞의 사례와는 비슷하지만 조금 다른 상황으로, 미성년자인 클라이언트가 미혼모가 되는 것이 두려워 낙태수술을 하고자 할 경우 낙태는 정당화될 수 있는가? 이는 낙태라는 같은 결과를 나타내지만 다른 윤리적 가치가 영향을 미치고 있는 것인가?

〈사례 6-2〉에서 사회복지사는 고민하고 있는 클라이언트를 어떻게 도울 수 있을까? 클라이언트가 낙태를 결정했을 때, 낙태를 반대하는 사회복지사의 개인적 가치와 낙태를 원하는 클라이언트의 자기결정권의 가치 사이에서 윤리적 갈등이 일어날 수 있다.

사례 6-3

사회복지사 강 씨는 독실한 종교적 믿음을 갖고 있으며, 종교적인 가치가 사회복지 전문적 가치와도 일치하는 부분이 있어서, 사회복지직을 잘 수행하고 있다고 생각하고 있다. 어느 날 사회복지사 강 씨는 성적 소수자인 20대 클라이언트를 만나게 되었다. 클라이언트는 동성 반려자와의 관계를 가족들에게 공개하는 것에 대해 고민하고 있었다. 가족들은 아직 클라이언트가 성적 소수자인 것을 모르고 있다고 하였다. 사회복지사 강 씨의 종교적 가치관에서는 동성애 및 성적 소수자를 죄악시하고 있다. 사회복지사 강 씨는 성적 소수자인 클라이언트와 상담 등을 제공할 때, 서로 가치관이 다르다는 것에 부담감을 느꼈다.

〈사례 6-3〉에서는 종교적인 믿음을 가진 사회복지사가 성소수자 클라이언트를 만났을 때, 사회복지사의 개인적인 종교적 가치와 전문직 가치 간의 갈등이 나타나는 상황이다. 동성애를 '죄'라고 생각하고 있는 사회복지사의 개인적인 종교적 신념과 전문직의 가치와 윤리 사이에서 내면적인 갈등을 겪을 수 있다(김희철, 2018). 이 상황에서 사회복지사로서 가치중립적일 수 있는지, 사회복지사가 개인의 가치관을 유지하면서 동시에 그 가치관이 클라이언트의 결정에 어떠한 영향도 미치지 않도록 할 수 있는지, 아니면 사회복지사가 자신의 가치관을 공개적으로 이야기하는 것이 나은 것인지, 계속적으로 가치관의 충돌이 나타난다면 어떻게 하는 것이 좋은지 등에 대해 생각해 보는 것이 필요하다.

한국 사회복지사 윤리강령의 기본적 윤리기준(한국사회복지사협회, 2023)에서는 클라이언트의 성적 지향, 젠더 정체성에 의한 차별을 금지하고, 사회적 다양성의 특징, 차별, 억압 등에 대해 교육을 받고 이해를 증진하기 위해 노력해야 한다고 다음과 같이 명시하고 있다.

I. 기본적 윤리기준

1. 전문가로서의 자세

1) 인간 존엄성 존중

나. 사회복지사는 모든 인간의 고유한 존엄성과 가치를 인정하고 존중하며, 이를 기반으로 사회복지를 실천한다.

다. 사회복지사는 클라이언트의 성, 연령, 정신 · 신체적 장애, 경제적 지위, 정치적 신념, 종교, 인종, 국적, 결혼상태, 임신 또는 출산, 가족 형태 또는 가족 상황, 성적 지향, 젠더 정체성, 기타 개인적 선호 · 특징 · 조건 · 지위 등을 이유로 차별을 하지 않는다.

라. 사회복지사는 다양한 문화의 강점을 인식하고 존중하며, 문화적 역량을 바탕으로 사회복지를 실천한다.

마. 사회복지사는 문화적으로 민감한 실천을 제공하기 위해, 사회복지실천 과정에서 자신의 개인적 · 사회적 · 문화적 · 정치적 · 종교적 가치, 신념과 편견이 클라이언트와 동료 사회복지사에게 미칠 수 있는 영향을 고려하여 자기인식을 증진하기 위해 힘쓴다.

2. 전문성 개발을 위한 노력

1) 직무 능력 개발

나. 사회복지사는 사회적 다양성의 특징(성, 연령, 정신 · 신체적 장애, 경제적 지위, 정치적 신념, 종교, 인종, 국적, 결혼 상태, 임신 또는 출산, 가족 형태 또는 가족 상황, 성적 지향, 젠더 정체성, 기타 개인적 선호 · 특징 · 조건 · 지위 등), 차별, 억압 등에 대해 교육을 받고 이에 대한 이해를 증진하기 위해 노력한다.

앞의 한국 사회복지사 윤리강령을 〈사례 6-3〉과 같이 종교적 신념과 사회복지 전문직의 가치 사이에서의 윤리적 갈등 상황에 적용해 볼 때, 사회복지사는 어떠한 성적 취향, 성 정체성, 성표현에 있어 그러한 것들이 비도덕적이라는 신념을 가질 수 있는 권리는 있으나, 그러한 신념을 바탕으로 클라이언트를 차별하거나 존중하지 않을 권리는 없다(Reamer, 2014)고 해석될 수 있다. 사회복지사는 사회복지전문직의 가치와 윤리를 따라야 하는 의무가 있으며 그들의 발언과 행위가 사회복지전문직의 핵심 가치들을 거스를 때, 사회복지사는 전문직으로서의 사회복지를 실천하는 것이 아니며, 이미 그 언행은 비윤리적이라는 것이다(Reamer, 2013). 즉, 사회복지사는 그들이 택한 어떠한 종교를 배경으로 사회복지실천을 할 자유가 있으나, 그 자유가 다른 사람들에게 해(harming others)가 가게 하거나 그들을 제한하는 것을 허용하는 것은 아니다(Dessel, 2014).

3) 사회복지실천에서의 가치유보 대 가치표명에 대한 윤리적 지침

사회복지사는 다양한 사회복지실천 현장에서 친숙하지 않은 클라이언트 그리고 생각해 보지도 않았던 여러 가지 이슈를 경험하게 된다. 예로 들어, 사회복지사는 혼전 성관계로 인한 미혼모, 가정폭력을 휘두르는 사람, 성폭력자, 아동 성도착자, 성적 소수자들, 가출 청소년, 노숙자, 살인을 저지른 범죄자들을 대상으로 사회복지 서비스를 제공할 수 있다. 사회복지사는 자신이 특정 집단의 클라이언트들을 대상으로 어떤 가치관을 갖고 있는지, 혹시 편견이나 선입견을 갖고 있지는 않은지 그리고 자신이 사회복지사로서 갖고 있는 강점과 한계점에 대해서도 자기인식 및 자아성찰이 필요하다. 그리고 사회복지사의 가치관, 편견, 선입견 등에 영향을 미친 경험, 문화, 종교적 믿음, 교육 등에 대해서도 인식해 보는 것이 필요하다. 이때 사회복지사의 자아인식 및 자아성찰을 위해 다음과 같은 질문을 자신에게 던져 보아야 한다(장수미 외, 2017).

- 그 이슈에 대한 나의 입장은 무엇인가?
- 나의 견해는 어디로부터 나온 것인가?
- 나의 가치는 수정 가능한 것인가?
- 나의 가치관을 바꾸도록 도전해 보았는가?
- 클라이언트에게 나의 가치관을 받아들이도록 재촉하고 있지는 않은가?

클라이언트와 사회복지사 사이에서 가치의 차이가 있을 경우, 사회복지사는 이러한 가치 차이에 대해 다음과 같은 단계를 거침으로써 윤리적으로 대처할 수 있다(Loewenberg & Dolgoff, 2000).

첫째, 사회복지실천의 접수, 사정, 진단 단계에서 사회복지사는 가치 차이와 제시된 문제 사이에 어떤 관련성이 있는지를 판단해야 한다. 청소년인 클라이언트가 이성친구와의 성관계를 털어놓으며 피임약을 복용하는 것에 대해 상담을 해 왔을 때, 사회복지사는 미성년자의 성적 관계에 대해 자신의 가치가 어떠한지를 생각해 봐야 한다. 그리고 자신의 가치가 미성년자인 클라이언트와의 관계나 사회복지실천 개입에 어떤 영향을 미칠 수 있을지 고려해 봐야 한다.

둘째, 가치 차이가 사회복지실천과정에서 어떤 영향을 미칠지를 판단해야 하며, 이에 대해 클라이언트와 토론해야 한다. 이때 서로 다른 가치에 따라 결정될 수 있는 대안이 달라짐을 클라이언트에게 설명한다. 그리고 각기 다른 대안을 선택했을 때 나타날 수 있는 위험이나 비용, 혹은 이점에 대해서 클라이언트와 함께 생각해 본다. 예를 들어, 낙태를 고민하고 있는 클라이언트에게는 태아의 생명보호 가치를 존중하여 아이를 낳는 선택을 할 때, 생길 수 있는 양육의 어려움 및 아이를 키우는 데 필요한 비용충당의 문제에 대해서 이야기해야 한다. 그리고 임신중절을 했을 경우에 생길 수 있는 신체적 고통 및 후유증 그리고 정신적 죄책감 등에 대해서도 같이 논의해 봐야 한다. 이 두 가지 대안 외에도, 클라이언트가 미혼모시설에 입소해 아기를 출산하고 양육 혹은 입양을 소개받을 수 있는 선택이 있음을 설명하고, 클라이언트가 자신에게 최선의 이익을 가져다줄 수 있는 결정을 할 수 있도록 격려한다. 클라이언트가 사회복지사와 반대되는 가치를 가졌어도 클라이언트를 비하하기보다 권리를 존중하는 분위기를 조성하고 유지해야 한다.

셋째, 사회복지사와 클라이언트 간의 가치 차이가 극복하기 어려운 경우에는 사회복지사 자신의 개인적 신념을 클라이언트에게 공개하고 상담을 계속할 것인지에 대한 클라이언트의 결정을 돕는다. 클라이언트와의 가치 차이에도 불구하고 계속 개입할 것인지, 아니면 클라이언트와 비슷한 가치를 가진 사회복지사에게 의뢰할 것인지를 클라이언트와 의논하여 결정해야 한다. 사회적 소수자 및 그들의 문화에 대한 역량을 충분히 가지지 못한 사회복지사는 클라이언트에게 해가 가지 않도록 슈퍼바이저에게 슈퍼비전을 구하고 적절한 교육과 훈련을 받는 한편, 클라이언트를 충분한 역량을 가진 다른 사회복지사에게 의뢰할 수 있다(김희철, 2018). 그러나 주의해야 하는 점은 다른 사회복지사에게로 의뢰하는 것을 지금의 사회복지사로부터의 '판단받음' 또는 '거부' 당하는 것으로 클라이언트가 인식할 수 있고, 클라이언트에게 잠정적인 해(potential harm)로 작용할 수도 있다(Reamer, 2014)는 것이다. 클라이언트와의 가치 차이가 있을 시에 사회복지사는 우선 슈퍼비전을 구하거나 교육을 받는 것을 고려해야 한다. 이러한 고려 없이 지속적으로 가치가 다른 클라이언트를 다른 사회복지사에게 의뢰하는 사회복지사는 사회복지 전문직의 가치적 입장에서도 비윤리적이며, 이러한 반복되는 행위는 차별이라고 볼 수 있다(김희철, 2018).

넷째, 자신의 가치가 효과적인 사회복지실천 과정이 이루어지는 것을 막지는 않는지 주의 깊게 살핀다. 특히 가치에 관련하여 민감한 사례가 있을 경우에는 다른 동료 혹은 슈퍼바이저와 의논하는 것이 필요하다.

다섯째, 사회복지사는 문화적 역량(cultural competence)을 키우기 위해 노력해야 한다. 사회복지사의 역량과 사회복지사의 가치 추구에 따라 클라이언트와의 관계의 질과 실천

과정의 내용 그리고 실천의 결과는 달라질 수 있기 때문이다. 사회복지사는 클라이언트의 성적 지향, 젠더 정체성을 포함한 어떠한 사회적 정체성 및 다양한 문화적 배경을 가진 누구라도 함께 사회복지실천을 할 수 있도록 문화적인 역량을 갖추고 있어야 한다(김희철, 2018; Dessel, 2014). 특히 예비 사회복지사인 사회복지학 전공 학생들은 사회복지 현장에 투입되기 전 사회복지교육 현장에서 다양한 클라이언트 문화에 대해 적절하게 개입할 수 있도록 문화적 인식, 문화적 지식, 문화적 기술 등을 포함한 문화적 역량을 계발하는 노력을 하여야 한다(김희철, 2018).

2. 자기결정권

사회복지실천에서 클라이언트의 자기결정권(self-determination)은 인간 존엄성에 대한 존중이라는 가치에서부터 비롯된다. 인간은 천부적 존엄성을 가지며, 자신의 삶과 생활에 영향을 미치는 결정을 스스로 할 수 있는 권리를 가지고 있다. 사회복지실천에서 클라이언트의 자기결정권은 스스로 사회복지 서비스를 선택하거나 다양한 일에 대해 결정을 내릴 수 있는 권리가 있음을 의미한다.

핵심 가치 1. 인간 존엄성

–윤리적 원칙: 사회복지사는 인간의 존엄성과 가치를 인정하고 존중한다.

–사회복지사는 클라이언트의 자율성을 존중하고, 자기결정을 지원한다.

–사회복지사는 클라이언트가 역량을 강화하고, 자신과 환경을 변화시킬 수 있도록 지원한다.

–사회복지사는 사회복지실천 과정에서 클라이언트의 개입과 참여를 보장한다.

Ⅱ. 클라이언트에 대한 윤리기준

2. 클라이언트의 자기결정권 존중

1) 사회복지사는 사회복지실천 과정에서 클라이언트의 자기결정을 존중하고, 클라이언트를 사회복지실천의 주체로 인식하여 클라이언트가 자기결정권을 최대한 행사할 수 있도록 돕는다.

2) 사회복지사는 의사 결정이 어려운 클라이언트에 대해서는 클라이언트의 이익과 권리를 보장하기 위한 적절한 조치를 취해야 한다.

한국 사회복지사 윤리강령(한국사회복지사협회, 2023)에서는 다음과 같이 클라이언트의 자기결정권 존중에 대해 명시하고 있다.

한국 사회복지사 윤리강령에 제시된 것과 같이, 사회복지사의 역할은 클라이언트가 자신의 이익을 위해 최선의 선택을 할 수 있도록 적절한 자원을 지원해 주고 활용할 수 있도록 도와주며, 클라이언트의 의사결정을 최대한 존중하는 것이다. 즉, 클라이언트는 다른 사람의 통제를 받지 않으며, 자신에게 중요한 선택을 하는 데 제한이 없는 자유로운 자율성을 가져야 한다. 그리고 사회복지사는 클라이언트에게 선택에 필요한 충분한 정보 제공 및 실행 가능한 대안을 제시하고, 부당하게 영향을 주거나 강제해서는 안 된다. 자기결정의 원칙은 사회복지사가 클라이언트를 위해 무엇을 해 주거나 문제를 해결해 주는 것이 아니라, 클라이언트 스스로 자신의 삶에 큰 영향을 주는 결정과 선택을 해 나갈 수 있도록 클라이언트와 사회복지사가 함께 해결해 나가는 것을 말한다. 사회복지사와 클라이언트는 전문적인 동반자의 관계를 유지하며, 클라이언트의 주체성을 회복할 수 있도록 도와야 한다. 사회복지사는 클라이언트가 자기결정을 실천하기 어려운 경우에 실현 가능한 여러 대안을 제시하고 각 대안의 선택에 따른 가능한 결과를 검토함으로써 클라이언트의 자기결정을 도울 수 있다.

하지만 사회복지실천에서 클라이언트의 자기결정권을 존중하는 과정에서 윤리적 갈등 상황이 나타날 수 있다. 클라이언트가 자신의 행복을 포기하거나, 사회규범에 어긋나는 선택을 하거나, 자기 자신이나 다른 사람의 생명에 위험을 초래하는 자기결정을 내릴 경우, 클라이언트의 결정을 존중해야 할지 아니면 클라이언트의 자기결정의 권리를 제한해야 할지 갈등하게 된다. 클라이언트의 선택이 타인의 권리를 침해할 때, 클라이언트의 권리를 얼마나 보장해야 하는가? 또 이런 경우에 클라이언트의 권리를 제한하는 것은 과연 정당한가? 사회복지사가 클라이언트의 자기결정에 도움이 되는 정보나 의견을 주는 과정에서 사회복지사의 가치가 클라이언트에게 암묵적으로 또는 무의식적으로 영향을 줄 수 있다. 사회복지사의 가치가 클라이언트에게 영향을 주는 것은 과연 윤리적인가? 그리고 사회복지사가 클라이언트보다 많은 전문적 지식과 권력으로 은연중에 클라이언트를 조정하는 것은 과연 정당한 것인가? 사회복지사는 클라이언트를 돕는 과정에서 클라이언트의 자기결정권을 존중하기 위해 어떠한 기회를 제공하고, 어느 정도 개입해야 하는지를 판단해야 한다.

클라이언트의 자기결정 존중에도 예외가 있을 수 있다. 클라이언트의 결정이 충분한 정보 없이 이루어지는 경우, 클라이언트의 결정이 자기 자신이나 다른 사람에게 해악을 미치는 경우, 클라이언트의 결정이 사회규범이나 법규에 어긋나는 경우 그리고 클라이언트가 결정할 수 있는 능력이 부족한 경우가 이에 해당된다.

1) 자기결정의 제한

(1) 충분한 정보 없이 이루어진 자기결정

클라이언트가 자기결정을 내리기 위해서는 필요한 정보가 제공되어야 한다. 또한 사회복지사가 제안한 특정 치료나 개입의 성격 및 특성, 예상 가능한 해악이나 효과, 치료 후의 예후, 치료의 기간 혹은 나타날 수 있는 위험이나 효과에 대해 미리 알고 있어야 한다. 정확한 정보가 없는 상황에서 자기결정권을 행사하기는 매우 어려우며, 윤리적인 문제가 제기될 수도 있다. 배우자가 사망한 줄 잘못 알고 자살시도를 하는 클라이언트의 경우나, 정신과 상담에 대한 편견과 잘못된 정보로 전문적 상담을 거부하는 정신질환을 갖고 있는 클라이언트의 경우가 이에 해당된다. 사회복지사는 이렇게 자기결정과 관련된 정보가 충분히 확보되지 않는 경우에 클라이언트의 자기결정을 제한할 수 있다.

(2) 본인과 제삼자에게 해가 되는 자기결정

클라이언트 본인뿐만 아니라 제삼자에게까지 즉각적으로 해가 될 위험이 있는 경우, 이와 같이 강제적 간섭이 필요한 상황에서는 자기결정권을 제한할 수 있다. 이성친구와 헤어진 클라이언트가 자살시도를 하려는 계획을 가지고 있거나, 정신분열증을 갖고 있는 클라이언트가 불특정 다수에게 강한 불만을 갖고 폭력적 위협을 하는 경우와 같이 클라이언트의 선택이 자기 자신뿐만 아니라 타인에게 해를 끼치는 부정적인 결과를 가지고 올 경우가 이에 해당된다.

(3) 사회규범이나 법률을 어기는 자기결정

클라이언트 자기결정이 사회규범이나 법률을 어기는 경우에는 사회복지사가 이를 제한해야 하는가? 아니면 클라이언트의 자기결정을 존중해야 하는 것인가? 클라이언트가 아이의 보육비 지원을 받기 위해 소득을 허위 신고하는 경우, 미성년자 성폭행 전과로 전자발찌를 찬 클라이언트가 전자발찌를 끊고 도주할 계획을 갖고 있는 경우가 이에 해당된다. 클라이언트의 결정이 부도덕적이고 불법적이고 비윤리적인 경우, 자기결정의 원칙은 제한을 받아야 한다. 하지만 사회복지사가 어느 범위까지 클라이언트의 자기결정권을 제한해야 할지 결정하는 데 윤리적 갈등을 겪을 수 있다.

(4) 클라이언트의 결정을 할 수 있는 능력 부족

자기결정의 원칙은 클라이언트에게 결정능력이 있다는 전제하에 추구된다. 클라이언트가 결정할 수 있는 능력이 있는지는 사회복지사나 전문가의 사정에 의해 판단되어야 한다. 사회복지사는 클라이언트가 구체적으로 무엇을 할 수 있는지, 클라이언트의 결정능력이 연속선상에서 어느 지점에 있는지를 초점을 두고 이를 사정해야 한다. 클라이언트의 결정능력에 대해 사정할 경우 『정신질환 진단 및 통계편람(DSM-5)』의 도움을 받아 진단을 내릴 수 있다. 아동이나 클라이언트의 인지기능과 정서기능이 손상된 경우에는 클라이언트의 의사결정 능력이 부족하다고 생각되므로, 자기결정권을 일부분 제한받을 수 있다. 예를 들어, 가출한 십대 청소년이 학교를 그만두고 숙식을 제공하는 공장에 들어가겠다고 한다든지, 치매를 심하게 앓고 있는 노인이 노인요양시설에서 퇴원하겠다고 주장하는 경우가 이에 해당된다. 이 밖에도 사고로 의식을 잃은 식물인간 상태라든지, 알코올이나 약물중독으로 판단능력이 떨어지는 경우, 정서적으로 불안정한 상태인 경우와 같이 위기상황이나 질환 때문에 일시적으로 클라이언트가 결정할 수 있는 능력에 제한이 생기는 경우도 있다. 이처럼 결정능력이 제한되는 경우에는 보호자나 법적 후견인과 같이 클라이언트의 권익을 대변해 줄 수 있는 자격이 있는 사람이 위임을 받고 클라이언트와 동의한 내용을 확인해야 한다.

신생아는 자기결정을 할 수 있는 능력이 부족하므로 보호자인 부모가 대신 결정을 내려야 한다. 그런데 〈사례 6-4〉과 같이, 부모가 아기의 생명, 신체의 유지 가능성 및 건강회복 가능성을 고려하지 않은 채 치료를 지속적으로 거부한다면 이 결정을 존중해야 할까? 아니면 생명보호의 가치를 우선시하여, 부모의 결정권을 제한하는 것이 좋을까? 이 사례에서 부모는 자기결정권을 행사할 때, 아기의 상태나 치료에 대한 충분한 정보와 지식을 갖고 있었을까? 여기에서 누가 사회복지사의 클라이언트인가? 신생아인가 아니면 신생아의 부모인가? 윤리적 관점에서 사회복지사는 누구를 우선적으로 고려해야 하는가? 이에 따라 사회복지사로서의 윤리적 결정이 달라질 수 있다.

사례 6-4

'치료 말라'는 부모 vs '살리겠다'는 병원

〈동아일보〉 2011. 07. 21.

극저체중과 장천공 장애로 생명이 위독한 신생아에 대한 수술을 친부모가 거부해 병원이 법원에 진료 방해금지 가처분신청을 냈다. 20일 서울중앙지법에 따르면 서울대병원은 8일 850g의 저체중(신생아 정상체중은 3.2kg) 신생아의 부모인 A 씨 부부를 상대로 진료업무 방해금지 등의 가처분신청을 냈다. 이 신생아는 아직 출생신고가 되지 않아 이름이 없는 상태다. 서울대병원은 가처분신청서에서 "신생아에게서 나타나는 뇌 · 심장 · 폐질환 등은 극저체중 미숙아에게서 흔히 보이는 증상으로 병원 내 의료진이 치료를 할 수 있는데도 부모가 수술을 거부하고 있다."라고 주장했다. 또 "A 씨 부부가 '장애아를 키울 수 없다.' '아이가 장애아로 살아가는 것보다는 그대로 숨지는 것이 아이에게 더 낫다.'고 주장하고 있다."라며 "부모가 수술을 거부하는 바람에 신생아의 소변량 감소와 호흡곤란 등의 응급 상황이 계속되고 있으며, 이대로 가다간 숨질 게 분명하다."라고 주장했다. 의료진은 현재 A 씨 부부의 수술 반대로 아이에 대한 외과 수술을 하지 못해 복부에 찬 가스와 복수를 빼내지 못하고 있으며, 장내 압력을 줄이는 방법으로 혈압을 조절하고 있다. 병원 측은 "아이가 현재 뇌경색을 앓고 있지만 (수술 후에는) 정상아로 성장할 가능성이 더 높다."라며 "설사 장애가 남더라도 중증 장애가 생길 가능성은 높지 않다."라고 말했다. 한편, 이 사건으로 신생아의 생명권과 친권 행사를 놓고 사회적 논란이 일 것으로 보인다. 지난해 10월 서울동부지법은 종교적 신념을 이유로 신생아에 대한 수술을 거부하는 부모에 대해 "자녀의 생명과 신체의 유지 · 발전에 저해되는 친권자의 의사는 효력을 인정할 수 없다."라며 병원 측이 수술을 할 수 있도록 결정을 내린 바 있다. 최종 결정은 법원이 내리지만 서울대병원 측에 따르면, 현재 이 신생아의 상태가 수술을 하지 못할 경우 생명을 잃을 확률이 높아 법원이 병원의 가처분신청을 받아들일 가능성이 높은 상황이다.

2) 자기결정의 윤리적 갈등 상황

(1) 사회복지사의 암묵적인 조정 가능성

사회복지사와 클라이언트 간의 관계는 전문적 관계로서, 클라이언트는 전문적 지식과 경험을 보유한 사회복지사에게 정보와 조언을 구한다. 이러한 전문적 관계는 사회복지사의 권위와 권한을 전제로 하고 있기 때문에 사회복지사와 클라이언트의 관계는 권력적으로 평등하지 않다. 사회복지사의 도움을 받는 클라이언트가 전문가인 사회복지사에게 의존하는 관계가 되기 쉬우며, 클라이언트의 자기결정권은 암묵적으로 제한을 받을 수 있다. 의사결정을 내리기 어려워하거나 문제해결 능력이 부족한 클라이언트가 자신의 결정과 선택을 사회복지사에게 의존하는 경우가 이에 해당된다. 특히 클라이언트는 사회복지실천 과정에서 많은 사생활을 노출하고, 자신의 약점을 사회복지사가 알고 있다는 점에서 클라이언트가 사회복지사의 제안이나 결정에 순응적으로 될 수 있다. 형량 대신에 상담을 받도록 명령받은 클라이언트는 사회복지사에게 순응하지 않으면 자신에게 법적 문제가 생길 수 있다는 점을 잘 인식하고 있다. 법적 처벌에 대한 두려움에 클라이언트는 자기결정권을 암묵적으로 제한하고, 사회복지사에게 순응할 수 있다. 이렇게 상황이나 관계의 특성상 클라이언트의 자기결정권이 사회복지사에 의해 제한되는 경우도 있다.

(2) 온정주의

자기결정의 원칙은 온정주의와 관련되어 윤리적 갈등을 야기할 수 있다. 온정주의(paternalism)는 개인의 복지, 선, 행복, 욕구, 흥미, 관심, 가치를 이유로 개인의 활동 자유에 대한 간섭을 정당화하는 것(Dworkin, 1968: Reamer, 1999, p. 108 재인용)이다. 즉, 개인의 복지를 보호하거나 향상시키기 위해서 개인의 활동이나 상태에 강제적으로 개입을 시도하거나 행하는 행위(Carter, 1971, p. 133)를 말한다. 사회복지사의 온정주의적인 개입은 클라이언트가 원하지 않아도 이루어지기 때문에, 클라이언트는 이를 선행이 아닌 자신의 삶에 대한 간섭으로 받아들일 수 있다. 사회복지실천에서 온정주의는 자기결정권과 상충하여 여러 윤리적 갈등을 야기하기도 한다. 노숙자인 클라이언트가 쉼터나 다른 사회복지 서비스를 거부함에도 불구하고 치료나 서비스를 받도록 강제적으로 개입하는 것과 같이 클라이언트의 의사에 반하여 물리적 개입을 하는 경우가 온정주의의 사례에 해당된다. 또 클라이언트의 이익을 위해 사회복지사가 특정 정보를 공개하지 않거나 거짓 정보를 제공하는 것도 온정주의에 해당된다. 예를 들어, 말기 암 환자인 클라이언트에게 병세에 대해 아는 것이 오히려 건강에 좋지 않은 영향을 미친다는 생각에 사회복지사가 거짓을 말하거나 아무 말도 하지 않는 경우다. 이는 사회복지사의 온정주의적 행동이 클라이언트의 바람을 제한하거나 자유를 방해하는 결과를 가져올 수 있다.

온정주의에 대해서는 여러 논란이 있다. 온정주의에 반대하는 견해는 온정주의가 클라이언트의 동의 없이 클라이언트의 복지를 위해 강제력을 행사하거나 속임수를 쓰거나 정보를 공개하지 않는 것은 클라이언트의 존엄성과 독립성을 모독하는 것이라고 본다

(Childress, 1981; Linzer & Lowenstein, 1987). 즉, 클라이언트가 가진 개인적 자유와 자율성의 보호를 더 우선시하며, 온정주의는 그 정당성을 충분하게 뒷받침할 수 있을 때만 제한적으로 사용해야 한다는 주장이다. 반면에 온정주의를 정당화하는 입장에서는 개인의 자유와 자율성의 보장보다는 선행의 원칙과 이타주의를 더 우선시한다. 사람들을 자발적으로 대하고, 그들에게 해를 입히지 않으며, 그들의 복지에 기여하는 선행의 원칙을 바탕으로 하는 온정주의는 정당화될 수 있다는 것이다.

사례 6-5

맥도날드에서 생활하고 있는 노숙자 할머니는 사회복지사가 쉼터로 모셔다 드리겠다고 했음에도 지금 생활이 편하다며 계속 노숙을 고집하였다. 그러자 사회복지사는 한여름인데도 겨울옷을 입고 있는 할머니에게 여름옷을 가져다드리면서 갈아입을 것을 권유하였다. 할머니는 옷이 마음에 들지 않는다며, 지금 입고 있는 옷이 더 좋다고 이를 거절하였다. 사회복지사가 여러 차례 권유하자, 할머니는 화를 내며 자신을 내버려두라며 갖고 있는 지팡이로 위협하였다.

사회복지실천에서 온정주의가 정당화될 수 있는 경우는 크게 클라이언트의 인적 특성과 개입이 일어나는 상황적 특성으로 나눌 수 있다(Reamer, 1983). 인적 특성으로는, 첫째, 클라이언트가 어떤 정보의 부족으로 인해 심각한 해를 야기하는 경우다. 이를테면, 의료시설에 대한 잘못된 정보로 자녀가 제대로 된 치료를 받는 것을 거부하는 경우다. 둘째, 클라이언트가 일시적으로나 영구적으로 어떤 정보를 인식하고 이해할 능력이 없는 경우다. 식물인간 상태에 빠진 클라이언트의 경우, 필요한 약물투여에 동의하거나 결정할 능력이 없기 때문에 온정적인 개입이 필요하다. 셋째, 클라이언트가 온정주의적 개입의 필요성에 대해 동의한 경우다. 약물남용 문제가 있는 클라이언트의 경우에 다시 약물남용이 있을 시에는 강제적으로 치료기관에 입원시키는 온정주의적 개입에 미리 동의할 수 있다. 넷째, 사후에 클라이언트가 온정적 개입에 대하여 동의 및 승인할 것이라고 판단되는 경우다. 순간의 감정에 일시적으로 판단을 잃고 자살과 같은 자기파괴적 행동을 하는 상황에서의 온정주의적 개입은 생명을 구할 수 있으며, 후에 클라이언트가 이 개입에 대해 동의할 것이라고 보는 것이다.

온정주의적 개입이 정당화되는 상황적 특성으로는, 첫째, 온정적 개입이 없을 경우 클라이언트에게 예견되는 위험이 돌이킬 수 없을 정도로 큰 경우다. 당장 수술을 받지 않으면 안 되는 클라이언트를 강제적으로 치료받게 하는 것이 이에 해당된다. 둘째, 일시적이거나 부분적으로 클라이언트의 자율성에 제한을 가함으로써 클라이언트에게 상대적으로 심각한 위험을 예방하고 큰 혜택을 가져올 수 있는 상황이다. 정신분열증으로 자기 자신을 자해하는 클라이언트를 강제로 병원에 입원시키고 약물치료를 받을 수 있도록 하는 경우가 이에 해당된다. 셋째, 상황이 너무 급박하여 클라이언트에게 온정적인 개입에 대한 충분한 설명을 할 수 없고, 그 결과 동의를 얻을 수 있을 정도의 시간적 여유가 없는 상황이다. 자살이나 다른 사람에게 대한 폭력적 위협의 경우에는 클라이언트의 동의 없이 개입해야 한다(Reamer, 1983).

사례 6-6

김 씨는 심한 알코올 의존 문제를 가지고 있는 60대의 남성으로, 술을 마시면 부인과 자녀들에게 폭력을 휘둘러 왔다. 이제 장성하여 가정을 이룬 그의 자녀들은 김 씨가 계속적으로 술을 마시고 부인을 폭행하자, 김 씨를 정신병원에 강제로 입원시키기로 결정했다. 김 씨는 이 사실을 알고 자녀들이 자신의 재산과 사업을 노리고, 자신의 의사와는 상관없이 정신병원에 입원시키려 한다며 크게 저항하였다. 이에 자녀들은 김 씨가 폭력을 휘둘러 병원에서 치료를 받게 하려고 했을 뿐이라고 반발하였다.

〈사례 6-6〉에서 사회복지사는 김 씨의 자기결정권을 존중해야 하는가? 아니면, 자기결정권을 제한하고 온정주의적 개입을 해야 하는가? 치매 등으로 상황을 파악할 수 있는 능력이 부족한 클라이언트, 범법자 클라이언트 및 아동을 대상으로 하는 강제적 개입은 어디까지가 정당한지 생각해 볼 필요가 있다.

(3) 집단 사회복지실천에서의 자기결정권

집단과 가족을 대상으로 사회복지실천을 하는 사회복지사는 집단 내 구성원들 간의 자기결정권과 관련하여 윤리적 갈등 상황에 처할 경우가 있다. 특히 자기결정권이 집단의 모든 구성원에게 똑같이 적용되어야 하는 점에서 윤리적 갈등을 빚을 수 있다.

집단에서의 자기결정권과 관련한 윤리적 갈등 상황으로는 치료자와 집단구성원 간에 의견의 일치를 보지 못하는 경우가 있다. 집단결정에 대해 집단 구성원 중에서 단 한 사람이라도 반대할 경우, 사회복지사는 소수 의견을 무시하고 다수의 의견을 수용해야 하는지 결정하기 어려울 수 있다. 이 경우에 사회복지사는 소수 의견에 대한 옹호역할을 함으로써 집단 구성원 개개인의 의견이 무시되지 않도록 도와야 한다. 집단 구성원 모두가 참여하지 않은 상황에서 결정이 된 경우에도 사회복지사가 이를 수용할 것인지에 대해서 논란이 있을 수 있다. 집단에서 큰 영향력을 행사하고 있는 구성원 한 명이 집단 전체를 이끌어 가면서 결정한 사항에 대해서는 이 결정이 과연 집단 전체의 결정을 반영한 것인지에 대해 고려해 봐야 한다.

그 외에도 집단 구성원의 결정사항에 대해서는 사회복지사가 최대한 수용하도록 해야 함에도 불구하고 집단 구성원의 결정이 적절하지 않다고 판단되는 경우에는 윤리적 갈등이 생길 수 있다. 집단의 결정이 집단 본래의 목적이나 주제에서 벗어나는 등 집단에게 부정적인 영향을 미칠 경우, 윤리적 갈등은 더 심화된다.

강제적으로 참여해야 하는 집단 형태인 경우 구성원들에게 집단의 참여를 위하여 얼마나 자기결정권을 갖도록 해야 하는지에 대한 윤리적 갈등이 발생할 수 있다. 예를 들어, 성추행으로 법원에서 집단상담에 참여할 것을 명령받은 클라이언트가 자율적 선택이 아닌, 강제적 혹은 의무적으로 집단상담에 참여해야 하는 경우다. 이때 집단참여를 거부하는 것은 클라이언트에게 부정적인 결과를 초래할 수도 있다. 이 경우에도 사회복지사는 클라이언트가 얼마나 자기결정권을 가지고 집단에 참여하는지를 지속적으로 검토해야 한다.

집단에서 어느 구성원의 자기결정권이 장려되어야 하는지를 결정하는 것은 어려운 일이다. 집단에서 여러 집단 구성원의 자기결정권을 어떻게 동일하게 보장할 수 있을까? 〈사례 6-6〉에서 사회복지사는 집단연대 대 개인권리 간의 딜레마에 처해 있다. 이는 한 집단 구성원에게 혜택이 되는 개입이 다른 집단 구성원이나 집단 전체에 혜택을 줄 수 없거나 혹은 해가 되는 경우를 말한다. 이 경우, 사회복지사는 집단 전체를 하나로 보아 집단연대를 목표로 하여 개입하거나 힘이 약한 집단원을 위한 옹호자 역할을 해야 한다. 하지만 사회복지사가 특정 집단원 편만 들면 사회복지사에 대한 신뢰가 무너짐으로 인해 집단치료를 외면하게 만드는 상황이 초래되므로 주의해야 한다. 사회복지실천이 집단 구성원 모두에게 동등한 이익을 주기는 어려우며, 사회복지사가 완전하게 중립을 지키는 것도 불가능하다는 점을 인식해야 한다.

사례 6-7

편부모 지지집단은 지난 5주 동안 만남을 가져 왔다. 40대 초반의 여성인 강 씨는 집단모임에 참석하지 못하는 일이 잦은 회원인데, 오늘 모임에서 비로소 자신의 감정을 공유하기 시작했다. 강 씨는 10년간의 결혼생활 이후 남편에게 버림받은 사실을 털어놓았다. 몇몇 집단 회원은 강 씨의 이야기에 일부 비난하는 모습이었고, 다른 주제로 토의내용을 바꾸려고 하였다. 집단 사회복지사는 이 과정을 어떻게 해야 할 것인지에 대한 결정을 내리지 못하고 있는 상황이었다.

다음의 모임에서도 강 씨는 전 남편과 있었던 갈등에 대해 더 이야기하고 싶어 하고, 다른 회원은 자신의 아들이 부모의 이혼 후에 겪고 있는 심리적 불안 증세에 대해 중점을 두고 이야기하고 싶어 한다. 사회복지사는 어떤 주제로 계속 집단모임을 진행해야 하는가? 어떤 회원이 토의내용을 결정할 수 있는 자기결정 권리를 가지고 있는 회원인가? 이 집단은 민주주의 원리와 모든 사람의 동등한 참여를 집단모임의 기본원리로 삼고 있다.

3) 사회복지실천에서의 자기결정권 지침

첫째, 사회복지사는 클라이언트가 자기결정권을 최대한 행사할 수 있도록 돕는다. 주요 문제해결자는 사회복지사가 아니라 클라이언트임을 강조하며, 사회복지사가 문제해결을 위한 중요한 책임을 지고 클라이언트에게는 부차적인 역할만 하도록 하지 않는다. 클라이언트가 자신의 잠재적인 능력과 자원을 인식하고 이를 자기결정을 하는 데에 활용할 수 있도록 도와준다. 또한 사회복지사는 클라이언트가 활용할 수 있는 사회적 자원도 연계해 주어야 한다. 클라이언트의 자기결정권을 존중하고 증진하며, 클라이언트가 목표를 규명하고 명확히 하도록 지원한다.

둘째, 사회복지사는 클라이언트에게 영향을 미칠 수 있는 모든 사항을 알려 줌으로써 클라이언트로 하여금 자유롭고 신중한 선택을 하도록 돕는다. 사회복지사는 클라이언트의 자기결정을 돕고 직면한 문제를 해결하기 위한 다양한 대안과 의견을 제시할 수 있어야 한다. 사회복지사는 효과적인 사회복지실천 기술을 활용하여 클라이언트가 결정에 관련된 정보나 대안을 쉽게 이해할 수 있도록 도울 책임이 있다. 하지만 정보를 알려 주고 이해하도록 돕는 과정에서 사회복지사의 가치나 영향력도 함께 전달될 수 있음을 고려해야 한다. 무엇보다도 정보나 조언을 줄 수는 있지만 최종 결정은 클라이언트가 하도록 한다는 점을 명심해야 한다.

셋째, 사회복지사는 클라이언트를 직간접적으로 조종하거나 강제적으로 설득해서는 안 된다. 사회복지사는 전문적 지식이나 경험을 바탕으로 클라이언트가 사회복지사의 판단에 따라 행동을 결정하도록 교묘하게 이끌거나 클라이언트를 통제하기 위해 설득해서는 안 된다. 클라이언트가 자기 문제를 스스로 해결하도록 하며 인격적 성장을 할 수 있도록 분위기를 만들어 주는 것이 중요하다.

넷째, 클라이언트가 자신이나 타인에게 해로운 결정을 내릴 경우, 사회복지사는 생명보호의 가치와 같은 더 중요한 우선가치에 의하여 클라이언트의 자기결정을 제한할 수 있다. 이런 경우는 자기결정권의 제한에 대한 공정하고 타당한 이유를 반드시 명확하게 설명해 주어야 한다. 클라이언트의 결정권에 한계가 있을 경우에도 사회복지사는 제한 내에서 클라이언트로 하여금 최대한의 자유로운 선택을 할 수 있도록 도와야 한다. 자기결정의 원리는 법적으로 강제성이 부여되는 사회복지사의 개입에서도 존중되어야 한다.

다섯째, 집단을 대상으로 하는 사회복지실천에서 사회복지사는 집단치료가 시작되기 전, 집단 구성원에게 클라이언트의 자기결정권에 대한 설명과 자기결정권의 제한에 관한 내용을 고지해야 한다. 자기결정권이 제한되는 경우에는 클라이언트의 행동 또는 잠재적인 행동이 클라이언트 자신이나 다른 사람들에게 중대한 혹은 예상할 수 있는 즉각적인 위험이 되는 경우라고 명확히 설명해야 한다. 그리고 집단활동에 있어서 클라이언트의 자기결정의 가치를 존중하되, 민주적인 방법을 통해 결정함을 집단 구성원에게 고지시켜야 한다. 집단 구성원의 의견이 모두 충족되지 않더라도 집단 구성원으로서 집단의 결정에 따라 줄 것을 당부해야 하며, 함께하는 집단활동의 장단점을 명백히 설명해 주어야 한다.

여섯째, 아동 및 청소년 클라이언트는 미성년자이기 때문에, 스스로의 자신의 의사결정권을 발휘하기 어렵다. 특히 법적 보호자와 미성년 클라이언트가 원하는 것이 다를 경우에는 어떤 의견을 따라야 할지 윤리적 갈등이 야기될 수 있다. 사회복지사는 미성년 클라이언트의 자기결정권을 최대한 존중할 수 있도록 지원해야 하며, 여러 가지 대안들을 제시해 주는 것이 필요하다. 그러나 클라이언트의 생명이나 건강 등에 관련된 중대한 사안에 대해서는 법적 보호자와 연락하는 것이 원칙이 되어야 할 것이다.

일곱째, 자기결정을 행사하거나 표현하기 어려운 장애인의 경우에도 사회복지사는 장애인 클라이언트가 스스로 선택하고, 원하는 것을 표현하고, 문제를 해결하고, 의사결정과정에 참여하고, 목적을 설정하며, 이를 관리하는 능력을 향상시킬 수 있도록 지원해야 한다(이복실, 제철웅, 이동석, 2018). 장애인의 자기결정권 행사는 역량강화의 과정으로 볼 수 있으며, 장애인들이 권한을 갖고 자원을 선택하고 삶을 통제하는 과정에서 자주적 역량을 경험하게 된다(신유리, 김정석, 2015). 장애인의 자기결정을 적극적이고 개별적으로 지원하고, 결정에 필요한 지식과 대안을 함께 제시함으로써, 장애인의 일상활동에 대한 참여를 증가시키고 궁극적으로 자기결정을 향상시킬 수 있을 것이다. 장애인의 자기결정권을 향상시키는 것은 다음의 이유들로 인해 매우 중요하다(Wehmeyer, Bersani, & Gagne, 2000).

- 자기결정 행동을 촉진시키는 기술을 발달시킴으로써 장애인이 자신을 제대로 대변하고 기본적인 인권을 보호할 수 있다.
- 향상된 자기결정은 사회통합과 참여를 촉진시키는 중요한 수단이 된다.
- 자기결정 과정에서 자기존중과 임파워먼트를 습득하고 충족시킬 수 있다.
- 성인기에 달성해야 할 주요한 과제인 자립을 실현시킬 수 있다.

따라서 장애인의 자기결정을 보장하기 위해서, 사회복지사들은 장애인의 자기결정 보장에 대한 인식과 지식을 향상시키고, 사회복지 기관 내의 자기결정에 대한 인식과 제도를 개선시키는 것(이복실 외, 2018)뿐만 아니라, 장애인의 자기결정 수행을 도울 수 있는 사회서비스의 확대가 이루어지도록 노력해야 한다(신유리, 김정석, 2015).

여덟째, 가정폭력 피해자가 가족이 처한 상황이나 법적 체류 자격 유지 등을 위해 어쩔 수 없이 가해자에게 돌아가는 경우에 클라이언트의 자기결정권과 생명 및 안전 문제 사이에서 윤리적 갈등이 발생할 수 있다(박주혜, 김은정, 정세미, 정삼영, 2023). 이런 경우에는 사회복지사는 제한된 여건 속에서도 클라이언트의 자기결정권을 최대한 존중하기 위해 노력해야 한다. 사회복지사는 클라이언트에게 다양한 대안들에 대해 안내하고, 선택의 장단점을 설명하면서 클라이언트의 결정을 지지하는 등 클라이언트가 자신에게 적절한 최선의 선택을 할 수 있도록 지원해야 한다. 클라이언트가 가해자에게 돌아가는 선택을 할 경우에는 집으로 돌아가서 안전을 보장하기 위한 계획을 함께 세우고, 언제든 다시 도움을 청할 수 있음을 안내하는 것이 필요하다. 가해자를 떠나는 선택을 할 경우에는 가해자를 떠난 후에 지낼 수 있는 쉼터, 지원 서비스 등에 대해 정보를 알려 주는 것이 필요하다.

아홉째, 만성적으로 의존적인 클라이언트나 끊임없이 도움을 요청하는 클라이언트를 도울 때 어디까지 도와야 할지에 대해 갈등할 수 있다(박주혜 외, 2023). 최선을 다해서 클

라이언트를 도왔으나 다시 원점으로 돌아갈 때, 역량 강화를 하고 있으나 낮은 자존감, 질병 등으로 진전이 없을 때, 사회복지사들은 피로감과 소진, 어디까지 클라이언트를 도와야 할지에 대한 윤리적 갈등에 빠지게 된다. 사회복지사는 클라이언트의 입장에 서서 최대한 지원하며, 클라이언트가 스스로 삶을 선택할 수 있도록 역량을 강화하는 것을 궁극적인 목표로 함으로써, 클라이언트의 임파워먼트를 강화해야 한다. 클라이언트에게 다양한 대안과 선택이 가능함을 안내하고, 선택에 대한 장단점을 설명함으로써, 클라이언트가 어떤 선택을 하더라도 스스로 최선의 선택을 할 수 있도록 지원해야 한다.

// 학습과제 //

1. 다음 두 사례와 관련하여, 사회복지사로서의 개인적 가치 및 전문적 가치를 생각해 보시오. 이 상황에서 사회복지사로서 가치유보적일 수 있겠는가? 아니면 자신의 가치를 클라이언트에게 표명해야 할지 토론해 보시오.

사례 1) 사회복지사 오 씨는 지역사회복지관에서 소년소녀가장의 지원을 담당하고 있다. 클라이언트인 신 양은 예전에 사회복지사 오 씨가 담당했던 소녀가장으로 현재 고등학교 3학년이다. 어느 날 신 양은 임신을 했는데 어떻게 해야 할지 모르겠다고 사회복지사 오 씨를 찾아왔다. 신 양은 동네 오빠와 사귄 지 3개월 만에 덜컥 임신했으며, 피임은 생각도 못하고 처음에는 단순히 생리불순인 줄 알았다고 하였다. 남자친구는 21세 대학생으로 임신 사실을 알리자, 두려워만 할 뿐 아무런 도움도 주지 못하고 있는 실정이다. 신 양은 임신 5개월이 지나서야 산부인과를 찾았고, 의사는 "사정은 딱하지만 낙태 수술은 안 된다."라고 했다. 낙태를 반대하는 '프로라이프 의사회'가 상습적으로 불법 낙태 시술을 했다면서 산부인과를 검찰에 고발한 이후로, 낙태 시술을 해 주지 않는다는 것이었다. 낙태를 해 준다는 병원을 찾아갔더니 200만 원을 달라고 했다. 신 양은 200만 원은 남자친구나 자신이 감당할 수 없는 액수라고 하면서 울음을 터뜨렸다. 그녀는 미혼모시설에서 아기를 낳아야 할지, 돈을 마련하여 낙태를 해야 할지 고민하고 있다.

사례 2) 사회복지사 강 씨는 한 명 이상의 청소년 자녀를 둔 가족의 가족관계를 연구하는 프로젝트를 위해 시간제로 일하는 사회복지사다. 프로젝트의 일부로서 사회복지사 강 씨는 각 가족원을 별도로 면접하거나, 가족을 한 단위로 해서 면접을 하였다. 이때 모든 가족원의 비밀은 보장된다. 18세 된 클라이언트 이 씨를 면접하는 도중에 사회복지사는 그녀가 19세인 사촌오빠와 사랑에 빠졌으며 성관계를 가져 왔다는 말을 듣게 되었다. 그녀는 이에 대해 매우 죄책감을 느끼고 있었으나, 사촌오빠와의 관계를 끊을 수는 없다고 말했다.

2. 자기결정권이 제한될 수 있는 상황으로는 무엇이 있으며, 사회복지사로서 어떻게 윤리적으로 실천할 것인지 토론하시오.

// 학습정리 //

- 사회복지사의 개인적 가치는 윤리적 결정에 의식적으로나 무의식적으로 영향을 미치게 된다.
- 사회복지사는 자기인식 및 자아성찰을 통해 사회복지실천에 관련된 문제에 대한 자신의 신념과 가치에 대해 점검해 볼 필요가 있으며, 개인적 가치가 사회복지사의 전문적 기능을 방해하지 않도록 해야 한다.
- 전통적으로 전문가는 자신의 개인적 가치를 클라이언트에게 부여해서는 안 되며, 클라이언트의 행위에 대해서 판단을 보류해야 한다.
- 그러나 일반적으로 명확하게 사회규범을 위반하는 행동에는 사회복지사가 가치판단과 태도를 표명하는 것이 필요하다.
- 클라이언트의 자기결정권은 스스로 사회복지 서비스를 선택하거나 다양한 일에 대해 결정을 내릴 수 있는 권리가 있다는 것을 의미한다.
- 사회복지사는 클라이언트가 자신의 이익을 위해 최선의 선택을 할 수 있도록 클라이언트의 자기결정권을 최대한 존중해야 한다.
- 자기결정권은, 첫째, 충분한 정보 없이 자기결정이 이루어진 경우, 둘째, 본인과 제삼자에게 자기결정이 해가 되는 경우, 셋째, 사회규범이나 법률을 어기는 자기결정인 경우, 넷째, 클라이언트가 결정을 할 수 있는 능력 부족인 경우 제한될 수 있다.

참고문헌

김희철(2018). 죄인인가 클라이언트인가? "기독교인 사회복지사가 동성애자 클라이언트를 만났을 때". **비판사회정책, 61**, 51-94.

동아일보(2011. 7. 21.). '치료 말라'는 부모 vs '살리겠다'는 병원. http://news.donga.com/3/all/20110720/38955955/1 (2024. 12. 31. 인출).

박주혜, 김은정, 정세미, 정삼영(2023). 가정폭력 피해 이주여성을 돕는 실천가는 어떠한 딜레마를 경험하는가. **한국사회복지교육, 61**, 121-150.

신유리, 김정석(2015). 장애인의 자기결정권의 경험에 대한 현상학적 연구. **한국장애인복지학, 30**, 97-114.

안채윤, 오미경(2013). 성인용 자기성찰지능 척도 개발연구. **인간발달연구, 20**(1), 51-78.

엄명용, 김성천, 오혜경, 윤혜미(2000). **사회복지실천의 이해**. 학지사.

이복실, 제철웅, 이동석(2018). 성인발달장애인의 자기결정 지원에 영향을 미치는 요인 연구. **한국장애인복지학, 40**, 5-12.

장수미, 최정숙, 박형원, 김주현, 홍현미라, 이혜경, 이영선, 한인영(2017). **사회복지실천기술론**(2판). 서울: 학지사.

정희선, 김지현(2017). 상담자 자기성찰 척도 개발 및 타당화. **상담학연구, 18**(1), 87-109.

한국사회복지사협회(2023). 선서문 및 윤리강령. https://www.welfare.net/welfare/social-workers/ethics-and-oath (2024. 7. 11. 인출).

Ardelt, M. (1997). Wisdom and life satisfaction in old age. *Journal of Gerontology Series B. Psychology Science and Social Sciences, 52*(1), 15-27.

Barrett, K., & McWhirter, B. (2002). Counselor trainees' perceptions of clients based on client sexual orientation. *Counselor Education & Supervision, 41*, 219-232.

Carter, R. (1971). Justifying Paternalism. *Canadian Journal of Philosophy, 7*, 133-145.

Childress, J. F. (1981). *Priorities in Biomedical Ethics*. West-minister Press.

Dessel, A. (2014). Bridging the conservative Christianity and sexual orientation divide: A review of intergroup dialogue pedagogy and practice. In A. B. Dessel., & R. M. Bolen (Eds.). *Conservative Christian beliefs and sexual orientation in social work: Privilege, oppression, and the pursuit of human rights*(pp. 313-343). CSWE Press.

Duval, S., & Wicklund, R. A. (1972). *A theory of objective self-consciousness*. Academic

Feize, L., & Faver, C. (2019). Teaching self-awareness: Social work educators' endeavors and struggles. *Social Work Education, 38*(2), 159-176.

Gardner, H. (2007). **다중지능** (*Multiple Intelligences*). (유경재, 문용린 공역). 웅진씽크빅. (원저

는 1993년에 출판).

Harrington, R., & Loffredo, D. A. (2011). Insight, rumination, and self-reflection as predictors of well-being. *Journal Of Psychology, 145*(1), 39-57.

Ickes, W., Layden, M. A., & Barnes, R. D. (1978). Objective self-awareness and individuation: An empirical link. *Journal of Personality, 46*, 146-161.

Krieglstein, M. (2003). Heterosexism and social work. *Journal of Human Behavior in the Social Environment, 8*, 75-91.

Lefcourt, H. M., Hogg, E., & Sordoni, C. (1975). Locus of control, field dependence and the conditions arousing objective vs subjective self-awareness. *Journal of Research in Personality, 9*(1), 21-36.

Linzer, N., & Lowenstein, L. (1987). Autonomy and paternalism in work with the frail jewish elderly. *Journal of Aging and Judaism, 2*(1), 19-34.

Loewenberg, F., & Dolgoff, R. (2000). **사회복지실천윤리** [*Ethical Decisions for Social Work Practice*(5th ed.)]. (서미경, 김영란, 박미은 공역). 양서원. (원저는 1996년에 출판).

Neufeldt, S. A. (2004). Critical factors in supervision: The patient, the therapist, and the supervisor. In D. P. Charman (Eds.). *Core process in brief psychodynamic psychotherapy: Advancing effective practice*(pp. 325-341). Lawrence Erlbaum Associates, Inc.

Reamer, F. G. (1983). The concept of paternalism in social work. *Social Service Review, 57*(2), 254-271.

Reamer, F. G. (1999). *Social Work Values and Ethics*(2nd ed.). Columbia University Press.

Reamer, F. (2013). *Eye on Ethics: Wrestling with faith in social work education*. Great Valley Publishing.

Reamer, F. (2014). Ethical issues and challenges: Managing moral dilemmas. In A. Dessel & R. M. Bolen(Eds.). *Conservative Christian beliefs and sexual orientation in social work: Privilege, oppression, and the pursuit of human rights.* (pp. 233-256). CSWE Press.

Richards, K. C., Campenni, C. E., & Muse-Burke, J. L. (2010). Self-care and well-being in mental health professionals: The mediating effects of self-awareness and mindfulness. *Journal of Mental Health Counseling, 32*, 247-264.

Wehmeyer, M., Bersani, H., & Gagne, R. (2000). Riding the third wave: Self-determination and self-advocacy in the 21st century. Focus on Autism and Other. *Developmental Disabilities, 15*(2), 106-115.

전문적 관계에서의 충실성의 상충, 사회복지사의 자기관리, 이중관계, 서비스 비용

학습목표

- 전문적 관계의 개념과 관련한 사회복지실천에서의 윤리적 딜레마 사례를 나열할 수 있다.
- 충실성의 상충과 관련된 사회복지실천에서의 윤리적 딜레마 사례를 분석할 수 있다.
- 사회복지사의 자기관리에 대한 중요성을 설명할 수 있다.
- 이중관계와 관련된 사회복지실천에서의 윤리적 딜레마 사례를 분석할 수 있다.
- 서비스 비용과 관련된 사회복지실천에서의 윤리적 딜레마 사례를 분석할 수 있다.

1. 사회복지의 전문적 관계

사회복지실천에서 사회복지사와 클라이언트의 관계는 의도적 목적성, 시간제한성, 클라이언트에 대한 헌신성, 권위성, 통제성 등의 특징을 가지는 전문적 관계라고 할 수 있다(엄명용, 김성천, 오혜경, 윤혜미, 2000). 전문적 도움을 제공하는 사회복지사는 클라이언트와의 관계에서 명확한 경계를 유지해야 하며, 클라이언트의 이익을 최우선시해야 한다. 특히 사회복지사가 클라이언트에게 헌신하며 클라이언트는 이용당하지 않도록 보호받아야 하는 것은 사회복지실천의 관계에서 가장 중요한 특징이다. 전문적 관계는 클라이언트의 입장에서 클라이언트의 이익을 위해 이루어져야 한다. 하지만 사회복지실천 과정에서 클라이언트의 이익이 최우선으로 다루어지기 어려운 상황이 발생할 수도 있다. 클라이언트의 이익, 사회복지사의 이익 그리고 기관의 이익이 상충하는 경우에 사회복지사는 어느 이익을 우선적으로 해야 할지 윤리적 갈등에 빠지게 된다.

사회복지사는 전문적 관계에서 클라이언트를 위해 능력의 범위 안에서 최대한 헌신해야 할 의무가 있다(김상균, 오정수, 유채영, 2002). 헌신의 의무에 관련하여, 이중적 관계와 같이 전문적 판단을 저해하거나 불공정한 판단을 가져올 이해관계의 갈등이 초래하는 것을 피해야 한다. 하지만 사회복지사는 종종 클라이언트와 전문적 관계 이외의 다른 관계를 갖는 이중관계의 상황에 처하게 되며, 이에 관련한 윤리적 갈등을 갖게 된다.

또한 사회복지사는 전문적 관계에서 서비스 비용에 관련한 윤리적 갈등을 겪을 수 있다. 한국 사회복지사 윤리강령에 따르면, 사회복지사는 클라이언트의 지불능력에 상관없이 서비스를 제공해야 하며, 이를 이유로 차별대우를 해서는 안 된다. 또한 서비스에 대해 공정하고 합리적으로 이용료를 책정해야 한다고 되어 있다. 하지만 '공정하고 합리적인 이용료'라는 부분의 해석이 불명확하며, 취약한 사회적 · 경제적 위치에 처한 클라이언트를 대상으로 하는 사회복지의 특성상 서비스 비용을 책정하는 것에 대해 윤리적으로 갈등이 있을 수 있다.

2. 충실성의 상충

1) 클라이언트의 이익과 사회복지사의 이익

한국 사회복지사 윤리강령(한국사회복지사협회, 2023)에 따르면, 사회복지사는 자신의 이익을 위해 사회복지전문직의 가치와 권위를 훼손하거나 클라이언트와의 전문적 관계를 이용해서는 안 된다. 또한 사회복지사는 클라이언트의 권익옹호를 최우선의 가치로 삼고 행동해야 한다. 사회복지사와 클라이언트의 관계는 전문적인 성격의 특성상, 사회복지사가 클라이언트보다 더 많은 권력을 갖는 구조다. 이러한 관계의 특성 때문에, 사회복지사는 자신의 권위와 권력을 자신의 이득을 얻는 데 활용하지 않도록 주의해야 하며, 클라이언트의 이익에 최우선 순위를 두고 헌신해야 한다. 그리고 도움을 청하는 입장에 있는 클라이언트는 자신의 불리한 상황 때문에 이용당하지 않도록 보호를 받아야 한다.

신변의 안전과 같은 절체절명의 순간뿐만이 아니라, 사소한 개인적 이익과 사회복지사의 의무 사이에서도 윤리적 갈등은 발생할 수 있다. 모처럼의 가족행사 중에 클라이언트가 도움을 요청하는 응급전화를 걸어 왔다면, 사회복지사는 어떻게 해야 하는가? 가족행사를 그만두고 클라이언트에게 달려가야 하는가? 아니면 가족행사에 남아야 되는가? 클라이언트의 이익과 사회복지사의 이익 사이에서 윤리적 갈등을 겪을 경우, 사회복지사는 언제나 클라이언트의 이익을 위한 선택을 해야 하는지, 아니면 선택의 결과나 상황에 따라 클라이언트의 이익에 헌신하는 윤리적인 의무를 위배할 수 있는지 고민하게 된다. 이에 대한 정답은 있을 수 없다. 사회복지사 개인의 가치와 우선순위에 따라 윤리적 결정이 달라지기 때문이다. 사회복지사가 윤리적 절대주의자라면 결과가 어떻든 상관없이 전문가는 항상 클라이언트의 이익에 우선하는 윤리적 의무를 수행해야 한다고 주장할 것이다. 반면에 윤리적 상대주의자인 사회복지사라면 결과가 어떻게 되느냐에 따라 윤리적 의무가 달라질 수 있다고 할 것이다. 클라이언트의 이익을 선택한 결과가 한 사람의 일방적인 희생과 복지의 포기라는 부정적인 결과가 나온다면 이는 윤리적 상대주의자의 입장에서는 비윤리적이기 때문이다. 사회복지사가 하는 희생의 비용과 클라이언트가 얻는 이익을 비교하여 더 긍정적인 결과를 가지고 오는 선택을 해야 하는 것이 윤리적 상대주의에서 보는 윤리적 결정이다.

사례 7-1

사회복지사 민 씨는 클라이언트인 진 씨 부인과 아동양육 및 부부관계에 관한 상담을 해 왔다. 그러던 중, 진 씨 부인이 한 장애인 보호시설의 후원회장이라는 사실을 알았다. 민 씨에게는 지적장애 1급인 아들이 있으며, 장애인 보호시설에 입소시키려 했으나 적절한 시설이 없어 그럴 수가 없었다. 진 씨 부인이 후원하는 장애인 보호시설은 시설 및 프로그램이 좋기로 유명한 곳이었다. 민 씨는 진 씨 부인에게 자신의 아들 이야기를 하고 도움을 요청할 것인지 고민하기 시작했다.

〈사례 7-1〉은 사회복지사가 개인적 이익을 위해 클라이언트와의 전문적 관계를 이용하는 예다. 사회복지사의 전문적 도움을 받고 있는 클라이언트의 입장에서 사회복지사의 부탁을 들어주지 않기는 매우 어려울 것이다. 사회복지사의 부탁을 거절했을 경우에 클라이언트에게 불이익이 돌아올지도 모른다고 생각할 수 있기 때문이다. 클라이언트가 흔쾌히 사회복지사의 부탁을 들어주더라도, 클라이언트는 전문적 관계에서의 역할에 혼란이 올 수 있다. 전문적 관계에서의 사회복지사는 전문성에서 오는 권위성을 가져야 하는데, 클라이언트가 사회복지사의 부탁을 들어줌으로써 오히려 클라이언트의 위치가 사회복지사보다 높아질 수 있다. 결과적으로 클라이언트의 효과적인 서비스를 받을 권리를 침해하게 되며, 사회복지사와 클라이언트의 전문적 관계와 사회복지의 전문성에 악영향을 미칠 수 있다. 이와 같은 이유로 한국 사회복지사 윤리강령(한국사회복지사협회, 2023)에서는 사회복지사는 개인적 이익을 위해 클라이언트와의 전문적 관계를 이용하여서는 안 된다고 명시하고 있다.

하지만 개인적 이득이 아닌 자기 보존과 생존의 문제라면 사회복지사는 클라이언트의 이익을 우선순위로 하기 어려울 수 있다. 예를 들어, 〈사례 7-2〉에서처럼 사회복지사의 안전이 위협받았을 때에도 클라이언트의 이익을 최우선으로 행동할 수 있을 것인가? 사회복지사와 클라이언트 간에 폭력이나 위협이 연루되는 상황에서는 클라이언트를 우선하는 원칙에 예외가 있을 수 있다. 이러한 경우에는 생명보호의 법칙이 우선하며, 사회복지사는 위험한 상황에서는 일단 그 상황을 벗어나도록 해야 한다. 사회복지사는 사회복지실천 과정에서 혹시 있을 수도 있는 위험상황에 대처할 수 있도록 대비하는 것이 필요하다. 특히 클라이언트를 대상으로 가정방문과 같은 클라이언트와 관련된 또는 업무와 관련된 외부활동을 함에 있어 사회복지사의 안전성이 보장되어야 한다.

사례 7-2

사회복지사 최 씨는 종합사회복지기관의 가족상담지원팀에 있다. 한 남자 클라이언트에게 취업에 관련한 상담을 하러 들어갔다. 남성 클라이언트는 술 냄새를 풍기는 것으로 미루어, 술에 상당히 취해 보였다. 사회복지사가 취업에 관련된 절차를 안내하고 있는 도중에 클라이언트는 갑자기 화를 버럭 내더니 욕을 하면서, 사회복지사가 갖고 있던 면접 초기 인테이크 양식을 다 찢어서 사회복지사에게 던졌다. 남성 클라이언트의 체구가 상당히 큰 편이고 상담실의 문이 닫힌 상태였기 때문에, 사회복지사는 신변의 안전에 위협을 느꼈다.

2022년 사회복지사 통계연감(보건복지부 · 한국사회복지사협회, 2022)에 따르면, 조사에 참여한 4,633명의 사회복지사 중에서 클라이언트로부터 정서적 폭력(언어폭력, 욕설 퍼붓기, 협박하기, 스토킹 등)을 경험한 사회복지사가 30.1%나 되며, 위협 또는 굴욕적 행동이 21.5%, 신체적 폭력 12.3%, 성희롱 및 성폭력 10.2% 순으로 나타났다. 사회복지사의 대다수가 여성인 데다, 사회복지사들이 1대 1로 클라이언트를 만나는 경우가 있어 실제 피해는 더 클 수도 있다고 추정된다. 클라이언트 폭력에 대응하기 위한 매뉴얼 및 지침이 구비되어 있다고 응답한 시설이 56.3%, 클라이언트 폭력예방 직원교육을 실시한 시설은 51.1%로 전체 응답시설의 절반밖에 해당되지 않았으며, 시설 내 클라이언트 폭력으로부터 종사자를 보호하기 위한 안전설비가 있는 시설이 43%, 시설 내 감정노동으로 인한 종사자의 심리치료지원이 마련된 시설이 29.4%밖에 되지 않는 것으로 나타났다(보건복지부 · 한국사회복지사협회, 2022). 이와 같이 클라이언트 폭력을 예방하기 위한 매뉴얼과 교육이 갖추어지지 않았으며, 사회복지사의 안전을 위한 제도나 시설이 구비된 시설도 매우 적은 것으로 보고되어, 이에 대한 필요성이 대두되고 있다.

사회복지사가 위험한 상황에 대비하여, 양옥경, 최소연, 이기연(2007)은 사회복지사가 주로 일하는 사무실에서의 안전지침, 지역사회에서의 안전지침 그리고 클라이언트의 가정을 방문했을 때의 안전지침을 다음과 같이 제공하고 있다.

① 사무실에서의 안전지침

- 기관의 안전정책을 엄격하게 따를 것
- 잠재위험 확인을 위해 가능한 클라이언트를 만나기 전 모든 클라이언트의 사례기록

을 조사할 것
- 폭력전과가 있거나 위협을 줄 수 있는 행동을 보이는 클라이언트와 일할 때는 다른 직원이 동행하도록 요청할 것
- 무기로 사용될 수 있는 모든 물건(펜, 스테이플러 등)을 책상에서 치울 것
- 동료의 도움을 요청할 것
- 동료가 도움을 줄 수 있는 적절한 자리에 없다면, 도움을 필요로 할 때 다른 직원에게 신중하게 신호를 보낼 수 있도록 체계를 개발할 것
- 문과 가까운 위치에 책상을 배치할 것
- 가능하면 안전을 책임지는 사람들(보안책임자, 경비원 등)과 관계를 발전시킬 것
- 귀중품은 안전이 보장되고 잠금장치가 있는 곳에 보관할 것
- 퇴근할 때 사무실 문을 잠그는 것을 잊지 말 것

② 지역사회에서의 안전지침
- 가정방문을 위해 기관을 떠나기 전 사례기록을 재검토할 것
- 방문하려는 클라이언트의 주소, 예상되는 노선, 기관 도착 시간과 함께 방문 스케줄을 기관의 동료에게 알릴 것. 위험 가능성이 의심되면 동료에게 가정방문 중 확인 전화를 걸어 주도록 부탁하고, 가능하면 다른 직원과 동행할 것
- 가정방문에 절대 필요한 자료만 가져가고 귀중품은 기관이나 가정에 남겨 둘 것
- 가능하면 오전에 가정방문 일정을 잡거나 공공장소에서 만날 것
- 클라이언트에게 신분을 증명할 수 있는 것을 뚜렷하게 보여 줄 것
- 복장은 실습기관의 다른 직원들을 따를 것
- 자신의 통찰력을 잘 듣고 믿을 것. 상황이 불편한 것 같고, 문제가 생길 가능성이 느껴진다면 약속을 다시 하거나 다른 조치를 취할 것

③ 클라이언트의 가정을 방문했을 때의 안전지침
- 자가 운전하여 가정방문을 나간다면, 자동차의 모든 문을 잠그고 바지주머니 등 쉽게 찾을 수 있는 곳에 자동차 열쇠를 보관하며, 불필요한 물건은 트렁크에 넣을 것
- 방문하는 집에 있는 동물에 주의하고, 목줄을 매지 않은 동물에 대해서는 클라이언트에게 도움을 요청할 것
- 집에 들어가려고 할 때 모르는 사람들 사이로 걸어가는 것을 피할 것

- 집에 있는 사람들에 주목하고, 그들이 누구인지 클라이언트에게 물어볼 것. 그 집에 다른 사람들이 있는 게 불편하다면, 그 사람들이 집을 나가도록 요청함으로써 논의할 정보의 비밀이 지켜질 수 있도록 클라이언트에게 권유할 것
- 집에 들어가면 모든 것을 주목할 것
- 무기가 종종 보관되는 침실이나 부엌에서는 클라이언트와 이야기하는 것을 피할 것
- 무기나 마약 등이 보이면 집에서 즉시 나올 것
- 방문 후 서류업무를 마치기 위해 다른 장소로 이동할 것. 가정방문 후 클라이언트의 집 앞에 주차하여 그곳에 머물러 있지 말 것. 방문과 관련된 모든 위험을 문서화할 것

④ 분노하고, 저항적이며, 공격적인 클라이언트와 일할 때의 안전지침

- 조용하고, 침착하며, 단호한 자세를 유지할 것. 놀람, 적의, 고통, 방어 등의 반응을 보이지 말 것. 클라이언트에게 간결하고 직접적인 문장으로 말할 것
- 클라이언트에게 긍정적 선택을 제공할 것
- 클라이언트를 환기시키고, 진정시키며, 생각할 시간을 갖도록 상호작용의 속도를 늦출 것
- 클라이언트와 신체접촉을 피할 것
- 클라이언트에게 충분한 개인적 공간을 주기 위해 둘 사이의 공간을 충분히 확보할 것
- 클라이언트를 앉히도록 모든 노력을 할 것. 앉는 것이 불가능하다면 둘 사이의 공간을 충분히 두고, 기동할 수 있는 공간을 확보한 후 클라이언트에게서 멀리 떨어질 것
- 공격을 받으면 최소한의 힘을 쓸 것. 클라이언트를 억제하거나 본인이 풀려나기 위해 필요한 힘만을 쓰고, 도움을 얻기 위해 다른 곳으로 이동할 것

사회복지시설 종사자 폭력 피해 예방 매뉴얼(보건복지부, 한국사회복지협의회, 2017)에 따르면, 폭력 피해 예방을 위한 전략, 폭력 시 대응 그리고 사후관리의 각 단계마다 개인 차원뿐만 아니라 사회복지시설 차원에서 체계적인 지원 및 방안이 다음과 같이 필요하다.

표 7-1 폭력 피해 예방을 위한 전략

	교육 및 훈련	안전한 근무환경 조성
개인 차원	• 신입직원(입사~2년차) -입사 직후 및 분기별 1회 -이용자 관련 주요 정보 제공 • 중간관리자 및 시설장(3년차 이상) -연 1회 -사회복지사 보수교육과 연계 실시	시설 안전에 대한 정기적 점검 실시
사회복지시설 차원	-폭력피해 예방 교육 체계 수립 -직급별 별도 교육 실시 -예방/사후관리 구분 교육	-안전한 근무환경 체계 구축 (CCTV 설치 등) -폭력피해 예방, 관리 담당직원 지정

표 7-2 폭력 시 대응

	신체적 폭력, 언어적 · 정서적 폭력, 경제적 폭력, 성적 폭력
개인 차원	주변 동료의 도움으로 신속 대응하여 위험 상황 이탈 -CCTV 녹화 고지 -이용자가 진정되지 않을 시, 신속히 경찰(112)에 연락 -법적 처벌 가능성에 대해 엄중히 경고 및 상급자 개입
사회복지시설 차원	시설 차원의 체계적 대응 -직원 역할 분장 및 적극 협력 -피해자 보호조치 강구

표 7-3 사후관리

	문서화 및 보고	법적 대응	심리 및 의료적 지원
개인 차원	-사실관계 및 주요내용 기록 및 즉시 보고 -팀 내 정보공유 및 대책회의		심리상담 서비스 지원 -휴식, (일시) 휴직 제공 -의료서비스 지원
사회복지시설 차원	-피해자 지원 및 2차 폭력 발생 방지 -조직적 대응(자료확보, 해결책 논의) -당사자에 대한 향후 대응방안 검토	경찰 신고 -관리자 신고 결정 -조사협조(증거자료 제출 등) -고소 · 고발 등 법적 조치	-심리 · 의료 지원 체계 조성 -휴식서비스 체계 구축 -사회복지공제회 보상

한국 사회복지사 윤리강령(한국사회복지사협회, 2023)에 따르면, 사회복지사는 클라이언트의 권익옹호를 최우선의 가치로 삼고 행동해야 한다. 그러나 사회복지사와 클라이언트 간에 갈등관계가 있는 경우에는 이를 어떻게 대처해야 할지에 대해 여러 윤리적 문제가 얽혀 있다. 클라이언트와 사회복지사 간의 갈등이 심화되어 더 이상 같이 일할 수 없는 경우가 있을 수 있다. 이런 경우에는 클라이언트의 복지를 최우선으로 해야 하는 사회복지사의 의무를 강조하여 사태를 처리해야 하며, 시설 운영에 이익이 되는 바람직한 방향으로 타협·조정해 나가야 한다. 하지만 갈등이 심화되어 사회복지사와 클라이언트 간에 폭력이나 위협이 연루되는 상황에서는 클라이언트의 이익만을 생각하기에는 어려운 점이 있다. 즉, 사회복지사가 클라이언트와의 관계에서 자신의 안전과 인권을 지키기 위해서는 다음과 같은 행동 또는 안전계획을 세우는 것이 필요하다.

- '이용수칙'을 만들어서 클라이언트와 계약 시에 설명하고 서명하게 한다.
- 클라이언트와의 상담 시에는 둘 사이의 공간을 충분히 확보한다.
- 문과 가까운 위치에 책상을 배치하거나 문가에 앉는다.
- 폭력전과가 있거나 위협을 줄 수 있는 행동을 보이는 클라이언트와 일할 때는 다른 직원과 동행하도록 요청한다.
- 위험 가능성이 의심되면 동료에게 가정방문 중 확인전화를 걸어 주도록 부탁한다.
- 자신의 통찰력을 믿는다. 문제가 생길 가능성이 느껴진다면 약속을 다시 하거나 다른 조치를 취한다.
- 공격적인 클라이언트에게는 조용하고, 침착하며, 단호한 자세를 유지한다.
- 공격을 받으면 클라이언트를 억제하거나 본인이 풀려나기 위해 최소한의 힘을 쓰고, 도움을 얻기 위해 다른 곳으로 이동한다.
- 사회복지기관 차원에서 클라이언트의 소동이 벌어지면 즉시 주변 경찰서로 연락하여 중재 요청 등의 방법을 사용한다.

이외에도 사회복지사의 안전을 확보하기 위해서, 법적 보호 및 처벌 규정 마련, 인력 충원, 정서적 안정을 위한 휴가 지원, 폭력예방을 위한 정기적 교육 및 훈련, 공공기관과 연계된 비상버튼 설치 등이 필요하다(보건복지부·한국사회복지사협회, 2022).

2) 클라이언트의 이익과 기관의 이익

사회복지기관은 항상 클라이언트에게 최선의 노력을 다한다는 것을 전제로 하지만 기관의 이익이 상충되는 경우, 사회복지사는 기관에 대한 의무와 클라이언트에 대한 의무 사이에서 갈등하게 된다. 장애아동복지시설의 경우, 아동의 인원이 일정 이상이 되어야 정부의 보조를 받을 수 있는데, 한 아동이 자신에게 맞는 시설로 옮기고자 할 때 사회복지사는 아동과 사회복지기관 사이에서 어느 쪽의 이익을 추구해야 하는가? 반대로, 한 클라이언트에게 일정 시간의 서비스만 제공하도록 제한되어 있는 기관의 정책이 있는 경우, 제한된 시간 내에 다루어야 하는 클라이언트의 욕구나 필요가 모두 충족되지 않았을 때는 어떻게 해야 하는가? 사회복지기관 실무자의 결정이나 기관의 실천방법이 특정 클라이언트에게는 해가 되는 경우 사회복지사는 어떻게 윤리적으로 행동해야 하는가? 이렇게 사회복지사가 속한 기관의 정책을 준수하는 것이 클라이언트의 이익에 위배되는 경우, 사회복지사는 기관의 이익과 클라이언트의 이익 사이에서 무엇에 우선적으로 충실해야 할지 윤리적 결정을 내려야 한다.

한국 사회복지사 윤리강령(한국사회복지사협회, 2023)에서는 사회복지사의 이해 충돌에 대한 대처에 대해서 기본적 윤리기준에서 다음과 같이 상세하게 명시하고 있다.

> **I. 기본적 윤리기준**
>
> **3. 전문가로서의 실천**
>
> 3) 이해 충돌에 대한 대처
>
> 가. 사회복지사는 클라이언트의 이익을 우선으로 고려하고, 이해 충돌이 있을 때는 아동, 소수자 등 취약한 자의 이해와 권리를 우선시한다.
>
> 나. 사회복지사의 개인적 신념과 사회복지사로서 직업적 의무 사이에 이해 충돌이 발생할 때 동료, 슈퍼바이저와 논의하고, 부득이한 경우 클라이언트가 적절한 지원을 받을 수 있도록 클라이언트를 다른 사회복지사에게 의뢰하거나 다른 사회복지 서비스로 연결한다.
>
> 다. 사회복지사는 전문적 가치와 판단에 따라 업무를 수행하는 과정에서, 기관 내외로부터 부당한 간섭이나 압력을 받아서는 안 된다.

클라이언트의 이익을 최우선으로 해야 하는 의무 외에도, 사회복지사는 소속기관 활동에 적극 참여함으로써 기관의 성장·발전을 위해 노력해야 한다. 즉, 사회복지사는 클라이언트와 이익과 소속된 사회복지기관의 이익을 최대화하기 위해 노력해야 한다. 이와 같은 내용도 한국 사회복지사 윤리강령(한국사회복지사협회, 2023)의 기관에 대한 윤리기준에 다음과 같이 명시되어 있다.

> Ⅳ. 기관에 대한 윤리기준
> 1) 사회복지사는 기관의 사명과 비전을 확인하고, 정책과 사업 목표를 달성하기 위해 노력해야 한다.
> 2) 사회복지사는 소속 기관의 활동에 적극적으로 참여함으로써 기관의 성장과 발전을 위해 노력해야 한다.
> 3) 사회복지사는 기관의 부당한 정책이나 요구에 대해 전문직의 가치와 지식을 근거로 대응하고, 제반 법령과 규정에 따라 해결하도록 노력해야 한다.

하지만 클라이언트와 소속기관의 이익이 상충되는 경우에 대해서는 명확한 원칙이 제시되어 있지 않다. 클라이언트와 기관, 양쪽의 매개인으로서 사회복지사는 어느 쪽의 이익을 추구해야 할지 고민이 되지 않을 수 없다.

사례 7-3

사회복지사 한 씨는 지역의 한 지역복지센터에서 일하고 있다. 한 씨가 일하는 기관에서는 기관정책상 4주 이내 8회기까지의 상담만을 허용하는 시간제한적인 서비스를 제공하고 있다. 새로운 클라이언트인 오 씨는 43세로 세 자녀를 두었고 파트 타임으로 일하고 있으며, 딸의 임신과 관련해서 도움을 청하였다. 첫 번째 상담 회기가 끝나기 전에 사회복지사 한 씨는 이 가족이 여러 문제를 가진 가족이라는 사실을 알게 되었다. 그녀의 남편은 47세로 안정된 직장도 없이 알코올의존자로 살고 있다. 17세의 딸은 학교를 중퇴하고 현재 임신 6개월이며, 딸의 남자친구는 18세로 직업이 없는 실정이다. 둘째는 16세로 중증의 지적장애를 가지고 있으며, 15세의 막내는 반복적인 폭력으로 학교에서 문제가 되고 있다. 이 상황에서 딸의 임신과 관련된 문제만을 다루고 다른 모든 문제를 무시한다면 사회복지사는 시간제한적인 서비스를 제공하는 기관의 정책을 지킬 수 있다. 그러나 사회복지사가 이 가족이 당면하고 있는 여러 문제를 과연 간과할 수 있는가? 또한 그렇게 하는 것이 윤리적이라고 할 수 있는가?

사례 7-4

최 씨는 발달장애 아동들을 위한 인지 및 사회성 프로그램을 진행하고 있는 사회복지사다. 발달장애 아동들은 특수교육 치료사의 사회복지사의 결정에 따라 적절한 인지와 사회성 증진을 위한 개별화된 프로그램에 참여하게 된다. 사회복지사 최 씨는 치료 대상이 되는 아동들이 개별적인 프로그램보다는 비슷한 아동들과 함께 짝 치료나 집단치료를 받는 것이 훨씬 이익이 될 것으로 생각했다. 그러나 사회복지 기관에서는 짝 치료나 집단치료에 대해 절차 및 비용상의 문제를 들어 금지하고 있다. 이에, 사회복지사 최 씨는 누구에 대해 일차적인 충성심과 책임감을 느껴야 하는지 혼란을 겪고 있다. 과연 사회복지사 최 씨는 기관의 정책에 따라야 하는가, 아니면 클라이언트의 이익을 따라야 하는가?

〈사례 7-3〉에서 사회복지사는 시간제한적인 서비스를 제공하는 기관의 정책을 지켜야 하는 의무가 있다. 기관의 정책을 지키지 않는다면 사회복지사의 시간과 노력이라는 기관의 자원이 감소하게 되며, 현재의 클라이언트 가족 외에도 다른 욕구를 가지고 있는 잠재적 클라이언트에게 돌아갈 혜택이 줄어들 수 있다. 반대로 클라이언트의 문제를 제대로 다루지 못하고 서비스를 종결할 시에는 클라이언트에게 적절한 서비스를 제공해야 한다는 전문적 가치에 위배될 수 있다. 이러한 경우 사회복지사는 클라이언트의 이익을 위해야 한다는 의무에 충실해야 하는가? 아니면 기관의 정책을 따라야 하는 의무에 충실해야 하는가? 이러한 상황에서 사회복지사는 윤리적 결정을 내리기 어려울 수 있다. 이 상황에 대한 대안으로는 클라이언트가 제시하는 주요 문제를 우선적으로 주어진 제한된 시간 안에 다루고 나서, 관련 서비스를 제공하는 사회복지기관에 연계하여 다른 문제를 다룰 수 있도록 하는 방법이 있다. 또는 주어진 서비스 제공 시간이 종결된 이후, 다른 문제에 대해 다시 서비스를 요청하도록 하는 방법이 있을 수 있다. 클라이언트에 대한 의무와 기관에 대한 의무 사이에서 사회복지사는 고민할 수밖에 없지만, 그 둘 사이에서 적절한 균형을 찾아야만 한다.

〈사례 7-4〉는 〈사례 7-3〉과는 달리 부당한 사회복지기관의 정책이 클라이언트의 이익과 상반되는 경우에 대한 것이다. 기관의 정책, 규칙, 규제가 부당하다고 보이는 경우 사회복지사는 부당한 정책에 항변하고, 변화시키려 노력해야 할 책임이 있다. 한국 사회복지사 윤리강령(한국사회복지사협회, 2023)에 따르면, 사회복지사는 기관의 부당한 정책이나 요구에 대해 전문직의 가치와 지식을 근거로 대응하고, 제반 법령과 규정에 따라 해결하도록 노력해야 한다. 미국 사회복지사 윤리강령(NASW, 2021)에서도 사회복지사는 자신이 속한 기관의 정책, 절차, 규제, 행정 명령이 사회복지의 윤리적 실천을 방해하도록 허용해서는 안 된다고 명시하고 있다. 즉, 사회복지사는 클라이언트의 이익을 위해 자신이 소속되어 있는 기관의 정책 및 절차, 자신이 제공하는 서비스의 효율성 및 효과성을 개선하는 방향으로 업무에 임해야 한다.

3) 클라이언트를 명시하기 힘든 경우

클라이언트가 여러 명인 경우, 사회복지사는 누구의 이익을 우선시해야 하는지 윤리적 갈등을 경험할 수 있다. 예를 들어, 클라이언트가 미성년자이거나, 또는 부모와 청소년 자녀가 사회복지사를 함께 찾아온 경우, 미성년자인 클라이언트가 원하는 서비스의 방향과 부모가 원하는 서비스가 다르다면, 누구의 이익을 위해 서비스를 제공해야 하는지 갈등하게 된다. 또한 여러 집단성원을 대상으로 하는 집단치료인 경우, 사회복지사는 모든 참여자의 이익을 동시에 추구하기 어려울 수 있다. 집단이나 가족기능을 강화시키는 것에 초점이 있다면 한두 명 참여자들의 이익이 다소 줄어들 수도 있는데, 이때 누구의 이익을 추구해야 하는지 고민하게 된다. 그 외에도 가정폭력 피해 여성을 돕는 과정에서 폭력 피해 여성만을 지원할 것인지, 피해 여성을 포함한 가족 구성원 전체를 지원할 것인지, 사회복지사는 윤리적 갈등을 경험할 수 있다. 이런 경우에 부부나 가족 체계를 클라이언트로 보고 부부 상담과 가족 상담을 진행할 것인지 또는 피해 여성의 인권 향상을 우선으로 지원할 것인가를 갈등할 수 있다. 가정폭력 피해 여성에 대한 지원을 우선하고 있으나, 사례에 따라 가해자나 가족을 클라이언트 체계에 포함하여 부부 치료, 가족 상담을 직접 수행하거나 연계하기도 하며, 가족 간 중재자의 역할을 맡기도 하는 등 개입 대상을 확장할 수도 있기 때문이다(박주혜, 김은정, 정세미, 정삼영, 2023).

한국 사회복지사 윤리강령(한국사회복지사협회, 2023)에 따르면, 이와 같은 이해 충돌이 있을 경우 사회복지사는 클라이언트의 이익을 우선으로 고려하고, 이해 충돌이 있을 때는 아동, 소수자 등 취약한 자의 이해와 권리를 우선시해야 한다고 명시하고 있다. 즉, 클라이언트가 여러 명이라서 명시하기 어려운 경우에는 그중에서 가장 취약한 위치에 있는 사람이 누구인지 확인하고, 가장 취약한 사람의 권리를 우선시 하는 윤리적인 결정을 내려야 할 것이다.

4) 충실성에 대한 지침

사회복지사가 사회복지실천의 전문적 관계에서 충실성의 상충이나 이해충돌이 있을 경우에는 클라이언트의 이익에 최우선 순위를 두어야 한다. 즉, 사회복지사는 클라이언트에게 헌신해야 하며, 클라이언트는 이용당하지 않도록 보호받아야 한다. 클라이언트가 여러 명일 경우에는 아동, 소수자 등 취약한 자의 이해와 권리를 우선시해야 한다. 그러나 경제적 이득이 아닌 자기 보존과 생존의 문제라면 사회복지사는 자신의 안전을 지킬 수 있어야 한다. 사회복지사의 안전보장을 위해 사회복지시설 및 기관 차원에서 체계적이고 연대적인 대책, 안전과 관련된 실태조사, 안전 가이드북 제작 및 보급, 기관 내 비상벨 의무 설치, 피해발생 시 경찰과의 연계 시스템 등이 필요하다(박주혜 외, 2023). 기관의 정책, 규칙, 규제가 부당하다고 보이는 경우, 사회복지사는 부당한 정책에 항변하고, 변화시키려 노력해야 할 책임이 있다. 사회복지사는 클라이언트의 이익을 위해 자신이 소속되어 있는 기관의 정책 및 절차, 자신이 제공하는 서비스의 효율성 및 효과성을 개선하는 방향으로 업무에 임해야 한다.

3. 사회복지사의 자기관리

2022년 서울시 사회복지사 근로실태 개선 조사연구 결과보고서(서동명, 윤재영, 이방미, 김민재, 2022)에 따르면, 사회복지사들이 주관적으로 인식하는 소진 수준은 10점 만점 기준 평균 6.33점으로, 응답자 중 55.2%의 소진 수준이 '상(7~9점)' 이상에 해당하는 것으로 나타났다. 이와 같은 사회복지사의 높은 소진 수준은 사회복지실천 서비스의 질이나 클라이언트와의 관계에도 영향을 미칠 수 있다. 소진을 예방하기 위한 사회복지사의 자기관리 및 자기돌봄이 매우 중요하다 할 수 있다.

사회복지사의 자기돌봄은 신체적, 정신적, 심리적인 건강을 유지하기 위한 일련의 노력이라 할 수 있다. 즉, 자기돌봄은 전문가로서 효과적인 업무를 할 수 있는 지식, 스트레스를 다루는 기술, 감사하는 태도 등을 포함하며, 일상생활에서 지속적으로 연습해야 하는 실천적 활동이다. 자기돌봄에서 오는 건강한 신체와 정신건강은 클라이언트와 긍정적인 관계를 형성할 수 있도록 하고, 정신과 감정 그리고 체력 고갈로 인한 소진을 해결하는 데 도움을 준다.

한국 사회복지사 윤리강령(한국사회복지사협회, 2023)에서는 사회복지사의 자기관리에 대해서 다음과 같이 명시하고 있다.

> I. 기본적 윤리기준
>
> 3. 전문가로서의 실천
>
> 2) 자기관리
>
> 가. 사회복지사는 정신적 · 신체적 건강 문제, 법적 문제 등이 사회복지실천 과정에서의 전문적 판단이나 실천에 부정적 영향을 주거나 클라이언트의 이익을 저해하지 않도록, 동료, 기관과 함께 적절한 조치를 하도록 노력한다.
>
> 나. 사회복지사는 클라이언트에게 최상의 사회복지 서비스를 제공하기 위해 사회복지사 자신의 정신적 · 신체적 건강, 안전을 유지 · 보호 · 관리하도록 노력한다.

즉, 사회복지사는 클라이언트의 최상의 사회복지 서비스를 제공하기 위해, 자기돌봄을 실천해야 한다는 것이다. 전미사회복지사협회(National Association of Social Workers: NASW) 블로그의 사회복지사를 위한 자기관리의 기술(Blackmon & Hardy, 2020. 04. 23.)에 따르면, 사회복지사들은 자기관리를 위해 다음의 전략들을 활용할 수 있다.

- 어려움을 경험할 때 그것을 인지하는 것이 자기돌봄의 주요 열쇠다. 최선을 다했지만 어려운 상황이라면 인간은 누구나 한계가 있다는 것을 인정해야 한다.
- 일과 가정을 분리하고 그 경계를 지켜 나가는 것이 필요하다.
- 의도적으로 되어야 한다. 즉, 의도적으로 숨을 깊게 쉬고, 스트레칭을 하거나 몸을 구부려 땅을 짚는 등 현재 취한 자세와는 다른 자세를 취해 보도록 한다.
- 5분이라도 기관 주변을 걷거나 맑은 공기를 마시거나 복도를 서성거리는 노력이 필요하다.
- '나는 ______ 이다. 나는 ______ 할 수 있다.'와 같은 단호하고 긍정적인 말을 한다.
- 일기를 쓴다.
- 요가나 명상을 한다.
- 가족, 친구 또는 동료로 구성된 지지그룹을 갖는다.
- 음악을 듣거나 노래를 부르기 또는 그림을 그리는 것과 같은 예술적 영역을 즐긴다.

- 종교를 활용한다.
- 울고 싶을 때 운다.
- 많이 웃는다.

4. 전문적 관계의 경계와 이중관계

경계(boundary)는 관계에 있어서 편안함을 가질 수 있는 한계로, 한 개인의 신체적·심리적으로 필요한 공간과 다른 사람의 공간 간의 구분을 말한다(Whitfield, 1993). 사회복지실천에서의 클라이언트와 사회복지사의 관계는 사적인 관계가 아닌 전문적인 관계다. 그러므로 사회복지사와 클라이언트의 전문적 관계에서도 적절한 경계와 원칙을 유지하는 것이 필요하다. 하지만 신체적 접촉, 개인적인 정보 공유, 전문적 관계 종료시기의 결정 등에 관련하여 사회복지사의 전문적인 관계의 경계를 확실히 구분 짓는 것은 쉬운 일이 아니다.

불명확한 전문적 관계의 경계를 가질 경우, 사회복지사는 전문적 관계 외에도 클라이언트와 또 다른 관계를 형성하는 이중관계와 같은 윤리적 갈등상황을 겪을 수 있다. 이중관계는 사회복지실천의 관계를 맺기 이전, 도중 또는 종료 후에, 사회복지사가 클라이언트와 전문적 관계 외의 친구, 동료, 교사, 사업 관계, 성적 관계, 가족, 고용인 등의 다른 관계를 맺는 것을 뜻한다(Kagel & Giebelhausen, 1994). 이중관계에는 사회복지사가 클라이언트와 명확한 경계를 유지하지 못하고 친밀한 관계를 맺거나 성적인 접촉을 가지는 것이 포함된다. 미국의 사회복지사를 대상으로 한 연구(Storm-Gottfried, 1999)에서 사회복지사와 클라이언트 사이의 경계를 제대로 지키지 못한 것이 전체 윤리적 위반행위의 29.1%를 차지했으며, 그중 72.7%가 성적인 이중관계로 인한 위반인 것으로 나타났다. 또 다른 연구에서도 성적인 이중관계가 사회복지실천에서 두 번째로 가장 자주 일어나는 비윤리적 행위로 나타나고 있다(Reamer, 1995).

혼란스러운 경계나 이중 또는 다중 관계에 기반하고 있는 사회복지사와 클라이언트 관계로 인해, 클라이언트는 해를 입거나 이용당할 수 있다. 또한 클라이언트가 사회복지사와 개별적으로 친분의 관계에 놓인 경우에는 전문적 관계 형성이 어려울 수 있다. 그렇기 때문에 사회복지사는 클라이언트와의 관계에서 명확한 경계를 유지해야 하며, 이중관계를 형성하는 것에 주의를 기울여야 한다. 특히 온라인 또는 비대면으로 상호교류가 활성화되고 있는 현대 사회의 특성상 사회복지실천에서도 사회복지사와 클라이언트 간에 온라인 관계 및 연락 등이 이루어지고 있어, 온라인으로 인한 이중관계에 대한 지침도 필요한 실정이다(장연진, 김진숙, 2023a).

1) 사회복지실천에서 이중관계 관련 윤리적 갈등

사회복지실천현장에서 이중관계 관련 윤리적 이슈는 점차 더 늘어나고 있다. 특히 지역사회 중심 실천, 당사자주의 패러다임, 코로나19 팬데믹, 정보통신기술을 이용한 의사소통 확대 등으로 인한 사회복지실천 현장의 변화 등으로 이중관계에 대한 윤리적 갈등이 발생할 가능성이 높아지고 있다(장연진, 김진숙, 2023b).

첫째, 지역사회 중심의 실천이 강조되고 있는 상황에서 클라이언트와의 경계 두기가 어렵거나 이중관계가 발생할 수 있는 경우가 많이 나타날 수 있기 때문이다(De Leon, 2000: 손현동, 2023 재인용). 지역사회 아웃리치를 위해서는 클라이언트와 약속이 없더라도 반복적으로 찾아감으로써 클라이언트의 동기부여를 이끌어 내는 경우(박미진, 김진, 2018), 지역사회 내의 사교적인 모임을 조직하거나 지역사회 사람들과 접촉하는 경우(De Leon, 2000: 손현동, 2023 재인용), 지역조직화 사업을 위해 만나는 마을주민들과 업무의 경계를 어디까지 설정해야 할지 갈등이 생기는 경우(권자영, 박향경, 2018), 친분이 쌓인 다음에는 클라이언트가 전문적 관계를 넘어선 행동을 해도 제지하기가 어려운 경우(장연진, 김진숙, 2023b) 등이 나타날 수 있다. 특히나 지역 규모에 따라서 지역사회의 크기가 작을수록 클라이언트와 관계가 종료된 후에도 접촉 가능성은 증가하며, 의도적으로 클라이언트와 이중관계를 맺는 것이 사회복지실천의 성과를 위해 오히려 필요할 수 있다는 지적도 있다(Freud & Krug, 2002: 강선경, 2010 재인용).

둘째, 사회복지실천, 특히 장애인복지 분야에서는 당사자주의 패러다임이 주요한 패러다임으로 나타나면서, 클라이언트와 사회복지사 간의 이중관계에도 영향을 미치고 있다. 당사자주의란 당사자 배제불가의 원칙과 자기결정권을 강조하며, 사회복지대상자들이 서비스를 제공받는 수혜자로서의 위치가 아닌 자신의 권리를 스스로 주장하는 인권의 주체가 되는 것을 말한다(곽정란, 김병하, 2004). 당사자주의는 전문가 중심으로만 정책결정과정들이 이루어져 왔음을 비판하고, 사회복지실천 서비스를 제공받는 당사자들이 정책결정과정에 주체적으로 참여하고 자신들의 의견을 반영시키는 것을 강조한다. 당사자주의의 영향으로 당사자들이 사회복지사로서의 자격을 갖추고 서비스 제공자로서의 역할을 담당하는 등 당사자인 동시에 서비스 제공자로서의 역할을 수행하는 경우들이 나타나고 있다(장연진, 김진숙, 2023b). 이에 따라 사회복지사들이 서비스 제공자 및 임상자에서 조력자 혹은 동행자, 정책가, 활동가로의 새로운 역할을 부여받고 이를 수행하게 되었다(박미옥, 유숙, 정원철, 2020). 이러한 당사자주의로 인하여, 기존에 서비스를 함께 수혜받던 입장이었던 당사자가 서비스를 제공하는 사회복지사로의 역할 변경, 당사자였던 사회복지사와 클라이언트의 관계 변화 등이 이중관계에 영향을 미치는 요인으로 나타날 수 있다고 예측된다(장연진, 김진숙, 2023b).

셋째, 코로나19 팬데믹으로 인하여, 사회복지사와 클라이언트 간의 전문적 경계 유지가 더욱 어려워지는 경우들이 발생하였다. 코로나19 발생으로 사회복지시설 운영이 중단되거나 보호자가 시설 방문 금지 같은 상황에서 사회복지사가 시설이용자의 보호자 역할을 대신하거나, 응급상황 발생 시 병원 동행 방문 등이 이루어지게 되었다(장혜영, 최정숙, 2022). 특히 코로나19 팬데믹으로 온라인으로 사회복지프로그램을 진행하거나, 사회복지 서비스를 제공해야 하는 상황이 발생하였는데, 정보통신매체를 다루는 기술이 부족하거나, 아동이나 장애인, 노인 등 클라이언트 특성상 사회복지사의 도움 없이 비대면 의사소통이 어려운 경우에는 어쩔 수 없이 클라이언트와 가족이 나누는 사적인 대화를 사회복지사가 함께 듣거나 사회복지사가 듣고 전달하는 상황도 발생하였다(장연진, 김진숙, 2023b).

넷째, SNS(Social Network Service) 또는 소셜 미디어(Social Media), 온라인채팅, 온라인 화상회의, 메타버스 등의 정보통신기술을 활용하여 사회복지 서비스를 제공하는 경우가 많아지면서, 이중관계의 발생 가능성이 높아지고 있다. 블로그, 페이스북, 인스타그램, 트위터, 카카오톡, 이메일 등 SNS 또는 소셜 미디어가 사회복지현장에서 홍보 및 프로그램 실시와 안내 등 클라이언트와의 의사소통의 도구로서 적극 활용되고 있다(장연진, 김진숙, 2023a). 이러한 SNS 또는 소셜 미디어의 사용은 사회복지사가 사전 주의를 기울이지 않았을 때 이중관계의 발생 가능성이 매우 높아질 수 있다. 예를 들어, 지인의 SNS 계정에서 클라이언트의 사진 및 활동을 우연히 발견하거나, 클라이언트가 사회복지사의 SNS 계정 방문(김민, 최말옥, 2015), 클라이언트와 사회복지사 간의 유튜브 채널, 인스타그램, 트위터, 페이스북, 블로그와 같은 매체를 구독, 팔로우, 이웃 추가 등을 하는 경우 등 의도하지 않은 상황에서 이중관계에 노출될 수 있다(장연진, 김진숙, 2023a). 청소년 클라이언트들과의 SNS 활용은 관계 형성에는 매우 효과적일 수 있으나, 전문적 관계 종료 후에도 수시로 연락을 취하는 등의 부작용도 나타날 수 있다(김현진, 김민, 2017). 최근에는 온라인 화상회의, 메타버스나 아바타, 문자, 채팅, SNS 활용을 통해 사이버상담 및 사회복지 서비스를 제공하는 경우들도 많아지고 있으며, 사이버상담에서 이중관계에 대한 지침이 매우 필요한 상황이다. 발전된 정보화 기술을 통해 사회복지사와 클라이언트 간에 온라인으로 형성될 수 있는 이중관계에 대해 미리 인지하고, 이를 예방할 수 있는 지침들이 마련되어야 한다(장연진, 김진숙, 2023a).

2) 이중관계의 유형

이중관계는 크게 경계 건너기(boundary crossing)와 경계위반(boundary violations)으로 구분할 수 있다.

첫째, 경계 건너기는 사회복지사가 클라이언트나 동료 사회복지사와 의도적으로 착취, 조정, 기만, 강압적이지 않은 의미에서의 이중관계를 갖는 것을 말한다(Reamer, 2003). 경계 건너기는 이해할 수 있는 특별한 상황에서 클라이언트에게 해를 주지 않는 선에서, 일반적으로 받아들일 수 있는 행동의 기준을 어기는 것이다. 예를 들어, 자살을 할 염려가 있는 클라이언트에게 사회복지사의 집 전화번호를 알려 주는 것이나 사회복지사가 외투를 살 돈이 없는 클라이언트에게 겨울 외투를 사 주는 것은 전문적 관계의 경계를 넘는 일이지만, 이는 정당화될 수 있는 일이다(Davidson, 2005). 개인적 · 사회적 · 사업적 · 부과적인 재정관계와 같이 성과 관련되지 않은 이중관계(non-sexual dual relationships)는 경계 건너기에 해당된다(Valentich & Gripton, 1992). 이러한 이중관계는 전문적인 관계에서의 권력의 차이 또는 혼란스러운 역할 때문에 문제가 될 가능성이 많으며(Kitchener, 2000), 클라이언트 · 상황 · 위반사항에 따라 전문적 관계를 방해하는 걸림돌이 될 수 있다.

둘째, 경계위반은 사회복지사가 클라이언트나 동료 사회복지사와 의도적으로 착취, 조정, 기만, 강압적인 이중관계를 갖는 것을 말한다(Reamer, 2003). 경계위반은 사회복지사가 클라이언트의 관계를 이용하여 개인적 필요를 충족하는 것으로, 좀 더 심각한 경계위반이기 때문에 절대로 정당화될 수 없다. 클라이언트와 성적인 관계를 갖는 성적인 이중관계(sexual dual relationships)가 경계위반에 해당하는 예다.

또 다른 학자인 링스태드(Ringstad, 2008)는 비성적인 이중관계를 선물 교환과 같은 일시적 사건까지 포함하여, 일시적 · 사회적 · 사업적 · 이중의 전문적 역할 관계로 다음과 같이 구분하였다. 첫째, 일시적 관계는 클라이언트가 사회복지사에게 선물을 하거나, 특별한 경우에 초대받는 것(결혼, 개업 등) 등 사회복지시비스 외에 부수적으로 발생한 사건을 통해 형성되는 관계다. 둘째, 사회적 관계는 클라이언트와 친구가 되거나, 클라이언트를 따로 사무실에 초대하기, 클라이언트와 외식하기 등과 같은 친밀한 관계를 형성하는 것을 말한다. 넷째, 사업적 관계는 클라이언트로부터 원래 정해진 비용 대신 다른 서비스나 물품을 받거나, 클라이언트를 고용하는 것, 클라이언트로부터 물건이나 서비스를 구매하는 것(미용, 세차 등)을 포함한다. 마지막으로, 이중의 전문적 역할 관계는 사회복지사가 두 개 이상의 전문적 역할을 수행하는 것으로, 클라이언트의 친척, 친구, 연인 등에게 서비스를 제공하거나, 클라이언트와 사회복지 관계 외에 교사-학생 관계를 맺게 되는 경우 등 사회복지사가 두 개 이상의 역할을 수행하거나, 관련되어 있는 둘 이상의 클라이언트와 관계를 맺는 것을 말한다.

이중관계는 사회복지실천에서의 전문적 관계에 악영향을 미친다. 사회복지사는 이중관계로 인해 클라이언트와의 관계에서 객관성을 잃기 쉬우며, 클라이언트의 문제에 대한 부정확한 사정을 하거나, 사회복지사로서 소진될 수 있다(Davidson, 2005). 이로 인해 사회복지사는 클라이언트에게 필요한 적절한 전문적 서비스를 제공하지 못할 수 있으며, 클라이언트와 사회복지사 사이에 전문적 관계 형성이 어려울 수 있다. 다시 말해, 전문직의 성실성의 손상 및 클라이언트의 서비스 접근성에도 부정적인 영향을 줄 수 있다. 뿐만 아니라, 사회복지사와 클라이언트 사이의 혼란스러운 경계나 이중관계로 인해 클라이언트는 해를 입거나 이용당할 수 있다.

사회복지사와 클라이언트의 관계는 권력적으로 평등하지 않다. 클라이언트는 도움을 받는 입장이고, 사회복지사는 전문가로서 도움을 제공하기 때문에 클라이언트가 전문가에 의존하는 관계가 되기 쉽다. 권력의 불균형 때문에 경계위반을 했을 경우, 취약한 위치에 있는 클라이언트에게 불이익이 갈 가능성이 높다. 사회복지사와 클라이언트 사이에 성적 관계가 있을 경우, 사회복지사에 대한 클라이언트의 의존성이 더욱 높아짐으로써 삶을 스스로 직면하고 헤쳐 나가려는 클라이언트의 자기결정권 능력에도 영향을 미칠 수 있다. 게다가 사회복지사와의 사적인 관계가 악화되었을 경우에는 클라이언트가 쉽게 상처받고 더 취약해질 수 있다.

이중관계 및 경계의 불명확성이 전문적 관계에 미치는 좋지 않은 영향 때문에 사회복지실천에서는 이중관계를 금하고 있다. 하지만 이중관계를 피할 수 없는 상황이나 이중관계가 오히려 효과적인 실천에 도움이 될 수 있는 상황에서는 수용할 필요가 있다는 입장도 존재한다. 성적인 이중관계는 금지되어야 하지만, 비성적인 이중관계에 대해서는 전문적 판단과 경계 유지의 책임을 다한다면 어느 정도 허용될 필요가 있다는 주장이다(장연진, 김진숙, 2023a). 이중관계가 발생하지 않도록 사회복지실천 초기단계에서부터 전문적 관계의 경계를 명확히 하고, 의도하지 않게 발생한 이중관계에 대해서는 효과적 실천을 위한 대처요령 및 지침을 개발할 필요가 있다(이윤희, 김경민, 이상민, 2021).

전문적 관계의 특성상 클라이언트는 사회복지사에게 의존하기 쉬운데, 이러한 의존을 개인의 이익, 성적인 혹은 사회적·금전적 이유로 착취하는 것은 사회복지실천에 영향의 유무를 떠나 비윤리적이고 비전문적인 행동이라 할 수 있다. 사회복지사는 어떤 상황에서도 클라이언트와의 성적 행동 및 이중관계를 가져서는 안 되며, 이미 전문적 관계가 종결된 클라이언트라도 이중관계에 대한 윤리적 책임을 면하기는 어렵다.

표 7-4 **이중관계의 항목(장연진, 김진숙, 구혜영, 2012)**

유형	항목
성적	현재 진행 중인 클라이언트와의 데이트
	현재 진행 중인 클라이언트와의 키스
	현재 진행 중인 클라이언트와의 성관계
	종결된 과거 클라이언트와의 데이트
	종결된 과거 클라이언트와의 키스
	종결된 과거 클라이언트와의 성관계
대가성	도와준 대가로 클라이언트의 직업상 서비스(세차나 미용 등)를 받음
	클라이언트에게 기관의 행사에 참여하도록 요청하기
	기관의 행사비를 조달하기 위해 클라이언트에게 스폰서나 기부금을 요청하기
인적	클라이언트의 개인적 행사에 초대받고 참석하기
	사회복지사의 개인적 행사에 클라이언트를 초대하기
	현재 진행 중인 클라이언트와 사적으로 만나기(식사나 영화관람 등)
	종결된 과거 클라이언트와 사적으로 만나기(식사나 영화관람 등)
	클라이언트에게 개인 연락처를 알려 주기
	클라이언트가 운영하는 상점을 단골로 이용하기
	친척이 클라이언트라도 전문적인 도움주기

표 7-5 사회복지사와 클라이언트 간의 경계 혼돈(entanglement)의 신호(Davidson, 2005)

- 사회복지사의 중립성이 점진적으로 사라짐.
- 다른 클라이언트에 대한 정보를 특정 클라이언트에게 누설함.
- 사회복지사 자신에 대한 정보를 거리낌 없이 누설함.
- 특정 클라이언트의 선택에 대해 매우 분노하거나 슬픔.
- 직장에 있지 않을 때에도 특정 클라이언트에 대한 생각으로 방해됨.
- 한 클라이언트의 행동을 변화시키기 위해 이례적으로 투자함.
- 클라이언트의 사회복지사에 대한 의존도를 증진시킴.
- 클라이언트를 유익한 지지체계와 분리하도록 장려함.
- 특정 클라이언트와 직접 만나거나 전화를 하는 데 보통보다 많은 시간을 보냄.
- 하루 일과가 끝나면 클라이언트를 만나 시간을 더 보내려고 함.
- 클라이언트를 흔치 않은 장소에서 만나거나 클라이언트의 집에서 만남.
- 지나치게 청구비용에 대해 관대함.
- 선물을 주고받음.
- 클라이언트의 좋은 특성과 배우자의 덜 좋은 특성을 비교함.
- 클라이언트에 대한 공상을 함.
- 특정 클라이언트의 다음 면접을 기다림.
- 특정 클라이언트와의 약속이 있을 때 무슨 옷을 입을지 계획함.
- 클라이언트의 하루하루 삶의 세부사항을 지시함.
- 클라이언트 인생의 선택을 내리는 데 사회복지사가 전문가라 생각함.
- 클라이언트의 자기주장을 용납하지 않음.
- 클라이언트에 대해 질투함.
- 클라이언트와의 관계에 대해 물어 오면 방어적으로 됨.
- 신체적 접촉이 시작됨.

3) 이중관계 관련 윤리강령

한국 사회복지사 윤리강령(한국사회복지사협회, 2023)에서 사회복지사는 어떤 상황에서도 클라이언트와 사적 금전거래, 성적 관계 등 부적절한 관계를 가져서는 안 된다고 규정하고 있다. 또한 한국 사회복지사 윤리강령에서는 클라이언트뿐 아니라 위계적 권력관계에 있는 모든 관계(학생, 슈퍼바이저, 실습생 등)에서 성적 관계, 성추행 및 성적 희롱을 포함한 성폭력, 성적 · 인격적 수치심을 주는 행위를 금지하였으며, 추가적으로 직업적 경계 유지에 대한 내용이 따로 분류되어 다음과 같이 제시되고 있다.

Ⅰ. 기본적 윤리기준

3. 전문가로서의 실천

1) 품위와 자질 유지

바. 사회복지사는 클라이언트, 학생, 훈련생, 실습생, 슈퍼바이지, 직장 내 위계적 권력 관계에 있는 동료와 성적 관계를 형성해서는 안 되며, 이들에게 성추행과 성희롱을 포함한 성폭력, 성적 · 인격적 수치심을 주는 행위를 해서는 안 된다.

6. 직업적 경계 유지

1) 사회복지사는 클라이언트와의 전문적 관계를 자신의 개인적 이익을 위해 이용해서는 안 된다.

2) 사회복지사는 업무 외의 목적으로 정보통신기술을 사용해 클라이언트와 의사소통을 해서는 안 된다.

3) 사회복지사는 어떠한 상황에서도 클라이언트와 사적 금전 거래, 성적 관계 등 부적절한 행동을 해서는 안 된다.

미국 사회복지사 윤리강령(NASW, 2021)에서는 현재 또는 이전의 클라이언트와의 이중관계에 대해 다음과 같이 상세한 규정을 두고 있다.

- 사회복지사와 현재 및 이전의 클라이언트와의 성적 행위나 성적 접촉 금지
- 클라이언트를 이용하거나 클라이언트에게 잠재적 해를 입힐 수 있는 상황에서 클라이언트의 친척 또는 클라이언트와 친밀한 대인관계를 맺고 있는 사람과의 성적 행위나 성적 접촉 금지
- 이전에 자신과 성적 관계를 가진 적이 있는 사람에게 임상적 서비스 제공 금지
- 클라이언트에 대한 성희롱 금지
- 이용을 당하거나 잠재적 해를 입을 위험이 있는 현재나 이전의 클라이언트와 사회복지사와의 이중 또는 다중의 관계를 금지

전미사회복지사협회의 윤리강령(NASW, 2021)에서는 1. 클라이언트에 대한 사회복지사의 윤리적 책임에서 구체적으로 사회복지사와 클라이언트 간의 이중 또는 다중관계에 대한 윤리원칙을 제시하고 있다. 1.06 이익의 갈등에서는 특히 현재나 과거의 클라이언

트와 이중 또는 다중 관계를 맺으면 안 된다는 점, 개인적 혹은 업무와 무관한 목적으로 클라이언트와 정보통신기술을 사용한 의사소통을 해서는 안 된다는 점, 소셜 네크워킹 사이트 등에서 클라이언트로부터 개인적 관계를 요청받더라도 수용하거나 참여해서는 안 된다는 점을 명시하고 있다. 1.09 성적 관계에서는 과거 또는 현재의 클라이언트와는 어떤 성적 행위에 놓여서는 안 되며, 클라이언트를 착취할 위험이 있거나 위해를 끼칠 수 있는 경우 클라이언트의 친척이나 개인적 친분이 있는 사람과의 성적 행위나 성적 접촉을 가지면 안 되며, 이전에 성적관계를 갖고 있는 사람에 대해서도 임상서비스를 제공하는 것을 금지하고 있다. 그 외에도 사회복지사와 클라이언트 간의 신체적 접촉, 성희롱을 금지하고 있다. 특히나 다양한 정보통신을 활용하는 사회복지실천현장의 변화를 반영하여, 개인적 혹은 업무와 무관한 목적으로 정보통신을 활용하여 클라이언트와의 의사소통(소셜 네트워킹 사이트, 온라인 채팅, 이메일, 문자메시지, 전화 그리고 비디오 등)을 하는 것을 금지하고 있다. 이와 같은 행위가 사회복지사와 클라이언트 간의 경계 혼란, 부적절한 상호관계 혹은 클라이언트에 대한 위해를 초래할 수 있기 때문이다. 전미사회복지사협회의 윤리강령(NASW, 2021)에서의 이중관계에 대한 윤리기준은 다음과 같다.

1.06 이익의 갈등

(c) 사회복지사는 클라이언트를 착취할 위험이 있거나 잠재적 해를 끼칠 위험이 있는 경우에 현재나 과거의 클라이언트와 이중 또는 다중 관계를 맺어서는 안 된다. 사회복지사는 이후 또는 다중 관계가 불가피한 경우 클라이언트를 보호하기 위한 조치를 취해야 하며, 명확하고 적절하고 문화적으로 예민한 경계를 설정할 책임을 진다. (이중 또는 다중 관계는 전문적이든 사회적이든 아니면 사업상이든 사회복지사가 클라이언트와 전문직 관계 이외의 관계를 맺을 때 일어난다. 이중 또는 다중 관계는 동시에 또는 연속적으로 발생할 수 있다)

(e) 사회복지사는 개인적 혹은 업무와 무관한 목적으로 클라이언트와 (소셜 네트워킹 사이트, 온라인 채팅, 이메일, 문자메시지, 전화 그리고 비디오 등의) 정보통신기술을 사용한 의사소통을 해서는 안 된다.

(f) 사회복지사는 전문직의 웹 사이트나 기타의 미디어에 개인정보를 포스팅하는 행위는 경계 혼란, 부적절한 상호관계 혹은 클라이언트에 대한 위해를 초래한다는 사실을 알아야 한다.

(g) 사회복지사는 웹 사이트, 소셜 미디어 그리고 기타 형태의 정보통신기술에 개인적으로 가입하면 클라이언트들이 해당 공간에서의 사회복지사의 존재를 발견하게 될 가능성이 커진다는 사실을 알아야 한다. 사회복지사는 인종, 민족, 인어, 성적 지향, 젠더 정체성이나 그에 대한

표현, 정신적 · 신체적 능력, 종교, 이민자의 지위 그리고 기타 형태의 가입 등에 바탕을 두고 있는 집단들과의 전자적 의사소통에 참여하면 특수한 클라이언트와 효과적으로 일하는 능력에 영향을 끼친다는 점을 알아야 한다.

(h) 사회복지사는 경계 혼동, 부적절한 상호관계 혹은 클라이언트에 대한 위해를 방지하기 위해 소셜 네트워킹 사이트 또는 기타 전자 미디어에서 클라이언트로부터 개인적인 관계를 요청받더라도 이를 수용하거나 참여해서는 안 된다.

1.09 성적 관계

(a) 사회복지사는 합의에 의한 것이나 강요된 것이거나 관계없이 현재의 클라이언트와의 성적 행위에 관여될 수 있는 어떤 상황에도 놓여서는 안 되며, 이는 정보통신기술을 사용하건 사람 간 접촉이건 관계없이 모든 상황에 적용된다.

(b) 사회복지사는 클라이언트를 착취할 위험이 있거나 위해를 끼칠 수 있는 경우 클라이언트의 친척 또는 클라이언트와 개인적 친분이 있는 사람들과의 성적 행위 또는 성적 접촉을 해서는 안 된다. 클라이언트의 친척 또는 클라이언트와 개인적 친분이 있는 사람들과의 성적 행위나 성적 접촉은 클라이언트에게 잠재적 해를 끼칠 수 있고 사회복지사와 클라이언트가 적절한 전문적 경계를 유지하기 어렵게 만든다. 명확하고 적절하며 문화적으로 민감한 경계 설정하는 데 대한 책임은 클라이언트나 클라이언트의 친척 또는 클라이언트와 친분이 있는 사람이 아닌 사회복지사가 전적으로 지게 된다.

(c) 사회복지사는 이전의 클라이언트에 대해 잠재적 해를 가할 수 있기 때문에 이전에 클라이언트였던 사람과도 성적 행위나 성적 접촉을 할 수 없다. 사회복지사는 이러한 금지사항을 어기는 행동을 하거나 특수한 상황임을 내세워 이러한 금지사항으로부터의 예외를 주장하려면 이전에 클라이언트였던 사람이 고의든 그렇지 않든 착취나 강제를 당하거나 조종을 받지 않았다는 점을 입증할 전적인 책임이 있다.

(d) 사회복지사는 이전에 자신과 성적 관계를 가진 바 있는 사람에 대해 임상서비스를 제공해서는 안 된다. 이전에 성적 파트너였던 사람에게 임상서비스를 제공하면 그 사람에게 잠재적 해를 입힐 가능성이 있고 사회복지사와 그 파트너가 적절한 전문적 경계를 유지하게 어렵기 때문이다.

1.10 신체적 접촉

사회복지사는 그러한 접촉의 결과 클라이언트에게 심리적 상처를 줄 가능성이 있기 때문에 클라이언트와 신체적 접촉(부드럽게 잡거나 어루만지는 등)을 해서는 안 된다. 사회복지사는 클라이언트와 적절한 신체적 접촉을 유지해야 하는 경우 신체적 접촉에 대해 명백하고 적절하며 문화적으로 민감한 경계를 설정할 책임이 있다.

> 1.11 성희롱
>
> 사회복지사는 클라이언트에게 성희롱을 해서는 안 된다. 성희롱에는 성적 유혹, 성적 권유, 성적 호의의 요구, 기타 성적 성격을 띤 언어적 · 신체적 행위들을 포함한다.

미국상담사자격관리위원회(National Board for Certified Counselors, 2023)의 윤리강령에서도 특히 원격으로 상담이 제공되는 경우에 이중관계에 관련하여 지켜야 하는 지침을 자세하게 제시하고 있다.

> 원격 정신건강, 소셜 미디어 및 기술
>
> −109. 상담사는 현재 및 이전 클라이언트와 관련하여 소셜 미디어 및 기타 관련 디지털 기술의 사용을 규제하는 적절한 서면 정책에 따라 서비스를 제공해야 한다. 이 정책에는 클라이언트 비밀정보의 공개 및 여러 관계의 생성을 방지하는 약관이 포함되어야 한다. 또한 이 정책은 클라이언트 및 상담사 개인 계정이 업무용 소셜 미디어 계정과 구별된다는 점을 명시해야 한다.
>
> −112. 전문적인 목적으로 디지털 기술을 사용하는 상담사는 옹호, 교육 목적, 마케팅 관련 정보 등 전문적인 서비스와 관련된 정보만 게시해야 하며, 여러 관계를 형성하거나 고객을 기밀로 위협하지 않아야 한다.
>
> −113. 상담사는 클라이언트의 소셜 미디어 자료와 계정의 사생활을 존중해야 하며, 특정 클라이언트의 허가 없이 클라이언트의 소셜 미디어 계정에 접근해서는 안 된다.
>
> −114. 상담사는 온라인에서 클라이언트와 전문가가 아닌 관계를 맺지 않아야 한다. 이러한 제한에는 클라이언트의 소셜 미디어 계정에 연결하거나 팔로우하는 행위가 포함된다.

4) 사회복지실천에서의 이중관계에 대한 지침

첫째, 사회복지사는 정기적으로 클라이언트와의 관계를 동료 사회복지사와 논의함으로써 자신이 전문적 관계의 경계를 잘 유지하고 있는지 확인해야 한다. 사회복지사는 클라이언트의 최고 이익뿐만 아니라 자신을 위해서도 클라이언트와의 관계에 대한 다른 사람의 관점을 들어 보는 것이 필요하다(Davidson, 2005).

둘째, 사회복지사는 정신적 · 심리적으로 약해져 있을 경우에 경계위반이 일어나기 쉽기 때문에 자신의 정서적인 욕구를 잘 살펴볼 필요가 있다. 사회복지사 본인의 욕구를 간과하다 보면, 클라이언트의 욕구를 못 보고 넘어갈 수 있는 경향이 높아지며, 사회복지사와 클라이언트 사이의 경계를 위반할 확률도 높아진다.

셋째, 사회복지사는 클라이언트와 이중관계의 문제점을 잘 인식하고, 클라이언트와의 관계에서 한계나 경계를 설정해야 한다. 이중관계에 대한 충분한 지식을 갖고, 가능하면 이중관계의 가능성이 있는 상황을 피함으로써 클라이언트에게 해로울 수 있는 행동을 미연에 방지해야 한다. 또한 어떠한 상황에서도 클라이언트와의 성적 행동을 해서는 안 된다. 설사 현재에는 클라이언트와 전문적 관계가 종결되었다 하더라도 법적인 처벌의 가능성이 있기 때문에, 이전 클라이언트와의 성적 행동도 유의해야 한다.

원칙적으로 이중관계를 금기시하고는 있지만, 실천현장에서는 사회복지사와 클라이언트 간에 전문적 관계 이외의 친밀한 관계들이 형성이 되기도 한다. 예를 들어, 상담을 하고 있는 청소년 클라이언트에게 사회복지사가 떡볶이를 사 주거나 영화를 보여 주는 경우도 발생할 수 있다. 이러한 이중관계가 발생할 시에는 다음의 일반적 규칙(Corey, Corey, & Callanan, 1998: 박외숙, 고향자, 2007에서 재인용)을 따르는 것이 혹시라도 발생할 수 있는 클라이언트에게 해를 입히는 가능성을 줄이고, 사회복지사의 추후 법적인 처벌을 피하기 위한 안전망이 될 것이다.

- 출발에서부터 건강한 경계를 마련하라.
- 클라이언트에게 정보를 제공한 상태에서 동의를 확실하게 구하라. 그리고 클라이언트와 잠재적인 위험과 이중관계의 이익에 대하여 이야기하라.
- 클라이언트와 미리 예견하지 못한 문제들과 앞으로 일어날 갈등에 대하여 언제라도 이야기할 태도를 취하라.
- 어떤 딜레마든지 간에 해결하기 위하여 다른 전문가들에게 자문을 구하라.
- 이중관계가 특별히 문제가 되거나 해로움의 위험 수준이 높을 때는 슈퍼비전을 받으라.
- 치료일지에 어떤 이중관계이건 기록하라.
- 이중관계에 관여하는 데 대한 당신 자신의 동기를 검토하라.
- 필요하면, 클라이언트를 다른 전문가에게 의뢰하라.

넷째, 사회복지사는 클라이언트와의 전문적 관계에 악영향을 미치고, 경계위반을 일

으킬 수 있는 역전이(counter-transference)가 일어나지 않도록 주의해야 한다. 역전이는 사회복지사가 클라이언트나 클라이언트와의 관계를 자신의 과거의 인물이나 그 인물과의 관계로 느끼고 무의식적으로 반응하는 것이다. 역전이로 인해 사회복지사는 과거에 경험한 관계에서 파생된 감정으로 인해 클라이언트에 대한 왜곡된 인식을 갖게 되고, 클라이언트와의 긍정적인 전문적 관계를 갖는 것이 어려울 수 있다. 예를 들어, 자신의 아버지가 무능하고 무책임했던 사회복지사가 40대 후반의 도박중독인 남성 클라이언트에게 비난과 거부감을 보이게 되는 경우가 역전이에 해당한다. 역전이는 사회복지사의 객관성을 잃게 할 수 있으며, 클라이언트를 부정확하게 사정할 수 있으며 사회복지사의 경계를 위반할 가능성도 높다(Davidson, 2005).

다섯째, 사회복지사는 클라이언트에 대한 자기노출의 한계를 정해 놓아야 한다. 어떤 클라이언트는 사회복지사가 자신의 관점이나 입장을 이해하기 위해서는 자신과 비슷한 가치, 경험 등을 가지고 있어야 한다고 생각하고, 이를 확인하려 하기도 한다. 이외에도 클라이언트는 단순한 호기심에서, 사회복지사로서의 자질이 있거나 자신에게 도움이 될 수 있는 능력이 있는지 알고 싶어서 또는 사회복지사와 사적인 친분을 쌓기 위해서 사회복지사의 개인적 신상에 대해 질문하기도 한다. 예를 들어, 독실한 기독교인인 클라이언트가 사회복지사의 종교가 무엇인지를 묻거나, 부부갈등으로 어려움을 겪고 있는 클라이언트가 사회복지사의 결혼 여부를 궁금해하기도 한다. 이렇게 클라이언트가 사회복지사에게 개인적인 질문을 하는 경우에, 사회복지사는 어느 정도의 사적 정보를 노출시키는 것이 전문적 관계의 경계를 지키는 것인지 갈등할 수 있다.

이에 대처하는 방법에는 정답이 있을 수 없다. 사회복지사는 "네, 결혼했어요." "개인적으로 교회를 다니지는 않지만, 주위에 다니시는 분이 많아 기독교 문화나 교리에 대해서는 잘 알고 있어요."와 같이 간단하면서도 직접적으로 대답할 수도 있다. 또는 "제가 도와드릴 수 없을까 봐 좀 걱정되시나 봐요?" "제가 결혼했는지의 여부가 저와 같이 일하는 데 중요한가요?"라며 질문의 의미에 대해 물어볼 수도 있다. 어느 방식으로 대처를 하든지, 사회복지사는 클라이언트에게 사적인 개인정보를 노출하면서 개인적인 위험이나 전문적인 관계의 경계를 혼란스럽게 해서는 안 된다. 또한 사회복지사는 자신의 사적인 정보 노출이 클라이언트와의 관계에 어떤 영향을 미치는지에 대해 생각해 봐야 한다. 한 클라이언트가 자신이 동성연애자인지가 확실치 않아서 자신의 성적 정체성에 대해 갈등하고 있다면, 동성연애자이지만 아직 직장에서는 이를 밝히고 있지 않은 사회복지사의 경우 자신의 성적 정체성을 밝혀야 할지 고민할 수 있다. 이런 경우에 사회복지사는 자신의 성적 정체성을 밝혔을 때 나타날 수 있는 장단점을 모두 고려해 봐야 하며, 어떤 결정을 내리든지 클라이언트의 이익을 위해 최선을 다해야 한다(Richmond, 2010).

여섯째, 가족과 같이 서로 관계가 있는 클라이언트들에게 서비스를 제공하는 경우거나 클라이언트와 사회복지사 간에 이미 사회적 관계가 존재하고 있었던 경우에는 사회복지실천을 시작할 때 이러한 관계가 사회복지실천에 미칠 잠재적 이점과 단점을 명확히 인지해야 한다(이탄영, 이소연, 김지선, 2023). 서로 관계가 있는 두 명의 클라이언트와 상담 관계를 형성하는 것이 정말 불가피한 것인지 검토하고 클라이언트의 복지가 사회복지사의 유일한 동기인지 고민하여 결정을 내려야 한다(Welfel, 2020). 각 클라이언트 간 정보 공유가 필요할 경우를 대비하여 상담 초기에 이를 명확하게 고지하고 관련 비밀보장의 원칙을 재구조화해야 한다(Carnes-Holt, Maddox II, Warren, Morgon, & Zakaria, 2016). 클라이언트와 사회복지사 간의 사회적 관계가 사회복지실천의 전문적 관계로 이어질 경우에는 사회복지사는 전문적인 관계를 유지하기 위한 자기성찰 및 경계 설정에 대한 고민(이탄영 외, 2023)이 사회복지실천의 초기 단계부터 이루어져야 한다.

일곱째, 정보통신기술을 활용한 온라인 상담 및 사회복지 서비스를 제공하는 경우에는 다음과 같은 여러 윤리적 고려사항 및 지침을 따라야 한다. 사회복지기관에서는 사회복지사의 소셜 미디어 및 기타 관련 디지털 기술의 사용을 규제하는 적절한 서면 정책이 있어야 한다. 클라이언트나 사회복지사 개인 계정이 업무용 소셜 미디어 계정과 구별되어야 한다. 특히, 사회복지사는 전문직의 웹 사이트나 기타의 미디어에 개인정보를 포스팅하지 않아야 하며, 사회복지 서비스 관련 정보만 게시하며, 여러 관계를 형성하지 않는다. 클라이언트의 소셜 미디어 자료와 계정의 사생활을 존중해야 하며, 클라이언트의 소셜 미디어 계정에 연결하거나 팔로우하는 등 특정 클라이언트의 허가 없이 클라이언트의 소셜 미디어 계정에 접근해서는 안 된다. 개인적 혹은 업무와 무관한 목적으로 클라이언트와 소셜 네트워킹 사이트, 온라인 채팅, 이메일, 문자메시지, 전화 그리고 비디오 등의 정보통신기술을 사용한 의사소통을 해서는 안 된다. 소셜 네트워킹 사이트 또는 기타 전자 미디어에서 클라이언트로부터 개인적인 관계를 요청받더라도 이를 수용하거나 참여해서는 안 된다.

5. 서비스 비용

사회복지실천은 전통적인 박애활동 및 자선의 형태에서부터 시작되어 전문화·체계화되어 왔다(엄명용 외, 2000). 박애, 자선, 봉사의 가치는 아직도 사회복지실천의 근간을 이루고 있지만, 사회복지직은 전문적인 지식과 기술이 요구되는 직종이므로 제공하는 서비스에 합당한 비용을 받는 것이 정당하다. 하지만 클라이언트의 이익을 최우선으로 하면서도 클라이언트에게 서비스 비용을 청구해야 하는 상황은 사회복지사와 클라이언트 간에 갈등요소가 될 수 있다. 서비스 비용은 사회복지사나 사회복지기관의 수입과 연관되기 때문에 민감한 사항이다. 클라이언트의 경제적 상황은 사회복지사의 사회복지실천 결정에 영향을 미치며, 반대로 사회복지사의 경제적 상황이나 비용에 대한 태도도 실천개입에 영향을 준다(Wolfson, 1999).

한국 사회복지사 윤리강령(한국사회복지사협회, 2023)에서는 서비스 비용과 관련하여 다음과 같이 명시하고 있다.

- 사회복지사는 클라이언트의 지불능력에 상관없이 복지 서비스를 제공해야 하며, 이를 이유로 차별대우를 해서는 안 된다.
- 사회복지사는 필요한 경우에 제공된 서비스에 대해 공정하고 합리적으로 이용료를 책정할 수 있다.
- 사회복지사는 업무와 관련하여 정당하지 않은 방법으로 경제적 이득을 취하여서는 안 된다.

하지만 윤리강령에서 말하는 공정하고 합리적이며 적절한 서비스 요금이 어느 정도 수준의 요금을 말하는지는 확실하지 않다. 클라이언트의 입장에서 공정하고 합리적인 서비스 요금이 책정되어야 하는가? 아니면 기관이나 사회복지사의 입장에서 책정되어야 하는가? 경제적으로 힘든 클라이언트는 서비스 비용을 부담스러워할 수 있으며, 갑작스럽게 경제적 상황이 어려워진 클라이언트는 사회복지 서비스를 중단할 수도 있다. 이런 상황에서 사회복지사는 클라이언트의 현재 변화되는 욕구에 따라 서비스 비용을 차등적으로 부과·조정해 주어야 할지, 또는 지불을 연기해 주어야 할지 갈등하게 된다. 클라이언트의 최선의 이익과 경제적 부담을 고려하다 보면, 사회복지사나 기관의 기준에 맞지 않은 서비스 비용이 책정될 수도 있다(Wolfson, 1999). 여기에는 정답이 있을 수 없으며, 사회복지사 개개인의 가치와 상황에 따라 결정해야 한다. 사회복지사는 무료 혹은 저렴한 비용으로 서비스를 계속 제공하거나, 서비스 비용 지불을 연기해 주거나, 서비스를 계속 받을 수 있는 기관으로 의뢰해 줄 수 있다. 어느 대안을 선택하든지 사회복지사는 클라이언트 이익을 최우선으로 하는 가치와 사회복지사의 필요한 수입 사이에서 적절한 균형점을 찾아야만 한다.

서비스 비용에 관련한 또 다른 윤리적 갈등 상황은 전문적 서비스의 대가로 클라이언트에게서 물품이나 용역을 받는 경우다. 클라이언트가 사회복지 서비스 비용을 감당할 경제적 상황이 안 되는 경우, 대신에 그에 상응하는 다른 물품이나 노동을 해 주는 것은 윤리적인지에 대한 의문이 생길 수 있다. 하지만 서비스에 대한 대가로 받는 물물교환은 클라이언트와의 관계에서 잠정적으로 이해의 상충, 착취, 사회복지사와 클라이언트의 부적절한 경계를 야기할 수 있다(NASW, 2021).

사례 7-5

컴퓨터 관련 업체 직원인 송 씨는 사회복지사 조 씨에게 지난 4개월간 상담을 받아 오고 있다. 송 씨는 여자친구와 헤어진 후에 그에 따른 정서적 문제로 상담을 요청해 왔었다. 송 씨는 이성과 친밀한 관계를 지속해 나가는 데 불안감을 느끼고 있었다. 그는 근무하고 있는 회사가 부도로 2주 후에 문을 닫게 된다는 사실을 알게 되었다. 그는 상담을 계속 받고 싶지만, 실직을 하게 되면 상담비를 지불하기 어려운 형편이다. 그래서 상담을 계속 받는 대신에 연구소의 컴퓨터와 관련된 일을 해 주면 어떻겠냐는 제안을 해 왔다. 사회복지사 조 씨 역시 상담이 지속되는 것이 바람직하다고 생각하지만, 서비스 비용 문제를 어떻게 처리하는 것이 좋을지 결정하기가 어려웠다.

〈사례 7-5〉는 상담의 대가로 컴퓨터를 고쳐 주는 용역을 제공하겠다는 경우다. 이 사례에서 사회복지사는 누가 도움을 받으며 누가 해를 입게 되는지, 이러한 교환관계가 클라이언트와 사회복지사와의 관계에 어떤 영향을 미칠지에 대해 고려해 봐야 한다. 클라이언트 송 씨가 컴퓨터를 제대로 고치지 못하거나 고장 내는 경우, 사회복지사는 이에 대한 불만을 제대로 말할 수 있겠는가? 클라이언트의 용역에 대한 불만이 상담관계에 악영향을 미칠 수도 있다. 또한 얼마나 컴퓨터 관련 일을 해 주어야 상담 비용의 대가로 정당한가? 적절한 시간과 노력의 양을 합의하지 않으면, 클라이언트는 상담의 대가로 용역

을 착취당할 위험이 있다. 물물교환은 사회복지사와 클라이언트 간의 경계와 제한이 점점 줄어들게 할 수도 있으며, 이중관계를 피하기 어렵게 할 것이다. 사회복지사 윤리강령에 따르면 이중관계는 비윤리적인 행동이며, 이 관계에서 클라이언트 역시 상처받거나 해를 입게 될 수도 있다. 그러므로 사회복지사는 전문직 서비스에 대한 대가로 재화나 용역을 받아서는 안 된다. 단, 제한된 경우에서는 물질의 교환이 가능한데, 관례이거나 서비스 제공에 필수적인 교환, 강제력 없이 협상에 의한 교환, 클라이언트의 동의에 의해 클라이언트가 시작하는 경우, 클라이언트에게 해롭지 않은 것이 증명될 때에는 물질의 교환이 가능하다.

// 학습과제 //

1. 다음 사례에서 사회복지사는 어떻게 행동하는 것이 윤리적일지 토론해 보시오. 이중관계에 관련하여 누가 어떤 불이익과 상처를 받을지 클라이언트의 입장과 사회복지사의 입장에서 생각해 보시오.

   사회복지사 임 씨는 일하는 동안 아이와 집안일을 해 줄 수 있는 육아도우미를 찾고 있다. 인터넷에 광고를 낸 결과, 여러 명의 지원자가 연락을 해 왔다. 그중 한 명은 사회복지사 임 씨에게 상담을 받은 적이 있는 클라이언트였다. 면접에서 그 사실을 안 사회복지사는 매우 당황했다. 그는 지금 일할 수 있는 직장을 애타게 찾고 있으며, 과거에 상담을 받았다는 이유로 불이익을 당하지 않았으면 좋겠다고 간절히 말했다.

2. 다음 사례에서 사회복지사와 이전의 클라이언트 간에 연인 사이로 발전되는 것이 아무 문제가 없는지 토론해 보시오. 이중관계가 어떤 윤리적 문제로 발생할 수 있을지 생각해 보시오. 예전의 클라이언트와 이중관계를 맺는 것은 현재의 클라이언트와의 이중관계와 어떤 차이가 있는가? 예전의 클라이언트와의 성적 관계는 이중관계에 해당되지 않는가?

   이혼한 박 씨는 아동복지관에서 일하고 있는 사회복지사다. 박 씨는 친구모임에서 예전 클라이언트였던 위 씨를 우연히 만나게 되었다. 1년 전, 위 씨는 남편과의 화해를 위해 이혼 전 마지막 시도로 사회복지사 박 씨에게서 부부상담을 받았다. 하지만 채 한 달이 못 되어 위 씨 부부는 상담에 나오지 않았으며, 사회복지사 박 씨와도 연락이 닿지 않았다. 위 씨는 결국 남편과 이혼했다고 박 씨에게 털어놓았다. 사회복지사 박 씨 역시 몇 년 전에 이혼을 하였고, 그 상실감으로 매우 괴로워하고 있었다. 사회복지사와 클라이언트는 비슷한 경험을 한 공통점 때문에 서로 친밀감을 느꼈고, 자주 전화 통화를 하며 퇴근 후에 같이 어울리는 사이가 되었다.

// 학습정리 //

- 사회복지사는 클라이언트와의 전문적 관계에서 명확한 경계를 유지해야 하며, 클라이언트의 이익을 최우선해야 한다.
- 사회복지사는 클라이언트에게 헌신해야 하며, 클라이언트는 이용당하지 않도록 보호받아야 한다.
- 사회복지사가 클라이언트와 갈등이 있을 경우에는, 클라이언트의 권익옹호를 최우선의 가치로 삼고 행동한다. 그러나 사회복지사의 생명을 위협하는 것과 같은 특수한 상황에서는 클라이언트를 우선하는 원칙에 예외가 있을 수 있다.
- 사회복지사는 기관의 이익과 클라이언트의 이익 중에 무엇을 우선적으로 해야 할지를 결정할 때, 클라이언트의 권익옹호를 최우선의 가치로 삼고 행동해야 한다.
- 사회복지사는 자신이 속한 기관의 정책, 절차, 규제, 행정 명령이 사회복지의 윤리적 실천을 방해할 때는 이를 변화시키도록 노력해야 한다.
- 이중관계에는 사회복지사가 클라이언트와 친밀한 관계를 맺거나 성적인 접촉을 가지는 것이 포함된다. 이중관계는 사회복지사와 클라이언트 관계의 경계 문제를 야기함으로써 전문적 관계에 해가 될 수 있다.
- 사회복지사는 업무 외의 목적으로 정보통신기술을 사용해 클라이언트와 의사소통을 해서는 안 된다.
- 사회복지사는 어떠한 상황에서도 클라이언트와 사적 금전 거래, 성적 관계 등 부적절한 행동을 해서는 안 된다.
- 사회복지사는 클라이언트의 지불능력에 상관없이 서비스를 제공해야 하며, 이를 이유로 차별대우해서는 안 되며, 서비스에 대해 공정하고 합리적으로 이용료를 책정해야 한다.

참고문헌

강선경(2010). 이중관계(dual relationship)와 관련된 윤리적 딜레마에 대한 교육. **한국사회복지교육, 12**, 31-49.

곽정란, 김병하(2004). 장애담론의 정치적 이해: 장애인당사자주의를 중심으로. **특수교육저널: 이론과 실천, 5**(3), 249-263.

권자영, 박향경(2018). 사회복지사의 실천관계경험에 대한 탐색적 연구. **한국사회복지교육, 44**, 51-75.

김민, 최말옥(2015). SNS 사용에 따른 사회복지사 전문가 윤리와 윤리결정모형: 사례연구를 중심

으로. 비판사회정책, 48, 52-90.

김상균, 오정수, 유채영(2002). 사회복지 윤리와 철학. 나남출판.

김종해, 김종진, 김인숙, 강은애, 김병년, 김현민, 송인주, 양성욱, 이정봉, 이주환, 한상미, 박선영, 배지영, 윤소윤, 정용문(2013). 사회복지사 인권상황 실태조사. 국가인권위원회.

김현진, 김민(2017). 청소년상담사와 소셜네트워크 서비스: 전문가 윤리에 대한 논의. 청소년상담연구, 25(2), 163-183.

박미진, 김진(2018). 위기취약 발굴을 위한 사회복지사의 지역사회 아웃리치 실천 기술 경험에 관한 질적 연구. 지역사회연구, 26(3), 21-48.

박미옥, 유숙, 정원철(2020). 정신장애인 당사자운동에 참여한 정신건강사회복지사의 경험에 관한 연구. 복지상담교육연구, 9(1), 81-109.

박외숙, 고향자(2007). 비성적인 이중관계의 윤리. 한국심리학회지: 상담 및 심리치료, 19(4), 863-887.

박주혜, 김은정, 정세미, 정삼영(2023). 가정폭력 피해 이주여성을 돕는 실천가는 어떠한 딜레마를 경험하는가. 한국사회복지교육, 61, 121-150.

보건복지부, 한국사회복지협의회(2017.11). 사회복지시설 종사자 폭력피해 예방 매뉴얼.

서동명, 윤재영, 이방미, 김민재(2022). 2022년 서울시 사회복지사 근로실태 개선 연구 결과보고서. 서울사회복지사협회 정책위원회.

손현동(2023). 중독 상담자의 다중 관계에 대한 윤리적 고려. 아시아태평양융합연구교류논문지, 9(1), 473-483.

엄명용, 김성천, 오혜경, 윤혜미(2000). 사회복지실천의 이해. 학지사.

이윤희, 김경민, 이상민(2021). 비대면 상담 윤리강령 기초 연구. 상담학연구, 22(5), 77-106.

이탄영, 이소연, 김지선(2023). 윤리적 갈등상황에서 아동상담자의 윤리적 판단 및 행동에 관한 실태 연구. 한국놀이치료학회지, 26(2), 101-121.

장연진, 김진숙(2023a). 사회복지사의 이중관계에 대한 신념과 경험. 한국사회복지교육, 3(61), 23-53.

장연진, 김진숙(2023b). 이중관계에 관한 사회복지사의 윤리적 신념과 경험: 2001년, 2011년, 2022년 비교 연구. 사회복지연구, 54(3), 79-111.

장연진, 김진숙, 구혜영(2012). 이중관계에 대한 사회복지사의 신념과 경험의 변화: 2001년과 2011년 비교 연구. 한국사회복지학, 64(3), 281-308.

장혜영, 최정숙(2022). 코로나19 팬데믹 시기 노인요양시설 사회복지사의 직무 경험에 관한 질적 연구. 사회과학연구, 33(2), 3-32.

보건복지부 · 한국사회복지사협회(2022). 2022년 사회복지사 통계연감.

한국사회복지사협회(2023). 선서문 및 윤리강령. https://www.welfare.net/welfare/social-workers/ethics-and-oath (2024. 7. 11. 인출).

Blackmon, A., & Hardy, T. (2020. 04. 23.). *The Art of Self-Care for Social Workers*. NASW Blogs: Social Work Blog. https://www.socialworkblog.org/sw-practice/2020/04/the-art-of-self-care-for-social-workers/

Carnes-Holt, K., Maddox II, R. P., Warren, J., Morgan, M., & Zakaria, N. S. (2016). Using bookmarks: An approach to support ethical decision making in play therapy. *International Journal of Play Therapy, 25*(4), 176-185. http://dx.doi.org/10.1037/pla0040380

Corey, G., Corey, M. S., & Callanan, P. (1998). *Issues and ethics in the helping professions*. Brooks/Cole.

Davidson, J. (2005). Professional relationship boundaries: A social work teaching module. *Social Work Education, 24*(5), 511-533.

De Leon, G. (2000). *The Therapeutic Community: Theory, Model, and Method*. Springer Publishing Company.

Freud, S., & Krug, S. (2002). Beyond the Code of Ethics, Part Ⅱ: Dual Relationships Revisited. *Families in Society, 83*(5/6), 483-492.

Kagel, J. D., & Giebelhausen, P. N. (1994). Dual Relationships and Professional Boundaries. *Social Work 39*(2), 213-220.

Gibelman, M., & Sweifach, J. (2008). Acting on Our Values: Do Social Workers Volunteer? *Social Work, 53*(1), 53-64.

Kitchener, K. (2000). *Foundations of Ethical Practice, Research, and Teaching in Psychology*. Lawrence Erlbaum Associates, Inc.

National Association of Social Workers (NASW, 2021). *Read the Code of Ethics*. https://www.socialworkers.org/About/Ethics/Code-of-Ethics/Code-of-Ethics-English

National Board for Certified Counselors (2023). *National Board For Certified Counselors, INC.* Code of Ethics. https://nbcc.org/Assets/Ethics/NBCCCodeofEthics.pdf

Reamer, F. G. (1995). Malpractice claims against social workers: First facts. *Social Work, 40*(5), 595-601.

Reamer, F. G. (2003). Boundary issues in social work: Managing dual relationships. *Social Work, 48*(1), 121-133.

Richmond, P. (2010). The down and dirty essentials of professional boundary terminology. *Relational Child and Youth Care Practice, 23*(2), 39-43.

Ringstad, R. (2008). The Ethics of Dual Relationships: Beliefs and Behaviors of Clinical Practitioners. *Families in Society, 89*(1), 69-77.

Storm-Gottfried, K. (1999). Professional boundaries: An analysis of violations by social

workers. *Families in Society, 80*(5), 439-449.

Valentich, M., & Gripton, J. (1992). Dual relationships: Dilemmas and doubts. *The Canadian Journal of Human Sexuality, 1*(3), 155-166.

Welfel, E. R. (2020). **상담 및 심리치료 윤리** [*Ethics in Counseling and Psychotherapy: Standards, Research, and Emerging Issues*. (6th ed.)]. (서영석, 조화진, 최바올, 김민선 공역). 박영사. (원저는 2016년에 출판).

Whitfield, C. (1993). *Boundaries and Relationships: Knowing, Protecting and Enjoying the Self*. Florida: Health Communications, Inc.

Wolfson, E. (1999). The Fee in Social Work: Ethical Dilemmas for Practitioners. *Social Work, 44*(3), 269-273.

사회복지조직 내부의 윤리적 갈등

학습목표

- 조직의 내부 갈등과 윤리에 대해 이해하고, 사회복지실천에서 딜레마의 사례를 분석한다.
- 중간관리자로서의 역할, 다른 전문직과의 관계에 관련한 윤리적 딜레마 사례를 분석한다.
- 동료 전문가의 결함 및 동료 간 비민주적 관계에 대해 이해하고, 사회복지실천에서 딜레마의 사례를 분석한다.
- 슈퍼바이저와의 관계에서의 갈등과 윤리에 대해 이해하고, 사회복지실천에서 딜레마의 사례를 분석한다.

1. 조직의 내부 갈등과 윤리

사회복지사들은 사회복지실천현장에서 자신들의 이익을 위해 파업을 할 수 있는 것인가? 그 과정에서 클라이언트에 대한 서비스 제공이 간과될 수 있다면 어떻게 해야 하는가? 클라이언트가 사회복지사에게 폭력을 휘두르는 상황에서는 어떻게 대처해야 하는가? 사회복지실습을 하러 간 실습생에게 슈퍼비전을 제공하는 사회복지사가 실습과는 관련 없는 일에 강제로 동원하려 한다면? 청소년인 클라이언트와 상담하는 과정에서 학교 담임선생님이 상담내용을 알고 싶어 하는 경우라면 어떻게 대처해야 하는가?

앞의 상황과 같이 사회복지사는 사회복지실천과 행정 업무의 수행과정에서 일선 직원, 상위 관리직급, 기관의 이사회 등 다양한 직위 내 또는 직위 간에 갈등이 발생할 수 있다. 사회복지기관의 조직 내에서 동료 사회복지사, 슈퍼바이저 등과의 관계에서 그리고 다른 전문직들과 협력하는 상황에서 갈등이 나타날 수 있다. 사회복지기관이라는 조직체의 일원으로서, 행정이나 관리직에서 직무를 수행하는 과정에서 노사갈등, 중간관리자 또는 다른 전문직과의 관계, 동료 사회복지사나 슈퍼바이저와의 관계 사이에서의 갈등이 있을 경우, 사회복지사는 윤리적 딜레마에 빠지게 된다.

2. 노사갈등

사회복지분야가 양적으로 성장해 오고 있으나, 여전히 사회복지사의 처우나 노동환경 등은 미흡한 실정이다. 2005년부터 2012년 동안 사회복지 법인 종사자의 노동위원회 제소 현황(김종해, 김종진, 김인숙 외, 2013)을 보면, 연평균 31건(총 253건)에 이른다. 제소 유형으로는 부당해고 69.2%(175건, 평균 21.8건), 부당노동행위 5.1%(13건, 평균 4.3건), 부당징계 8.3%(21건, 평균 3.5건) 그리고 부당전보 5.5%(14건, 평균 2건)가 가장 많았다. 게다가 이러한 갈등이 있을 때 사회복지시설 내 사회복지사의 법적, 제도적 의사소통 및 참여기구 역할을 하는 노사협의회, 협회, 노동조합 모두 사회복지시설에 존재하지 않거나, 존재하여도 형식적인 경우가 많아서 노동기본권과 이해관계를 대변하는 데 미약한 것으로 나타났다. 대표적으로, 2022년 사회복지사 통계연감(보건복지부 · 한국사회복지사협회, 2022)에 따르면 시설 내 직원의 권리와 인권 보장에 대한 규정이 있다고 응답한 시설이

94.9%로 나타났으나 시설 내 노동조합이 있다고 응답한 시설은 6.5%로 매우 낮게 나타났으며, 시설 내 노사협의회가 있다고 응답한 시설이 22.1%에 불과하였다. 이는 대부분의 사회복지시설 운영 과정이 민주적으로 운영되지 못할 뿐만 아니라, 인권침해요소 등이 나타났을 때 적절하게 대응할 수 없다는 것을 나타낸다.

사회복지사는 클라이언트의 부당한 상황에 대한 권리옹호나 클라이언트의 권익을 대변할 것뿐만이 아니라, 자신의 인권이나 열악한 노동환경 및 부당한 처우에 대해서도 목소리를 낼 수 있어야 한다. 〈표 8-1〉의 인권위원회 보고서에서 제시한 사회복지사의 인권목록(김종해, 김종진, 김인숙 외, 2013)을 참고로 하여, 열악한 노동조건에서 사회복지사의 처우 개선 및 권익을 위해 노력해야 할 필요가 있다. 그러나 이와 같은 사회복지사의

표 8-1 사회복지사 인권목록

사회복지사 인권목록	세부내용
① 자신의 생명을 유지할 수 있는가	건강권: 사회복지사는 직무를 수행하는 과정에서 자신의 생명에 대한 위협을 받거나 이를 유지하기 어려운 상황이 되는 것에 대해 문제를 제기하고 이를 수정할 수 있어야 하며 그렇게 하지 못할 때는 관련 단체에 도움을 요청하여 문제를 시정하거나 보호받을 수 있도록 해야 한다.
② 신체적 · 정신적으로 건강을 유지할 수 있는 환경인가	노동조건, 건강권: 사회복지사는 직무를 수행하는 과정에서 일시적으로 또는 누적적으로 벌어지는 스트레스 상황과 갈등 경험 또는 육체적 노동으로 인하여 신체적 · 정신적 건강을 유지할 수 없는 환경에 놓이지 않아야 한다. 이런 환경에 놓일 경우 개인은 이를 개선할 수 있도록 공적 체계와 사적 자원체계를 동원하여야 한다. 만일 스스로 문제를 해결해 나갈 수 없을 경우, 동료와 관련기관은 이를 민감하게 수용하여 적절한 조치를 통해 건강유지를 할 수 있도록 돕고 관련조건을 개선해야 한다.
③ 기본적인 자유(이동, 폭력, 혼인, 출산, 육아)가 보장되는가	자유와 평등 의식: 사회복지사는 직무를 수행하는 과정에서 일시적으로 또는 지속적으로 폭력적인 상황에 힘에 의해 예속되지 아니하여야 하고 혼인, 출산 육아의 인간의 기본적 이득(Fundamental interest)을 충족하고 확보하도록 충분히 보장받아 한다. 만일 이러한 자유가 확보되지 않을 경우 사회복지사는 기관장(원장, 법인이사장)이나 지자체 또는 정부를 상대로 이러한 권리를 요구할 수 있다. 만일 스스로가 문제를 해결하기 어려운 상황이라면 동료와 외부기관에서 이러한 문제에 대한 시정을 요구할 수 있다.

④ 사상과 양심의 자유가 보장되는가	**인권침해문제 해결:** 사회복지사는 직무를 수행하는 과정에서 클라이언트와 동료, 상관, 기관장, 지자체, 단체장과 사적인 이해관계로 연결되지 않으며 자신의 사상과 양심과 자유를 자신의 의지에 따라 지키고 누릴 권리가 있다. 만일 특정한 사상과 관점을 강요당하거나 요구받으면 그 자리에서 이를 시정할 수 있도록 요구할 수 있어야 한다. 그것이 자신과 나아가 다른 모든 사회복지사를 보호하는 일임을 명심한다. 따라서 사회복지사는 정직과 신의에 의해서 활동하며 진실성에 기반한 실천과정에서 부딪히는 다양한 비도덕적·비윤리적 행동에 대해서 시정을 요구하고 기관 내에서 해결되지 않을 경우는 관련기관에 문제를 제기하고 시정할 수 있도록 해야 한다.
⑤ 감정적 억압과 고통을 받지 아니하는가	**감정노동과 소진:** 사회복지사는 직무를 수행하는 과정에서 클라이언트와 동료 상관으로부터 감정적으로 손상을 입고 고통스러운 상황에 놓이지 않아야 한다. 일시적으로 그런 일이 있더라도 관련 상황을 치유하기 위한 과정에 참여할 수 있어야 한다.
⑥ 사유와 자기계발의 자유가 촉진될 수 있는가	**근로조건(종교자유와 직무교육):** 사회복지사는 직무를 수행하는 과정에서 경험할 수 있는 다양한 판단과 해석에 필요한 진실성 있는 숙고를 해야 하는 업무를 수행하는 사람이다. 따라서 관련된 철학적 사유와 이를 위한 자기계발을 할 수 있도록 스스로를 촉진시켜야 하며, 전문기관과 동료들도 상호 지지해야 한다.
⑦ 다양한 교류와 결속에 참여하도록 하는가	**정책현안, 의사소통:** 사회복지사는 직무를 수행하는 과정에서 자신의 업무를 전문적으로 개발하거나 자신의 권리를 보호하기 위해서 관련된 사람 조직 네트워크와 다양하게 교류하고 결속할 수 있어야 한다. 사회복지사의 이러한 활동을 제약하거나 비합리적인 이유를 불이익을 가하는 경우 정당한 절차로 문제제기 할 수 있어야 한다.
⑧ 자기존엄성을 유지할 수 있는가	**노동환경:** 사회복지사는 조직내부와 지역사회 내에서 존중받고 차별받지 않아야 한다. 만일 정당한 과정이 없이 비합리적인 이유로 존중하지 않고 차별할 경우는 이에 대해 항의할 수 있어야 한다.
⑨ 사회전반의 가치를 학습하고 실천하도록 보장되는가	**노동환경:** 사회복지사는 개인만이 아니라 다양한 직종, 이해관계, 다양한 환경과 생태계 속에서 살아가는 존재임을 인식하고 그 안에서의 조화와 협력에 기여할 수 있는 균형된 인간상을 지향해야 한다.
⑩ 휴식과 놀이의 권리가 보장되고 있는가	**근무조건:** 사회복지사는 직무를 수행하는 과정에서 자신의 판단에 따라 휴식과 놀이를 선택할 수 있어야 한다. 그리고 이를 요구할 수 있어야 하며 기관은 이를 위해 지원할 수 있어야 한다.
⑪ 정치적 참여와 자기결정권이 보장되는가	**정치, 종교적 자기결정:** 사회복지사는 정치적 단체에 가입하고 그것에 대한 결정을 스스로 하며 이에 대해 직무와 관련하여 요구받거나 강압받을 수 없다. 이에 자신의 정치적 입장과 자율의지가 침해당하지 않도록 보호할 의무가 있다.

⑫ 개인정보의 보호와 이직 중의 권리가 보장되는가	**고용시장, 취업규칙 등:** 사회복지사는 조직내부에서 자신의 정보를 보호하려는 모든 행동에 제지를 받아서는 안 된다. 또한 자신의 이직을 위한 모든 행동을 지원받을 수 있으며 이에 대해 문제제기 할 수 없다.

출처: 김종해, 김종진, 김인숙 외(2013)

처우 개선을 위한 행동들이 클라이언트의 권익에 해를 끼칠 가능성이 있게 되면 여러 가지 윤리적 갈등을 겪을 수 있다.

사례 8-1

(매일노동뉴스, 2020. 6. 29. 을 바탕으로 사례 각색)

사회복지사인 박 씨는 한 종합사회복지관의 노조 지회장으로, 복지관을 운영하는 복지재단에 교섭을 촉구하였다. 이후에 박 씨는 동료 사회복지사로부터 전화를 여러 번 받았다. 대부분 "노조활동을 하다 이직 못하면 어떻게 하느냐."라고 걱정하는 전화였다. "클라이언트를 위해 일해야 하는 사회복지사가 무슨 노동조합을 하느냐."라는 이야기도 많이 들었다. 복지시설이 클라이언트가 우선이라 클라이언트를 두고 파업을 할 수 없다는 의견과 직업 특성상 헌신하고 인내해야 하는 사회복지사가 갈등을 조장하고 분란을 일으키면 되겠냐는 의견도 있다는 것이다. 하지만 클라이언트의 권익옹호만을 강조하는 상황에서, 돌봄노동을 하고 복지법인에 고용된 노동자인 사회복지사 본인의 권익은 정작 돌보지 못하고 있다는 의견도 있다. 24시간 복지시설에 이용자를 돌보기 때문에 휴게시간을 보장받지 못하거나, 임금에서 야간근로수당이나 연장근로수당이 미지급되는 경우도 있다. 또한 직장 내 괴롭힘을 당해도 하소연할 곳이 없다. 직장내 괴롭힘 금지법이 있으나, 절반 이상의 사회복지시설이 5명 미만 소규모 사업장이어서 근로기준법 적용을 받지 못하고 있는 상황이다. 특히, 종교기반 복지법인의 경우, 종교강요와 후원금 강제 문제가 발생하기도 한다. 복지지설 대부분이 지방자치단체로부터 민간위탁된 시설이라 노조를 설립해도 실제 권한을 가진 지자체와 교섭하기 어려운 것도 사회복지사의 권익 추구를 어렵게 하는 요인이다. 특히나 조직 내 갈등이 발생하면 지방자치단체로부터 재위탁과 재계약에 불리하게 작용한다는 불안정성이 직장내 괴롭힘을 용인하고 노조활동을 어렵게 하는 문화를 만든다는 것이다.

〈사례 8-1〉은 사회복지사가 자신의 노동권을 위해 노조형성이나 파업에 동참하기 어려운 상황을 보여 준다. 특히나 사회복지사 개인의 노조에 참여할 수 있는 시민권과 클라이언트의 복지를 위해야 하는 전문적 가치 사이에서의 윤리적 갈등이 나타난다. 사회복지사의 파업을 옹호하는 입장에서는 열악한 급여와 노동조건 때문에 사회복지사 개인의 기본적인 복지가 위태로운 경우에는 파업에 동참하는 것을 정당화할 수 있다고 주장한다. 파업동참은 사회복지사의 시민권 보장의 관점에서 정당하다는 것이다. 반면에 사회복지사가 자신의 고용과 관련된 이익을 위해 파업을 하는 것은 결과적으로 취약한 클라이언트의 욕구를 돌보지 않는 것으로, 비윤리적이라고 보는 입장도 있다. 또 다른 시각으로는 파업을 통해 사회복지사가 만족을 얻어 결과적으로 클라이언트에게 높은 질의 서비스를 제공하는 것이 더 윤리적일 수 있다고 보기도 한다. 하지만 파업은 또 다른 노사분규를 불러일으킬 수 있다는 우려 섞인 시각도 있다. 사회복지사는 파업과 관련한 여러 입장과 의견을 바탕으로, 파업이 가져올 수 있는 클라이언트와 사회복지 전문성에 대한 영향을 고려해 봐야 한다.

한국 사회복지사 윤리강령(한국사회복지사협회, 2023)의 기본적 윤리기준에서 사회복지사는 한국사회복지사협회 등 전문가 단체의 활동에 적극적으로 참여하여, 사회정의 실현과 사회복지사의 권익 옹호를 위해 노력한다고 규정하고 있다. 또한 한국 사회복지사 윤리강령의 기관에 대한 윤리기준에서 사회복지사는 기관의 부당한 정책이나 요구에 대해 전문직의 가치와 지식을 근거로 대응하고, 제반 법령과 규정에 따라 해결하도록 노력해야 한다고 명시하고 있다. 미국 사회복지사 윤리강령(NASW, 2023)에서도 노사분쟁과 관련하여 사회복지사는 전문적 가치, 윤리적 원칙, 윤리적 기준에 의해 인도되어야 한다고 제시한다. 특히 파업행위 중에 전문가로서 일차적인 의무에 관해 사회복지사 간에 합리적인 의견 차이가 존재할 수 있기 때문에, 사회복지사는 행동을 결정하기 전에 관련된 쟁점과 클라이언트에 미칠 영향을 주의 깊게 검토해야 한다. 사회복지 서비스가 필요한 클라이언트가 방치되지 않도록 합리적으로 대처해야 하며, 클라이언트의 기본적 욕구가 위태로운 상황에서는 파업을 피해야 한다. 그러나 파업이 불가피하여 서비스의 종료나 중단이 있을 경우에는 이를 즉시 클라이언트에게 알려야 한다. 사회복지 서비스에 대한 필요나 욕구가 있는 클라이언트에게는 서비스 의뢰나 이전을 통해 적절한 서비스 제공이 지속될 수 있도록 해야 한다.

3. 중간관리자의 역할

2022년 서울시 사회복지사 근로실태 개선 조사연구 결과보고서(서동명, 윤재영, 이방미, 김민재, 2022)에 따르면, 사회복지사들은 보수수준과 업무강도에 대한 스트레스가 10점 척도 기준 '보통(5점)' 이상으로 높은 것으로 나타났으며, 주관적으로 인식하는 소진 수준에 대해서는 10점 만점 기준 평균 6.33점으로 조사되었다. 응답자 중 55.2%의 소진 수준이 '상(7~9점)' 이상에 해당하는 것으로 나타났으며, 소진 영향 요인으로 업무강도(22%), 보수 수준(20.9%), 상사와의 관계(11%) 순으로 빈도가 높게 나타났다(서동명 외, 2022). 이와 같이 사회복지사들의 소진이 심각한 수준으로 나타나고 있는 상황에서, 사회복지기관의 중간관리자는 클라이언트의 복지뿐만 아니라, 직원인 사회복지사의 복지도 염두에 두어야 한다. 사회복지기관에서 관리자의 직접적인 업무는 직원을 지원하고 직원의 개인적 발달을 지원하는 것이기 때문이다. 하지만 사회복지사 윤리강령은 클라이언트의 이익을 최선으로 하도록 규정하고 있다. 그렇기 때문에 중간관리자는 클라이언트와 직원 사이에서 상충되는 충실성의 갈등을 겪을 수 있다. 관리자는 기관의 행정 및 운영에 중점을 두면서도 클라이언트와 사회복지사 사이의 전문적 관계에서의 윤리적 사회복지실천을 고려해야 한다. 사회복지기관의 관리자는 특히 클라이언트의 요구가 직원의 요구와 갈등하는 상황에 놓이는 경우, 윤리강령에 의거해서 윤리적으로 행동해야 한다. 무엇보다도 관리자는 사회복지사로서의 역할 혼돈으로 직원들을 클라이언트처럼 대하는 실수를 범해서는 안 되며, 직원들도 책임을 가진 독립적이고 전문적인 사회복지사라는 것을 기억해야 한다.

중간관리자는 기관의 이익과 직원의 이익 사이에서도 갈등할 수 있다. 직원인 사회복지사가 기관의 이익과 관련하여 윤리적 갈등을 갖게 되거나 기관의 입장을 이해하지 못할 때, 관리자는 큰 체계에서의 광범위한 관점에서 상황을 이해함으로써 중재자의 역할을 해야 한다. 중간관리자는 중재자의 역할을 맡음으로써 직원인 사회복지사와 기관 사이에서 의사소통의 갈등이나 의견 차이를 조정할 수 있다.

이외에도 중간관리자는 공정성과 형평성을 기초로 하여 기관의 행정이나 운영과 관련한 문제를 해결해 나가야 한다. 한정된 예산의 분배 또는 업무의 할당도 중간관리자에게 주어진 역할이다. 오혜경(2005)은 중간관리자가 직원 활용에 있어서 사회복지사에게 업무를 할당하는 기준을 다음과 같이 제시하고 있다.

- 평등의 원칙: 직장에서의 직분과 봉급이 같은 모든 직원은 똑같은 책임과 똑같은 업무 할당량을 가져야 한다는 것을 의미한다.
- 클라이언트의 욕구: 사회복지사의 중요한 책임은 클라이언트의 복지를 증진시키는 것이기 때문에, 업무 할당이 클라이언트의 욕구 사정에 근거해야 한다는 것이다. 클라이언트의 욕구에 맞는 전문적이고 효과적인 서비스를 제공할 수 있는 사회복지사에게 업무가 할당되어야 한다는 것이다.
- 사회복지사의 욕구: 신체적 · 정신적 한계로 인하여 사회복지사들의 업무 할당을 일시적으로 감소할 필요가 있다면, 관리자는 직원의 업무량을 조절할 수 있다. 예컨대 소진의 가능성이 있는 사회복지사에게는 일시적으로 업무 부담을 줄여 줄 수 있다.
- 사회복지사의 능력이나 힘: 사회복지사 스스로가 능력이나 힘이 있다고 생각하는 경우는 많지 않지만, 중간관리자는 초보 사회복지사나 실습생인 경우에 업무 할당을 줄여 줄 수 있다. 결국 관리자가 개개인의 사회복지사의 능력을 사정하여 업무를 할당할 수 있다.

사례 8-2

아동상담기관의 중간관리자인 박 씨는 3명의 사회복지사를 직원으로 두고 있으며 최근 1명의 신입 사회복지사가 들어왔다. 각 사회복지사는 30명의 아동 클라이언트를 상담하는 업무량을 가지고 있다. 4명의 사회복지사는 다음과 같다.

1. 신입인 최 씨는 아주 우수한 사회복지사이며, 뛰어난 사회복지기술을 가지고 있다. 하지만 경험이 부족해서 최소한의 수준에서 일을 수행하고 있으며 아직 많은 슈퍼비전이 필요하다.
2. 사회복지사 이 씨는 작년부터 이 기관에서 일하고 있다. 힘이 넘치며 의욕적이지만, 일처리가 꼼꼼하지 못해 실수가 많고 마지막까지 완수하지 못한다는 평가를 받았다.
3. 사회복지사 김 씨는 7년 동안 이 기관에서 일하고 있다. 매우 능력 있는 사회복지사이기 때문에 종종 새 업무를 떠맡는다. 그러나 어린 자녀 때문에 육아휴직을 고려하고 있다.
4. 사회복지사 오 씨는 9년 동안 성실하게 일해 왔지만, 최근 많은 업무량으로 소진된 모습을 자주 보인다. 가벼운 우울증상과 스트레스를 자주 호소하고 있다.

중간관리자인 박 씨는 최근 10명의 새로운 클라이언트가 들어오면서, 추가 사례를 사회복지사들에게 할당해야 한다. 추가 사례가 주어지면, 사회복지사들은 그만큼 더 오래 일을 해야 하며, 업무 부담으로 휴가를 가지 못할 수도 있다. 중간관리자로서 이 추가 사례를 어떻게 할당해야 하는가?

4. 다른 전문직과의 관계

사회복지사는 의료, 학교, 정신보건, 교정, 군 등 여러 분야에서 사회복지실천을 행하고 있다. 다양한 영역에서 일하다 보면, 여러 전문직과 그룹을 이루어 일하는 기회가 많아진다. 다른 전문직이 주를 이루는 기관에서 일하는 경우에 다른 전문직과의 가치 차이, 사회복지사의 명목적 위치의 주변성, 사회복지를 여성의 일로 가치절하하는 관점, 역할의 모호성과 역할긴장 등의 이유로(Dane & Simon, 1991), 사회복지사는 많은 어려움이 있을 수 있다.

예를 들어, 학교라는 실천현장에서 일을 하는 사회복지사는 학교선생님이나 학교행정가 등 다른 전문직과의 관계에서 여러 윤리적 갈등을 겪을 수 있다. 한 15세 학생이 교실 내에서 폭력성을 보임으로 인해 학교 담임선생님이 학교 사회복지사에게 상담을 요청해 왔을 경우, 사회복지사는 학생에 대한 정보를 얻고 싶어 하는 사람들로부터 압력을 받을 수 있다. 학교 담임선생님이 학생의 폭력성의 원인을 알고 싶어 하거나, 지역사회 복지기관에서 학생의 가정환경에 대해 알고 싶어 할 수 있다. 하지만 이러한 정보는 학생의 동의 없이 노출될 수 없다. 학교사회복지사에게는 학생이 클라이언트이므로, 학생의 비밀을 보장해야 하는 의무가 있기 때문이다. 사회복지사가 정보공유를 요청하는 전문직과 전문적 또는 개인적 책임이나 관계가 있는 경우에는 상황이 더욱 복잡해진다. 학교에 소속되어 있는 학교사회복지사이거나, 선생님 또는 다른 학교직원들과 동료로서의 관계를 갖는 경우가 그렇다. 하지만 학교행정가, 학교직원, 지역사회의 일원은 사회복지사의 클라이언트가 아니며, 고지된 동의 없이는 정보를 공유할 수 없음을 명심해야 한다. 단, 클라이언트가 자기 자신이나 다른 이들을 해할 가능성이 있는 경우와 같이 전문적 가치에 비추어 이해 타당한 이유가 있을 경우에는 고지된 동의 없이 비밀을 노출할 수 있다. 학교사회복지사는 아동의 교육적 필요와 욕구 충족을 주된 목적으로 하는 학교라는 공간에서 사회복지실천을 행하기 때문에 더 많은 어려움을 겪을 수 있다. 학교사회복지사

가 같이 일하는 전문직은 보통 비밀보장의 의무를 갖지 않기 때문이다. 학교사회복지사가 클라이언트에 대한 정보를 공유할 수 없는 이유를 이해하지 못하기 때문에, 같이 일하는 다른 전문직과 오해와 갈등을 빚을 수 있다(Kopels, 1992).

한국 사회복지사 윤리강령(한국사회복지사협회, 2023)에 따르면, 사회복지사는 사회복지 전문직의 권익 증진을 위해 다른 전문직 동료와도 협력하고 협업해야 한다고 명시되어 있다. 또한 미국 사회복지사 윤리강령에서도 학제간 협업에 대해 다음과 같은 지침을 제시하고 있다(NASW, 2021).

- 사회복지사는 다학제간 팀의 일원인 경우 사회복지전문직의 관점, 가치, 경험에 기초해 클라이언트의 복지에 영향을 끼치는 결정에 참여하고 기여해야 한다. 다학제간 팀 전체로서 또는 개별 성원으로서의 전문적·윤리적 의무가 명확히 확립되어야 한다.
- 사회복지사는 팀의 결정에 대해 윤리적인 우려를 제기할 경우 적절한 경로를 밟아 불일치의 해결을 시도해야 한다. 만일 그러한 불일치가 해결될 수 없는 경우에는 클라이언트의 복지에 부합하는 방향으로 우려사항을 해결하기 위해 별도의 방법을 모색해야 한다.

타 전문직과의 성공적인 협력을 위해서는 다른 전문직의 가치와 우선순위, 치료 모델에 대한 지식 등에 대한 이해가 있어야 한다. 반대로 같이 일하는 타 전문직이 사회복지 윤리 및 실천에 대한 이해가 부족한 경우에는 이에 대해 교육하고 이해시킬 수 있도록 노력해야 한다. 사회복지사와 다른 전문가들 사이에서 갈등이 제기되는 경우, 사회복지사는 타 전문직과의 갈등이 클라이언트에게 미칠 수 있는 영향에 대해 고려해야 한다. 무엇보다도 사회복지사는 기관이나 타 전문직의 이익이 아닌, 클라이언트의 이익을 위해 일해야 함을 명심해야 한다. 또한 윤리강령의 원칙과 사회복지전문직의 사명과 가치 및 중요성과 고유성을 인식하고 타 전문직과의 전문적인 차이를 해결해 나가야 할 것이다.

5. 동료 사회복지사와의 관계

사회복지기관에서 사회복지사들 간의 협력과 소통을 사회복지 업무를 향상시키고, 클라이언트에게 질 높은 서비스를 제공하는 데 매우 중요하다. 동료 사회복지사와의 협력적 관계의 중요성을 반영하여, 한국 사회복지사 윤리강령(한국사회복지사협회, 2023)에서는 사회복지사는 존중과 신뢰를 기반으로 동료를 대하여야 하며, 사회복지전문직의 권익 증진을 위해 동료와 협력하고 협업한다고 명시하고 있다. 또한 윤리강령에서는 사회복지사는 동료가 적법하게 업무를 수행하는 과정에서 부당한 조치를 당하면 동료를 변호하고 원조해 주어야 한다고 제시하고 있다. 그러나 동료 사회복지사의 비윤리적 실천, 동료 사회복지사와의 갈등, 사회복지사 간의 비민주적인 관계는 사회복지사들 간의 신뢰와 협력을 저해하며, 클라이언트에게도 부정적인 영향을 미칠 수 있다. 이와 같이 클라이언트에게 부정적 영향을 줄 수 있는 동료 사회복지사의 결함이나 비윤리적 실천을 발견하였을 경우, 사회복지사 동료들 간에 차별, 학대, 따돌림 또는 괴롭힘 등 서로 존중하지 않는 행위나 부적절한 성적 행동을 하는 경우, 사회복지사는 어떻게 행동하는 것이 윤리적인지에 대해 갈등하게 된다.

1) 동료 사회복지사의 결함 및 비윤리적 실천

사회복지사의 전문직 기능에서의 결함(impairment)은 다음과 같이 정의할 수 있으며, 이 정의 중에 하나 또는 그 이상의 방법으로 전문적 기능을 방해하는 요소를 갖고 있다면 결함을 갖고 있다고 볼 수 있다(Lamb, Presser, Pfost, Baum, Jackson, & Jarvis, 1987: 598).

- 개인의 전문적 행동목록을 전문적 기준에 맞추려 하지 않는 경향 혹은 맞출 수 있는 능력이 없음.
- 만족스러운 수준의 능력에 도달하기 위해 전문적 기술을 획득할 수 있는 능력이 없음.
- 전문적 기능을 방해하는 개인적 스트레스, 심리적 문제 그리고 과도한 감정적 반응을 조절할 수 있는 능력이 없음.

사기 또는 허위진술, 최소 수준의 서비스 불충족, 간통, 유효한 보고서 작성의 실패, 비밀보장의 위반, 이중관계, 자격증 위조, 보수교육 요건 불충족 등이 모두 사회복지전문직 기능을 방해하는 사회복지사의 결함 또는 비윤리적 실천에 포함된다고 볼 수 있다.

한국 사회복지사 윤리강령(한국사회복지사협회, 2023)에서는 동료 사회복지사의 윤리적 행위 촉진, 클라이언트의 이익보호, 비윤리적 행위의 조치 등에 대한 사회복지사의 동료에 관한 윤리기준을 다음과 같이 제시하고 있다.

- 사회복지사는 동료의 윤리적이고 전문적인 행위를 촉진해야 하며, 동료가 전문적인 판단과 실천이 미흡하여 문제를 발생시켰을 때 윤리강령과 제반 법령에 따라 대처한다.
- 사회복지사는 다른 전문직의 동료가 행한 비윤리적 행위에 대한 윤리강령과 제반 법령에 따라 대처한다.

미국 사회복지사 윤리강령은 동료에 대한 사회복지사의 윤리적 책임에 대한 내용 중에서 결함이 있는 동료, 동료의 무능력, 동료의 비윤리적 행위에 대해 다음과 같이 상세한 윤리강령을 제시하고 있다(NASW, 2021).

① 2.08 결함이 있는 동료

- 사회복지사는 동료의 결함이 개인적 문제, 심리사회적 고통, 약물남용 또는 정신건강상의 문제에 기인해 효과적인 업무실천에 방해가 된다는 점을 직접 알게 되었을 때 가능한 한 그 동료와 함께 의논하고 치료를 받을 수 있도록 동료를 지원해야 한다.
- 사회복지사는 동료의 결함이 업무실천 효과를 방해하고 그 동료가 결함에 대해 적절한 조치를 취하지 않는다고 판단될 때 고용주, 기관, 전미사회복지사협회 자격인가 및 규제기구, 기타 전문직 단체가 수립한 경로를 통해 적절한 조치를 취해야 한다.

② 2.09 동료의 무능력

- 사회복지사는 동료의 무능력에 대해 직접적인 정보를 가지고 있을 때 가능한 한 그 동료와 의논해 구체적 대책을 강구할 수 있도록 동료를 지원해야 한다.
- 사회복지사는 동료가 무능력한데 이에 대해 적절한 수단을 강구하지 않는다고 판단된 때 고용주, 기관, 전미사회복지사협회, 자격인가 및 규제기구, 기타 전문직 단체가 수립한 경로를 통해 적절한 조치를 취해야 한다.

③ 2.10 동료의 비윤리적 행위

- 사회복지사는 정보통신기술을 사용한 비윤리적 행위를 포함해 동료의 비윤리적 행위를 저지하고, 예방하고, 적발하고, 시정하도록 적절한 대책을 강구해야 한다.

- 사회복지사는 동료의 비윤리적 행위에 관한 문제를 다루기 위해 수립된 정책이나 절차를 이해하고 있어야 한다. 사회복지사는 윤리적 불만치리를 다루는 국가, 주, 지역의 절차에 대해 정통해야 한다. 여기에는 전미사회복지사협회, 자격인가 및 규제기구, 고용주, 기관, 기타 전문직 단체의 정책이나 절차 등이 포함된다.
- 사회복지사는 동료가 비윤리적 행위를 한다고 판단될 때 가능한 한 그리고 그러한 논의가 생산적인 경우에 그 동료와 그 문제에 관해 논의해 해결을 추구해야 한다.
- 사회복지사는 동료가 비윤리적 행위를 한다고 판단될 때 필요에 따라 (주의 자격인가 및 규제 기구, 전미사회복지사협회 조사위원회, 기타 전문적인 윤리위원회와의 접촉 등의) 적절한 공식경로를 밟아 행동을 취해야 한다.
- 사회복지사는 비윤리적 행위를 했다고 부당하게 고발당한 동료를 변호하며 원조해 주어야 한다.

그렇다면 동료 사회복지사가 클라이언트에게 부실한 서비스를 제공하거나, 기관이 금하는 활동을 하거나, 클라이언트와 비공개적인 금전적 거래가 있거나, 클라이언트와 이중관계를 갖는 경우와 같이, 비윤리적 혹은 비전문적 행위에 관여하고 사회복지사로서의 전문적 의무를 다하지 못하고 있다는 것을 알았다면, 어떻게 윤리적으로 대처해야 할까?

리머(Reamer, 1992)는 결함을 가진 사회복지사의 문제를 발견하고 접근하는 단계를 다음과 같이 제시하였다.

첫째, 사회복지사의 결함에 대한 자료를 모으고 확인한다.
둘째, 결함을 야기했을 수 있는 원인에 대해 짐작해 본다.
셋째, 사회복지사와 결함의 증거를 가지고 건설적으로 논의해 본다.
넷째, 도움을 청하거나 다른 가능한 대안을 검토하도록 사회복지사를 격려한다.
다섯째, 사회복지사의 문제제기 실패에 대한 결과를 강조한다.
여섯째, 필요하다면 지역 규제단체 또는 사회복지협회의 조사위원회에 통지한다.
일곱째, 재활계획을 세우거나 정당한 표준절차를 거쳐 적절한 제재를 부과한다.
여덟째, 사회복지사의 경과를 관찰하고 평가한다.
아홉째, 자격증과 고용상태와 같은 사회복지사의 위치를 검토하고, 적절하게 변경한다.

로웬버그(Loewenberg, 1987)도 비윤리적이거나 결함을 가지고 있는 사회복지사에 대한 대처법을 다음과 같이 제시하였다.

- 비윤리적 행위를 중단시킨다.
- 위법한 사회복지사를 처벌한다.
- 비윤리적인 실천가를 찾아내어 잠재적인 클라이언트나 고용주가 이러한 실천가를 피하고, 다른 실천가, 즉 보다 윤리적인 실천가에게 의존할 수 있도록 한다.
- 비윤리적으로 행동하면 제재가 가해질 수 있다는 것을 실천가에게 경고하여 다른 사회복지사들이 이러한 행위에 연루되지 않도록 예방한다.

사례 8-3

사회복지사 노 씨는 17년 동안 이혼부부나 이혼가정을 상담하는 정신보건 사회복지사로 일해 왔다. 지난 6년 동안 노 씨의 클라이언트는 점점 줄었고, 노 씨와 상담했던 클라이언트는 다른 상담소를 찾거나 노 씨와의 상담에 불만을 표해 왔다.

지역정신보건센터의 사회복지사 우 씨는 15년 전에 노 씨의 기관에서 사회복지사 실습을 받았지만 다른 곳으로 이직했다. 그 당시에도 사회복지사 우 씨는 노 씨의 폭음을 염려하여 알코올 의존 증상이 있을 수도 있다고 충고하였다. 그러나 우 씨의 충고는 무시되었고, 사회복지사 노 씨는 사회복지실천을 계속하였다.

사회복지사 우 씨는 새로 만난 클라이언트가 이혼과정을 겪으면서 지속적으로 상담을 받아 왔다는 이야기를 들었다. 새 클라이언트는 예전 사회복지사와의 상담경험을 털어놓았다. 예전의 사회복지사와는 자주 상담약속을 잡았지만, 언제나 사회복지사 쪽에서 마지막 순간에 약속을 취소했다고 한다. 그리고 온 식구가 상담을 위해 기관을 찾았지만, 사회복지사가 없는 경우도 많았다고 한다. 전 사회복지사는 나중에야 아팠다거나, 가족에게 긴급한 사정이 있었다고 변명하곤 했다. 어느 날 저녁, 상담약속을 위해 온 클라이언트는 어두운 구석에서 술에 취해 앉아 있는 전 사회복지사를 발견하였다. 클라이언트는 전 사회복지사를 도우려 했으나, 그는 오히려 성적 접촉을 시도했다. 이에 클라이언트는 혼란스러운 상태에서 급히 도망쳐 나왔으며, 사회복지사와 단둘이 있었다는 점에서 자신에게도 반쯤은 책임이 있다고 자기 자신을 원망했다.

사회복지사 우 씨는 이 클라이언트에 대한 자료를 보다가 예전 사회복지사가 노 씨였음을 알게 되었다(Olsheski & Leech, 1996).

• 사회복지전문직은 비윤리적인 행위를 허용하지 않는다는 것을 공개적으로 선포함으로써 전문직의 '명성'을 보호한다.

〈사례 8-3〉은 사회복지사의 결함과 비윤리적 실천이 사회복지의 전문성과 명성에 큰 해를 끼치는 경우다. 사회복지사 우 씨는 동료 사회복지사 노 씨의 문제에 어떻게 개입해야 할까? 리머(1992)와 로웬버그(1987)의 제언에 따르면, 사회복지사 우 씨는 동료 사회복지사인 노 씨의 알코올 남용의 가능성에 대하여 논의해야 할 전문적 책임을 가진다. 노 씨와의 논의를 통해, 노 씨 스스로가 자신의 행위를 정정할 수 있는 기회를 주어야만 한다. 만일 노 씨가 개선의 노력을 보이지 않는다면, 고용주, 기관, 사회복지사협회, 자격과 자격증인가/규제부서 및 기타 전문직 단체 등을 통해 행동을 취해야 한다.

사회복지사는 보복이나 소송에 대한 우려와 동료와의 이해관계 때문에 동료 사회복지사의 의심되는 결함에 대해 직접 이야기하거나, 이를 외부에 보고하는 것을 주저하곤 한다. 그렇기 때문에 전문가로서의 역할을 다하지 못하고 있는 사회복지사가 결국 심각한 윤리적인 위반으로 자격증이 취소될 때까지 계속해서 사회복지 현장에서 일하는 경우가 발생한다. 하지만 윤리적인 문제가 발생했을 때에는 클라이언트의 이익을 보호하고 법률이나 윤리기준에 따라 조치를 취하는 것이 필요하다. 특히 심각한 결함을 갖고 있거나 비윤리적인 행위를 하는 사회복지사의 경우에는 사회복지실천을 중단하게 하는 것이 앞으로 위반을 막을 수 있는 가장 직접적이고 결정적인 해결방법이다.

2) 동료 간의 비민주적인 직무관계

2022년 사회복지사 통계연감(보건복지부 · 한국사회복지사협회, 2022)에 따르면 직장 내 동료, 상사, 부하직원 등으로부터 '지나친 업무 강요'(22.7%)와 '부당한 업무 강요'(20.7%)가 있었던 것으로 나타났으며, 그다음으로 '정서적 폭력(언어폭력, 욕설 퍼붓기, 협박하기, 스토킹 등)'(13.3%), '위협 또는 굴욕적 행동'(12.2%), '회식참여 강요'(9%) 순으로 많았다. 그뿐만 아니라, 2022년 서울시 사회복지사 근로실태 개선 조사연구 결과보고서(서동명 외, 2022)에서도 비슷한 결과가 보고되었다. 최근 1년간 명예훼손, 언어폭력 등 정신적 괴롭힘을 경험한 적이 있는 사회복지사가 응답자 중 29.2%, 직장 내 성희롱 등 성적 괴롭힘을 당한 경험이 있는 경우는 8.8%, 신체적 폭력을 경험한 경우가 3.2%, 직장 내 차량훼손, 절도 등 재산피해를 경험한 경우도 2.9%로 나타났다. 특히나 직장 내 폭력에 대한 본

표 8-2 2022년 서울시 사회복지사 근로실태 개선 조사연구 결과보고서에 따른 최근 1년간 직장 내 폭력 경험 (서동명 외, 2022, pp. 22-23 재구성)

변수명	0회	연 1~3회	연 4~6회	연 7회 이상	전체
최근 1년간 직장 내 상해 등의 신체적 폭력	96.8%	2.5%	0.7%	0.1%	100%
최근 1년간 직장 내 성희롱 등 성적 괴롭힘	91.2%	7.7%	0.9%	0.3%	100%
최근 1년간 직장 내 명예훼손, 언어폭력 등 정신적 괴롭힘	70.8%	18%	5.3%	6%	100%
최근 1년간 직장 내 차량훼손, 절도 등 재산피해	97.1%	2.1%	0.8%	0.1%	100%

인의 대처 방법으로는 폭력 경험이 있는 응답자 중 10.1%가 '조용히 수습하려는 등 소극적으로 대처했다.'고 응답하였으며, 11.2%가 '기관에서는 모르는 척 어떤 대처도 하지 않았다.'고 응답하였다(서동명 외, 2022). 이에 기관 내에 직원 간의 갈등 및 폭력 방지를 위한 지침이나 매뉴얼, 고충처리위원회의 제도화의 필요성이 대두되고 있다.

한국 사회복지사 윤리강령(한국사회복지사협회, 2023)에서는 동료 간의 민주적인 직무관계 등에 대한 사회복지사의 동료에 관한 윤리기준을 다음과 같이 제시하고 있다.

- 사회복지사는 동료의 직무 가치와 내용을 인정하고 이해하며, 상호 간에 민주적인 직무 관계를 이루도록 노력해야 한다.
- 사회복지사는 동료들에게 정보통신기술을 사용한 비윤리적 행위를 하지 않는다.
- 사회복지사는 동료에게 행해지는 어떤 형태의 차별, 학대, 따돌림 또는 괴롭힘과 자신의 전문적 권위를 행사하는 다른 동료와의 부적절한 성적 행동에 가담하거나 이를 용인해서는 안 된다.
- 사회복지사는 슈퍼바이지, 학생, 훈련생, 실습생, 자신의 전문적 권위를 행사하는 다른 동료와의 성적 행위나 성적 접촉과 성적 관계에 관여해서는 안 된다.

사례 8-4

후원 강요하고 강제 노동까지… 갑질 만연한 사회복지시설

경기일보 2024. 4. 17.

〈전략〉

직장갑질119는 2022년 1월부터 2023년 12월까지 사회복지시설에서 들어온 신원이 확인된 이메일 제보 48건을 분석한 결과를 17일 공개했다.

분석에 따르면 시설에서의 직장 내 괴롭힘 가해자 중 사용자(원장)가 30명(62.5%)으로 상사(25.0%)보다 2배 이상 많았다.

사회복지시설의 경우 규모가 작고 사용자(이사장, 원장, 센터장 등)가 절대적인 권한을 가지고 있어 사실상 직장 내 괴롭힘이 발생하면 직원들은 직장을 그만둘 수밖에 없는 실정이다.

사회복지시설 직원들이 겪는 갑질 행위를 보면 △후원 강요 △강제 노동 △종교 강요 △괴롭힘 등 일반 직장인들이 직장에서 겪는 갑질 행위와는 그 내용이 달랐다.

인천의 한 사회복지시설에서는 근무중인 사회복지사들에게 매달 10만 원의 후원금을 강요하고 있었다. 여기에 이사장이 운영하는 교회에 십일조 헌금을 압박하기도 하고, 연말 '후원의 날' 행사에 20만 원을 후원하라고 요구하는 등 월 평균 20~30만 원의 후원금을 내도록 했다. 뿐만 아니라 근처 교회에서 아침예배, 주일예배, 수요예배 참석까지 강요했다.

이사장과 가족이 운영하는 또 다른 사회복지시설에서는 직원들을 동원해 강제 노동을 시키기도 했다. 이사장이 대표로 있는 재활용센터에 직원들을 동원하거나 업무와 무관한 사적 노동을 요구하기도 했다. 심지어 이사장 노모의 팔순 잔치에 직원들을 불러 요리와 노래, 설거지와 청소까지 시키기도 했다.

〈이하 생략〉

6. 슈퍼바이저와의 관계

사회복지실천은 다른 전문직보다 훨씬 다양한 기관에서 행해지며 광범위하게 다양한 자격과 훈련을 바탕으로 한 전문가가 전문적인 서비스를 제공한다. 그러므로 그 분야의 전문지식과 경험이 있는 전문가에게 슈퍼비전을 받음으로써, 실천 현장에서의 지식과 기술을 배우는 것이 필요하다. 슈퍼비전에서는 슈퍼바이저와 슈퍼바이지(실습생 및 훈련생과 같이 슈퍼비전을 받는 사람)와의 역할분담 및 관계형성이 매우 중요하다. 특히 슈퍼바이저의 역할은 사회복지기관의 중간적 위치에서 기관이 할당하는 범주 내에서 기관의 기능을 수행하고 직원의 전문성을 개발하는 것이다. 슈퍼바이저는 실천이 잘 이행되도록 책임을 지고 클라이언트에게 서비스를 제공할 수 있도록 사회복지사를 지원함으로써, 기관의 기능이 잘 수행되도록 해야 한다. 그리고 사회복지사가 슈퍼비전을 통해 사회복지기술을 최대한 개발할 수 있도록 격려해야 한다. 슈퍼바이저가 실습생을 교육함에 있어 윤리의식 및 윤리실천을 어느 정도 지도하고 장려하고 있는지도 중요하다. 2022년 사회복지사 통계연감(보건복지부 · 한국사회복지사협회, 2022)에 따르면, 지난 1년 동안 슈퍼비전을 경험한 사회복지사는 45.2%로 높은 편이었으며, 슈퍼비전의 필요도에 대해서도 매우 중요하게 여기는 것으로 나타났다. 이와 같이 사회복지실천에서 슈퍼비전의 중요성이 강조되어지고 있으며, 슈퍼비전에서 윤리의식 강화의 필요성이 대두되고 있다.

한국 사회복지사 윤리강령(한국사회복지사협회, 2023)에서는 슈퍼바이저에 대해 다음과 같은 윤리기준을 제시하고 있다.

- 슈퍼바이저는 슈퍼바이지가 전문적 업무 수행을 할 수 있도록 지원하고 슈퍼바이지는 슈퍼바이저의 전문적 지도와 조언을 존중해야 한다.
- 슈퍼바이저는 전문적 기준에 따라 슈퍼비전을 수행하며, 공정하게 평가하고 평가결과를 슈퍼바이지와 공유한다.
- 슈퍼바이저는 개인적인 이익 추구를 위해 자신의 지위를 이용해서는 안 된다.
- 슈퍼바이저는 사회복지사 수련생과 실습생에게 인격적 · 성적으로 수치심을 주는 행위를 해서는 안 된다.

1) 슈퍼바이저의 힘의 남용

사회복지교육 과정에서 사회복지실습은 학교에서 배운 사회복지 지식과 기술을 현장에서 적용해 볼 수 있다는 점에서 중요하다. 슈퍼바이저는 실습 과정에서 실습생을 지도 · 감독하고, 업무를 할당하며, 실습생의 업무를 평가하는 등 권력을 행사하게 된다. 슈퍼바이저와 실습생 간에는 불균형한 권력구조가 있으며, 슈퍼바이저의 권력이 윤리적으로 정당하게 쓰이지 않는다면 윤리적인 문제가 파생될 수 있는 여지가 있다. 슈퍼비전 관계에서 슈퍼바이저의 힘을 남용한 사례로는 슈퍼바이저가 슈퍼비전 시간에 실습생에 관련된 내용이 아닌 자신의 얘기만 하는 늘어놓는 상황, 불성실한 슈퍼바이저에 대한 불만의 표시를 공식적으로 한 경우 실습생이 보호받지 못하는 상황, 슈퍼바이저 개인 혹은 기관의 행사 및 자신의 업무에 실습생을 강제적으로 할당하는 상황 등이 있을 수 있다.

사례 8-5

실습생 최 씨는 실습 2주 만에 자신을 지도하는 슈퍼바이저의 자녀 결혼식 청첩장을 받았다. 슈퍼바이저는 결혼식 준비에서 손님 안내 등 이것저것 도와줄 것이 있으니, 일찍 와 달라고 부탁하였다. 실습생 최 씨는 고민하다가 실습평가에서 불이익을 받을지도 모른다는 생각에 결혼식에 참석하여 도와주고 축의금도 냈다.

또한 실습생 최 씨는 사회복지기관의 후원을 구하는 업무에 대한 설명을 듣는 과정에서 슈퍼바이저가 실습생 최 씨를 기관의 정기후원자로 등록하고 후원금 모금을 위한 일일찻집 티켓을 사 주기를 바란다는 느낌을 받았다. 실습이 거의 끝나 가는 단계에서 슈퍼바이저는 의료실비보험을 들었냐고 물으면서, 자신의 사촌이 보험설계사로 있으니 좋은 보험을 추천해 주겠다고 말했다.

〈사례 8-5〉는 힘의 남용과 관련된 상황으로, 실습생 최 씨는 슈퍼바이저로부터 부당한 요구를 받고 있다. 학교 이수과정이나 학점평가와 관련하여 슈퍼바이저가 권력을 갖고 있기 때문에, 취약한 위치에 놓여 있는 실습생 최 씨는 저항하지 못하고 있다. 슈퍼바이저가 개인적인 이익을 위해 자신의 지위를 이용하는 것은 비윤리적이며, 절대로 있어서는 안 되는 일이다. 앞의 사례와 같은 슈퍼바이저의 힘의 남용으로부터 실습생의 권리를 보호해 주기 위해서는 다음과 같은 윤리적 실천지침을 지켜야 한다(Bernard & Goodyear, 2008).

- 윤리규약과 실습기준: 슈퍼바이저는 실습생이 사회복지사협회의 윤리 규약과 실습기준 그리고 법적 의무에 대한 이해를 하고 있다는 것을 확인해야 한다.
- 이중관계 금지: 슈퍼비전 관계 내에서는 권력의 차이가 존재하기 때문에 슈퍼바이저는 이를 자신의 이득을 위해 이용해서는 안 된다. 이중관계는 슈퍼바이저의 객관성에 영향을 끼칠 수 있기 때문에 실습생은 슈퍼비전 관계의 성향을 위태롭게 하는 사회적 상호관계에 관여하도록 요구받아서는 안 된다.
- 적법한 절차: 첫 회기 중에 슈퍼바이저는 슈퍼비전 과정의 기대, 목표 그리고 역할에

대한 정보를 실습생에게 제공해야 한다. 실습생은 슈퍼바이저에게 정기적으로 구두 피드백과 서명을 한 공식적 피드백을 문서로 받을 권리가 있다.

- 평가: 첫 슈퍼비전 회기 중에 슈퍼바이저는 실습생의 성장을 평가하는 데 사용되는 평가도구의 사본을 실습생에게 제공해야 한다.
- 대리 책임: 실습생의 클라이언트들의 복지에 대한 책임은 궁극적으로 슈퍼바이저에게 있으며, 실습생은 각 클라이언트의 상담 과정과 고민을 슈퍼바이저와 논의해야 한다.
- 자문: 슈퍼바이저는 슈퍼비전에서의 고민과 문제를 동료에게 자문해야 한다.
- 슈퍼비전의 종결: 슈퍼바이저는 슈퍼비전 관계의 종결에 대해 논의하고 실습생이 계속적인 성장을 할 수 있고, 전문가로서의 목표를 달성할 수 있는 분야를 찾을 수 있도록 도와야 한다.

사례 8-6

사회복지 석사과정에 있는 실습생 사 씨는 석사과정 내에서 10개 과목을 이수하였고, 현재 한 노인복지기관에서 실습 중이다. 이미 실습과목에서 F학점을 받은 적이 있는 사 씨는 이번 재수강 동안에는 열심히 하려고 노력했다. 사 씨는 실습 전에 "실습과목을 재수강했음에도 실습과목을 통과하지 못할 경우, 석사과정에서 탈락할 수도 있다."라고 들었다. 사 씨는 실습 초기에 슈퍼바이저로부터 개선의 필요가 있는 여러 부분을 지적하는 피드백을 받았다. 슈퍼바이저는 사 씨가 사회복지사로서의 능력과 기술이 매우 부족하다고 보았으나, 그의 감정이 상할까 봐 말하지 않았다. 슈퍼바이저는 사 씨가 실습과목의 최종평가에서 계속 학교를 다닐 수 있는 조건인 B학점 이상을 받지 못할 것이라고 생각하였다. 슈퍼바이저는 계속되는 다른 업무로 인해 사 씨와의 슈퍼비전 시간을 자주 취소하게 되었다. 이에 사 씨는 슈퍼비전의 반복되는 취소와 슈퍼바이저의 무성의에 불만을 토로했다. 그는 비록 실습과목에서 다른 이들만큼 잘 하고 있지는 않다고 생각했지만, 최종평가 때까지 자신이 실습에서 F학점을 받아 석사과정에서 탈락될 수 있다는 사실은 알지 못했다.

〈사례 8-6〉에서 슈퍼바이저는 적절한 슈퍼비전을 제공하였는가? 이에 관련된 윤리적 문제는 무엇이 있을 수 있는가? 사회복지 실습은 적법한 절차에 따라 이루어져야 한다. 적법한 절차는 실습을 주관하는 기준과 과정이 공평하게 적용된다는 것을 말한다. 실습생은 학문과 수행의 규정과 프로그램 규정에 관하여 미리 고지받아야 하며, 결점에 대한 통지를 받고, 정기적으로 평가받아야 한다. 또한 결점으로 인해 실습생, 학생 또는 직원으로서의 신분이 바뀌게 될 때에는 자신의 입장을 설명할 수 있는 기회가 주어져야 한다. 슈퍼바이지가 그의 수행이 부적절하다는 사전 경고나 개선할 수 있는 적당한 시간이 주어지지 않은 채 부정적인 최종 평가를 받거나, 훈련 프로그램이나 직장에서 해고되었을 때에는 적법한 절차에 대한 위반이 발생한다. 〈사례 8-6〉에서 슈퍼바이저는 전문적인 기준에 따라 수행해야 할 책임과 전문적 지도·조언을 소홀히 하였다. 결과적으로 실습생 사 씨는 슈퍼바이저로부터 공정하게 평가받지 못하였고 부적절한 실천을 개선할 수 있는 기회를 갖지 못했다는 점에서 적법한 절차의 권리를 보호받지 못했다.

2) 슈퍼비전에서의 이중관계

이중관계는 사회복지사의 판단을 흐리게 할 가능성과 클라이언트에 대한 착취의 위험성이 있기 때문에 사회복지사와 클라이언트 사이에서의 이중관계 또는 전문적 관계 이상의 관계에 참여하는 것을 피해야 한다. 하지만 사회복지사와 클라이언트 사이에서만 이중관계가 금지되는 것은 아니다. 슈퍼비전에서의 이중관계도 슈퍼바이저가 자신의 이익을 위해 실습생 또는 슈퍼바이지를 착취할 수 있는 권력남용의 가능성과 잠재적인 윤리적 갈등의 원인이 될 수 있기 때문에 경계해야 한다. 실습생과 슈퍼바이저 사이의 주요 관계는 슈퍼비전의 관계이지 상담자, 친구 또는 성적 상대자로서의 관계는 아니다.

사례 8-7

사회복지 실습생인 장 씨는 슈퍼바이저인 오 씨와의 슈퍼비전 시간에 자신의 어렵고 힘들었던 알코올 의존 등 사적인 과거에 대해 이야기를 나누었다. 실습생인 장 씨와 슈퍼바이저 오 씨는 서로 친밀감을 느꼈다. 그런데 지난 몇 주 동안 장 씨의 안색이 좋지 않았으며, 일에 집중하지 못하고, 지각하거나 조퇴하는 일이 잦았다. 뿐만 아니라 클라이언트들에게도 신경질적으로 대하며 예민한 반응을 보여, 클라이언트들의 불만이 기관에 접수되었다. 슈퍼바이저 오 씨가 장 씨에게 갑작스러운 변화에 대해 추궁하자, 그녀는 결혼을 약속했던 남자친구와 헤어지고 몇 년 전에 끊었던 술을 다시 시작하게 되었다며 털어놓았다. 그녀는 자신의 비밀을 누구에게도 말하지 말라며 애원했고, 술을 끊겠다는 약속을 했다. 그리고 실습을 계속할 수 있도록 허락해 달라며, 성실하게 실습을 마무리 짓고 싶다고 했다.

〈사례 8-7〉은 슈퍼바이저와 실습생의 관계가 슈퍼비전의 관계에서 친밀한 친구와 같은 사이로 변질된 경우다. 휴식시간에 슈퍼바이저와 커피를 마시고, 점심에 초대하고, 사적인 이야기를 하는 등 사적인 이중관계를 맺게 되면, 실습생은 슈퍼비전의 관계를 전문적 관계가 아닌 서로 얘기를 들어 주는 친구관계로 착각할 수 있다. 친구와 같은 관계는 슈퍼바이저의 권위를 약화시킬 수 있으며, 슈퍼바이저로서 실습생이 해야 할 책임과 업무를 단호하게 요구하기가 어렵게 된다. 사적인 관계는 슈퍼비전 관계의 전문적 특성을 손상시킬 수 있음을 명심해야 한다.

성적인 이중관계 및 성희롱도 심각한 이중관계에 해당한다. 한국 사회복지사 윤리강령에서는 사회복지사는 클라이언트, 학생, 훈련생, 실습생, 슈퍼바이지, 직장 내 위계적 권력 관계에 있는 동료와 성적 관계를 형성해서는 안 되며, 이들에게 성추행과 성희롱을 포함한 성폭력, 성적·인격적 수치심을 주는 행위를 해서는 안 된다고 규정하고 있다.

미국 사회복지사 윤리강령(NASW, 2023)에서도 슈퍼바이저와 실습생 간의 이중관계, 특히 성적인 이중관계에 대해 매우 경계하여 이에 대한 상세한 윤리기준을 다음과 같이 제시하였다.

2.06 성적 관계

(a) 사회복지사는 슈퍼바이저나 교육자의 역할을 담당할 때(구두, 문서, 전자적 혹은 신체적 접촉을 포함해) 슈퍼바이지, 학생, 훈련생, 자신의 전문적 권위를 행사하는 다른 동료와의 성적 행위나 성적 접촉에 관여해서는 안 된다.

(b) 사회복지사는 이익의 갈등이 일어날 수 있는 동료와의 성적 관계를 피해야 한다. 사회복지사는 동료와 성적 관계에 빠지거나 빠질 우려가 있을 때 필요에 따라서 이익의 갈등을 피하기 위해 전문적 책임을 이전할 의무가 있다.

2.07 성추행

사회복지사는 슈퍼바이지, 학생, 훈련생 또는 동료를 성추행해서는 안 된다. 성추행에는 성행위를 비롯하여 성적인 접근, 성적인 호의 요청, 구두, 서면, 온라인 접촉을 포함한다. 사회복지사는 슈퍼바이지, 학생, 훈련생 또는 동료를 성적으로 희롱해서는 안 된다. 성희롱에는 성적 유혹, 성적 권유 그리고 기타 구두 문서, 성적인 전자적 · 신체적 접촉 등이 포함된다.

3.01 슈퍼비전과 자문

(b) 사회복지사는 슈퍼비전이나 자문을 제공할 때 적절하며 문화적으로 민감한 경계를 설정할 책임이 있다.

(c) 사회복지사는 슈퍼바이지를 착취하거나 해를 끼칠 위험이 생길 경우에는 소셜 네트워킹 사이트나 다른 전자적 미디어를 사용할 때 발생할 수 있는 이중관계를 포함해 슈퍼바이지와 이중 및 다중의 관계를 맺지 말아야 한다.

3.02 교육 및 훈련

(d) 사회복지사는 교육자, 학생실습지도자의 역할을 담당하는 경우 소셜 네트워킹 사이트나 다른 전자적 미디어를 사용할 때 발생할 수 있는 이중관계를 포함해 학생을 착취하거나 해를 끼칠 위험이 있는 이중 및 다중의 관계를 맺지 말아야 한다. 교육자나 실습지도자는 명백하고 적절하며 문화적으로 민감한 경계를 설정할 책임이 있다.

성적인 이중관계 및 성희롱은 슈퍼바이저와 슈퍼바이지 사이뿐만이 아니라, 실습생과 클라이언트 사이에서도 일어날 수 있다. 실습생과 클라이언트 사이에서 전이에 의해 왜곡된 친밀성을 통해 감정이 발생하면서 성적인 매력을 느낄 수 있기 때문이다. 이중관계, 특히 성적인 이중관계는 전문적 관계에 경계가 무너짐을 야기할 수 있기 때문에 미리 방지해야 한다. 따라서 슈퍼바이지와 클라이언트 사이의 이중관계 예방을 위한 교육이 필요하며, 성적 끌림의 감정이 올라올 때 취할 수 있는 특정한 조치와 슈퍼비전의 중요성에 대해 강조해야 한다.

슈퍼바이저는 슈퍼비전 시간에 실습생과 클라이언트의 친밀성의 조짐에 대해 예상되는 위험요소와 클라이언트에 대한 실습생의 성적으로 부적절한 행위의 결과에 대해서도 논의해 봐야 한다. 무엇보다 윤리적 위반에 관한 사회복지기관의 방침을 명료하게 설명하고, 예상되는 감정과 용인할 수 없는 행동을 확실히 구별할 것을 강조해야 한다. 클라이언트가 실습생에 대한 성적 희롱을 했을 경우, 슈퍼바이저는 슈퍼비전 시간에 사건에 대해 이야기하고, 실습생이 사건에 대해 명백히 설명하도록 해야 한다. 이때 슈퍼바이저는 지도적 역할을 담당해야 하며, 필요에 따라서는 클라이언트와 합동회기를 가질 수도 있다. 성희롱 사건에 연관된 클라이언트는 사건의 당사자인 사회복지 실습생이 아닌 다른 사회복지사에게 연계해 주어야 하며, 극단적인 상황에서는 슈퍼바이지의 안전을 보장해야 한다(Bernard & Goodyear, 2008).

3) 윤리적인 슈퍼비전을 위한 지침

윤리적인 슈퍼비전은 다음의 조건을 충족해야 한다. 첫째, 기관 내에 슈퍼비전을 제공할 수 있는 적절한 요건을 갖춘 슈퍼바이저가 존재해야 한다. 둘째, 슈퍼바이저가 슈퍼바이지를 지도하는 공식적인 슈퍼비전 제도를 갖추어야 한다. 셋째, 슈퍼비전이 정규적으로 제공되어야 한다. 마지막으로, 슈퍼바이저로서의 기능과 역할이 잘 이루어져야 한다. 리머(Reamer, 2000)는 기관에서 행해지는 슈퍼비전의 윤리성을 평가하는 윤리 감사 척도를 다음과 같이 제시하였다. 이 척도를 통해, 사회복지기관 내에서 이루어지는 윤리적인 실습과 슈퍼바이저와 슈퍼바이지의 윤리적 관계를 이해할 수 있다.

- 슈퍼바이지로 하여금 고지된 동의를 얻어 내도록 정보를 제공한다.
- 철저한 치료와 개입계획을 발전시키고 실행하려는 슈퍼바이지의 노력을 관찰한다.
- 정보의 부적절한 노출과 같은 클라이언트와의 모든 접촉에서 슈퍼바이지의 실수를 지적하고 반응한다.
- 슈퍼바이지의 클라이언트가 언제 다른 곳으로 의뢰되어야 하는지, 치료의 종결은 언제 해야 하는지 등에 관해 알고 있다.
- 슈퍼바이지가 언제 자문을 구해야 하는지를 알고 있다.
- 슈퍼바이지의 역량이 부족하고, 잘못을 저지르고 비윤리적인 행위를 했다는 것을 슈퍼바이지가 기꺼이 말할 수 있도록 그 능력과 자발성을 모니터링한다.
- 슈퍼바이지가 자신의 클라이언트와 적절한 경계를 유지하는지 모니터링한다.
- 신체적인 위험으로부터 제삼자를 보호한다.
- 필요 이상으로 길게 진행되는 치료와 태만한 치료계획을 감지하거나 중지시킨다.
- 특정 클라이언트의 치료를 위해서는 외부 전문가가 필요할 수도 있다고 결정한다.
- 슈퍼바이지와 정기적으로 만난다.
- 슈퍼바이지의 기록, 결정, 행동을 검토하고 인정한다.
- 슈퍼바이지의 결근에 적절한 반응을 보인다.
- 슈퍼비전 제공에 대해 문서화한다.
- 슈퍼바이지와의 관계에서 적절한 경계를 유지한다.
- 슈퍼바이지에게 시기적절하고 도움이 되는 성과평가와 피드백을 제공한다.
- 슈퍼비전 동의서를 문서화한다.

- 슈퍼바이지의 윤리적 관심과 윤리적 쟁점의 민감성을 높이기 위한 슈퍼바이지의 노력에 반응한다.
- 슈퍼바이지가 그들의 전문적인 책임성을 충족시킬 수 있도록 충분한 시간과 적절한 업무량을 준다.
- 적절한 슈퍼비전을 제공하기 위하여 그들의 업무에 있어 충분한 시간을 제공한다.

슈퍼바이저의 윤리적 슈퍼비전 실행과 동시에, 사회복지 실습을 하고 있는 실습생도 윤리적이고 책임 있는 전문적 실천을 행해야 한다. 이는 클라이언트, 실습기관, 실습지도자, 실습지도 교수, 교육기관을 위해서뿐만 아니라 실습생의 이익과 혹시 모를 사고에 대한 방어를 위해서이기도 하다. 실습기관에서는 사회복지사 윤리강령 및 실습기관의 지침을 참조하여 실습생 윤리지침을 만들어 실습생과 슈퍼바이저, 실습지도 교수가 서명함으로써 기준을 제시하는 것이 필요하다.

사회복지실천에서 사회복지 슈퍼바이지 또는 실습생의 윤리지침은 다음과 같다(양옥경, 최소연, 이기연, 2007).

- 실습생은 클라이언트의 비밀보장이라는 원칙을 지켜야 한다. 상담관계, 평가, 기록 그리고 클라이언트의 신분이나 클라이언트의 신분을 나타낼 정보는 클라이언트의 구체적 허락 없이는 누설될 수 없다. 예외적으로 비밀보장이 면책되는 경우로는 클라이언트가 자기 자신이나 타인에게 위험할 수도 있는 경우, 아동학대나 노인학대와 같은 학대상황의 경우, 일정한 법적 소송의 경우, 법원에 의해 비밀누설을 명령받는 경우가 있다. 클라이언트가 자기 자신이나 타인에게 위험할 수도 있는 경우와 아동학대나 노인학대의 경우에는 이를 책임 있는 기관이나 관련자들에게 알려 줄 경고의 의무를 이행해야 한다.
- 실습생은 실습생으로서의 자격과 한계를 인정해야 한다. 실습생은 훈련이나 능력의 한계를 인식하고, 클라이언트와의 업무에서 이 한계를 넘어서서는 안 된다. 특히 임상적 상황이 실습생의 지식이나 능력을 넘어섰을 때 슈퍼바이저에게 도움을 요청해야 한다.
- 실습생은 실습생이라는 신분을 명백히 밝혀야 한다. 클라이언트와 상담할 때, 보고서를 작성할 때 또는 다른 전문적 활동을 할 때 자신이 실습생임을 명백하게 밝혀야 하며, 훈련 · 자격 · 지위에 대해 거짓으로 말하면 안 된다.

- 실습생은 기록 작성 및 유지를 소홀히 해서는 안 된다. 실습생은 실습기관이 요구하는 기록을 정확하고 믿을 수 있게 작성·유지해야 한다.
- 실습생은 슈퍼바이저, 클라이언트, 그 외의 다른 전문적 관계에 있는 이들과 이중관계를 맺어서는 안 된다. 실습생은 전문적 관계 외의 다른 사적인 관계를 맺고 있는 사람들과 임상적 업무를 하지 말아야 한다. 이중관계는 임상업무의 효과성을 떨어뜨리고, 클라이언트와 실습생 모두를 위험에 빠뜨릴 수 있다.
- 실습생은 클라이언트와 성적 행위를 하거나 클라이언트를 성추행을 해서는 안 된다. 어떤 상황에서도 실습생은 실습기관의 클라이언트와 성적, 낭만적 관계에 연루되어서는 안 된다. 또한 성추행해서도 안 되며, 다른 사람들의 성적 문제에 관한 민감성을 존중해야 한다.
- 실습생은 실천과정에서 자기인식과 모니터링을 계속해야 한다. 실습생은 자신의 정서적·신체적 상태를 점검해야 하며, 자신의 상태가 클라이언트에게 서비스 제공을 하는 데 영향을 줄 수 있는지 검토해 봐야 한다. 그리고 실습생의 상태가 사회복지사로서의 역할을 수행하는 능력에 안 좋은 영향을 미칠 경우 이를 슈퍼바이저에게 알려야 한다.
- 실습생은 슈퍼바이저와 윤리토의를 가져야 한다. 실습생은 임상업무나 클라이언트와 접촉을 하기 전에 슈퍼바이저와 사회복지기관의 윤리기준에 대해 토의하여야 한다.

// 학습과제 //

1. 동료 사회복지사가 클라이언트와 성적인 이중관계를 갖고 있다는 것을 발견했을 시 어떻게 윤리적으로 대처해야 할지 토론해 보시오.
2. 동료 사회복지사가 아동학대 사례를 신고하지 않았다는 것을 알게 되었다. 동료 사회복지사는 아동학대를 신고하게 되면, 클라이언트와 쌓아 온 신뢰감이 깨질 것이 두려워 신고하지 못했다고 말했다. 동료 사회복지사의 비윤리적 행동에 대해 어떻게 대처할 것인가?
3. 현재 일하고 있는 기관의 사회복지사 노조는 열악한 근로조건을 이유로 파업을 하기로 결정했다. 파업을 하게 되면, 서비스를 필요로 하는 클라이언트에게 해가 갈 수 있다. 이때 사회복지사는 파업에 동참해야 하는가? 그 여부를 토론해 보시오.

// 학습정리 //

- 노사분쟁과 관련하여 사회복지사는 행동을 결정하기 전에 관련된 쟁점과 클라이언트에 미칠 영향을 주의 깊게 검토해야 하며, 클라이언트의 기본적 욕구가 위태로운 상황에서는 파업을 피해야 한다.
- 중간관리자는 클라이언트 결정에 있어 항상 윤리강령에 의거해서 윤리적으로 행동해야 한다. 또한 중간관리자가 사회복지사의 업무를 할당할 때, 공평, 클라이언트의 욕구, 사회복지사의 욕구, 사회복지사의 권한 등의 기준에 따라 결정해야 한다.
- 사회복지사와 다른 전문가들 사이에서 갈등이 제기되는 경우, 그 사회복지사는 윤리강령의 원칙과 사회복지전문직의 명예를 고수하는 방식으로 전문적인 차이를 해결하려고 시도해야 한다.
- 사회복지사는 존중과 신뢰를 기반으로 동료를 대하며, 상호 간에 민주적인 직무 관계를 이루도록 노력해야 한다.
- 동료 사회복지사가 전문적인 판단과 실천이 미흡하여 문제를 야기시켰을 때에는, 적절한 조치를 취하여 클라이언트의 이익을 보호해야 한다.
- 사회복지사는 전문직 내 다른 구성원이 행한 비윤리적 행위에 대해 제반 법률규정이나 윤리기준에 따라 조치를 취해야 한다.
- 사회복지사는 동료 및 타 전문직 동료의 직무 가치와 내용을 인정 · 이해하며, 상호 간에 민주적인 직무관계를 이루도록 노력해야 한다.
- 슈퍼바이저는 개인적인 이익의 추구를 위해 자신의 지위를 이용해서는 안 된다.
- 슈퍼바이저는 전문적 기준에 의해 공정하게 책임을 수행하며, 사회복지사, 수련생 및 실습생에 대한 평가는 그들과 공유해야 한다.
- 사회복지사는 슈퍼바이저의 전문적 지도와 조언을 존중해야 하며, 슈퍼바이저는 사회복지사의 전문적 업무 수행을 도와야 한다.
- 슈퍼바이저는 사회복지사, 수련생 및 실습생에 대해 인격적 · 성적으로 수치심을 주는 행위를 해서는 안 된다.

참고문헌

경기일보(2024. 4. 17.). 후원 강요하고 강제 노동까지…갑질 만연한 사회복지시설. https://v.daum.net/v/20240417141130790 (2024. 12. 31. 인출).

김종해, 김종진, 김인숙, 강은애, 김병년, 김현민, 송인주, 양성욱, 이정봉, 이주환, 한상미, 박선영, 배지영, 윤소윤, 정용문(2013). **사회복지사 인권상황 실태조사**. 국가인권위원회.

매일노동뉴스 (2020. 6. 29.). **사회복지사는 왜 노조하기 어려울까**. https://www.labortoday.co.kr/news/articleView.html?idxno=165239 (2024. 12. 31. 인출).

보건복지부 · 한국사회복지사협회(2018). 2018 사회복지사 통계연감.

보건복지부 · 한국사회복지사협회(2022). 2022 사회복지사 통계연감.

서동명, 윤재영, 이방미, 김민재(2022). **2022년 서울시 사회복지사 근로실태 개선 연구 결과보고서**, 서울사회복지사협회 정책위원회.

양옥경, 최소연, 이기연(2007). **사회복지 현장실습 슈퍼비전**. 한국사회복지사협회. 양서원.

오혜경(2005). **사회복지 윤리와 철학**. 창지사.

한국사회복지사협회(2023). 선서문 및 윤리강령. https://www.welfare.net/welfare/social-workers/ethics-and-oath (2024. 7. 11. 인출).

Bernard, J., & Goodyear, R. (2008). **상담슈퍼비전의 기초** [*Fundamentals of Clinical Supervision*. (3rd ed.)]. (방기연, 유용권 역). 시그마프레스. (원저는 2004년에 출판)

Dane, B., & Simon, B. (1991). Resident guests: social workers in host settings. *Social work, 36*(3), 208-213.

Fisher, D. (1987). Problems for Social Work in a Strike Situation: Professional, Ethical, and Value Considerations. *Social Work, 32*(3), 252-254.

Kopels, S. (1992). Confidentiality and the school social worker. *Social Work in Education, 14*(4), 203-205.

Lamb, D., Presser, N., Pfost, K., Baum, M., Jackson, V., & Jarvis, P. (1987). Confronting professional impairment during the internship: Identification, due process, and remediation. *Professional Psychology: Research and Practice, 18*, 598-603.

Loewenberg, F. (1987). Another look at unethical professional conduct. *Journal of Applied Social Sciences, 11*, 220-29.

McCrady, B. (1989). The distressed impaired professional: From retribution to rehabilitation. *The Journal of Drug Issues, 19*(3), 337-349.

Munson, C. (1983). *An Introduction to Clinical Social Work Supervision*. Haworth Press.

National Association of Social Workers (NASW, 2021). *Read the Code of Ethics*. https://www.socialworkers.org/About/Ethics/Code-of-Ethics/Code-of-Ethics-English

Olsheski, J., & Leech, L. (1996). Programmatic interventions and treatment of impaired professionals. *Journal of Humanistic Education & Development, 34*(3), 128-141.

Reamer, F. G. (1992). The impaired social worker. *Social Work, 37*(2), 165-170.

Reamer, F. G. (2000). *The Social Work Ethics Audit*. NASW Press.

Wood, D., Klein, S., Cross, H., Lammers, C., & Elliott, J. (1985). Impaired practitioners: Psychologist's opinions about prevalence and proposals for intervention. *Professional Psychology: Research and Practice, 16*(6), 843-850.

제9장

사회복지 조사 · 평가의 윤리

학습목표

- 사회복지실천에서의 조사와 평가의 윤리 필요성을 설명할 수 있다.
- 사회복지연구에서의 윤리적 문제를 나열할 수 있다.
- 사회복지실천에서의 조사와 평가 관련 문제에 윤리적으로 대처할 수 있다.

1. 사회복지 조사 · 평가의 윤리

사회복지사는 연구를 통해 검증된 이론과 모델을 바탕으로 전문적인 실천을 해야 한다. 이를 위해서는 사회복지에 관련된 개입방법과 실천 모델에 대한 연구와 검증이 필요하며, 사회복지 욕구 조사와 기관 프로그램 평가도 매우 중요하다. 이에 사회복지사의 조사와 평가 활동에의 참여에 대한 요구가 크게 증가하게 되었으며, 사회복지사는 임상적 실천의 평가, 욕구의 사정, 프로그램의 평가, 사회복지정책의 평가, 경험적 조사와 연구결과의 활용 등에 관한 전문적인 지식과 훈련을 필요로 하게 되었다. 사회복지사는 연구조사에 관련한 지식뿐만 아니라, 조사와 평가에 관련된 윤리적 이슈에 대해서도 인식하고 있어야 한다. 특히 대부분의 사회복지연구 대상자는 취약한 사회적 · 경제적 위치에 있는 집단에 속한 개인이기 때문에 연구참여자의 권리와 이익을 보호하는 데 주의를 기울여야 한다.

한국 사회복지사 윤리강령(한국사회복지사협회, 2023)에는 전문성 개발을 위한 노력으로 지식기반의 실천 증진에 대한 기준을 다음과 같이 제시하고 있다.

- 사회복지사는 사회복지실천 과정에서 평가와 연구 조사를 함으로써, 사회복지실천의 지식 기반형성에 기여하고, 궁극적으로 사회복지실천의 질적 향상을 위해 노력한다.
- 사회복지사는 평가나 연구 조사를 할 때, 연구참여자의 권리를 보장하기 위해, 연구 관련 사항을 충분히 안내하고 자발적인 동의를 얻어야 한다.
- 사회복지사는 연구 과정에서 얻은 정보를 비밀보장의 원칙에서 다루며, 비밀보장의 한계, 비밀보장을 위한 조치, 조사자료 폐기 등을 연구참여자에게 알려야 한다.
- 사회복지사는 평가나 연구 조사를 할 때, 연구참여자의 보호와 이익, 존엄성, 자기결정권, 자발적 동의, 비밀보장 등을 고려하며,「생명윤리 및 안전에 관한 법률」등 관련 법령과 규정에 따라 연구윤리를 준수한다.

미국 사회복지사 윤리강령(NASW, 2023)에서는 평가와 조사연구에 대한 규정을 좀 더 상세하게 제시하고 있다. 이 강령에서는 고지된 동의 절차, 평가와 조사 참여자가 적절한 지지적 서비스를 받아야 할 필요성, 평가와 조사과정에서 얻은 지식의 비밀보장과 익명성, 결과를 정확하게 보고해야 할 의무, 조사와 평가 참여자와 관련된 이해관계 갈등의 처리 등에 대해 다음과 같이 규정하고 있다(NASW, 2021).

- 사회복지사는 정책, 프로그램의 실행 및 실천개입을 감사 · 평가해야 한다.
- 사회복지사는 지식의 발달에 이바지하도록 평가와 조사를 증진하고 촉진시켜야 한다.
- 사회복지사는 사회복지실천에 관련되는 새로운 지식을 비판적으로 검토해야 하며, 전문적 실천에 있어서 평가와 조사연구의 증거를 충분히 활용해야 한다.
- 평가와 조사에 관여하는 사회복지사는 일어날 수 있는 결과를 신중하게 고려하며 평가 및 조사 참가자의 보호를 위해 개발된 지침을 따라야 한다. 적절한 기관생명윤리위원회(Institutional Review Board: IRB)의 자문을 구해야 한다.
- 평가와 조사에 관여하는 사회복지사는 참가자로부터 충분한 정보에 근거한 문서화된 동의를 받아야 한다. 이때 참가거부에 대한 암시적 또는 현실적 손해나 불이익이 없고 부당한 참가권유가 없어야 하며, 참가자의 복지, 사생활 보호, 존엄성을 고려해야 한다. 고지된 동의에는 참가의 성격, 한도, 기간과 더불어 조사 참가 시의 위험요소나 보상에 관한 정보 등이 포함되어야 한다.
- 사회복지사는 평가나 연구조사를 촉진하기 위해 전자적 기술을 사용하는 경우 그러한 정보통신기술 사용에 대해 참가자들에게 고지된 동의를 제공해야 한다는 점을 명확히 해야 한다. 사회복지사는 참가자들이 정보통신기술을 사용할 능력이 있는지 여부를 사정해야 하며, 가능한 한 평가나 연구조사에 참여할 수 있는 합리적인 대안을 제공해야 한다.
- 평가와 조사연구의 참가자가 충분한 정보에 근거한 동의를 할 수 없을 때에도 사회복지사는 참가자의 수준에 적절한 설명을 하여 가능한 한 참가자로부터 동의를 얻어야 하며, 정당한 대리인으로부터 문서화된 동의를 얻기도 한다.
- 사회복지사는 특정 형태의 자연적 관찰이나 공문서 조사와 같은, 동의의 절차를 밟지 않은 평가나 조사를 설계 및 실시해서는 절대로 안 된다. 그러나 그 조사에 대한 엄격하고 신뢰할 만한 검토 결과, 예상되는 과학적 · 교육적 또는 응용적 가치 때문에 정당하다고 판명되거나 또는 동의절차를 반드시 요구하지 않으면서 동등하게 효과적인 대안이 없는 경우는 예외다.
- 사회복지사는 평가나 조사의 참가자가 언제라도 불이익 없이 동의를 철회할 권리가

있음을 알려 주어야 한다.

- 사회복지사는 평가나 조사의 참가자가 적절한 지지적 서비스를 이용할 수 있도록 합리적 조치를 취해야 한다.
- 평가나 조사에 관여하는 사회복지사는 부당한 신체적 또는 정신적 고통, 위해, 위험, 박탈 등으로부터 참가자들을 보호해야 한다.
- 서비스의 평가에 관여하는 사회복지사는 수집된 정보를 오직 전문직의 목적을 위해서 그리고 이 정보에 전문적 관심을 갖는 사람들과만 논의해야 한다.
- 평가나 조사에 관여하는 사회복지사는 참여자와 그들에게서 얻은 자료의 익명성과 비밀을 보장해야 한다. 사회복지사는 비밀보장의 한계, 비밀보장을 위해 취해진 조치 그리고 조사자료가 포함된 기록이 폐기될 시기 등을 참가자에게 알려야 한다.
- 평가나 조사의 결과를 보고하는 사회복지사는 공개를 허락하는 정당한 동의가 없는 한 신상정보를 생략함으로써 참가자의 비밀을 보호해야 한다.
- 사회복지사는 평가나 조사의 결과를 정확하게 보고해야 한다. 결과를 꾸미거나 왜곡해서는 안 되며, 출판 후에 인쇄된 자료에서 잘못이 발견되었을 때에는 표준적인 출판방법을 이용하여 시정조치를 취해야 한다.
- 평가나 조사에 관여하는 사회복지사는 참가자와의 이익갈등이나 이중관계에 유의하고 이를 피해야 하며, 현실적인 또는 잠재적인 이익의 갈등이 일어날 때 참가자에게 그 사정을 알리고 참가자의 이익이 최우선되도록 문제해결을 위한 조치를 취해야 한다.
- 사회복지사는 책임감 있는 조사연구에 관해 자신과 학생 및 동료들을 교육해야 한다.

사례 9-1

'백색가운의 악마' 잔혹성에 미국도 '소름'

〈한겨레신문〉 2011. 09. 11.

커틀러 박사, 1940년대 중반 매독, 임질균 인체 주입
자국 재소자·흑인 실험도 주도…… '명성 속 악명' 드러나

미국 연구진이 지난 1940년대 말 과테말라(Guatemala)에서 진행한 매독 의학실험의 실상이 속속 밝혀지고 있다. 독일 나치나 일본군이 제2차 세계대전 시기에 진행한 인체실험 못잖게 잔혹한 이 실

험은, 미국 의학사의 어두운 과거를 또 한 번 들춰내고 있다. 이 실험의 뒤에도 어김없이 '죽음의 천사' 존 커틀러(John Cutler, 1915~2003) 박사가 있었다.

지난해 10월 과테말라 실험에 관한 증거가 나오자 미국 버락 오바마(Barack Obama) 대통령은 즉각 조사위원회 구성을 명령했다. 조사위가 지난달 29일 발표한 중간보고서는 충격적인 실험의 수법과 연구진의 도덕 불감증을 드러냈다.

미국 공중위생국 소속 의사 커틀러의 주도 아래 연구진은 1946년부터 2년 동안 과테말라에서 미국 국립보건원(NIH)이 비용을 댄 인체실험을 실행했다. 매독 등 성병에 걸린 사람들이 다른 사람과 성관계를 갖도록 하는 방법을 주로 사용했다. 매독이 간질을 고치는 데 도움이 되는지 알기 위해, 정신병원에 입원 중인 여성 간질환자들에게 매독균을 주사하기까지 했다.

조사위원장 에이미 거트먼(Amy Gatman)이 "소름끼치게 지독하다."라고 표현한 가장 잔혹한 실험은, 매독에 걸린 한 여성에게 눈 등을 통해 임질을 감염시킨 것이다. 연구진은 추가감염의 효과를 알아보려고 이런 실험을 저질렀다. 결국 이 여성은 6개월 뒤 사망했다.

당시 모두 5,500여 명이 실험에 이용됐으며, 이 중 1,300여 명이 매독, 임질 등 성병에 실제 감염된 것으로 드러났다. 그러나 제대로 치료를 받은 사람은 700여 명에 불과하고 사망자는 83명에 이른다. 과테말라 현지에서는 9세짜리 아이까지 실험에 동원됐다는 증언이 나왔다고 영국 〈가디언〉은 전했다.

이 실험은 '싱싱 교도소 실험' '터스키기 실험' 등과 함께 미국의 비윤리적 인체실험 역사의 하이라이트다. '싱싱 교도소 실험'은 1943년 교도소 재소자를 상대로 임질 감염을 연구한 실험이고, '터스키기 실험'은 1932~1972년까지 40년 동안 터스키기(Tuskegee) 지역 흑인을 대상으로 치료하지 않은 매독이 인체에 어떤 영향을 미치는지를 관찰하기 위해 이뤄졌다.

이 모든 실험에 등장하는 이름이 바로 커틀러다. 의대 졸업 뒤 1942년 공중위생국에 들어간 그는 인체실험을 거듭하며 요직을 차지하다, 1967년 피츠버그 대학(University Pittsburgh) 교수로 임용된 뒤 편한 말년을 보냈다. 그가 사망한 뒤 피츠버그 대학에서 그의 이름을 딴 강의가 개설될 정도로 그는 존경받는 학자로 통했으나 지난 2008년 '터스키기 실험' 주도 사실이 폭로되자 '두 얼굴'이 드러났다. 미국 언론은 그를 아우슈비츠(Auschwitz)에서 의무관으로 근무한 나치의 요제프 멩겔레(Josef Mengele), 악명 높은 일본 731부대장 이시이 시로(Ishi Shiro)와 함께 '죽음의 천사'로 부른다.

〈이하 생략〉

〈사례 9-1〉은 매우 극단적으로 연구의 이익을 위하여 연구참여자를 희생시킨 경우로, 연구윤리가 왜 필요한가에 대한 의문에 답이 될 수 있다. 대부분의 사회복지연구도 이 사례처럼 사람을 대상으로 한다는 공통점에서 연구참여자의 인권과 윤리원칙 준수에 대한 교훈을 남긴다. 사회복지연구는 취약한 위치에 있는 개인을 대상으로 하기 때문에 연구참여자에게 해가 가지 않도록 특별히 주의해야 한다.

어떤 경우에는 연구의 장기적 이득이 특정한 윤리적 규범을 어기는 것보다 가치가 있다고 여기기도 한다. 예를 들어, 성매매 여성들의 복지 향상에 대한 연구를 위해 성매매를 한 경험이 있는 대상자에게 연구참여를 권유하였다. 그러나 대상자는 과거에 대해 언급조차 하기 싫어하며 거절할 수도 있다. 연구대상자는 연구참여로 인해 자신의 과거를 회상하게 되고 정서적 · 심리적 고통을 받을 수 있다. 하지만 연구대상자가 연구에 참여하게 되면 귀중한 자료를 얻을 수 있고, 그 자료를 바탕으로 정책 및 사회복지 프로그램 개발 등 장기적으로는 연구대상자가 속한 집단의 복지 향상에 기여할 수 있다. 연구자는 비용-편익분석(cost-benefit analysis)을 통해 연구가 인간을 연구대상으로 할 만한 가치와 필요성을 가지고 있는 것인지, 다른 방법은 없는지를 검토해야 한다. 특히 연구가 과학적으로 타당한지를 검토해 봐야 하는데, 이는 실험방법이 설정된 목표에 적합한 것인지, 대상자가 적합한지, 연구대상자가 받을 고통이나 위험요소가 연구의 기대 성과보다 큰 것은 아닌지 등을 고려해야 한다는 것이다. 연구자는 조사연구로 인해 발생할 수 있는 인권침해로부터 클라이언트를 보호해야 할지, 클라이언트의 인권침해가 있더라도 조사연구의 결과가 장기적으로 클라이언트 집단의 복지 향상에 기여할 것이므로 계속 정보를 알아내고자 해야 하는지를 판단해야 한다(Rubin & Babbie, 1998). 그러나 연구목적이 연구수단을 정당화시키는지를 결정하는 것은 어렵고 주관적인 과정이다. 이에 연구자는 관련 전문가로부터 연구의 윤리성에 대해 자문을 구해야 하며, 연구 윤리위원회를 형성하여 연구수행에 관련한 윤리적 판단을 도와야 한다.

2. 연구윤리와 연구진실성

연구윤리(research ethics)는 연구의 계획, 수행, 보고 등과 같은 연구의 전 과정에서 책임 있는 태도로 바람직한 연구를 추진하기 위해 지켜야 할 윤리적 원칙을 일컫는 것으로, 연구내용의 윤리, 연구절차의 윤리를 포함한다(황은성, 송성수, 이인재, 박기범, 손화철, 2011). 연구윤리는 다음의 기능들을 수행한다는 점에서 그 필요성이 있다(박은우, 김인호, 김현철, 이민호, 2014).

- 무엇이 옳은 연구 방향인지를 잘 모르거나 혼란스러울 때, 연구자 개인으로 하여금 명확하게 바람직한 방향을 안내해 준다.
- 연구부정행위나 부적절한 행위로부터의 유혹을 떨쳐 버리게 함으로써 연구자가 진실하고, 당당하게 책임 있는 연구를 수행할 수 있도록 한다.
- 연구윤리의 확립이 학계와 문화계에 고질화된 윤리 불감증, 편법주의, 양적 업적주의의 폐해를 극복하여 연구에 신뢰를 증진시킴으로써 개인의 품격 및 사회의 질(social quality)을 향상시키는 데 기여할 수 있다.

인간을 대상으로 한 연구윤리는 1947년 뉘른베르크 강령, 1964년 세계의사회의 헬싱키 선언, 1979년 미국의 벨몬트 리포트를 통해 발달해 왔다(손영화, 2023). 1947년 뉘른베르크 강령(Nuremberg Code)은 제2차 세계대전의 수많은 비윤리적인 인체실험에 대한 반성으로 의학연구의 인체실험 윤리지침으로 마련되었다. 이 강령을 통해 피험자의 자발적 동의가 절대적으로 필요하다는 '정보에 근거한 동의'의 원칙을 확립하였다. 뉘른베르크 강령의 주요한 내용은 다음과 같다(손영화, 2023).

- 피험자의 자발적인 동의가 필수불가결하다.
- 불필요한 실험은 실시하지 않는다.
- 미리 동물 실험을 한다.
- 불필요한 신체적 · 정신적 고통을 피한다.
- 죽음이나 장애가 예상되는 실험은 하지 않는다.
- 위험이 이익을 상회해서는 안 된다.
- 주도면밀한 준비와 적절한 설비를 갖추어야 한다.
- 과학적 유자격자에 의해 이루어져야 한다.
- 피험자는 실험을 자유롭게 중단할 수 있어야 한다.
- 피험자에게 죽음이나 장애가 올 것으로 예상되는 경우 실험자는 언제든지 중지할 수 있는 마음가짐이 있어야 한다.

1964년 세계 의사협회의 헬싱키 선언(Declaration of Helsinki)의 정식 명칭은 「인간을 대상으로 하는 의학 연구의 윤리적 원칙(Ethical Principles For Medical Research Involving Human Subject)」이다. 뉘른베르크 강령에서 절대적인 기준으로 여겨졌던 '자발적 동의'에 대한 요건이 완화되고 법적 무능력자(영유아, 치매자 등)일 경우 대리인의 동의가 허용되었다. 이를 통해 영유아, 치매자 등을 위한 연구가 가능해졌다. 헬싱키 선언은 1975년 도쿄 대회에서 수정되어, '고지된 동의(informed consent)'가 정식 용어로 채택되었으며, 연구계획이 특별히 임명된 독립된 위원회에서 심의될 것을 요구하게 되었다(손영화, 2023). 고지된 동의는 임상시험에 대해 정확하고 충분한 정보를 제공받고 충분한 고려시간을 거친 후 자유로운 의사에 기초한 대상자의 자발적인 동의를 일컫는 정식 용어라 할 수 있다.

1979년 제출된 미국의 벨몬트 리포트(The Belmont Report)는 연구라는 행위를 명확히 정의하고 윤리심사의 대상으로 삼아야 할 행위의 범위를 명시하였다. 벨몬트 리포트에서는 인간을 대상으로 한 의학연구에 있어서의 3가지 기본적인 윤리원칙으로서 '인간존중' '선행' '정의'를 정하고, 사회적 약자를 보호해야 한다는 점을 강조하였다(손영화, 2023; U.S. Departmet of Health and Human Services, 2022.10.17.). 첫 번째 윤리원칙인 인간존중(Respect for persons)은 인간의 자율성을 다루며, 생명의 존엄과 사람의 존엄을 지키는 것을 말한다. 두 번째 윤리원칙인 선행(Beneficience)은 유익성이라고 볼 수 있는데, 연구의 과학성 · 합리성에 대한 판단은 피실험자의 이익뿐만 아니라 사회의 이익에 비추어 이루어져야 한다. 세 번째 윤리원칙인 정의(Justice)는 분배의 정의를 말한다. 피실험자가 공평하게 선정되고 있는지, 연구로 인하여 피해를 받을 수 있는 대상과 혜택을 입는 대상이 다르지 않는지를 살펴보아야 하는 것이다. 뿐만 아니라, 연구 데이터의 조작 등의 부정행위, 연구결과 발표방법, 이해상충의 취급 등 연구를 실시하는 상황이나 조건이 모든 관점에서 공정성을 유지해야 한다는 원칙이다.

연구진실성(research integrity)은 연구수행 및 결과도출에 있어서 부주의나 잘못된 지식 등으로 인한 비의도적인 오류나, 위조 · 변조 · 표절 등 의도적인 부정행위가 개입되지 않고 객관성과 정확성이 확보된 것을 의미한다(과학기술부 · 과학기술혁신 본부, 2007). 연구진실성은 좁은 의미로는 연구에서 부정행위가 없는 정확하고 정직한 연구의 계획, 수행, 발표를 의미한다(박은우 외, 2014). 하지만 넓은 의미의 연구진실성은 연구자가 지켜야 할 과학적 · 사회적 책임과 윤리 포함, 연구비의 효율적 사용, 인간 피험자 및 동물에 대한 윤리의 준수, 동료 연구자 간의 윤리, 언론과의 관계, 과학자의 대사회적 관계 윤리 등을 모두 포함한다(이준석, 김옥주, 2006). 연구윤리에 따라 연구를 수행할 때 연구부정행위로부터 멀어지며 그만큼 연구진실성을 증진시킬 수 있기(이인재, 2012) 때문에 연구윤리와 연구진실성은 필수불가분의 관계라 할 수 있다.

3. 연구활동의 스펙트럼

연구활동은 크게 바람직한 연구활동과 바람직하지 못한 연구활동으로 나누어질 수 있다. 바람직한 연구활동은 좋은 연구수행 또는 책임 있는 연구수행(Good Research Practice: GRP; or Responsible Conduct of Research: RCR)이라 할 수 있다. 즉, 연구자나 연구기관이 실현하기 위해 노력해야 할 이상적인 기준(ideal standard)을 의미한다(Steneck, 2006). 미국의 연구진실성국(Office of Research Integrity: ORI)에 따르면, 좋은 연구수행은 다음의 가치들을 잘 알고 실천하는 것을 말한다(Office of Science and Technology Policy, 1999).

- 정직성: 정직한 정보 전달과 연구자 윤리강령의 성실 이행
- 정확성: 연구결과의 정확한 보고와 데이터의 최소 오차
- 효율성: 현명하고 낭비 없는 자원 이용
- 객관성: 명확한 설명과 부당한 편견의 기피

표 9-1 연구활동의 스펙트럼

유형	바람직하지 못한 연구활동(행동)		바람직한 연구활동(행동)
	연구부정행위	연구부적절행위 또는 의심스런 연구수행	책임 있는 연구수행, 좋은 연구수행
내용	• 위조 • 변조 • 표절	• 부당한 논문저자표시 • 중복게재 • 의심스런 데이터의 누락	• 정직한 정보 전달과 연구자 윤리강령의 성실 이행 • 연구결과의 정확한 보고와 데이터의 최소 오차 • 현명하고 낭비 없는 자원 이용 • 명확한 설명과 부당한 편견의 기피
비고	연구수행에서 가장 나쁜 행동	연구부정행위와 책임 있는 연구수행 사이의 회색지대	연구수행에서 도달해야 할 이상적인 행동

출처: 박은우 외(2014). p. 17 재구성

반면에, 바람직하지 못한 연구활동은 연구부정행위와 연구부적절행위로 유형이 나누어질 수 있다. 연구부정행위(Research Misconducts)는 연구자가 속임수, 자기기만 등으로 인하여 연구자 자신은 물론 그가 속한 연구공동체와 국가 사회에 심각한 해로움을 유발

하는 것으로, 연구 윤리에서 벗어난 정도가 매우 심각하고 의도적일 때를 말한다. 연구부정행위에는 대표적으로 다음과 같은 위조, 변조, 표절이 해당된다(이인재, 2010).

- 위조: 날조라고도 함. 존재하지 않는 기록을 의도적으로 창조하는 것으로 근거가 없고 판단을 그르치게 하고 속이기 위함임.
- 변조: 과학연구를 시행하여 얻은 연구자료를 선택적으로 변경하거나 연구 자료의 통계 분석에서 불확실한 것을 그릇되게 설명하는 것을 말함. 또한 과학적 또는 통계학적 검증 없이 일치하지 않는 연구 자료를 선택적으로 생략, 삭제, 은폐하는 것을 말함.
- 표절
  - 텍스트 표절: 타인의 저작물을 활용할 때, 인용한 원저자의 승인 없이 또는 인용한 원저자의 저작물에서 가져온 글, 표, 그림, 그래프, 사진 등을 적절하게 출처를 밝히지 않고 마치 자신의 것처럼 그대로 복사하는 경우임.
  - 말바꿔쓰기(paraphrasing) 표절: 타인의 저작물을 읽고 자신의 용어로 다시 말바꿔쓰기를 했지만, 출처를 표시하지 않은 경우. 원저작물의 핵심 아이디어가 살아있으면, 문맥을 바꾸더라도 출처를 명시하지 않으면 표절임.
  - 모자이크 표절: 원저작물에 있는 단어나 아이디어를 인용 표시를 하지 않고 자신의 단어나 아이디어와 섞거나, 여러 원저작물에서 인용 표시 없이 따온 단어나 아이디어를 합치거나, 적절하게 원저작물을 인용한 것과 인용하지 않은 부분을 섞는 것임.
  - 자기표절(self plagiarism): 자신의 이전 저작물을 가져다 후속 저작물에 활용하면서 출처 표시를 하지 않은 경우임.

연구부정행위 중에서 표절을 막기 위해서는 올바른 인용이 이루어져야 하는데, 자신의 이전 저작물 또는 타인의 저작물을 활용하는 경우, 자신의 새로운 저작물을 창출할 때 인용하였음을 정직하게 인정하고 적절하게 출처를 밝히는 것이 필요하다(이인재, 2010).

바람직하지 못한 연구활동의 한 유형인 의심스런 연구수행 또는 연구 부적절 행위(Questionable Research Practice: QRP)는 연구부정행위처럼 심각한 행위는 아니지만 그렇다고 해서 결코 바람직하거나 좋은 연구수행도 아닌, 결과적으로 책임있는 연구수행을 방해하거나 위해하는 행위를 말한다(과학기술부, 2007). 의심스런 연구수행으로는 부당한 논문저자표시, 중복게재, 의심스런 데이터의 누락 등이 해당된다. 이 중에서 중복게재(redundant publication)는 이중게재, 토막논문(논문 쪼개기), 덧붙이기 논문을 포괄한 개념으로, 처음 게재한 학술지 편집 책임자의 허락 없이 또는 충분히 서로 출처를 언급하지 않고 동일 논문 또는 가설, 자료, 방법론, 토론, 논점, 결과, 결론 등에서 상당 부분 겹치는 논문을 2개 이상의 학술지에 게재하는 행위를 말한다(이인재, 2010).

표 9-2 연구수행 시 주의해야 할 항목들

단계	주의를 기울여야 할 사항의 예
연구계획	• 통계학자와의 상담을 통한 치밀한 실험설계 • 동물과 인간이 대상이 되는 경우 기관윤리심의위원회(IRB)의 승인 • 연구의 필요성–연구목표–연구내용–연구방법–추진계획–기대효과 등에 대한 연구계획서 작성 • 공동연구의 경우, 각 연구자의 역할과 책임 분담 및 논문에서의 저자배정과 순서에 대한 사전 논의
실험 및 데이터의 분석과 선택	• 데이터 선별의 논리와 기준의 설정 • 정확한 방법(기기와 프로그램)에 의한 데이터 확보 • 편향되지 않은 데이터의 선별 • 정확하고 유의한 통계처리 • 정확한 데이터 기록과 보존
데이터 보전과 주인의식	• 연구노트의 보존 • 데이터 수집, 활용과 공유에 대한 적절한 책임과 권리행사
연구결과 발표	• 타인의 연구 성과나 자료를 활용할 때는 정확한 출처와 인용 표시 • 자신의 이전 연구결과를 활용할 때도 정확한 출처를 밝혀 마치 처음 발표하는 것처럼 속이지 말 것 • 더 많은 연구 업적을 위해 주요 내용이 유사한 논문을 다른 제목으로 발표하거나 논문 쪼개기 등을 하지 말 것 • 연구에 기여하지 않으면서 저자로 이름을 올리거나, 저자로서 정당한 자격이 있는 사람을 저자로 표기하지 않는 행위를 하지 말 것 • 연구결과를 대중매체에 과장하여 공개하지 말 것 • 연구결과가 발표된 이후에도 연구윤리에 위반되는 사항을 인지하게 될 경우 연구결과의 전부 또는 일부 철회

출처: 황은성 외(2011).

4. 국내의 연구윤리 지침 및 연구 관련 법안

1) 연구윤리 확보를 위한 지침

2005년도 말 서울대학교 교수팀의 줄기세포연구 논문 조작 사건을 계기로「연구윤리 확보를 위한 지침」(과학기술부 훈령 제236호)이 2007년 2월에 마련되었다(박은우 외, 2014). 그 이후 여러 차례의 개정을 거쳐, 2023년에 7월에 전부개정된「연구윤리 확보를 위한 지침」(교육부훈령 제449호)이 시행되었다. 학술진흥을 방해하는 연구자의 연구부정행위를 방지하고 건전한 학술연구의 분위기가 조성될 수 있도록 연구윤리 확보를 위한 지침(연구윤리지침)을 마련하는 등 연구윤리 확보를 위한 시책을 세우고 추진하여야 한다는「학술진흥법」제15조에 바탕을 두고「연구윤리 확보를 위한 지침」이 만들어졌다.「연구윤리 확보를 위한 지침」은「학술진흥법」제15조에서 위임한 사항을 정함으로써, 연구자 및 대학 등의 연구윤리를 확보하는 데 필요한 역할과 책임에 관하여 기본적인 원칙과 방향을 제시하고, 연구부정행위를 방지하기 위한 사항을 정함을 목적으로 한다. 이 지침은 연구과제 제안, 과제 수행, 과제 결과 보고 및 발표 등 전 범위에 적용되며, 대학 등은 연구윤리를 확보하고 연구부정행위의 발생을 예방하기 위하여 연구수행 과정에서의 갈등이나 분쟁을 중재하거나 조정하는 기구를 설치 · 운영할 수 있다. 또한 대학 등은 연구부정행위가 발생하였을 경우 이에 대해 검증 · 판단하는 기구를 설치 · 운영하여야 한다. 대학 등은 연구자가 연구수행 과정에서 연구윤리를 준수하고 연구부정행위를 예방할 수 있도록 정기적으로 연구윤리 교육을 실시하여야 하며 연구윤리 업무 담당자의 전문성 강화를 위하여 노력하여야 한다. 그 외의 연구윤리 지침의 주요 내용은 다음과 같다.

▷ 제11조(연구부정행위의 범위)

① 연구부정행위는 연구개발 과제의 제안, 수행, 결과 보고 및 발표 등에서 이루어진 다음을 말한다.

1. "위조"는 존재하지 않는 연구 원자료 또는 연구자료, 연구결과 등을 허위로 만들거나 기록 또는 보고하는 행위
2. "변조"는 연구 재료 · 장비 · 과정 등을 인위적으로 조작하거나 연구 원자료 또는 연구자료를 임의로 변형 · 삭제함으로써 연구 내용 또는 결과를 왜곡하

는 행위

3. "표절"은 다음과 같이 일반적 지식이 아닌 타인의 독창적인 아이디어 또는 창작물을 적절한 출처표시 없이 활용함으로써, 제삼자에게 자신의 창작물인 것처럼 인식하게 하는 행위
   가. 타인의 연구내용 전부 또는 일부를 출처를 표시하지 않고 그대로 활용하는 경우
   나. 타인의 저작물의 단어 · 문장구조를 일부 변형하여 사용하면서 출처표시를 하지 않는 경우
   다. 타인의 독창적인 생각 등을 활용하면서 출처를 표시하지 않은 경우
   라. 타인의 저작물을 번역하여 활용하면서 출처를 표시하지 않은 경우
4. "부당한 저자 표시"는 다음과 같이 연구내용 또는 결과에 대하여 공헌 또는 기여를 한 사람에게 정당한 이유 없이 저자 자격을 부여하지 않거나, 공헌 또는 기여를 하지 않은 사람에게 감사의 표시 또는 예우 등을 이유로 저자 자격을 부여하는 행위
   가. 연구내용 또는 결과에 대한 공헌 또는 기여가 없음에도 저자 자격을 부여하는 경우
   나. 연구내용 또는 결과에 대한 공헌 또는 기여가 있음에도 저자 자격을 부여하지 않는 경우
   다. 지도학생의 학위논문을 학술지 등에 지도교수의 단독 명의로 게재 · 발표하는 경우
5. "부당한 중복게재"는 연구자가 자신의 이전 연구결과와 동일 또는 실질적으로 유사한 저작물을 출처표시 없이 게재한 후, 연구비를 수령하거나 별도의 연구업적으로 인정받는 경우 등 부당한 이익을 얻는 행위
6. "연구부정행위에 대한 조사 방해 행위"는 본인 또는 타인의 부정행위에 대한 조사를 고의로 방해하거나 제보자에게 위해를 가하는 행위
7. 그 밖에 각 학문분야에서 통상적으로 용인되는 범위를 심각하게 벗어나는 행위

② 대학 등의 장은 앞의 연구부정행위 외에도 자체 조사 또는 예방이 필요하다고 판단되는 행위를 자체 지침에 포함시킬 수 있다.

▷ 제12조(연구부정행위의 판단)

① 연구부정행위는 다음의 기준으로 판단한다.

1. 연구자가 속한 학문 분야에서 윤리적 또는 법적으로 비난을 받을 만한 행위인지
2. 해당 행위 당시의 '연구윤리 확보를 위한 지침' 및 해당 행위가 있었던 시점의 보편적인 기준을 고려
3. 행위자의 고의, 연구부정행위 결과물의 양과 질, 학계의 관행과 특수성, 연구부정행위를 통해 얻은 이익 등을 종합적으로 고려

② 그 밖에 각 학문분야에서 통상적으로 용인되는 범위를 심각하게 벗어난 행위를 판단하고자 할 때에는 대학 등 연구자의 소속기관에서 금지되는 행위를 명문으로 정하고 있거나 연구자가 속한 학계에서 부정한 행위라는 인식이 널리 퍼져 있는지 등을 고려하여야 한다.

2) 생명윤리 및 안전에 관한 법률

「생명윤리 및 안전에 관한 법률」(약칭:「생명윤리법」)은 인간과 인체유래물 등을 연구하거나, 배아나 유전자 등을 취급할 때 인간의 존엄과 가치를 침해하거나 인체에 위해(危害)를 끼치는 것을 방지함으로써 생명윤리 및 안전을 확보하고 국민의 건강과 삶의 질 향상에 이바지함을 목적으로 하고 있다. 이 법의 제3조(기본 원칙)에서는 다음과 같이 연구대상자들의 보호에 대한 원칙을 규정하고 있다.

- 이 법에서 규율하는 행위들은 인간의 존엄과 가치를 침해하는 방식으로 하여서는 아니 되며, 연구대상자 등의 인권과 복지는 우선적으로 고려되어야 한다.
- 연구대상자 등의 자율성은 존중되어야 하며, 연구대상자 등의 자발적인 동의는 충분한 정보에 근거하여야 한다.
- 연구대상자 등의 사생활은 보호되어야 하며, 사생활을 침해할 수 있는 개인정보는 당사자가 동의하거나 법률에 특별한 규정이 있는 경우를 제외하고는 비밀로서 보호되어야 한다.
- 연구대상자 등의 안전은 충분히 고려되어야 하며, 위험은 최소화되어야 한다.
- 취약한 환경에 있는 개인이나 집단은 특별히 보호되어야 한다.

- 생명윤리와 안전을 확보하기 위하여 필요한 국제 협력을 모색하여야 하고, 보편적인 국제기준을 수용하기 위하여 노력하여야 한다.

「생명윤리 및 안전에 관한 법률」에서는 생명윤리 및 안전을 확보하기 위하여 기관생명윤리위원회를 인간대상연구 및 인체유래물연구를 수행하는 자가 소속된 교육 · 연구 기관 또는 병원, 배아생성의료기관, 배아연구기관, 체세포복제배아 연구기관, 인체유래물은행 등에 독립적인 기구로 설치하고 보건복지부장관에게 등록하도록 규정하고 있다. 「생명윤리법」의 제15조에 따르면, 인간대상연구를 하려는 연구자는 인간대상연구를 하기 전에 연구계획서를 작성하여 기관생명윤리위원회의 심의를 받아야 한다. 단, 연구대상자 및 공공에 미치는 위험이 미미한 경우로서 국가위원회의 심의를 거쳐 보건복지부령으로 정한 기준에 맞는 연구는 기관위원회의 심의를 면제할 수 있다. 즉, 인간을 주 연구대상으로 하는 사회복지 분야는 설문지나 면접, 실험 등의 다양한 연구방법을 이용하여 연구를 진행하므로 기관생명윤리위원회 심의는 필수 사항이 되었다. 소속 기관생명윤리위원회의 지정된 양식에 따라 심의를 신청하여 일정한 심의과정을 의무적으로 거쳐야 한다. 연구수행 중에 연구를 지속하고자 하거나 변경 사항 또는 위반, 이탈이 있다면 해당 사항에 대하여 심의를 받아야 하며, 연구종료 시에는 연구 결과보고서를 제출하여 심의를 받아야 한다.

「생명윤리법」 제10조 제3항에 따르면, 기관생명윤리위원회는 연구계획서의 심의, 해당 기관에서 진행 중인 연구에 대한 조사, 감독, 교육, 취약한 연구대상자 보호 대책 수립, 연구자를 위한 윤리지침 마련 등의 업무를 다음과 같이 수행한다.

- 다음 각 목에 해당하는 사항의 심의
  가. 연구계획서의 윤리적 · 과학적 타당성
  나. 연구대상자 등으로부터 적법한 절차에 따라 동의를 받았는지 여부
  다. 연구대상자 등의 안전에 관한 사항
  라. 연구대상자 등의 개인정보 보호 대책
  마. 그 밖에 기관에서의 생명윤리 및 안전에 관한 사항
- 해당 기관에서 수행 중인 연구의 진행과정 및 결과에 대한 조사 · 감독
- 그 밖에 생명윤리 및 안전을 위한 다음 각 목의 활동
  가. 해당 기관의 연구자 및 종사자 교육

나. 취약한 연구대상자등의 보호 대책 수립
다. 연구자를 위한 윤리지침 마련

기관생명윤리위원회에서는 연구대상자의 보호에 중점을 두어, 다음의 사항들을 강조하고 있다(손영화, 2023).

- 연구자는 연구에 있어서 이해충돌 가능성을 없애야 함.
- 연구대상자의 안전을 충분히 고려하고 위험은 최소화하여야 함.
- 취약한 환경에 있는 개인이나 집단은 특별히 보호되어야 함.
- 연구대상자가 자발적으로 참여할 수 있도록 하며, 경제적인 이익을 부풀리거나 위험을 축소하지 않도록 주의해야 함.
- 인간대상연구와 인체유래물연구를 수행할 때에는 반드시 대상자 본인으로부터 연구참여에 대해 자발적 동의를 받아야 함.
- 인간대상연구에서는 연구대상자에 대한 보호가 중요하므로 연구대상자의 개인정보 보호와 비밀보장이 되도록 주의를 기울여야 함.

「생명윤리 및 안전에 관한 법률」에서는 인간대상연구에서 연구대상자 보호에 특히 중점을 두고, 인간대상연구의 동의, 연구대상자에 대한 안전대책, 개인정보의 제공, 연구대상자에 대한 안전대책, 개인정보의 제공 그리고 기록의 유지와 정보의 공개에 대해 명시하고 있다. 「생명윤리법」 제16조(인간대상연구의 동의)에 따르면, 인간대상연구자는 인간대상연구를 하기 전에 연구대상자로부터 다음의 사항이 포함된 서면동의를 받아야 한다.

- 인간대상연구의 목적
- 연구대상자의 참여 기간, 절차 및 방법
- 연구대상자에게 예상되는 위험 및 이득
- 개인정보 보호에 관한 사항
- 연구 참여에 따른 손실에 대한 보상
- 개인정보 제공에 관한 사항
- 동의의 철회에 관한 사항
- 그 밖에 기관위원회가 필요하다고 인정하는 사항

동의 능력이 없거나 불완전한 연구대상자가 참여하는 연구의 경우에는 법정대리인의 서면동의를 받아야 한다. 이 경우 대리인의 동의는 연구대상자의 의사에 어긋나서는 안 된다. 단, 연구대상자의 동의를 받는 것이 연구 진행과정에서 현실적으로 불가능하거나 연구의 타당성에 심각한 영향을 미친다고 판단되는 경우, 연구대상자의 동의 거부를 추정할 만한 사유가 없고, 동의를 면제하여도 연구대상자에게 미치는 위험이 극히 낮은 경우의 요건을 모두 갖춘 경우에는 기관위원회의 승인을 받아 연구대상자의 서면동의를 면제할 수 있으나, 대리인의 서면동의는 면제되지 않는다. 인간대상연구자는 서면동의를 받기 전에 동의권자에게 연구의 목적, 절차 및 방법 등에 대한 사항에 대하여 충분히 설명하여야 한다.

「생명윤리법」 제17조(연구대상자에 대한 안전대책)에 따르면, 인간대상연구자는 사전에 연구 및 연구환경이 연구대상자에게 미칠 신체적 · 정신적 영향을 평가하고 안전대책을 마련하여야 하며, 수행 중인 연구가 개인 및 사회에 중대한 해악을 초래할 가능성이 있을 때에는 이를 즉시 소속 기관의 장에게 보고하고 적절한 조치를 하여야 한다. 또한 인간대상연구자는 질병의 진단이나 치료, 예방과 관련된 연구에서 연구대상자에게 의학적으로 필요한 치료를 지연하거나 진단 및 예방의 기회를 박탈하여서는 안 된다. 「생명윤리법」 제18조(개인정보의 제공)에 따르면, 인간대상연구자는 연구대상자로부터 개인정보를 제공하는 것에 대하여 서면동의를 받은 경우에는 기관위원회의 심의를 거쳐 개인정보를 제삼자에게 제공할 수 있으며, 인간대상연구자가 개인정보를 제삼자에게 제공하는 경우에는 익명화하여야 한다. 다만, 연구대상자가 개인식별정보를 포함하는 것에 동의한 경우에는 익명화하지 않을 수 있다. 또한 「생명윤리법」 제19조(기록의 유지와 정보의 공개)에 따르면, 인간대상연구자는 인간대상연구와 관련한 사항을 기록 · 보관하여야 한다. 연구대상자는 자신에 관한 정보의 공개를 청구할 수 있으며, 그 청구를 받은 인간대

사례 9-2

사회복지사는 우울증을 겪는 청소년에 대한 박사학위 논문을 쓰고 있다. 이를 위해 사회복지사는 자신이 일하고 있는 복지기관에 오는 청소년 클라이언트들을 연구대상자로 선정하였다. 연구자는 클라이언트들이 상담 기관에서 상담을 받기 위해 서류를 작성할 때, 연구 설문지를 같이 주었다. 비록 클라이언트에게는 그 설문지를 꼭 작성해야 한다고 설명하지는 않았지만, 연구자는 많은 클라이언트가 설문지를 필수 서류로 알고 작성해 주기를 바랐다.

상연구자는 특별한 사유가 없으면 정보를 공개하여야 한다.

〈사례 9-2〉의 사례에서 사회복지사의 윤리적으로 적절하지 못한 행동은 무엇인가? 우선 이 사례에서는 연구내용에 대해 밝히는 것이 이루어지지 않음으로써, 연구대상자의 자발적 참여에 대한 권리가 침해되었다고 볼 수 있다. 연구참여 여부는 연구대상자의 자기결정권에 따라 결정되어야 하는데, 연구대상자들은 자신이 연구의 대상자가 된다는 사실 자체를 인식하지 못했기 때문에 연구참여에 대한 자기결정권이 침해되었다. 또한 연구참여에 대한 충분한 설명이 이루어지지 않았기 때문에 연구참여에 대한 고지된 동의가 이루어지지 않았다. 연구과정에서 연구대상자의 자기결정권, 고지된 동의 등은 연구대상자의 권리를 보호하기 위한 가장 기본적인 윤리적 요소라고 할 수 있다.

5. 연구대상자의 권리보호

사회복지 연구들은 사회적 소외 계층이나 약자를 대상으로 하는 경우가 많다. 그렇기 때문에 연구대상자들의 권리를 보호하는 것이 무엇보다도 중요하다. 연구대상자 권리보호와 관련된 윤리적 이슈는 크게 여덟 가지로 정리된다. 첫째, 연구대상자 선정의 공정성(유수정, 김은애, 2021), 둘째, 연구내용에 대해 밝히기, 셋째, 자발적 참여, 넷째, 고지된 동의, 다섯째, 연구참여로 인한 피해, 여섯째, 연구참여에 대한 보상, 일곱째, 익명성과 비밀보장, 여덟째, 연구자료의 보존과 폐기, 아홉째, 분석과 보고에 관련된 윤리적 이슈가 있다(Padgett, 2001; Rubin & Babbie, 1998).

1) 연구대상자 선정의 공정성

연구대상자를 선정하는 것은 공정한 절차와 결과를 통해 이루어져야 하며, 연구 결과에 대한 혜택을 받을 가능성은 가장 적음에도 불구하고 그 집단을 연구의 대상으로 이용해서는 안 된다(US Department of Health and Human Services, 1979). 연구대상자를 모집하고 선정할 때는 연구목적에 부합하도록 제외기준을 수립하며, 연구의 편의를 위해 임의로 설정해서는 안 된다(손영화, 2023). 예를 들어, 연구의 대상자로 선정하기 쉽기 때문에, 연구 대상으로 다루기 수월하기 때문에, 빈곤가정이나 시설에 거주하기 때문에 연구대상자로 선정해서는 안 된다(이세원, 2020). 또한 취약성 관련 요인을 가지고 있는 개인이나 집단이라는 이유만으로 그들을 자동으로 연구 참여에서 배제해서는 안 된다(유수정, 김은애, 2021). 취약한 개인이나 집단을 연구에서 선제적으로 배제하는 것은 그들을 보호하는 것이 아니라, 오히려 취약한 조건을 가진 개인이나 집단을 대상으로 하는 가치 있고 유익한 연구가 이루어지지 않게 함으로써 오히려 그들을 더욱더 취약하게 만들 수 있기 때문이다(유수정, 김은애, 2021). 예를 들어, 온라인이나 모바일 등을 활용한 비대면 설문조사 방법을 활용하는 연구의 경우에는 온라인이나 모바일 참여방법에 익숙하지 않은 일부 장애인이나 노인들이 배제될 가능성이 있으며, 이들의 응답은 연구에 반영되지 않을 수 있다. 배제될 여지가 있는 사람들의 연구 참여에 대한 접근성을 확보할 수 있도록 하는 방안을 연구 계획 단계에서부터 고려해야 한다.

2) 연구내용에 대해 밝히기

연구내용에 대해 밝히기는 연구자에 대해 알리는 것과 구체적인 연구내용을 알리는 것으로 나누어 생각할 수 있다(권지성, 주소희, 김진숙, 2007).

첫째, 연구참여자 또는 연구대상자에게 연구자임을 알리는 것은 연구참여자가 자신이 연구대상이 된다는 사실을 인식하게 만들고, 이에 연구참여자의 반응이나 행동, 대답 등이 달라질 수 있다. 관찰이나 실험 방법을 사용하여 자료를 수집하는 연구에서 보다 솔직한 대답과 자연스런 행동을 관찰하기 위해 조사자로서의 신분을 감추거나 속임수(deception)를 이용하는 경우가 있다. 예를 들어, 호스피스 병원에서 클라이언트의 경험을 알기 위해, 연구자가 병원직원들에게 신분을 감추고 클라이언트인 척 자료를 수집하는 경우가 있을 수 있다. 또는 자기보고식 심리검사나 설문에 응답할 때 사회적으로 바람직한 특성을 가지고 있는 것으로 자기묘사를 하고자 하는 사회적 바람직성(social desirability) 때문에 연구 대상자들이 질문에 대해 속임수 없이 솔직하게 응답하지 않을 가능성이 크다고 예상될 경우 또는 연구목적 등을 모두 노출하기 어려운 경우(incomplete disclosure), 연구자는 연구 절차에서 속임수를 쓸 수 있다. 클라이언트 연구자의 신분이나 연구를 하고 있다는 사실을 밝히면, 연구를 아예 할 수 없거나 연구참여자에 대한 접근을 어렵게 만드는 경우도 있다. 그러나 연구자는 연구참여자를 속이는 것이 연구에서 예상되는 과학적 · 교육적 혹은 응용 가치에 의해서 정당한 사유가 되는지 그리고 과학적으로나 윤리적으로 정당화될 수 있는지 확인해 봐야 한다. 또한 속임수를 쓰지 않는 효과적인 대안적 절차가 가능하지 않은 경우에만 속임수가 포함된 연구를 수행해야 한다. 비록 속임수가 포함된 연구를 실행하였더라도, 연구자는 가급적이면 연구 참여가 끝났을 때, 아니면 늦어도 자료수집이 완료되기 전에 이에 대해 충분히 설명함으로써 참여자들에게 자신의 자료나 응답을 철회할 수 있는 기회를 주어야 한다. 즉, 속임수를 이용한 연구의 경우 모든 연구 대상자에게 속임수 연구가 불가피했던 이유, 속임수를 이용한 방법, 연구의 실제 목적을 설명함으로써 연구에 대한 부정적인 느낌을 모두 버릴 수 있도록 해야 한다(연구윤리정보센터, 2014).

둘째, 연구내용에 대해 얼마나 구체적으로 알려 줄 것인가에 대한 윤리적 문제가 있다. 연구의 주제와 목적, 개요뿐만이 아니라 연구에 참여할 사람들에게 신체적 통증이나 심한 정서적 고통을 일으킬 수도 있다는 예상 위험에 대한 정보를 알려 주고 이에 대해 속이지 않아야 한다. 또한 연구를 시작하기 전 연구 결과에 영향을 미칠 수 있는 이해충돌 가능성을 모두 공개하여야 한다. 지원기관의 보조금, 연구기기, 자문 또는 사례금 형태로 상당한 금액 제공 여부, 지원기관의 지분이익이나 스톡옵션 등 경제적 이익이나 권리 제공 여부, 지원기관에 대한 공식적 · 비공식적 직함 소지 여부, 연구대상에 대한 지식재산권 소지 여부, 본인 또는 배우자의 직계가족이 소속된 회사가 위에서 기술된 것과 같은 관계를 가지는지 여부에 대해서 공개해야 한다.

셋째, 실천(practice)과 연구(research)를 구분하는 것이 필요하다(US Department of Health and Human Services, 1979). 임상시험 연구에 참여하는 것이 치료와 동일한 것으로 잘못 인식하는 '치료적 오해(therapeutic misconception)'를 불러일으킬 수 있기 때문이다. 실천(practice)은 개별 환자나 고객의 안녕을 증진하기 위해 고안되고 성공에 대한 합리적인 기대를 하는 개입, 의료 또는 행동 실천의 목적은 특정 개인에게 진단, 예방 치료 또는 치료를 제공하는 것이라면, 연구(research)는 가설을 시험하고 결론을 도출하여 일반화 가능한 지식을 개발하거나 기여하도록 설계된 활동이라 할 수 있다(US Department of Health and Human Services, 1979). 연구가 실천과 다른 것임을 명확하게 이해한 상태에서 연구 참여 여부를 결정할 수 있도록 관련 정보와 설명을 제공할 필요가 있다.

3) 자발적 참여

연구참여 여부는 연구참여자의 자기결정권에 따라 결정되어야 하며, 응답자의 시간과 프라이버시를 침해하는 문제를 예방하기 위해 응답자들의 자발적인 참여를 원칙으로 한다. 자발적 참여에 대한 윤리적인 문제는 연구자와 연구참여자가 교수와 학생, 사회복지실천가와 클라이언트, 관리자와 부하직원 등 상하관계 또는 종속관계일 때 발생한다. 권력을 가진 상급자가 연구참여를 요청한다면, 종속관계에 있는 하급자는 이를 거부하기는 어려운 취약한 위치에 있게 된다. 상하관계 또는 종속관계일 때는 취약한 위치에 있는 사람에게는 연구참여를 독려하지 않는 것을 원칙으로 해야 한다. 연구자는 불가피하게 클라이언트, 학생, 하급자 등 자신에게 의존적인 사람을 대상으로 연구를 수행할 때에는 이들이 참여를 거부하거나 그만둘 경우에 가지게 될 해로운 결과로부터 이들을 보호하는 조처가 필요하다. 예를 들어, 연구참여가 수강 과목의 추가 학점을 받을 수 있는 기회가 될 경우, 수강 학생에게 다른 대안적 활동을 제공하여 학생 스스로 선택할 수 있도록 한다. 연구에 참여하지 않는 경우에도 불이익은 없으며, 일단 연구에 참여하면 연구참여자는 언제라도 연구참여를 중단할 수 있는 권리를 갖는다는 것을 명확하게 설명해야 한다.

특히 취약한 환경에 있는 개인이나 집단은 특별히 보호되어야 한다. 「생명윤리법」 제3조 제5항에 따르면, 취약한 연구대상자는 임상시험 참여와 관련한 이익에 대하여 기대 또는 참여를 거부하는 경우 조직의 상급자로부터 받게 될 불이익에 대한 우려가 자발적인 참여에 영향을 줄 수 있는 개인 또는 집단이라 할 수 있다. 취약한 연구대상자를 보호하기 위해서는 연구 참여로 인한 경제적인 이익을 부풀리거나 위험을 축소하지 않도록 주의해야 한다(손영화, 2023).

4) 고지된 동의

연구자는 연구참여자에게 연구에 대한 정보를 고지하고, 이에 대해 동의를 받아야 한다. 연구참여자가 연구에 참여하거나 응답했다고 해서 연구참여에 동의하는 것으로 받아들이거나, 설문지 표지에 있는 설명문만으로 충분히 연구에 대한 정보를 제공하고 있다고 생각해서는 안 된다. 연구대상자가 미성년자인 아동이나 치매 환자와 같이 심신미약 등의 이유로 동의능력이 없는 경우에는 친권자, 보호자 및 법정대리인의 서면동의를 받을 수 있다(손영화, 2023). 하지만 보호자의 동의를 받는 것도 필요하지만, 연구의 자율적인 참여에 대한 연구참여자 본인의 동의를 받는 것을 생략해서는 안 된다(이세원, 2020). 예를 들어, 미성년자가 이해 능력이 있는 만 13세 이상의 경우, 법정대리인의 동의와 함께 미성년자 본인의 동의도 함께 받는 것이 바람직하다(손영화, 2023). 아동 참여자가 연구를 이해하고 동의하는 능력을 행사하기에 충분한 정보를 제공하고 그들의 능력

에 맞게 이해를 구해야 한다(이세원, 2020). 또한 상담, 프로그램 등과 같은 치료적 개입으로 의뢰된 사람들을 연구대상자로 삼고 있는 경우에는 치료에 대한 동의와 연구에 대한 동의를 분리해야 한다(이세원, 2020).

연구자는 연구참여자로부터 연구참여에 대한 동의를 얻을 때에는 다음의 사항을 이해할 수 있는 언어로 알려 주고, 이에 대해 질문하고 답을 들을 수 있는 기회를 제공해야 한다(권지성 외, 2007; 손영화, 2023).

- 연구의 목적, 예상되는 기간 및 절차, 연구 방법
- 연구에 참여하거나 중간에 그만둘 수 있는 권리
- 연구참여를 거부하거나 그만두었을 때 예상되는 결과
- 참여 자발성에 영향을 미칠 것으로 예상되는 잠재적 위험, 고통 또는 해로운 영향
- 연구에 참여함으로써 얻을 수 있을 것으로 예상되는 이득
- 개인정보 제공에 관한 사항 및 비밀보장의 한계
- 동의와 처리에 관한 사항
- 참여에 대한 보상
- 그 밖에 기관생명윤리위원회가 필요하다고 인정하는 사항 등

특히 실천 개입 연구를 수행하는 연구자는 연구 시작부터 참여자에게 다음 사항을 분명하게 알려 주어야 한다.

- 실천 개입의 본질
- 통제집단에 이용할 수 있거나 이용할 수 없게 될 서비스
- 실험집단 또는 통제집단으로의 할당 방법
- 개인이 연구에 참여하고 싶지 않거나, 연구가 이미 시작된 후 그만두고 싶어 할 경우 이용 가능한 개입 대안
- 연구참여에 대한 보상이나 금전적인 대가

연구 과정에서 연구대상자에 대한 녹음이나 녹화 등을 통해 개인정보가 수집되는 경우에는 개인정보의 유출로 인한 피해가 발생할 수 있으므로, 반드시 연구 전에 연구대상자의 사전동의를 확보해야 한다. 특히 녹음이나 녹화를 수반하는 인간대상연구의 경우

에는 소속기관의 기관생명윤리위원회의 심의면제 대상이 아닌 경우가 많으므로 특히 유의하여야 한다. 이때 수집된 개인정보를 안전하게 보관 및 관리해야 하며, 연구 종료 후 3년이 지나면 규정에 의해 잘 폐기해야 한다. 연구대상자에게 녹음이나 촬영을 해야 할 경우, 그 목적이나 절차 및 향후 관리 등에 대해 충분히 설명하고 동의를 얻은 후에 연구를 수행해야 한다. 또한 동의 과정이나 연구가 진행되는 동안 녹음이나 녹화가 된다는 사실을 불편하게 여기지 않아야 하며, 혹시라도 불편할 경우 언제라도 녹음이나 녹화의 중단을 요청할 수 있다는 사실도 알려 주어야 하며, 그 기록을 파기하도록 요구할 수 있는 권리가 있음을 알려야 한다. 만일 연구대상자에게 사전에 동의를 받지 않고 녹음이나 촬영을 하고, 개인정보의 익명성 보장을 하지 않고 연구 결과를 발표할 경우, 적절한 연구방법이 아닐 뿐더러 사생활침해의 위험성이 있으므로 매우 신중하게 접근해야 한다(연구윤리정보센터, 2014).

단, 연구자는 연구가 고통을 주거나 해를 끼치지 않을 것으로 판단되는 경우, 국가의 법률 또는 기관의 규칙에 의해 허용되는 경우 등에는 연구참여자로부터 동의를 받지 않아도 된다. 자료수집을 위하여 연구참여자의 음성이나 영상이 필요한 경우에는 기록하기 전에 연구참여자로부터 동의를 받아야 한다. 하지만 연구의 내용이 공공장소에서 자연 관찰하는 것일 경우 그리고 그 기록이 개인의 정체를 밝히거나 해를 끼치는 데 사용될 것으로 예상되지 않을 경우, 연구설계에 속이기가 포함되어 있어서 기록 후에 기록 사용에 대한 동의를 얻어야 하는 경우는 예외다.

고지된 동의는 실제로 설명을 듣고 이해하여 판단할 수 있는 능력이 부족한 사람을 대상으로 할 때 특별한 주의를 기울여야 한다. 미성년자나 노인처럼 연령이나 심신 상태로 인해 판단 능력이 부족하거나, 죄수나 시설입소자처럼 제한된 자유를 갖고 있는 경우에는 고지된 동의를 윤리적으로 획득하기가 어려울 수 있다. 아동이나 치매노인 등과 같이 고지된 동의를 얻기 어려운 대상자의 경우에는 친권자, 보호자 및 대리인에게 대신 동의를 구할 수도 있다. 대리인은 연구대상자의 최선의 이익을 고려하여 동의 여부를 결정할 수 있는 사람이어야 한다.

〈동의서〉

저는 사회복지기관의 사회복지사입니다. 저는 사회복지 서비스의 효율성에 관련된 연구를 하고 있으며, 본 연구는 사회복지 서비스 수혜자들의 서비스 만족도 측정을 위한 연구입니다. 본 연구에 귀하께서 참여해 주실 것을 바랍니다. 귀하께서 본 연구참여에 동의하시면, 귀하께서는 사회복지 서비스 수혜자들의 서비스 만족도에 대한 설문지를 작성하시게 되며, 소요시간은 약 10~15분 정도로 예상됩니다. 본 연구가 서비스 만족도와 서비스 개선에 도움이 되기를 바라며, 귀하의 참여를 기대합니다. 귀하께서 본 연구에 참여해 주시면 작은 보답으로 도서상품권을 드립니다.

귀하의 본 연구참여에 대한 결정에는 어떠한 강제도 없으며, 어떤 이유든지, 또 아무 때라도 참여를 거절하실 수 있습니다. 귀하께서 제공하시는 모든 개인적인 정보는 비밀보장이 되며 연구 이외의 다른 목적으로는 절대 사용되지 않을 것을 약속드립니다. 또한 연구결과의 발표 시에도 귀하의 답변들은 익명으로 처리될 것입니다. 귀하께서 원하신다면, 본 연구의 결과를 보내 드리겠습니다.

만약 귀하께서 본 연구에 참여하실 것에 동의하신다면, 아래의 동의서에 성함과 서명, 날짜를 써 주시기 바랍니다. 인터뷰 이후에 궁금한 점이 있으시면 언제든지 연락 주시기 바랍니다. 연락처는 ~입니다. 다시 한번 귀하의 연구참여 동의에 진심으로 감사드립니다.

본인은 연구내용에 대한 위의 설명을 읽었으며 본 연구에 참여하는 것에 동의합니다. 본인이 제공하는 답변은 비밀보장되며 언제든지 본 연구참여를 거절할 수 있다는 것에 대해 고지받았습니다.

날짜:

이름: (서명)

5) 연구참여로 인한 피해

연구참여로 인한 피해는 연구자가 가장 민감하게 대처해야 할 윤리적 문제다. 연구참여자가 피해의 위험 가능성을 알고도 연구에 동의하지 않는 한, 연구참여자에게 유해한 영향을 주어서는 안 된다. 정서적인 측면에서 연구참여로 인한 피해가 많이 발생한다. 연구에서 응답자의 기억에 의존하여 자료를 수집하기 때문에, 연구참여자가 떠올리기 싫어하는 것을 되새기게 할 수 있고 과거의 상처를 재현해서 심각하게 만들 수도 있다. 응답자의 생각과는 다른 것을 강요하는 듯한 질문, 개인정보가 노출될 가능성이 있는 질문 등도 조사연구가 위해를 끼칠 수 있는 사유가 된다. 연구참여자가 받을 수 있는 피해는 정서적인 측면뿐만 아니라, 연구참여에 투입된 시간과 기회비용, 관계의 변화 등 다양한 형태로 나타날 수 있다. 연구자는 연구참여자가 입을 수 있는 손상 및 피해와 연구로 인해 얻을 수 있는 혜택을 비교해 봐야 한다. 즉, 위험 가능성이 연구를 통해서 얻을 수 있는 사회적 이익보다 크지 않아야 하며, 연구는 선행의 원칙에 따라 이루어져야 한다. 선행의 원칙은 연구참여자는 연구에 참여함으로써 긍정적인 보상을 받아야 하며, 연구에 참여하여 얻은 결과를 통해 연구참여자 집단과 지역사회에 행복을 증진해야 한다는 것이다. 잠재적 연구대상 집단을 연구의 대상으로 삼았을 때, 연구 결과로 얻을 수 있는 명백한 피해와 혜택을 사전에 확인하고, 이것들이 명백하지 않을 경우 연구참여자를 연구에 참여시키는 것을 재고해야 한다. 연구를 계획하는 단계에서, 연구로 인하여 해악 또는 피해가 일어날 가능성과 규모 그리고 연구 참여로 인해 기대되는 이득을 살펴보는 등 연구에 따른 위험과 이익에 대한 사정이 필요하다(US Department of Health and Human Services, 1979). 연구의 위험과 이익에 대한 사정을 할 때에는 다음의 내용들을 검토해 봐야 한다(Rubin & Babbie, 1998; Padgett, 2001).

- 연구가 인간을 연구대상으로 할 만한 가치와 필요성을 가지고 있는가?
- 실험방법이 설정된 목표에 적합한 것인가?
- 대상자가 적합한가?
- 연구대상자가 받을 고통이나 위험요소가 연구의 기대 성과보다 큰 것은 아닌가?
- 인권침해가 있더라도 조사연구의 결과가 장기적으로 연구대상자 집단의 복지향상에 기여하는가?

연구의 혜택이 더 크다면, 손상 및 피해를 상쇄함으로써 연구의 실행을 정당화할 수 있지만, 그렇지 못한 경우에는 윤리적인 관점에서 연구참여 및 실행을 다시 고려해야 한다. 연구참여로 인한 피해를 방지하기 위해, 연구자는 연구참여자의 인격, 사생활을 침해받지 않을 개인의 권리와 자기결정권을 존중해야 한다. 그리고 연구참여자의 안전과 복지를 보장하기 위한 조처를 하고, 위험에 노출되지 않도록 해야 한다. 연구자는 연구참여자에게 심리적 · 신체적 손상을 주어서는 안 되며, 예상하지 못한 고통의 반응을 연구참여자가 보일 경우 연구를 즉시 중단하여야 한다. 혹시라도 연구절차가 참여자에게 피해를 입혔다면, 그 피해를 최소화하기 위한 조처를 취해야 한다. 예를 들어, 연구 참여로 인해 참여자에 대한 피해가 예상될 경우 대안 프로그램 또는 해소의 시간(debriefing)이 제공되어야 하며, 연구참여자의 피해를 회복시켜 줄 수 있어야 한다(유수정, 김은애, 2021; 이세원, 2020).

연구에 참여함으로써 연구참여자가 받을 수 있는 손상은 크게 심리적 · 사회적 · 법적 · 복지급여 손상으로 다음과 같이 나눌 수 있다(김문근, 2018). 심리적 손상은 학대나 폭력 경험, 죽음과 같은 민감한 주제에 관한 연구에 참여하는 사람들이 경험하는 혼란, 수치나 죄책감, 불안이나 염려, 분노, 우울 등 심리적인 스트레스나 손상을 일컫는다(김문근, 2018). 사회적 손상은 연구 과정에서 연구자와 연구참여자 사이의 직접적인 상호작용 또는 연구가 내포하고 있는 이론 및 관점이나 연구 결과로 인해 연구참여자가 사회 속에서 경험하는 개인의 인격, 존엄성, 가치, 자아개념, 사회적 참여 등의 손상을 포괄한다(김문근, 2018). 법적 손상은 불법 약물남용, 불법도박, 범죄 등 과거 법률을 위반했거나 현재 위법한 행위에 관여하고 있는 사람들이 연구 참여 과정에서 위법행위가 드러나 체포, 기소, 감금 등 법적 처벌을 경험하게 될 위험성을 의미한다(National Bioethics Advisory Commission, 2001: 김문근, 2018에서 재인용). 연구참여가 이루어지기 전에, 연구참여자에게 학대 등 위법행위에 관한 진술이 이루어질 경우 사회복지사의 신고의무에 따라 법적 보고가 이루어질 것임을 고지하는 것이 바람직하다(Langford, 2000). 복지급여 손상은 연구에 연계된 복지급여 제공이나 평가연구설계에 의한 사회복지 급여의 제한이 이루어지는 것을 말한다(Rubin & Babbie, 1998). 사회복지 현장에서 이루어지는 연구들은 사회복지 서비스 이용에 제한이나 불편을 야기하기 쉽고, 정책 및 프로그램 평가연구는 연구 과정이나 연구 결과 공표로 인해 사회복지 급여 축소에 영향을 미칠 수 있다. 사회복지 연구참여자들은 소득, 의료, 사회복지 서비스 등 자원에 대한 취약성을 지니고 있는데 이들을 대상으로 사회복지 프로그램, 서비스, 개입 등의 효과를 검증하기 위해 개입집단과 대조집단을 설정하는 실험연구설계를 적용할 경우 복지급여의 손상을 경험하기 쉽다(김문근, 2018).

6) 연구참여에 대한 보상

많은 연구자가 연구참여자에게 보상을 제공한다. 적절한 보상의 여부와 수준은 재원의 한계와 연구참여자의 참여 동기에 미칠 영향을 고려하여 결정된다. 연구자는 연구참여자에게 연구에 참가하느라 발생한 실제 비용을 지불하거나, 행동에 제약을 받기 때문에 그것을 보상하는 차원에서 적절한 정도의 보상을 할 수 있다. 그러나 연구참여를 강요하게 될 정도로 지나치게 부적절한 금전적 또는 기타의 보상을 제공해서는 안 된다. 지나친 보상을 하는 것이 연구참여자의 마음을 불편하게 하거나 모욕을 느끼게 할 수도 있으며, 경제적 이유로 연구대상이 되는 데 동의하는 등 윤리적으로도 문제가 될 수 있기 때문이다(일본인지증케어학회, 2011). 특히나 의료적 취약성이나 경제적 취약성과 같은 자원의 취약성을 가진 연구참여자의 경우에는 자원이 결핍되어 있는 상황에서 연구참여에 대한 보상이 높을 때 연구참여에 관한 자기결정이 약화될 수 있다(Bracken-Roche, Bell, Macdonald, & Racine, 2017). 예를 들어, 의료적 취약성을 가진 심각한 질병 상태의 환자가 의료혜택이 주어질 때 위험성 높은 연구에 참여하기 쉬우며, 경제적 자원 및 서비스 등이 박탈되거나 부족한 사람들이 연구 참여로 인해 상당한 자원, 서비스가 보장될 때 연구 참여에 쉽게 동의하게 된다(김문근, 2018). 그러므로 연구참여에 대한 과도한 보상이 비자발적 연구참여와 같은 자기결정을 손상시키지는 않는지 고려해야 한다. 그리고 연구참여에 대한 보상으로 전문적 서비스를 제공할 시, 연구자는 그 서비스의 본질뿐 아니라 위험, 의무, 한계를 분명히 하여야 한다.

7) 익명성과 비밀보장

조사연구자는 연구참여자의 익명성과 비밀보장을 지켜야 한다. 익명성(anonymity)은 연구참여자가 신원을 밝히지 않고 응답할 수 있도록 하는 것으로, 연구자 자신도 연구참여자에 대한 구체적인 정보를 확인할 수 없으며 어떤 응답을 했는지 모르는 경우를 말한다. 비밀보장(confidentiality)은 연구자가 어느 자료가 어느 연구참여자를 설명하는지 알고 있다 해도, 다른 사람에게 이를 공개하지 않고 기밀적으로 보관하기로 합의한 상황을 말한다. 익명성과 비밀보장은 윤리적인 고려의 측면에서도 지켜져야 하지만, 조사연구의 응답률을 높이는 데도 기여한다. 연구자는 연구참여에 대한 동의를 받는 순간부터 연구참여자의 신분과 연구참여자에 대한 개인정보가 노출되지 않도록 철저하게 보장해야 하며, 연구결과를 발표하기 전에 반드시 연구참여자로부터 비밀이 보장되고 있는지 확인하는 과정을 거쳐야 한다. 연구자는 자료를 수집하고 가공, 처리, 저장하는 과정에서 연구참여자의 정보가 노출되지 않도록 가능한 한 모든 방법을 활용해야 한다. 하지만 예외적으로 비밀보장의 원칙이 위배될 수 있는 경우로는 연구에 관련한 조언 및 자문을 구

하기 위해서 연구자의 전문직 동료들 사이에서 정보를 공유하거나, 비밀을 보장할 경우 자기 자신이나 다른 사람에게 위해를 줄 수 있거나 불법한 일이 관련되어 있을 경우다.

연구자는 익명성과 비밀보장을 위해 최대한 노력하지만, 연구과정에서 익명성과 비밀보장을 완벽하게 지키기란 쉬운 일이 아니다. 첫째, 연구참여자가 응답을 했는지에 대해 확인하기 위해 신원을 확인하게 되는 경우 익명성을 보장할 수 없게 된다. 설문지를 통해 자료를 수집한 연구자는 설문지의 회수율을 확보하기 위해 누가 설문지를 반송했고, 누가 반송하지 않았는지를 확인해야 한다. 이때 연구참여자의 익명성을 보장할 수 없게 되며, 비밀보장만을 확보하게 된다. 둘째, 비밀보장의 원칙도 연구결과를 보고하는 과정에서 위배될 수 있다. 연구결과를 보고할 경우, 연구참여자에 대한 정보를 어느 정도 제시하게 된다. 작은 지역사회나 특정한 현장에서 연구대상자를 선정하였을 경우에는, 연구보고서에서 참여자의 가명을 사용하더라도 이해당사자들은 참여자의 신분을 파악할 수 있다(권지성 외, 2007). 이런 경우에는 개인정보 보호, 즉 비밀보장을 위해서 개인식별정보를 영구적으로 삭제하거나 개인식별정보의 전부 또는 일부를 해당 기관의 고유식별정보로 대체하는 익명화 방법을 활용할 수 있다(손영화, 2023).

사회복지 연구들은 장애인, 아동, 공공부조 수급자 등 사회적 약자 계층을 대상으로 하는 경우가 많은데, 이런 경우에는 익명성과 비밀보장에 관련하여 다음의 몇 가지 사항을 특히 유의해서 진행해야 한다(연구윤리정보센터, 2014). 첫째, 사회적 약자의 명단이나 정보를 연구자가 확보하는 방법이 합법적이고 정당하여야 한다. 이러한 정보의 상당 부분은 개인정보 등 민감한 정보를 포함하고 있기 때문이다. 둘째, 연구자가 연구대상자에게 접근할 수 있었던 합법적인 정보 확보 방법을 연구대상자에게 설명할 수 있어야 한다는 점이다. 만약 그렇지 못할 경우 연구대상자들이 연구자 혹은 사법 당국을 대상으로 자신의 정보를 자신의 허락 없이 유출한 것에 대한 사법적 책임을 요구할 수 있기 때문이다. 셋째, 연구대상자들의 정보를 철저하게 관리하고 비밀의 유지를 위한 각종 대책을 수립하고 지켜야 한다. 연구 자료의 분실 · 유출 등으로 인해 연구대상자들의 개인정보가 유출되지 않도록 계획을 세워야 하며, 수집된 연구대상자의 정보 및 원데이터를 어떻게 보호하고 비밀유지를 하며 관리할 것인지도 연구대상자들에게 공지하여야 한다.

8) 연구자료의 보존과 폐기

연구자는 연구가 종결되고 결과보고 의무를 완수한 다음, 연구자료를 완전하고도 안전한 방법으로 보존하거나 폐기해야 한다. 그렇지 않으면 연구참여자의 사적인 정보가 누출될 수 있는 가능성이 있어 윤리적으로 문제를 일으킬 수 있다. 설문지를 사용하여 자료수집을 하였을 경우, 연구자가 높은 회수율의 확보, 자료입력과 분석, 확인의 편의를 위해 설문지 표지에 연구참여자의 이름이나 신원을 파악할 수 있는 정보를 표시할 수 있다. 문제는 사적인 정보의 표시를 지우지 않는다면, 누군가에 의해 이 정보가 새어 나갈 수 있다는 것이다. 특히 연구자는 연구자료 보존기간 중 자료 접근 권한이 없는 제삼자가 연구자료에 접근하지 못하도록 철저하게 통제해야 한다. 컴퓨터 파일 자료에 비밀번호를 걸어 놓거나, 자물쇠가 달린 캐비닛에 문서자료를 넣어 두는 것도 좋은 방법이 될 수 있다. 연구자료 보존기간이 종결되거나 보존 의무가 없을 때는 연구참여자에 대한 정보가 노출되지 않도록 연구자료를 완전히 폐기해야 한다. 개인정보를 파기 시에는 「개인정보보호법 시행령」 제16조에 따라 파기하여야 하며, 연구가 종료된 시점으로부터 3년간 연구계획서, 기관생명윤리위원회 심의 결과, 서면동의서 또는 서면동의 면제승인서, 개인정보 수집, 이용 및 제공 현황, 연구종료보고서 등 연구자료를 보관해야 한다(손영화, 2023).

9) 분석과 보고

자료수집이 끝나게 되면, 연구자는 연구자료를 분석하게 된다. 이때 연구자는 연구과제에 적합한 조사기법과 분석방법을 사용해야 하며, 연구자가 기대하는 특정한 결론에 이르게 하기 위해 조사기법과 분석방법을 자의적으로 선택해서는 안 된다. 조사연구의 전 과정이 끝나고 나면, 조사연구의 결과는 의도된 목적에 따라 적절히 활용되어야 하는데, 대부분의 경우 연구문제에 대한 조사의 결론을 학술지 및 학회 등에서 발표하게 된다.

연구결과를 보고할 때에는 연구의 기술적인 부족과 한계를 적절하게 밝혀서 일반화의 한계를 제시해야 한다. 연구의 긍정적인 발견만 보고할 가치가 있다고 믿어서는 안 되며, 부정적인 결과도 발표되어야 한다(Rubin & Babbie, 1998). 예를 들어, 치료를 받은 클라이언트와 치료를 받지 않은 클라이언트 간에 결과의 차이가 없다면, 사회복지사는 새로운 개입방법을 찾아봐야 할 것이다. 이렇게 부정적인 결과도 사회복지에서는 중요한 실천적 함의나 의미를 가질 수 있다.

조사자는 조사방법이나 조사결과를 조사의뢰자에게 보고하거나 일반인에게 보고할 때 연구목적, 연구시기, 연구장소, 모집단과 표집틀, 표본크기 및 산정방법, 표집방법,

조사방법(면접조사, 전화조사, 우편조사, 인터넷 조사 등), 질문지(질문내용), 재통화 · 재방문 · 재발송 횟수, 표본대체 규칙, 응답률 등에 대한 사항을 정확하게 밝혀야 한다. 그리고 연구결과가 잘못 해석되어 전달될 때 그것을 바로잡기 위하여 필요한 모든 관련 자료를 공개해야 한다. 결론적으로 연구자는 결과의 정확성을 위해 모든 단계를 밟아 자료수집과 분석을 수행하며, 조사결과를 왜곡하지 않아야 한다. 그리고 마지막으로, 연구자는 소속기관의 기관생명윤리위원회나 공용기관생명윤리위원회에 연구종료 및 결과 보고에 관한 사항을 보고하여야 한다(손영화, 2023).

// 학습과제 //

1. 사회복지연구에서의 윤리적 문제인 자발적인 참여와 고지된 동의, 연구참여로 인한 피해, 익명성과 비밀보장, 분석과 보고 등과 관련하여, 다음 사례가 어떠한 윤리적 문제를 갖고 있는지 토론하시오.

   사례 1) 연구자는 초등학생들을 대상으로 한 학교폭력에 관한 연구를 진행하고 있다. 연구자는 초등학교 앞에서 기다리다가 하교하는 아동들에게 연구참여를 권유하였다. 간단히 구두로 연구에 대한 설명을 한 뒤, 아동들에게 설문지를 나누어 주었으며, 연구참여의 대가로 연필을 나누어 주었다.

   사례 2) 연구자는 기초생활 수급권자의 노동동기에 대해 연구하려 한다. 연구자는 인근 사회복지기관에서 서비스를 받고 있는 수급권자들의 명단을 구할 수 있었다. 하지만 기관에서 명단을 주었다는 것을 알게 되면 연구대상자들이 연구에 참여하지 않을 것 같아 우려되었다. 연구자는 연구대상자들에게 연락하면서, 여론을 묻기 위해 임의로 뽑은 사람들에게 연락을 하고 있다고 설명했다.

// 학습정리 //

- 조사와 평가 윤리의 필요성
  - 사회복지사들은 임상적 실천의 평가, 욕구의 사정, 프로그램의 평가, 사회복지정책의 평가, 경험적 조사와 연구결과의 활동 등에 관한 전문적인 훈련이 요청되고 있다.
  - 사람을 대상으로 하는 연구에서는 연구참여자의 인권과 윤리원칙 준수에 대한 고려가 필요하다.

- 연구윤리와 연구진실성
  - 연구윤리: 연구의 계획, 수행, 보고 등과 같은 연구의 전 과정에서 책임 있는 태도로 바람직한 연구를 추진하기 위해 지켜야 할 윤리적 원칙이다.
  - 연구진실성: 연구수행 및 결과도출에 있어서 비의도적인 오류나, 의도적인 부정행위가 개입되지 않고 객관성과 정확성이 확보된 것을 의미한다.
- 국내의 연구윤리 지침 및 법률
  - 교육과학기술부의 「연구윤리 확보를 위한 지침」에 따르면, 연구부정행위는 위조, 변조, 표절, 부당한 논문저자 표시, 본인 또는 타인의 부정행위의 의혹에 대한 조사를 고의로 방해하거나 제보자에게 위해를 가하는 행위 등을 포함한다.
  - 「생명윤리 및 안전에 관한 법률」에서는 인간대상연구들이 기관생명윤리위원회의 심의를 받도록 규정하고 있으며, 연구대상자들의 보호를 위한 규정들을 명시하였다.
- 연구활동의 스펙트럼
  - 좋은 연구수행 또는 책임 있는 연구수행: 연구자나 연구기관이 실현하기 위해 노력해야 할 이상적인 기준이다.
  - 연구부정행위: 연구자가 속임수, 자기기만 등으로 인하여 연구자 자신은 물론 그가 속한 연구공동체와 국가 사회에 심각한 해로움을 유발하는 것으로, 위조, 변조, 표절이 대표적으로 여기에 속한다.
  - 의심스런 연구수행 또는 연구 부적절 행위: 연구부정행위와 책임 있는 연구수행 사이의 회색지대로, 연구부정행위처럼 심각한 행위는 아니지만 그렇다고 해서 결코 바람직하거나 좋은 연구수행도 아닌, 결과적으로 책임 있는 연구수행을 방해하거나 위해하는 행위다.
- 연구참여자의 권리보호
  - 연구참여자의 권리보호를 위해서는 연구대상자 선정의 공정성, 연구내용 밝히기, 자발적인 참여, 고지된 동의, 연구참여로 인한 피해, 연구 참여에 대한 보상, 익명성과 비밀보장, 연구자료의 보존과 폐기, 분석과 보고와 같은 윤리적 이슈들을 고려해야 한다.

참고문헌

김문근(2018). 사회복지분야 연구참여자보호 강화 방안에 관한 고찰. **비판사회정책, 60**, 47-90.

과학기술부 · 과학기술혁신본부(2007). **연구윤리 확보를 위한 지침 해설서**. 과학기술혁신본부 기술혁신평가국 평가정책과.

과학기술부(2007). **실천 연구 윤리**. 과학기술혁신본부 기술혁신평가국 평가정책과.

권지성, 주소희, 김진숙(2007). 사회복지 연구와 연구참여자 권리보호. 한국사회복지학회 창립 50주년 기념 2007년 세계학술대회, 31-60.

박은우, 김인호, 김현철, 이민호(2014). 연구부정행위 검증 및 처리 관련 연구윤리 실무 매뉴얼. 한국연구재단.

손영화(2023). 생명윤리와 연구대상자 보호. **법과 정책연구, 23**(1), 187-216.

연구윤리정보센터(2014). **연구윤리: 질의응답집**. 국가과학기술인력개발원.

우국희, 임세희, 성정현, 최승희, 장연진, 좌현숙(2015). **사회복지 윤리와 철학**. 공동체.

유수정, 김은애(2021). 재난 연구에 대한 연구자 및 기관생명윤리위언회의 윤리적 고려사항. **윤리학, 10**(1), 69-97.

이세원(2020). 아동에게 윤리적인 연구인가? 아동 대상 연구에 대한 성찰. **학교사회복지, 52**, 29-51.

이인재(2010). 연구진실성과 연구윤리. **윤리교육연구, 21**, 269-290.

이인재(2012). 연구활동의 스펙트럼과 연구진실성. **대학피부미용학회지, 10**(3), 457-462.

이준석, 김옥주(2006). 연구부정행위에 대한 규제 및 법정책 연구: 미국 연구진실성관리국(ORI)의 사례를 중심으로. **생명윤리, 7**(1), 101-116.

일본인지증케어학회(2011). **치매노인을 위한 케어윤리**. 노인연구 정보센터.

한겨레신문(2011. 09. 11.). '백색가운의 악마' 잔혹성에 미국도 '소름'. http://www.hani.co.kr/arti/international/america/494534.html (2024. 12. 31. 인출).

황은성, 송성수, 이인재, 박기범, 손화철(2011). **연구윤리의 이해와 실천**. 교육과학기술부, 한국연구재단.

한국사회복지사협회(2023). 선서문 및 윤리강령. https://www.welfare.net/welfare/social-workers/ethics-and-oath (2024. 7. 11. 인출).

Bracken-Roche, D., Bell, E., Macdonald, M. E., & Racine, E. (2017). The concept of 'vulnerability'in research ethics: an in-depth analysis of policies and guidelines. *Health research policy and systems, 15*(8). https://rdcu.be/dJJQQ

Langford, D. R. (2000). Developing a safety protocol in qualitative research involving battered women, *Qualitative Health Research, 10*(1), 133-142.

National Association of Social Workers (NASW, 2021). *Read the Code of Ethics*. https://www.socialworkers.org/About/Ethics/Code-of-Ethics/Code-of-Ethics-English

National Bioethics Advisory Commission (1998). *Research involving persons with mental disorders that may affect decision making capacity*, United States.

Office of Science and Technology Policy (1999). Proposed Federal Policy on Research Misconduct to Protect the Integrity of the Research Record. *Federal Register, 64*, 55722-55725.

Padgett, D. K. (2001). **사회복지 질적 연구방법론** (*Qualitative Methods in Social Work Research*). (유태균 역). 나남. (원저는 1998년에 출판)

Rubin, A., & Babbie, E. (1998). **사회복지조사방법론** (*Research Methods for Social Work*). (성숙진, 유태균, 이선우 공역). 나남. (원저는 1997년에 출판).

Steneck, N. H. (2006). Fostering integrity in Research: Definitions, current Knowledge, and Future Directions. *Science and Engineering Ethics, 12*(1), 53-74.

U.S. Departmet of Health and Human Services (2022.10.17.) *Read the Belmont Report, The Belmont Report*. https://www.hhs.gov/ohrp/regulations-and-policy/belmont-report/index.html

생명과 관련된 사회복지실천의 윤리적 갈등

학습목표

- 의학기술의 발달에 따른 사회복지실천에서의 윤리적 갈등 사례를 찾아낼 수 있다.
- 생명 중단의 결정과 관련해 사회복지사가 가질 수 있는 윤리적 갈등과 이에 대한 대처방안을 설명할 수 있다.
- 뇌사자의 장기 이식과 관련해 사회복지사가 가질 수 있는 윤리적 갈등과 이에 대한 대처방안을 설명할 수 있다.
- 전염성 질병 분야와 관련해 사회복지사가 가질 수 있는 윤리적 갈등과 이에 대한 대처방안을 설명할 수 있다.

1. 의학기술의 발달

의학기술이 발달하면서 장기 이식, 체외 수정 등의 생식 보조기술, 유전자의 비밀이나 유전자 조작, 클론, 배아에 의한 재생의학뿐만 아니라 생명연장 시스템 등을 활용하는 사례가 많아지고 있다. 첨단의학기술의 발달은 다음과 같은 공통적인 특징을 갖는다(일본인지증케어학회, 2011, p. 33).

- 생명 조작이나 인체에 미치는 영향이 크다.
- 주로 실험연구 단계인 것이 많다.
- 일반의료에서의 의사와 환자의 관계를 넘어서 장기나 정자, 난자 등의 제공자나 혈연자, 가족에게 관련된 유전정보까지도 명확히 해야 한다.
- 인간의 출생과 죽음, 부도, 자식 관계 등 가족에 대한 기본적 개념은 사회적 가치관에 따라 좌우되며, 반대로 그것에 영향을 미치기도 한다.

첨단의학기술은 이러한 특징 때문에 인류의 건강증진과 수명 연장에 크게 기여함과 동시에, 의학적인 문제뿐 아니라 법적 · 윤리적 · 사회적 문제를 발생시킨다. 특히 인간의 유전자는 어디까지가 특별한 존재인지, 인간의 배아는 어느 때부터 인간으로 봐야 하는지, 인간의 뇌를 다른 장기와 동일하게 취급해도 되는 것인지 등과 같은 윤리적 문제가 부각되고 있다. 예를 들어, 임신 · 출산 · 불임 · 낙태와 관련하여 유전자 진단이나 조작, 인공 수정, 체외 수정 등의 문제가 나타나고 있다.

임신중절 수술이나 사후피임약의 발전으로 많은 여성이 임신과 출산에 대해 선택을 할 수 있게 되었다. 이에 대해 태아의 생명을 중요시하는 입장과 여성의 자기결정권을 중요시하는 입장이 팽팽히 맞서고 있다. 시험관 수정기술의 발전으로 인공수정, 시험관 아기, 배아 이식 등 다양한 인공생식 기법은 불임 부부에게 희망을 주지만, 사용하지 않은 수정란이나 대리모 임신 등에 대해서는 윤리적 문제가 나타날 수 있다. 배아 혹은 태아가 특정 유전적 이상의 영향을 받았는지 아니면 어떤 성별인지를 감식하는 유전검사가 개발되면서, 검사결과에 따라 임신을 지속할지의 여부를 결정하는 윤리적 갈등이 대두되기도 한다.

2020년 비혼의 한 연예인이 해외에서 정자 기증을 통해 아이를 출산하면서, 정자 기증 및 자발적 비혼 출산에 대한 찬반 논란이 일었다. 이에 관련해서 정자 기증과 수증 과정에서 정자 기증자의 친권 포기와 수증 난임 부부의 친권 효력 발생에 대한 논의, 여성의 자기결정권과 출산권을 존중해야 한다는 비혼 출산에 대한 논의 그리고 정자 기증과 수증 조건, 정자 기증자 1인당 보조생식술 제한 횟수 등 기증 정자를 이용한 보조생식술 기증과 관련된 논의들의 필요성이 대두되기도 했다. 그 외에도 유전자 조작기술이나 복제기술 등의 발전 또한 윤리적 문제를 발생시키고 있다.

죽음과 관련해서는 죽음의 정의와 뇌사, 존엄사, 안락사 등의 문제가 나타나고 있다. 심폐소생술과 같은 생명연장 기술의 발전으로 사망 직전의 많은 환자의 생명을 구했지만, 생명을 유지하고 연장할 뿐 삶의 질이 극히 낮은 상태나 의식이 없는 상태의 환자들까지도 생명을 장기간 유지하게 되는 경우가 발생하였다. 이러한 생명연장은 인간 존엄성을 훼손하고 가족과 사회에게 큰 부담과 경제적인 낭비를 초래할 수 있다. 이에 대해 호흡기를 언제 뗄 것인가, 뇌사도 사망인가 등 안락사 문제가 윤리적 논쟁의 초점이 되고 있다.

그 외에도 장기 조직 이식기술의 발전으로 인해, 신체의 일부를 소유자가 매매할 수 있는가에 대한 윤리적 논쟁이 일어날 수 있다. 인간에게서 떼어 낸 신체의 일부는 이미 인간이라고 할 수 없으므로 소유자가 마음대로 처분할 수 있는지, 아니면 여전히 인간의 한 부분이며 단순한 사물이 아니므로 마음대로 처분할 수 없는 것인지에 대한 입장의 차이에 따라 장기 조직 매매가 용납될 수 있는지를 결정할 수 있기 때문이다.

새로운 의료기술이 발달하고 사회통념이 변하면서 유전자 치료와 진단, 재생의료, 장기 이식이나 이와 관련된 뇌사, 죽음의 자기 선택 문제와 관련하여 생명윤리가 이슈화되고 있다. 생명윤리는 생명 존엄성의 가치를 바탕으로, 삶과 죽음에 관한 철학·종교적인 입장, 자연과학, 사회과학 및 인문과학의 입장에서 종합적이고 다학문적으로 고려해야 할 문제다(일본인지증케어학회, 2011). 사회복지실천 현장에서도 사회복지사는 생명윤리와 관련하여 발생할 수 있는 여러 윤리적 문제에 대해 검토해 볼 필요가 있다.

사례 10-1

'평택 대리모 사건'이 소환한 '대리모 합법화' 논쟁

〈연합뉴스〉 2023. 12. 09.

'평택 대리모 사건' 수사 과정에서 대리모들을 통해 세 자녀를 얻은 60대 남성이 입건됐다는 소식이 알려지자 때아닌 '대리모 합법화' 논쟁이 일고 있다.

......

이 사건은 현재 평택에 거주 중인 30대 대리모 A씨가 60대 재력가 B씨의 정자를 이용해 임신 및 출산을 한 사건이다. A 씨는 브로커를 통해 4천 900만 원 상당을 받고 B씨와 소위 '대리모 계약'을 맺는 수법으로 범행했다. A 씨는 이듬해인 2016년 10월 남자 아기를 출산해 계약에 따라 아기를 B 씨 측에 건넸다고 한다. 경찰이 조사해 보니 B 씨는 A 씨를 포함한 대리모들을 통해 총 3명의 자녀를 얻은 것으로 확인됐다. B 씨는 "이미 장성한 자녀들이 있으나, 아이를 더 갖고 싶어서 아내의 동의를 받고 대리모를 통해 아기를 출산했다."라고 진술했다.

대리모 사건은 과거부터 끊이지 않고 있다. 현재 대구지법에서 재판받고 있는 30대 대리모는 불임 부부에게 접근해 5천 500만 원을 받고 아기를 대신 낳아 준 혐의 등을 받고 있다. 그는 미혼모에게 "난자를 제공하면 돈을 주겠다."라고 제의하는 등 브로커 역할을 한 것으로도 조사됐다. 검찰은 지난 10월 이 대리모에 대해 징역 9년을 구형한 상태다. 2019년 8월 수원지법 안양지원에서는 대리모를 해 주는 대가로 8천만 원을 받아 챙긴 혐의로 기소된 여성이 징역 4년을 선고받았다. 이 여성은 출산 후 "아이 출생의 비밀을 폭로하겠다."라며 의뢰인 부부를 협박하고 각종 소송을 제기했다가 처벌을 받은 것으로 알려졌다.

〈이하 생략〉

〈사례 10-1〉은 대가를 받는 임신에 대한 것으로, 여러 윤리적인 문제가 내포되어 있다. 상업적인 대리 출산은 아이를 사고파는 행위이며, 임신과 출산을 돈벌이로 만들어 여성을 착취하는 행위인가? 아니면, 여성의 출산 능력을 빌려주는 행위로 봐야 하는가? 만일 대리모가 출산을 한 후에, 아이를 넘겨주지 못하겠다면 어떻게 할 것인가? 아이의 친권은 대리모 혹은 의뢰한 불임 부부 중에서 누구에게 있는가? 도덕적으로 대리 출산은 지켜져야 하는 계약인가? 대리 임신을 하기로 결정한 여성은 이에 대해 충분한 정보를 가지고 자발적으로 동의한 내용인가?

대리 출산 계약을 통해 아이를 얻는 불임 부부와 경제적 대가를 받는 여성은 서로 원하는 것을 얻을 수 있다. 그렇다면 대리 출산은 윤리적으로 정당화될 수 있는지에 대해 생각해 봐야 한다. 아기나 여성의 출산 능력은 돈으로 살 수 없는 높은 가치를 가지므로, 대리 출산과 같이 임신을 상품으로 취급하는 행위는 비윤리적이라고 보는 입장도 있을 수 있다. 사회복지사는 대리 출산뿐만 아니라, 의학기술의 발달로 나타나는 여러 윤리적 갈등 상황에 대한 자신의 가치와 생각을 검토해 볼 필요가 있다. 특히 죽음에 관련된 윤리, 뇌사자의 장기 이식 그리고 AIDS 등 전염성 질병은 사회복지실천과 관련하여 윤리적 딜레마가 발생할 가능성이 높다.

2. 죽음에 관련된 윤리

현대의학의 비약적인 발전으로 기대수명은 예전보다 길어졌고, 삶의 질도 크게 향상되었다. 그럼에도 불구하고 죽음에서 자유로워질 수 없다. 인간으로서의 존엄성을 유지하면서 죽음을 맞이하기를 바라는 사람들이 늘면서 안락사, 존엄사, 연명치료 중지에 대한 윤리적 논쟁이 야기되고 있다.

비첨과 차일드리스(Beauchamp & Childress, 2001)는 생명의료윤리의 원칙을 다음과 같이 네 가지로 제시하고 있다. 이 원칙들은 생명과 관련된 사회복지실천현장에서 발생할 수 있는 윤리적 갈등 사례에서 사회복지사가 윤리적 의사결정을 하는 데 도움이 될 것으로 보인다.

- 자율성 존중의 원칙: 모든 인간은 특정 환경과 상관없이 독립적이고 무조건적인 가치를 지니며 자신의 생명을 스스로 결정할 능력이 있다는 인간 존중 사상을 배경으로, 의료 행위가 개인의 자율성을 최대한 존중하는 범위에서 이루어져야 한다는 것이다. 진료행위를 하기 전 환자의 동의를 얻어야 하는데, 이때 의학적 검사나 치료에 대한 충분한 정보를 환자에게 제공하고, 이에 의거한 동의가 이루어져야 한다.
- 악행 금지의 원칙: 환자에게 해악을 끼치지 말라는 기본적인 지침으로, 여기서 해악은 명예, 재산, 사생활, 자유, 신체적, 심리적, 이해관계의 훼손까지 포함한다.
- 선행의 원칙: 타인의 자율성을 존중하고, 타인에게 해악을 가하지 말 것을 요구하는 정도를 넘어 더 적극적으로 타인의 복지에 기여할 것을 요구하는 원칙이다. 해악의 제거에만 한정되는 악행 금지의 원칙에 비해서, 해악의 예방과 해로운 조건들을 제거함으로써 환자의 선을 증진시키는 적극적 선행을 요구하는 의미를 가지고 있다. 여기에는 자비로운 행동, 동정적인 행위, 친절한 행위, 이타주의, 사랑, 인술 등이 포함된다.
- 정의의 원칙: 이 원칙에서 정의는 주로 배분적인 정의를 말하고 있으며, 사람들에게 정당한 몫을 돌려주는 것을 의미한다. 그러나 한정된 자원에 대한 배분 혹은 분배에 있어 우선순위의 문제나, 대상에 대한 우선순위의 문제가 대두된다.

1) 생명 중단의 결정

사례 10-2 김 씨 할머니의 존엄사 사례

2009년 6월 21일 대법원은 존엄사를 인정하는 판결을 내렸다. 약 1년 4개월 동안 식물인간 상태에 있던 김 씨 할머니의 치료장치를 제거하길 원하는 가족의 손을 들어 준 것이다. 김 씨 할머니는 2008년 2월 연세대 세브란스병원에서 기관지내시경 검사를 받던 도중 심장이 멈춰 심폐소생술 등의 응급조치를 받았지만 심한 저산소성 뇌손상으로 의식을 회복하지 못했고 자발호흡도 불가능해 인공호흡기로 연명하게 됐다. 사실상 식물인간 상태가 되자 가족 이모 씨 등은 특별대리인으로 나서 "무의미한 연명치료를 받고 싶지 않다는 것이 평소 어머니의 뜻"이라며 김 씨에 대한 연명치료를 중단해 달라고 법원에 소송을 냈다. 1·2심 법원은 "김 씨가 회생 가능성 없는 비가역적인 사망과정에 진입했고, 가족들의 진술 등에 비춰 보면 연명치료를 중단하고자 하는 의사가 있었을 것으로 추정된다."라며 원고승소 판결을 내렸다. 그러자 세브란스병원은 "가족들의 진술에만 의존해 함부로 김 씨의 연명치료 중단 의사를 추정하고 또 주치의가 김 씨의 기대여명이 남아 있다고 판단하고 있는데도 회복 불가능한 죽음의 과정에 진입한 것으로 판단한 것은 부당하다."라며 대법원에 상고했다.

재판부는 판결문에서 "인간의 생명은 고귀하고 생명권은 헌법에 규정된 모든 기본권의 전제로서 기능하는 기본권 중의 기본권"이라며 "환자의 생명과 직결되는 진료행위를 중단할 것인지 여부는 극히 제한적으로 신중하게 판단해야 한다."라고 밝혔다.

재판부는 그러나 "생명이 가장 중요한 기본권이라고 하더라도 인간의 생명 역시 인간으로서의 존엄성이라는 인간존재의 근원적인 가치에 부합하는 방식으로 보호돼야 할 것"이라며 "이미 의식의 회복 가능성을 상실해 회복 불가능한 사망단계에 이르렀다면 의학적으로 무의미한 신체침해 행위에 해당하는 연명치료를 환자에게 강요하는 것이 오히려 인간의 존엄과 가치를 해한다."라고 설명했다.

재판부는 따라서 "이 같은 상황에서 죽음을 맞이하려는 환자의 의사결정을 존중해 환자의 인간으로서의 존엄과 가치 및 행복추구권을 보호하는 것이 사회상규에 부합되고 헌법정신에도 어긋나지 않는다."라며 "회복 불가능한 사망단계에 이른 후에 인간으로서의 존엄과 가치 및 행복추구권에 기초해 자기결정권을 행사하는 것으로 인정되는 경우 특별한 사정이 없는 한 연명치료의 중단이 허용될 수 있다."라고 판단했다.

그러면서 대법원은 존엄사 허용기준으로, 첫째, 환자가 회복 불가능한 사망단계에 진입했을 것, 둘째, 연명치료 중단에 대한 환자의 사전의료지시가 있을 것, 셋째, 사전의사가 없을 경우 환자의 평소 가치관·신념 등에 비춰 추정할 것, 넷째, 사망단계 진입 여부는 전문의 등으로 구성된 위원회가 판단할 것 등을 제시했다.

대법원의 판결에 따라 김 씨 할머니의 인공호흡기를 제거하는 존엄사가 6월 23일 시행되었지만, 예상과 달리 김 씨 할머니는 자발호흡을 하며 201일을 더 생존했으며 2010년 1월 10일 세상을 떠났다.

〈사례 10-2〉의 사례를 계기로 생명 중단의 결정과 관련된 논쟁이 벌어졌다. 하지만 이에 대한 확실한 개념의 명료화가 되지 않아, 생명 중단의 결정에 대한 윤리적 딜레마는 더 심화되고 있다(김상득, 손명세, 2000). 생명 중단의 결정에 대한 논의에서 존엄사, 무의미한 연명치료 중단, 안락사, 도움에 의한 자살 등의 용어가 개념 구분 없이 무분별하게 사용되면서 여러 논란이 야기되고 있다. 이 책에서는 세계의사회(World Medical Association, 2005)와 한국보건의료연구원, 대한의사협회, 대한의학회, 대한병원협회(2009)에 따라 존엄사와 무의미한 연명치료 중단, 안락사와 생명연장 장치의 제거, 도움에 의한 자살에 대한 정의를 내리도록 하겠다.

(1) 존엄사와 무의미한 연명치료 중단

존엄사(death with dignity)는 말 그대로 품위 있는 죽음을 말한다. 즉, 인간적 삶을 살 수 있도록 최선의 의학적인 치료를 다했음에도 돌이킬 수 없는 죽음이 임박했을 때 의학적으로 무의미한 연명치료를 중단함으로써 질병에 의한 자연적인 죽음을 받아들이는 것이다. 이때는 의학적 치료가 더 이상 생명을 연장할 수 없기 때문에 무의미한 연명치료를 중단한다 하더라도 그 치료의 중단으로 생명이 더 단축되는 것을 의미하지는 않는다.

'무의미한 연명치료 중단'은 사전에 작성된 동의서 등에 따라 인공호흡기, 심폐소생, 혈액 투석 등의 치료를 하지 않는 것을 말한다. 환자에 대한 사망선택 유언 또는 건강관리 대리를 통해, 생명유지 장치를 제거하고 소생시키지 말라는 지시를 이행한다. 사망선택 유언은 그 사람이 생명을 연장하기 위해서 어떤 것이 이루어지기를 원하고 어떤 것이 이루어지지 않기를 원하는지를 '사전의료의향서(Advance Medical Directives)'를 통해 지시하는 것을 말한다. 반면에 건강관리 대리는 본인이 결정할 수 없을 때, 본인을 위해 건강관리를 대신 결정하도록 하는 사람을 지명함을 의미한다.

연명치료는 크게 일반 연명치료와 특수 연명치료로 구분된다. 일반 연명치료는 관을 이용한 영양 공급, 수분 · 산소 공급, 체온 유지, 배변과 배뇨 도움, 진통제 투여, 욕창 예방, 일차 항생제 투여 등의 생명유지에 필수적이지만 전문적인 의학지식이나 의료기술, 특수한 장치를 필요로 하지 않는 치료를 말한다. 반면에 특수 연명치료는 생명유지를 위

해 전문적인 의학지식과 의료기술, 특수한 장치가 반드시 필요한 치료로, 심폐소생술, 인공호흡기 적용, 혈액투석, 수혈, 장기 이식, 항암제 투여, 고단위 항생제 투여 등이 이에 해당된다.

무의미한 연명치료 중단과 관련하여 사전연명의료의향서 작성은 매우 중요하다. 사전연명의료의향서 또는 사전의료지향서는 죽음에 임박하여 자기 자신에 대한 의료인의 치료 여부 및 방법에 대해 스스로 의견을 표현할 수 없을 때를 대비하여, 의학적 치료에 관한 의사결정 능력이 있는 상태에서 미리 작성한 서면 진술서다. 즉, 환자가 죽음을 앞둔 상황에서 의학적 조치에 대한 자신의 바람이나 가치관을 사망선택 유언으로 미리 밝혀 두는 것이다. 사전연명의료의향서는 본인이 원할 경우, 언제든지 변경 또는 철회가 가능하다.

사람이 죽음에 임박한 상태에서는 의식이 없거나, 약물치료 등으로 의식이 명료하지 않아서 대개는 자신의 의사를 충분히 표시할 수 없는 경우가 많다. 따라서 죽음에 임박한 사람들은 죽음을 앞두고 발생하는 많은 문제에 대해서 자신의 의견을 명확하게 표현할 기회를 갖지 못한다. 또한 사전에 죽음에 대한 생각을 미리 밝혀 놓지 않으면, 의사나 가족들은 윤리적으로 결정하기 어려운 상황에 처하게 된다.

의사는 환자의 분명한 의사를 알 수 없는 경우, 가능한 한 모든 의학적 방법을 사용하여 생명을 연장해야 한다. 그렇지 않으면, 의료윤리의 기본이념을 위배하고, 법적으로 살인행위로 간주될 수도 있다. 결과적으로 환자의 호흡과 심박동을 상당기간 동안 지속시킬 수 있으며 인위적인 생명을 연장할 수 있으나, 연장된 기간 동안 삶의 질이나 가치는 보장될 수 없다. 죽음을 맞이하는 환자의 의견을 미리 밝혀 놓으면, 의사는 윤리 및 법적인 문제에서 자유로울 수 있고 환자 본인이 원하는 대로 치료 여부를 결정할 수 있다. 또한 죽음에 임박한 환자가 스스로 의사표시를 하지 않은 경우, 가족은 환자를 위해 생명유지 장치나 특정 치료의 시행 여부에 대해 법적으로 결정할 수 없다. 환자의 사망으로 가족들은 유산과 상속 등 이해관계가 얽히게 된다. 따라서 죽음을 맞이하는 환자의 의견을 미리 밝혀 놓으면 가족들도 정신적 · 경제적 부담에서 자유로워질 수 있다.

환자 자신에게도 '사전연명의료의향서'를 작성함으로써 생명을 인위적으로 연장하기 위해 겪는 인공호흡기 삽입, 코에 삽입한 관을 통한 유동식 제공, 혈관을 통한 약물 투여 등 인간의 존엄성을 유지하기 어려운 상황으로부터 벗어날 수 있다. 또한 환자는 무의미한 생명 유지와 고통에서 자유로워지며 중환자실이 아닌 곳에서 인간으로서의 존엄성을 유지하면서 가족들과 함께 편안하게 삶을 마감할 수 있게 된다. 그러므로 죽음에 대비하여 생명연장 및 특정치료 여부에 대해 자신의 의사를 서면으로 미리 표시하는 사전연명의료의향서를 작성하는 것은 매우 중요한 일이다.

(2) 안락사 및 도움에 의한 자살

안락사(euthanasia)는 그리스어로 '편안한 죽음'이라는 뜻이다. 안락사는 질병에 의한 자연적인 죽음보다 훨씬 이전에 생명을 마감시키며, 질병에 의한 죽음이 아니라 인위적인 행위에 의한 죽음을 의미하기 때문에 존엄사와는 의미가 전혀 다르다. 즉, 안락사란 삶을 마감하려는 분명한 의도를 가진 행동을 의식적이고 고의적으로 행하는 것이며, 다음 조건을 가지고 있어야 한다(World Medical Association, 2005).

- 대상자는 결정능력이 있고, 충분한 정보를 가지고 있어야 하며 치유가 불가능한 병을 앓고 있어야 하며, 자신의 삶을 마감해 달라는 자발적 요청을 해야 한다.
- 대리인은 대상자의 상황과 죽고자 하는 욕구를 알고 있으며, 그 사람의 삶을 마감하려는 일차적 목적을 가지고 행동해야 한다.
- 그 행동은 동정심에서 개인적 이득 없이 행해져야 한다.

도움에 의한 자살 또는 조력자살(assisted suicide)은 자살에 필요한 지식이나 수단 두 가지 모두를 고의 또는 의식적으로 제공하는 것으로 약물의 치사량 상담, 치사약물의 처방 · 공급을 포함한다(World Medical Association, 2005). 안락사나 도움에 의한 자살은 무의미한 연명치료 중단과 구분되어야 하며, 죽음을 재촉하더라도 동정심에서 우러나오는 고통을 경감하기 위한 치료와도 구분되어야 한다. 환자는 도저히 감당할 수 없다고 생각하는 통증이나 고통에 있을 경우에 안락사나 도움에 의한 자살에 대한 요청을 하게 된다. 하지만 이는 대부분의 국가에서 불법행위다.

2) 생명 중단의 결정에 관련한 윤리적 딜레마

생명을 인위적으로 연장시키고 모든 고통을 제거하려는 의료기술이 발달하면서, 많은 윤리적 문제가 발생하고 있다. 생명 중단의 결정에 관련한 윤리적 문제는 생명연장을 위한 치료나 시도가 오히려 환자의 고통을 증가시킬 수 있다는 사실에 바탕을 둔다. 이에 생명 존중이라는 가치와 인간답게 살고 싶은 삶의 질에 대한 가치가 상충하게 되는 것이다.

과연 생명은 존귀하기 때문에 연명치료를 통해서라도 생명을 연장하는 것이 옳은 것인가? 아니면 극심한 고통과 보호자의 고통을 덜기 위해 연명치료를 중단하는 것이 옳은가?

생명 중단의 결정에 찬성하는 입장은 클라이언트의 자율성을 최대화할 수 있으며, 무엇보다도 클라이언트로 하여금 품위 있게 죽음을 맞이할 수 있도록 도와줄 수 있다고 주장한다. 또한 무의미한 의료치료에 드는 비용과 가족이 받는 스트레스를 줄일 수 있다. 윤리적 상대론자는 생명 중단의 결정을 통해 환자와 주변 사람들에게 이익이 된다면 그것이 죽음으로 이끄는 행위라 하더라도 도덕적이라고 볼 것이다.

하지만 생명 중단의 결정에 반대하는 입장은 도움에 의한 자살이 신의 섭리에 어긋나며, 병의 상태가 말기라 하더라도 생사는 그 누구도 장담할 수 없다고 주장한다. 게다가 삶의 질은 주관적인 것이기 때문에 안락사나 도움에 의한 자살은 만성질환을 가진 사람과 기타 사람들을 죽음으로 몰고 갈 가능성을 가진다는 것이다. 윤리적 절대주의자는 비록 환자의 고통을 줄여 주기 위해 환자의 동의하에 생명 종결의 결정을 한다고 하지만, 이는 살인하지 말라는 사회적 통념의 규칙을 어기는 결과를 갖고 오기 때문에 비윤리적이라고 주장할 것이다.

3) 호스피스 · 완화의료와 연명의료중단 관련 법률

「호스피스 · 완화의료 및 임종과정에 있는 환자의 연명의료결정에 관한 법률」이 2016년 2월 3일 공포되었다. 이 법률은 무의미한 연명의료 때문에 고통을 겪고 있는 환자의 고통을 완화하고, 환자의 자기결정을 존중하여 인간으로서의 존엄과 가치를 보호하기 위한 목적으로 제정되었으며, 2018년 2월부터 시행되었다. 「호스피스 · 완화의료 및 임종과정에 있는 환자의 연명의료결정에 관한 법률」(약칭: 「연명의료결정법」)의 주요 내용은 다음과 같다.

제1조(목적): 호스피스 · 완화의료와 임종과정에 있는 환자의 연명의료와 연명의료중단 등 결정 및 그 이행에 필요한 사항을 규정함으로써 환자의 최선의 이익을 보장하고 자기결정을 존중하여 인간으로서의 존엄과 가치를 보호하는 것을 목적으로 한다.

제2조(정의)

- 임종과정: 회생의 가능성이 없고, 치료에도 불구하고 회복되지 아니하며, 급속도로 증상이 악화되어 사망에 임박한 상태.

- 임종과정에 있는 환자: 담당의사와 해당 분야의 전문의 1명으로부터 임종과정에 있다는 의학적 판단을 받은 자.
- 말기환자: 적극적인 치료에도 불구하고 근원적인 회복의 가능성이 없고 점차 증상이 악화되어 보건복지부령으로 정하는 절차와 기준에 따라 담당의사와 해당 분야의 전문의 1명으로부터 수개월 이내에 사망할 것으로 예상되는 진단을 받은 환자.
- 연명의료: 임종과정에 있는 환자에게 하는 심폐소생술, 혈액 투석, 항암제 투여, 인공호흡기 착용 및 그 밖에 대통령령으로 정하는 의학적 시술로서 치료효과 없이 임종과정의 기간만을 연장하는 것.
- 연명의료중단 등 결정: 임종과정에 있는 환자에 대한 연명의료를 시행하지 아니하거나 중단하기로 하는 결정.
- 호스피스 · 완화의료: 다음 각 항목의 어느 하나에 해당하는 질환으로 말기환자로 진단을 받은 환자 또는 임종과정에 있는 환자(이하 호스피스대상환자)와 그 가족에게 통증과 증상의 완화 등을 포함한 신체적, 심리사회적, 영적 영역에 대한 종합적인 평가와 치료를 목적으로 하는 의료.

  가. 암

  나. 후천성면역결핍증

  다. 만성 폐쇄성 호흡기질환

  라. 만성 간경화

  마. 그 밖에 보건복지부령으로 정하는 질환
- 연명의료계획서: 말기환자 등의 의사에 따라 담당의사가 환자에 대한 연명의료중단 등 결정 및 호스피스에 관한 사항을 계획하여 문서(전자문서 포함)로 작성한 것.
- 사전연명의료의향서: 19세 이상인 사람이 자신의 연명의료중단 등 결정 및 호스피스에 관한 의사를 직접 문서(전자문서 포함)로 작성한 것.

7조(종합계획의 시행 · 수립)

- 보건복지부장관은 호스피스와 연명의료 및 연명의료중단 등 결정의 제도적 확립을 위하여 관계 중앙행정기관의 장과 협의하고, 국가호스피스연명의료위원회의 심의를 거쳐 호스피스와 연명의료 및 연명의료중단 등 결정에 관한 종합계획(이하 "종합계획")을 5년마다 수립 · 추진하여야 한다.

「연명의료결정법」으로 인하여, 비암성 말기환자까지 호스피스를 받을 수 있게 되어 좀 더 많은 사람이 존엄한 삶의 마무리를 할 수 있게 되었다. 의료현장에서의 연명의료중단에 대한 절차 및 요건이 명시적으로 제도화됨으로써 혼란이 줄어들고, 자신이 임종과정

에서 받을 연명의료에 대해 미리 표현하는 제도가 마련됨으로써 사회적으로 죽음에 대해 미리 생각하고 이를 준비하는 문화가 형성되는 것에 기여하였다. 노인복지나 의료사회복지 분야에서 실천하고 있는 사회복지사도 이 법률의 내용을 잘 인지하고, 사회복지 실천에 활용하는 것이 필요하다.

4) 연명의료결정제도

(1) 연명의료에 관한 사전 결정

「연명의료결정법」의 요건을 충족하는 사람은 사전연명의료의향서와 연명의료계획서를 통해 연명의료에 관한 본인의 의사를 남겨 놓을 수 있다. 사전연명의료의향서의 경우, 19세 이상의 사람은 누구나 자신이 향후 임종과정에 있는 환자가 되었을 때를 대비하여 연명의료 및 호스피스에 관한 의향을 문서로 작성해 둘 수 있다. 즉, 19세 이상이면 건강한 사람도 작성해 둘 수 있다. 다만 보건복지부가 지정한 사전연명의료의향서 등록기관을 찾아가 충분한 설명을 듣고 작성해야 법적으로 유효한 서식이 된다. 연명의료계획서의 경우, 말기환자 또는 임종과정에 있는 환자는 연명의료의 유보 또는 중단에 관한 의사를 연명의료계획서로 남겨 놓을 수 있다. 의료기관윤리위원회가 설치되어 있는 의료기관에서 담당의사 및 전문의 1인에 의해 말기환자나 임종과정에 있는 환자로 진단 또는 판단을 받은 환자에 대해 담당의사가 작성하는 서식이다. 이미 사전연명의료의향서나 연명의료계획서를 작성하였더라도 본인은 언제든지 그 의사를 변경하거나 철회할 수 있다.

표 10-1 사전연명의료의향서와 연명의료계획서 비교

	사전연명의료의향서	연명의료계획서
대상	19세 이상의 성인	말기환자 또는 임종과정에 있는 환자
작성	본인이 직접	환자의 요청에 의해 담당의사가 작성
설명의무	상담사	담당의사
등록	보건복지부 지정 사전연명의료의향서 등록기관	의료기관윤리위원회를 등록한 의료기관

(2) 연명의료의 유보 및 중단

연명의료의 유보 및 중단은 다음의 3단계를 따른다.

1단계는 임종과정에 있는 환자를 판단하는 것이다. 의료기관윤리위원회가 설치된 의료기관에서 담당의사와 전문의 1인에 의해 회생의 가능성이 없고, 치료에도 불구하고 회복되지 않으며 급속도로 증상이 악화되어 사망에 임박한 상태에 있는 환자라는 판단을 받아야 한다. 단, 말기환자가 호스피스전문기관에서 호스피스를 이용하고 있는 경우, 임종과정에 있는지 여부에 대한 판단은 담당의사 1인의 판단으로 갈음할 수 있다.

2단계에서는 환자 또는 환자 가족의 결정을 확인한다. 환자 또는 환자 가족이 환자에 대한 연명의료를 원치 않는다는 의사를 표시하고, 담당의사(환자가 의사 표현을 할 수 있는 의학적 상태인 경우) 또는 담당의사 및 전문의 1인(환자가 의사 표현을 할 수 없는 의학적 상태인 경우)의 확인이 있어야 한다.

3단계에는 연명의료의 유보 또는 중단이 이루어진다. 해당 환자에 대한 시술이 더 이

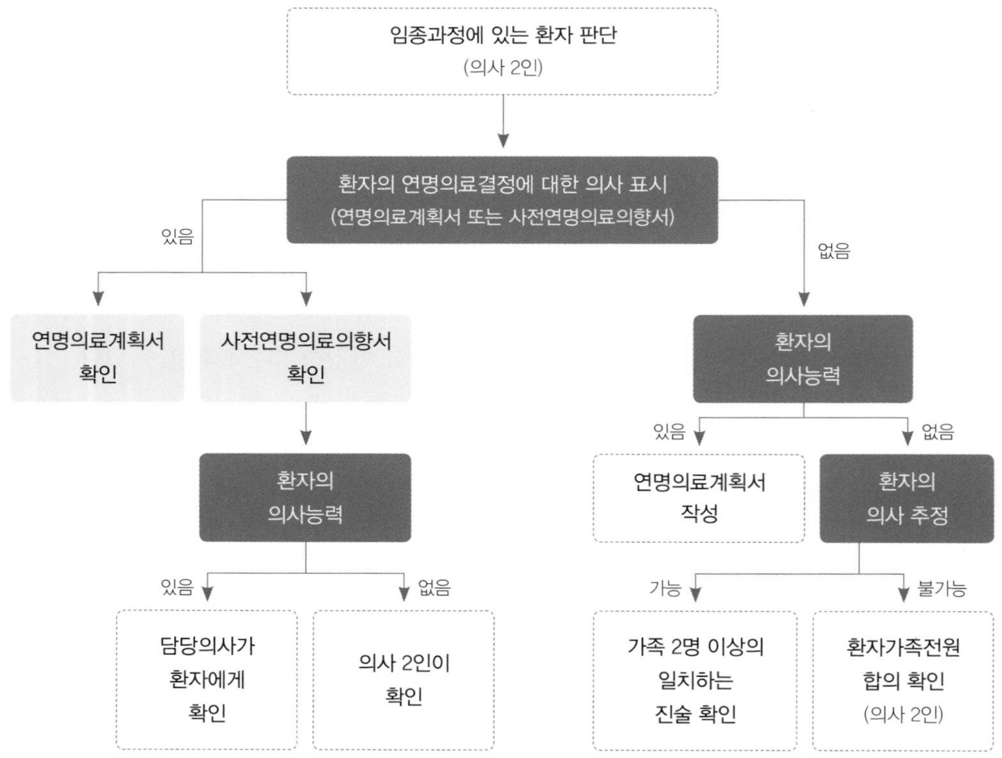

※ 단, 말기환자가 호스피스전문기관에서 호스피스를 이용하고 있는 경우, 임종과정에 있는지 여부에 대한 판단은 담당의사 1인의 판단으로 갈음할 수 있음.

[그림 10-1] 연명의료 유보/중단 절차도

출처: 국립연명의료관리기관 https://www.lst.go.kr/

■ 호스피스ㆍ완화의료 및 임종과정에 있는 환자의 연명의료결정에 관한 법률 시행규칙 [별지 제6호서식] <개정 2023. 7. 31.>

사전연명의료의향서

※ 색상이 어두운 부분은 작성하지 않으며, [ ]에는 해당되는 곳에 √표를 합니다. (앞쪽)

등록번호		※ 등록번호는 등록기관에서 부여합니다.
작성자	성 명	주민등록번호
	주 소	
	전화번호	
호스피스 이용	[ ] 이용 의향이 있음	[ ] 이용 의향이 없음
사전연명의료의향서 등록기관의 설명사항 확인	설명사항	1. 연명의료의 시행방법 및 연명의료중단등결정에 대한 사항 2. 호스피스의 선택 및 이용에 관한 사항 3. 사전연명의료의향서의 효력 및 효력 상실에 관한 사항 4. 사전연명의료의향서의 작성ㆍ등록ㆍ보관 및 통보에 관한 사항 5. 사전연명의료의향서의 변경ㆍ철회 및 그에 따른 조치에 관한 사항 6. 등록기관의 폐업ㆍ휴업 및 지정 취소에 따른 기록의 이관에 관한 사항
	확인	[ ] 위의 사항을 설명 받고 이해했음을 확인합니다.
환자 사망 전 열람허용 여부	[ ] 열람 가능 [ ] 열람 거부	[ ] 그 밖의 의견
사전연명의료의향서 등록기관 및 상담자	기관 명칭	소재지
	상담자 성명	전화번호

본인은 「호스피스ㆍ완화의료 및 임종과정에 있는 환자의 연명의료결정에 관한 법률」 제12조 및 같은 법 시행규칙 제8조에 따라 위와 같은 내용을 직접 작성했으며, 임종과정에 있다는 의학적 판단을 받은 경우 연명의료를 시행하지 않거나 중단하는 것에 동의합니다.

작성일 년 월 일

작성자 (서명 또는 인)

등록일 년 월 일

등록자 (서명 또는 인)

210mm×297mm[백상지(80g/㎡) 또는 중질지(80g/㎡)]

[그림 10-2] 사전연명의료의향서 예시

출처: 국립연명의료관리기관 https://www.lst.go.kr/

상 치료효과가 없다는 의학적 판단(1단계)과 환자도 더 이상 치료를 원치 않는다(2단계)는 요건이 동시에 갖추어지면 연명의료를 시행하지 않을 수 있다.

5) 호스피스 · 완화의료

호스피스 · 완화의료는 생명을 위협하는 질환을 가진 환자의 신체적 증상을 적극적으로 조절하고 환자와 가족의 심리사회적 · 영적 어려움을 돕기 위해 의사, 간호사, 사회복지사 등으로 이루어진 호스피스 · 완화의료 전문가가 팀을 이루어 환자와 가족의 고통을 경감시켜 삶의 질을 향상시키는 것을 목표로 하는 의료 서비스라 할 수 있다(중앙호스피스센터 홈페이지, 2019). 국내 호스피스 · 완화의료는 환자와 가족들의 신체적 · 심리사회적 · 영적 고통을 완화하여 삶의 질 향상에 기여하며, 입원형 호스피스 · 완화의료, 가정형 호스피스 · 완화의료, 자문형 호스피스 · 완화의료, 소아청소년 완화의료로 다음과 같이 유형을 나눌 수 있다(보건복지부, 2024).

- 입원형 호스피스 · 완화의료: 보건복지부로부터 지정받은 전문기관의 호스피스 병동에 입원한 말기암 환자 및 가족들을 대상으로 호스피스 돌봄 및 전문완화의료서비스를 제공함.
- 가정형 호스피스 · 완화의료: 가정에서 지내기를 원하는 말기환자 및 가족을 대상으로 보건복지부로부터 지정받은 전문기관의 호스피스팀이 가정으로 방문하여 돌봄 및 전문완화의료서비스를 제공함.
- 자문형 호스피스 · 완화의료: 일반병동과 외래 및 응급실에서 진료를 받는 말기환자 및 가족을 대상으로 호스피스팀이 담당의사와 함께 전문완화의료서비스 및 호스피스 돌봄을 제공함.
- 소아청소년 완화의료: 완화의료를 필요로 하는 생명을 위협하는 질환을 가진 중증소아청소년환자에게 병실이나 중환자실, 응급실, 외래에서 완화의료를 제공함. 호스피스 · 완화의료의 전문교육을 받은 의사, 전담간호사, 사회복지사를 중심으로 구성된 다학제팀을 통해 이루어짐.

「연명의료결정법 시행규칙」 제20조 제1항 [별표 2] 호스피스 전문기관의 지정기준에 따르면, 입원형 호스피스 전문기관에서는 호스피스 병동당 1급 사회복지사 1명 이상이

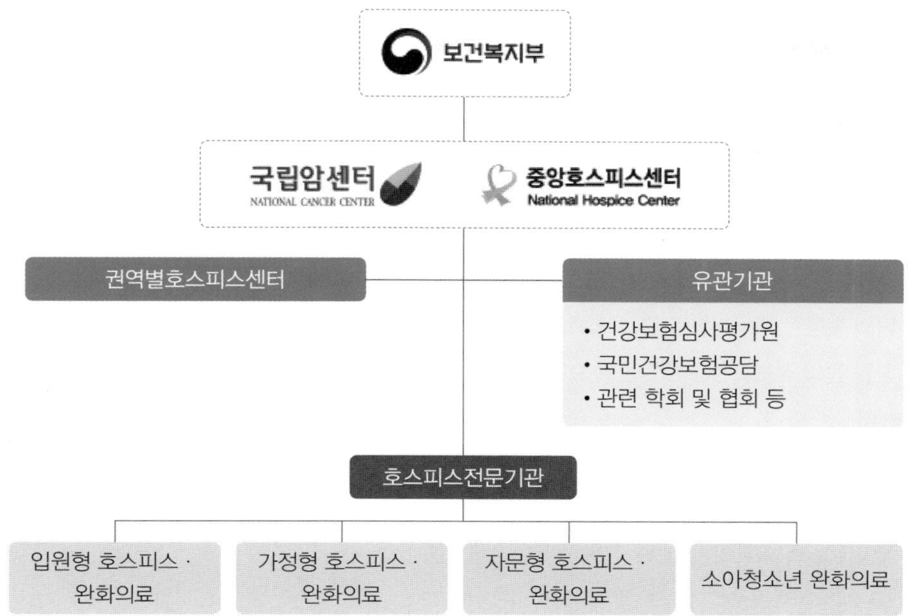

[그림 10-3] 호스피스 · 완화의료 사업 운영 체계

출처: 보건복지부(2024) p. 36.

있어야 하며, 가정형 호스피스 전문기관 및 자문형 호스피스 전문기관에서는 1급 사회복지사 1명 이상이 있어야 한다. 사회복지사는 호스피스 · 완화의료 실천현장에서 말기 환자와 가족 대상 심리사회적 평가 및 돌봄계획 수립, 돌봄계획에 근거한 환자와 가족의 심리 · 사회 · 영적 지지 및 상담, 지역사회 자원 발굴 및 연계, 자원봉사자 관리, 영적 돌봄 제공자 연계, 요법 및 돌봄행사 등 프로그램 관리와 운영, 임종 돌봄, 사별 가족 관리 등의 역할을 수행한다(보건복지부, 2024). 그러나 사회복지사와 간호사 간의 역할 분장 및 경계가 모호하여 이에 대한 추가적인 논의가 필요하다(최희경, 2013).

상이한 전문가들로 구성된 다학제적 팀으로 서로 협력하는 호스피스 실천현장에서, 팀 구성원에게 호스피스 · 완화의료의 철학과 가치관 및 윤리가 공유되어야 하며, 이것이 가장 중요한 실천 원리가 될 수 있다. 그러므로 사회복지사는 사회복지 개입의 고유한 역할과 가치를 수행하는 동시에, 다른 전문직과 공통의 목표를 추구하며 협력해야 하며 호스피스 팀의 가치와 윤리에 충실해야 한다(최희경, 2013). 보건복지부(2024)의 호스피스 · 완화의료 사업안내에 따르면, 다학제적 호스피스팀의 기본수칙과 윤리는 다음과 같다.

호스피스팀의 기본 수칙

- 호스피스 전문기관은 조직의 활동을 안내하기 위한 사명과 목표를 수립한다.
- 호스피스팀은 「의료법」 및 「연명의료결정법」 준수와 함께 '호스피스 · 완화의료 사업안내' 및 '호스피스전문기관 서비스 제공 안내'에 의하여 사업을 수행하며, 환자 · 가족 · 의료진의 요구 및 기관의 여건 등에 따라 입원형 · 가정형 · 자문형 호스피스 또는 소아청소년 완화의료를 제공한다.
- 팀의 활동은 의무기록과 팀 회의록 등에 정직하고 정확하게 기록한다.
- 팀원 간의 정보교환은 개인정보 보안을 유지하며 원활하게 할 수 있도록 정보공유 정책을 수립한다.
- 서비스의 직접 또는 간접적 수행을 위한 의료기관 내외 협력체계를 구축한다.
- 가정형 호스피스의 경우에도 관련해 발생하는 사고나 업무상 필요한 법적 조치 등 모든 권리나 책임은 소속 의료기관 내 타 직원과 동일하게 적용한다.

호스피스팀의 윤리

- 환자의 인격과 신체에 대한 전적인 권리를 옹호한다.
- 환자의 의사결정에 대해 최우선으로 고려하고 존중한다.
- 환자의 자율적 의사결정을 촉진하고 옹호한다.
- 환자의 의사결정에 필요한 충분한 정보를 제공한다.
- 환자의 의사결정에 필요한 전문가적 견해를 제공한다.
- 가족의 의사결정 참여를 위한 충분한 정보와 전문가적 견해를 제공한다.
- 환자와 가족의 사생활 보호와 비밀을 유지한다.

6) 사회복지실천에서의 지침

인간 존엄성의 존중은 사회복지의 근본이 되는 중요한 전문직 가치다. 사회복지사는 클라이언트의 존엄성과 개인의 선택을 존중하면서도 고통받는 환자와 그의 가족을 도울 수 있는 방법을 모색해야 한다. 치명적 질환의 말기 환자로서 치유적 조치가 무의미한 환자에게는 통증과 고통을 경감해 주고 완화해 주는 치료가 이미 상당히 발전하였기 때문에 치료가 더 이상 불가능하더라도 통증완화 치료를 통해 통증을 제어해 주는 것이 필요하다. 고통받는 개인과 가족을 위한 호스피스를 통해 죽음을 앞둔 환자의 고통을 감소시키고 보다 편안하게 죽음을 맞이할 수 있도록 도와주는 것이 사회복지사의 바람직한

역할이다.

사회복지실천현장에서 연명의료결정제도와 관련하여 사회복지사는 여러 역할을 수행할 수 있다. 예를 들어, 환자 및 가족, 의료진의 입장과 욕구를 탐색하고 명료화시키는 상담자의 역할, 환자의 최선의 이익과 권리를 옹호해야 하는 옹호자의 역할, 환자, 가족, 의료진 간에 발생하는 갈등을 중재하는 중재자의 역할, 관련자들이 충분한 논의를 할 수 있도록 촉진하는 촉진자의 역할 그리고 연명의료결정제도 등에 대한 인식 향상을 위한 교육을 하는 교육자의 역할 등을 할 수 있다.

호스피스는 시한부 환자에게 죽음을 있는 그대로 알리며, 남아 있는 삶 동안 고통스런 증상을 완화시켜 평화로운 죽음을 유도하는 것을 말한다. 또한 환자의 죽음 이후 남겨진 가족들을 돌보는 등 환자뿐만 아니라 환자의 가족과 사회적 관계까지 포함하는 것으로 치료보다는 돌봄의 개념으로 인식되고 있다. 죽음이 임박한 말기 환자에게 '무의미한 치료'를 환자의 자율적 결정대로 시행하지 않는 대신 훈련된 의사, 간호사, 사회복지사, 성직자와 자원봉사자가 환자의 통증 등의 다양한 증상에 대해 치료와 심리적 · 영적 상담을 시행하면서 품위 있고 자연스러운 죽음을 맞이할 수 있도록 하는 것을 목표로 하고 있다. 호스피스는 죽음에 대한 교육과 상담을 통한 지지로 환자와 가족들에게 심리적 사회적 고통을 줄이는 데 기여할 수 있다.

미국에서는 생명종결 결정이나 죽음이 임박한 말기 환자들과 일하는 사회복지사의 윤리적인 실천에 대해 이미 많은 토론과 논쟁이 있었으며, 이를 바탕으로 사회복지실천지침을 마련하였다. 전미사회복지사협회 대표자회의에서는 1993년 생명종결 결정에 대한 방침을 통해, 클라이언트와 생명종결 결정에 대해 상담할 때 사회복지사가 언급해야 하는 문제를 다음과 같이 제시하였다(NASW, 1993).

- 비밀유지의 한계를 포함하여 사회복지에 영향을 미치는 법적 요인, 도움에 의한 자살을 금하는 주와 연방법 그리고 공공의 책임 가능성
- 사회복지사의 가치와 다른 건강관리 전문가의 가치 사이에 가능한 갈등
- 비용을 억제하고 건강보호 서비스 배분과 관련하여 증가하는 압력의 문제
- 가족에게 부담을 줄지도 모른다고 생각하는 말기 클라이언트의 걱정
- 개인의 자기결정권과 자율성에 대한 사회적 제한
- 생명종결 결정을 실행하는 데 있어 개인과 사회를 보호하고자 하는 요구

죽음이 임박한 말기 환자와 일하는 사회복지사의 윤리적 실천을 위해서 전미사회복지사협회는 사회복지사의 완화치료와 말기치료(palliative and end of life care)에서의 사회복지실천 기준(NASW, 2004)을 제시하였다. 이 기준에서는 전문적 사회복지실천의 기준, 전문적 준비와 발전에 대한 기준을 다음과 같이 규정하고 있다.

(a) 윤리와 가치: 완화치료와 말기치료 분야에서 실천하고 있는 사회복지사는 전문적 그리고 현재 생명윤리의 가치, 윤리, 기준을 따른다. 사회복지사 윤리강령은 윤리결정과 실천에 도움을 주는 지침 중 하나다.

(b) 지식: 완화치료와 말기치료 실천 분야의 사회복지사는 클라이언트와 전문가와 효과적으로 일하기 위해 필요한 이론적, 생물심리사회적 지식을 발휘해야 한다.

(c) 사정: 사회복지사는 클라이언트를 사정하고, 통합적인 정보를 통해 개입과 치료계획을 세워야 한다. 다음의 영역에서 통합적인 사정이 이루어져야 한다.

- 관련된 과거, 현재의 건강상태
- 가족 구조와 역할
- 가족 내 의사소통 및 의사결정의 양식과 방식
- 생애주기의 단계, 관련된 발달문제
- 영성 및 신앙
- 문화적 가치와 믿음
- 클라이언트 또는 가족의 언어선호와 가능한 통역 서비스
- 클라이언트 또는 가족의 완화치료와 말기치료의 목적
- 지지체계, 간병인, 가능한 자원, 접근의 장벽을 포함하는 사회적 지지체계
- 질병, 장애, 죽음, 상실과 관련된 과거의 경험
- 내력, 대처방식, 위기대처 기술과 같은 정신건강기능
- 자살 및 타살의 위험성
- 특별한 인구집단의 독특한 욕구 또는 문제

(d) 개입 및 치료계획: 사회복지사는 완화치료와 말기치료에 대한 클라이언트의 능력과 결정을 향상시키는 개입계획을 세우고 실행하는 데 사정하기(assessment)를 포함한다. 사회복지사는 다음과 같은 개입방법을 활용할 수 있다.

- 개별상담 그리고 심리요법
- 가족상담
- 가족 집단 회의

- 위기상담
- 정보와 교육
- 증상관리에 대한 다각적인 개입
- 지지집단
- 사례관리와 퇴원계획
- 의사결정과 다양한 치료대안의 함의
- 자원상담
- 클라이언트 옹호

(e) 자세 및 자기인식: 사회복지사는 연민의 자세와 클라이언트에 대한 세심한 태도를 가져야 하며, 클라이언트의 자기결정권과 존엄성을 존경해야 한다. 사회복지사는 자신의 믿음, 가치, 감정뿐만 아니라 사회복지사 자신이 실천을 수행하는 데 어떤 영향을 주는지를 인식해야 한다.

(f) 역량강화와 옹호: 사회복지사는 완화치료와 말기치료에 있는 클라이언트의 욕구, 결정, 권리를 옹호해야 한다. 사회복지사는 사회적 · 정치적 행동에 참여함으로써 완화치료와 말기치료를 받는 사람들이 자신의 생체심리사회적 욕구를 충족시킬 수 있는 자원에 평등한 접근을 가질 수 있도록 해야 한다.

(g) 문서화: 사회복지사는 클라이언트와 행한 모든 실천을 클라이언트 기록 또는 의료기록에 문서로 작성해야 한다. 이때 문서는 필기 또는 전자기록으로 남길 수 있다.

(h) 학제 간 협동작업: 사회복지사는 완화치료와 말기치료 서비스의 종합적 전달을 위한 학제 간 노력에 참여해야 한다. 사회복지사는 팀 구성원과 협동하도록 노력해야 하며, 클라이언트의 욕구를 객관성을 가지고 옹호하고, 계속되는 질병과 더불어 클라이언트를 보살펴 왔던 부양자와의 관계를 강화시켜야 한다.

(i) 문화적 역량: 사회복지사는 다른 집단 내에서의 완화치료와 말기치료에 관계된 역사, 전통, 가치, 가족체계에 대한 이해와 전문적 지식을 갖고 계속 발전시켜 나가야 한다. 사회복지사는 또한 사회복지실천에서의 문화적 역량에 대한 전미사회복지사 기준에 대해 잘 알고, 이에 부합되게 행동해야 한다.

(j) 보수교육: 사회복지사는 전문적 보수교육에 대한 전미사회복지사협회 기준과 주(state)의 요건에 따라 전문적 보수교육에 대한 개인적 책임을 갖는다.

(k) 슈퍼비전, 리더십과 훈련: 완화치료와 말기치료에 전문지식을 가진 사회복지사는 개인, 집단, 기관과 더불어 교육적 · 지도감독적 · 행정적 및 연구적 노력을 선도해야 한다.

사례 10-3

75세인 박 씨는 최근 췌장암 말기 판정을 받았다. 얼마 전까지만 해도 건강을 자신하던 박 씨와 그의 가족들은 큰 충격을 받았다. 경제적인 상황도 별로 좋지 않아, 2달째 입원해 있는 박 씨는 병원비에 대해 매우 걱정하고 있다. 특히 간병을 전담하고 있는 아내는 당뇨합병증으로 건강이 더욱 나빠져 박 씨를 간병하는 것도 어려운 상태다. 박 씨의 자녀들은 할 수 있는 모든 의료적 방법을 사용하여 치료해 봐야 한다고 생각하고 있다. 하지만 경제적 문제를 고려하지 않을 수 없었다. 아들은 얼마 전 직장을 퇴직했고, 딸도 경제적으로 어려운 상태다. 박 씨는 가족이 자신의 의료비로 인해 부담이 될 것을 걱정하고 있다. 그는 TV에서 무의미한 연명치료 중단에 관한 뉴스를 보고는 병원의 사회복지사에게 이에 대한 의논을 하고 싶어 했다.

〈사례 10-3〉과 관련하여 사회복지사는 말기 환자인 클라이언트와 가족들을 어떻게 도울 수 있을지, 어떻게 윤리적 실천을 행할 수 있을지 생각해 봐야 한다. 이때 콩그래스(Congress, 2004)의 지침은 많은 도움이 될 수 있다.

콩그래스(2004)는 생명종결에 대한 결정을 해야 하는 클라이언트의 경우, 사회복지사가 다음과 같은 지침을 따라야 한다고 제시하였다.

- 사회복지사는 사망선택 유언과 건강관리 대리와 같은 의료행위에 관한 사전지시에 대해 알고 있어야 하며, 이러한 내용을 클라이언트와 논의할 수 있어야 한다.
- 사회복지사는 모든 클라이언트가 건강관리를 평등하게 받을 수 있도록 해야 한다.
- 사회복지사의 역할은 클라이언트가 가능한 행동절차와 그에 따른 결과를 알리는 것이며, 클라이언트 스스로 생명을 결정할 수 있도록 격려하는 데 있다.
- 사회복지사는 다른 건강관리 전문인과 연계자로서 행동해야 하며, 클라이언트와 가족들이 다른 건강관리 전문인과도 논의할 수 있도록 도와야 한다.
- 사회복지사는 도움에 의한 자살과 소생시키지 말 것 등 생명종결 결정에 대하여 클라이언트와 논의하는 것이 적절하다.
- 사회복지사는 생명종결 결정에 대한 자신의 인식과 솔직함이 죽어 가는 클라이언트와 그 가족들에게 얼마나 중요한 영향을 미치는지 알아야 한다.

3. 뇌사자의 장기 이식

획기적인 의료기술이 발달하면서 죽음을 나타내는 상태가 무엇인지 불명확해지고 있다. 이제까지는 회복이 불가능한 심장박동 정지, 자발호흡 정지, 동공확대, 동공반사의 소실 등의 증상이 나타나면, 이를 죽음을 나타내는 상태라고 보았다. 그러나 의료기술의 발달로 인해 뇌의 기능은 정지되었음에도 불구하고 심장은 뛰고 있는 뇌사 상태의 상황이 나타나게 되었다.

뇌사는 뇌가 돌이킬 수 없는 중대한 손상을 받아 뇌의 전체 기능이 상실된 상태로서 생명 유지에 불가결한 생명 중추가 있는 뇌간의 손상을 의미한다. 「장기 등 이식에 관한 법률 시행령」[별표 1]에 따른 뇌사의 선행 조건은 다음과 같다.

- 원인 질환이 확실하고 치료될 가능성이 없는 뇌병변이 있어야 한다.
- 깊은 혼수상태로 자발호흡이 없고 인공호흡기에 의존하여 호흡을 유지하고 있어야 한다.
- 치료가 가능한 약물중독이나 대사성 장애의 가능성이 없어야 한다.
- 간성혼수, 요독성혼수, 저혈당성뇌증과 같은 치료 가능한 내분비성 장애가 없어야 한다.
- 체온이 32도 이하의 저체온 상태가 아니어야 한다.
- 쇼크 상태가 아니어야 한다.

그리고 다음의 증상을 보일 때, 뇌사 판정을 내릴 수 있다.

- 외부자극에 전혀 반응이 없는 깊은 혼수상태
- 회복 불가능한 자가호흡의 소실
- 양쪽 눈 동공의 확대와 고정: 빛 반사 소실 증거
- 뇌반사의 완전 소실: 무의식적인 반사의 소실
- 자발적인 운동이나 제뇌 강직, 제피질 강직에 의한 경련 등이 일어나지 않음
- 무호흡검사
- 뇌파검사

사실상 자연조건하에서는 뇌사가 곧 죽음을 의미하나, 의학의 발달로 뇌사임에도 심장이 정지하지 않는 경우가 생기면서 뇌사를 인간의 죽음으로 인정해야 할 것인지에 대해서는 의견이 분분하다. 특히 〈사례 10-4〉와 같이 뇌사자의 장기 이식과 관련된 윤리적 문제가 논쟁의 핵심으로 부각되고 있다.

장기 이식은 뇌사와 다른 차원의 문제이지만 심장, 간 등 장기를 이식하기 위해서는 뇌사자의 장기 공여가 필요하기 때문에 같은 윤리적 문제로 이해하는 것이 필요하다. 장기 이식은 환자를 치료하기 위해 인간 또는 동물의 생체 내지 사체에서 적출된 조직 또는 장기를 환자의 체내에 이식하여 그 기능을 대행시키는 외과적 처치를 말한다. 장기 이식은 이식을 통해 환자를 정상인으로 되돌려 놓아 가정에서나 사회에서 필요한 사람으로 남아 있게 하며, 경제적으로도 만성병 치료에 들어가는 의료비 지출을 감소시킬 수 있다는 점에서 선호되고 있다. 1969년 신장 이식의 성공을 계기로 지금까지 간, 폐, 췌장 및 심장 등 이식수술이 이루어지는 등 이식의료가 보편화되고 있다. 장기 이식은 이식되는 장기가 적출된 후 곧바로 이식되어야 하는데, 장기 이식의 성공을 위해서는 현실적으로

사례 10-4

1968년 5월 브루스 터커(Bruce Tucker)라는 흑인 노동자가 공사장에서 추락하여 머리에 중상을 입었다. 그는 즉시 대학병원으로 옮겨져 두개골 골절과 경뇌막하혈종(subdural hematoma), 뇌간좌상(brain stem contusion)이라는 진단을 받고, 뇌수술한 다음 다시 호흡곤란을 막기 위한 기관절개술이 시행되었다. 그는 인공호흡기로 생명을 유지하고 있었다. 담당 의사는 그가 소생할 가능성이 전혀 없으며 죽음에 임박하였다고 하였다. 당시 병원에는 심장 이식수술을 기다리고 있는 환자 J. 크렐(Krell)이 입원하고 있었다. 뇌파검사 결과 뇌파가 편평하였으며, 따라서 뇌피질의 기능이 완전히 정지된 것으로 판명되었다.

뇌파가 편평하면 대량의 약물 또는 저온에 의한 경우를 제외하고는 그것이 여러 시간 동안 되풀이해서 계속 나타난다면 의식이 다시 회복되지 않을 것이라는 신경과 의사들의 의견이었다. 터커는 심장과 양쪽 콩팥을 제거하기 위해 수술실로 옮겨졌으며, 인공호흡기가 제거되었고, 5분 뒤 죽음이 선고되었다. 그의 심장은 크렐에게 이식되었다. 의사들은 그의 동생 전화번호를 알고서도 보호자의 승낙 없이 일방적으로 심장을 제거한 것이다. 또한 죽음이란 '모든 신체 기능의 정지'라고 정의하고 있는 버지니아(Virginia)주의 법이 있는데도, 의사들은 독자적으로 심장을 제거했다. 그 후 심장 공여자의 동생인 W. 터커는 심장 이식수술을 시행한 외과의사를 상대로 소송을 제기했다.

뇌사자의 장기를 공여받는 것이 최선의 선택으로 보이고 있다.

1) 장기 등 이식에 관한 법률

한국에서는 뇌사와 장기 이식에 대한 「장기 등 이식에 관한 법률」(법률 제 11005호)을 2011년부터 시행하고 있다. 이 법은 장기 등의 기증에 관한 사항과 사람의 장기 등을 다른 사람의 장기 등의 기능 회복을 위하여 적출하고 이식하는 데 필요한 사항을 규정하여 장기 등의 적출 및 이식을 적정하게 하고 국민보건을 향상시키는 데 이바지하는 것을 목적으로 하고 있다. 이 법에서는 장기 등의 적출 및 이식은 인도적 정신에 따라 이루어져야 하며, 장기를 기증하려는 사람이 자신의 장기 기증에 관하여 표시한 의사가 존중되어야 한다고 규정하고 있다. 즉, 장기를 기증하려는 사람의 의사는 자발적이어야 한다. 그리고 장기를 이식받을 기회는 이식이 필요한 모든 사람에게 공평하게 주어져야 하며, 장기 적출 및 이식은 윤리적으로 타당하고 의학적으로 인정된 방법으로 이루어져야 한다고 명시하고 있다.

「장기 등 이식에 관한 법률」 제7조에 의하면 누구든지 금전 또는 재산상의 이익, 그 밖의 반대급부를 주고받거나 주고받을 것을 약속하고, 다음의 행위 및 이를 교사 · 알선 · 방조하는 행위도 금지하고 있다.

- 다른 사람의 장기 등을 제삼자에게 주거나 제삼자에게 주기 위하여 받는 행위 또는 이를 약속하는 행위
- 자신의 장기 등을 다른 사람에게 주거나 다른 사람의 장기 등을 자신에게 이식하기 위하여 받는 행위 또는 이를 약속하는 행위

이 법에 따르면, 뇌사자와 사망한 자의 장기 등은 다음의 어느 하나에 해당하는 경우에만 적출할 수 있다(제22조).

- 본인이 뇌사 또는 사망하기 전에 장기 등의 적출에 동의한 경우. 다만 그 가족 또는 유족이 장기 등의 적출을 명시적으로 거부하는 경우는 제외한다.
- 본인이 뇌사 또는 사망하기 전에 장기 등의 적출에 동의하거나 반대한 사실이 확인되지 아니한 경우로서 그 가족 또는 유족이 장기 등의 적출에 동의한 경우. 다만, 본

인이 16세 미만의 미성년자인 경우 그 부모가 장기 등의 적출에 동의한 경우로 한정한다.

- 단, 동의한 사람은 장기 등을 적출하기 위한 수술이 시작되기 전까지는 언제든지 장기 등의 적출에 관한 동의의 의사표시를 철회할 수 있다.

장기를 적출하려는 경우, 본인 및 가족이나 유족의 동의 및 승인 사실을 확인해야 한다. 그리고 장기기증자가 살아 있는 사람인 경우에는 본인 여부를 확인하고 본인과 그 가족에게 장기기증자의 건강상태, 장기 적출 수술의 내용과 건강에 미치는 영향, 장기를 적출한 후의 치료계획, 그 밖에 장기기증자가 장기의 적출과 관련하여 미리 알아야 할 사항에 대해 충분히 설명해야 한다(제23조). 그리고 장기기증자와 적출한 장기에 관한 사항, 이식 대상자와 이식한 장기에 관한 사항, 장기기증 희망자 및 장기이식 대기자에 관한 사항에 대해서는 비밀을 유지해야 한다(제31조).

「장기 등 이식에 관한 법률 시행규칙」 제10조에 의하면 뇌사판정의료기관은 다음의 시설, 장비, 인력 등을 갖추어야 한다. 그리고 그중에서는 사회복지사도 포함이 된다.

- 인공호흡기 및 감시장비가 설치된 중환자실
- 뇌파측정기, 뇌혈류측정기 및 혈액가스검사기
- 신경과 전문의 1명
- 뇌파검사를 담당하는 임상병리사 1명
- 뇌사판정을 위한 상담 및 연락 업무 등을 담당하는 간호사 1명
- 사회복지사 1명

이에 따라 사회복지사는 장기기증등록기관, 장기이식의료기관, 뇌사판정의료기관 · 장기적출기관, 뇌사판정위원회 등에서 장기기증자 및 이식대기자 관리, 뇌사판정위원회 구성, 장기적출 및 이송 관련 상담 · 연락, 이식 후 사후관리, 조사 연구 및 행정 관리, 장기기증 홍보 등과 같은 장기이식에 관련된 업무를 수행하고 있다(이병은, 2007). 좀 더 구체적으로 사회복지사는 장기기증자와 그 가족 그리고 장기이식자와 그 가족의 등록과정부터 기증 후 또는 이식 후의 사후관리, 장기이식대상자의 의료비 지원관리와 뇌사자의 가족에 대한 중재 및 조정관리 등 다양한 업무를 담당하고 있으며, 이에 따라 사회복지사의 역할이 강조되고 있다.

2) 장기 이식 관련 윤리적 갈등

뇌사자의 장기 이식에 대한 찬반론은 매우 거세다. 찬성 입장에서는 심장, 간, 폐, 췌장 이식은 뇌사 상태에 있는 사람에게 얻을 수 있는 유일한 방법이기 때문에 죽어 가는 많은 생명을 구할 수 있다고 주장한다. 뇌사 찬성론자는 뇌사를 심폐사를 대신하여 죽음의 유일한 기준으로 삼자는 것이 아니고, 인공적으로 호흡과 심장박동이 유지되고 있는 예외적인 경우에만 뇌사를 죽음으로 인정하자는 것이다. 즉, 대뇌의 기능이 영구 상실된 식물인간의 상태를 살아 있는 사람으로 인정할 수 없다는 것이다. 뇌사를 인정하지 않으면 회복 가능성이 없는, 이미 사람이 아닌 존재에 대한 가족의 부담이 크고, 회복 가능성이 있는 다른 환자가 그 의료장치를 이용할 기회가 없다는 것이 찬성론의 입장이다. 이 주장은 윤리적 상대론적인 관점에서 나온 것이라고 할 수 있다. 윤리적 상대론자는 뇌사자의 생명도 중요하지만, 이식받지 않으면 죽을 수밖에 없는 사람의 생명도 중요하기 때문에, 소생 불가능한 뇌사자의 장기 이식으로 더 많은 사람에게 새 생명을 주어 행복한 삶을 살 수 있다면 장기 이식을 허용해야 한다는 입장이다.

반면에 뇌사자의 장기 이식에 반대하는 입장에서는 의사가 환자의 뇌사를 확인했다 하더라도 인간의 생사문제는 종교적 · 철학적 · 사회적 이해가 고려되어야 한다고 보고 있다. 죽음의 진단 및 확인과 죽음의 정의는 구분되어야 하며, 뇌사는 죽음으로 가는 초기단계에 불과한 것이므로 뇌사는 죽음의 필요조건이지 죽음의 충분조건은 아니라는 것이다. 죽음을 확정하는 데에는 의사의 판정 이외에 사회문화적 관행이나 여론 그리고 가족의 소원을 무시할 수 없다. 즉, 장기간 의식을 상실하여 뇌파가 손실되어도 완전히 회복된 사례가 있으므로 뇌사에 대한 정확한 판단은 불가능하다고 보는 것이다. 윤리적 절대론자도 뇌사자의 장기 이식에 반대 입장을 표명할 것이다. 뇌사자의 심폐소생기를 제거하는 행위가 살인행위가 된다면 한 사람의 생명을 살리기 위해 다른 사람을 살인하는 결과가 되는 것이기 때문이다. 이는 다른 사람의 행복을 위해 사회적 기여라는 통용된 가치로 하나의 생명의 희생을 강요하는 것은 도덕적으로 선하지 않다는 것이다.

뇌사자의 장기 이식에 관련한 사례가 사회복지실천에서 발생하였을 때, 사회복지사는 어떻게 해야 할까? 예를 들어, 뇌사 판명 전 클라이언트의 장기 이식 의사가 확실하지 않은 상황에서 가족들의 합의로 클라이언트의 장기를 기증하겠다는 의사를 확인하게 되었다고 하자. 사회복지사는 뇌사로 진단된 자의 장기를 이식함으로써 더 많은 사람에게 행복의 기회를 주어야 한다는 찬성론자의 입장과 뇌사자의 장기 기증은 인간의 존엄과 생명보호 권리를 훼손한다는 반대론자의 입장 모두를 신중하게 고려해야 한다. 또한 어떤 사람이 필요하다고 해서 제삼자가 판단하여 한 생명의 장기를 이용할 수 있는 것인지, 오진에 의한 사망의 조기 판단의 경우 뇌사자의 생명은 누가 책임을 질 것인지에 대한 검토가 필요하다.

뇌사자의 장기이식에 대한 찬반론 외에도 장기기증자에 대한 지원금에 대한 윤리적 갈등도 논란이 되고 있다. 「장기 등 이식에 관한 법률」 제32조 및 같은 법 시행규칙 제 26조에 따라서, 기증자 지원금 또는 뇌사 장기기증자 지원금, 인체조직기증자 지원금, 유급휴가 보상금, 순수 기증자 검진진료비 등이 지원되고 있다. 하지만 이와 같은 장기기증자 지원금은 장기기증에 대한 금전적 대가 및 보상으로 볼 수 있어, 윤리적 이슈가 제기되고 있다. 즉, 장기기증자 지원금을 지급하는 것이 장기매매로 오해될 수 있다는 것이다. 하지만 이에 대한 의견에 반하여, 장기기증자 지원금이 뇌사자 기증을 활성화시키는 긍정적인 면이 있다는 의견도 있다. 그 밖에 기증자를 위한 금전적인 지원보다는 기념공원 설립, 장례서비스의 국가적 지원 등과 같은 기증자에 대한 예우를 나타낼 수 있는 시스템이 마련되어야 한다는 의견들이 있다(쿠키뉴스, 2016. 12. 24.).

4. 전염성 질병 분야

대표적인 전염성 질병 중의 하나인 AIDS 외에도 최근에는 메르스(MERS), 코로나19 팬데믹 등 신종 감염병으로 많은 사람이 공포에 떨어야 했다. 2015년 메르스 사태에는 신종 감염병에 대한 정부의 대응이 미숙하였고, 환자를 치료하는 병원이 오히려 질병을 퍼뜨리는 진원지가 되는 등 감염병의 확산이 통제를 벗어났었다. 특히 메르스 환자와 그 가족들은 피해자로 여겨지기보다는 경계해야 하는 보균자로 인식되었고, 가족들은 충분한 정보를 얻지 못한 채 격리되거나 사망한 가족의 장례를 치르지 못하였다. 메르스 환자를 치료하는 의사나 간호사와 같은 치료진들도 사회적 낙인을 경험하기도 했다. 2019년에서 2022년 사이에 나타난 코로나 팬데믹 시기에는 코로나 확진자의 이동 경로와 나이, 직업 등의 개인신상에 대한 정보를 시민에게 구체적으로 공개하였다. 이는 정확한 방역구역 설정뿐만 아니라 시민들에게도 정보전달을 함으로써 해당 부근에 대한 접근을 조심하도록 하는 목적이었다. 그러나 상세한 정보공개로 인해 사생활 정보가 필요 이상으로 과도하게 노출되는 사례가 발생하여 우려가 나타났다. 이후 개인을 특정하는 정보를 공개하지 않고, 시간 범위는 증상 발생 1일 전부터 격리일까지 대상으로 하였다. 또한 감염을 우려할 만한 장소와 이동수단만 공개하고 거주지 세부 주소 및 직장명은 공개하지 않기로 하였다. 위와 같은 메르스 사태와 코로나 팬데믹은 공중보건의 위기 상황에서 감염병 환자의 인권, 개인정보 및 사생활 존중, 일반 국민의 알 권리 등에 대해 어떤 윤리적 고려가 필요한지 생각해 보는 것이 필요하다는 사실을 일깨워 준 사건이라 할 수 있다.

사회복지사도 감염병 환자와 그의 가족을 대상으로 사회복지실천을 하게 되었을 때 겪을 수 있는 윤리적 갈등 상황에 대해 미리 대비하는 것이 필요하다. 특히 의료사회복지 분야에서 사회복지사는 질병을 가진 환자와 그 가족, 지역사회를 대상으로 의료진과 함께 협의하여 클라이언트의 심리적 · 사회적 · 정서적 · 환경적 문제를 해결하도록 돕

사례 10-5

코로나19 확진자 정보 유출..개인정보유출은 유죄, 공무상 비밀누설은 무죄

경향신문 2022. 5. 20.

〈전략〉

충남 소재 한 군청의 감염병 피해 관리 부서 팀장이던 A씨는 코로나19가 확산되기 시작하던 2020년 1월말 군청 회의에서 관내 확진자의 개인정보가 담긴 보고서를 입수했다. 해당 보고서에는 확진자의 성별·나이·가족관계와 밀접접촉자의 거주지·직장 등 개인정보가 담겨 있었다. A씨는 보고서를 휴대전화로 촬영해 카카오톡으로 팀원 3명과 배우자에게 전송했다. 사진을 전송받은 팀원들은 이를 다시 각자의 가족에게 전송했다.

검찰은 코로나19 확산으로 예민한 시기에 확진자와 접촉자의 개인정보를 유출했다며 A씨 등 공무원 4명을 「개인정보보호법」 위반 혐의 등으로 기소했다. 감염병 관련 정보를 공개할 권한은 보건복지부·질병관리본부에 있는데, 군청 소속인 A씨 등이 문건 전체를 유출해 접촉자가 근무하는 어린이집이 휴업에 들어가는 등 혼란이 가중됐다며 공무상 비밀누설죄도 적용했다.

1심은 「개인정보보호법」 위반 혐의는 유죄로 판단했으나 공무상 비밀누설죄는 무죄로 보고 A씨 등 4명에 각각 벌금 100만원을 선고했다.

……

2심도 「개인정보보호법」 위반 혐의만 유죄로 판단했으나 벌금 100만원의 선고는 유예했다.

……

대법원은 원심의 결론에 법리 오해 등 문제가 없다고 보고 판결을 확정했다.

는다. 의료사회복지실천의 과정 중에서 사회복지사는 전염성 질병을 가진 클라이언트를 대할 수 있는 가능성이 높으며, 그 과정에서 클라이언트의 비밀보장, 제삼자의 알 권리 등의 가치 사이에서 윤리적 갈등을 겪을 수 있다.

1) 전염성 질병에 관련한 윤리적 딜레마

한국 사회복지사 윤리강령(한국사회복지사협회, 2023)에서 사회복지사는 클라이언트의 성, 연령, 정신 · 신체적 장애, 경제적 지위, 정치적 신념, 종교, 인종, 국적, 결혼 상태, 임신 또는 출산, 가족 형태 또는 가족 상황, 성적 지향, 젠더 정체성, 기타 개인적 선호 · 특징 · 조건 · 지위 등을 이유로 차별 대우를 하지 않아야 한다고 규정하고 있다. 이 윤리원칙은 HIV 감염자 또는 AIDS 환자 및 기타 전염병에 감염된 모든 사람에게도 적용된다. 전염병에 감염된 사람은 상처받기 쉽고 불이익받기 쉬우며, 억압받고 사적인 이용이나 착취당하기 쉬운 개인이나 집단이므로 특별한 관심을 가져야 한다. 사회복지사는 전염병 감염자의 권익을 옹호하는 활동의 중요성을 인식하고, 이들의 이익을 대변하는 활동에 참여해야 한다.

사회복지사는 전염병에 감염된 모든 사람에게 서비스를 제공할 윤리적 의무가 있으며, 이들을 돕기 위해 상당한 지식과 전문성을 가져야 한다. 예를 들어, HIV와 AIDS는 일상 접촉을 통해서는 전염되지 않으므로, 사회복지사는 AIDS에 걸린 클라이언트에게 서비스를 제공하는 것을 피해서는 안 된다. 그리고 무엇보다도 AIDS 및 기타 전염병에 대한 고정관념과 편견을 극복하기 위해 노력하고 그 편견이 전문적인 관계를 방해하지 않도록 해야 한다.

AIDS 및 다른 전염병에 대한 가장 큰 두려움은 감염될 수 있다는 것이다. 전염병에 대한 두려움과 불안감이 환자나 감염인에 대한 차별로 이어지고 있다. 하지만 이러한 두려움이나 불안감은 전염병에 대한 잘못된 지식에서 오는 경우가 많다. 예를 들어, AIDS의 원인이 되는 바이러스인 인체 면역결핍 바이러스(Human Immunodeficiency Virus: HIV)는 감염인과 식기나 컵, 화장실 변기, 침구류 등을 함께 사용하거나 감염인과 피부접촉 또는 포옹, 가벼운 키스를 할 때, AIDS 환자를 간병할 때, 감염인과 수영장이나 대중 목욕탕을 함께 사용할 때, 모기 등 벌레 물림으로 인해, 감염인의 기침이나 재채기, 구토물, 땀으로 인해서는 감염되지 않는다. 다시 말해, HIV는 일상생활을 통해서는 감염되지 않지만, 성접촉을 통한 감염, 감염된 혈액의 수혈, 오염된 주사바늘의 공동 사용, 임신 및 분만과정

을 통한 수직감염의 경로로 감염될 수 있다. 이러한 AIDS 및 다른 전염병에 대한 편견과 잘못된 인식을 바꾸기 위해서는 지역사회를 대상으로 AIDS 및 다른 전염병에 대한 정확한 지식을 알리는 활동이 필요하다. 사회복지사들은 지역사회를 기반으로 한 인식교육을 통해 AIDS 및 다른 전염병을 가진 클라이언트의 권익보호에 앞장설 수 있다.

사례 10-6

사회복지사인 오 씨는 HIV 양성인 성인을 위한 지지집단 모임을 하고 있다. 어느 날 집단 모임의 구성원인 이 씨가 그의 아내와 불안전한 성관계를 계속해 왔다고 토로하였다. 집단 구성원 중 한 사람이 그의 행동을 나무라자, 이 씨는 부인에게 잘못한 것은 인정하지만 자신이 HIV 양성이라는 것을 알면 부인이 자기를 떠날까 봐 두렵다고 하였다.

〈사례 10-6〉에서 사회복지사는 비밀보장의 원칙과 불안전한 성관계로 인해 위험할 수 있는 제삼자에게 경고하여야 할 의무 사이에서 윤리적 갈등을 겪고 있다. 비밀보장의 원칙을 위배했을 경우에는 클라이언트의 사생활 등 개인적 이익이 침해될 우려가 있기 때문에 망설여진다. 하지만 비밀보장을 했을 경우에는 클라이언트의 배우자가 감염될 수 있다. 만일 클라이언트인 이 씨가 자신이 HIV 감염자라는 사실을 부인에게 말할 수 없으며, 안전한 성관계를 위한 조치도 취할 수 없다고 한다면 어떻게 해야 할 것인가? 사회복지사는 비밀보장의 원칙을 위배하고, 클라이언트의 부인이 직면하게 될 위험에 대해 통고해 주어야 하는가? HIV 감염자와 성관계를 가진 사람 모두가 감염되는 것은 아니지만, 이 씨의 부인은 감염의 위험에 노출되어 있다.

우선 사회복지사는 관련된 법안에서 비밀보장에 대한 규정을 살펴보아야 한다. 「후천성면역결핍증 예방법」 제7조에 따르면, 다음에 해당하는 사람은 이 법 또는 이 법에 따른 명령이나 다른 법령에서 정하고 있는 경우 또는 본인의 동의가 있는 경우를 제외하고는 재직 중에는 물론 퇴직 후에도 감염인에 대하여 업무상 알게 된 비밀을 누설하여서는 안 된다고 규정하고 있다.

- 국가 또는 지방자치단체에서 후천성면역결핍증의 예방 · 관리와 감염인의 보호 · 지원에 관한 사무에 종사하는 자

- 감염인의 진단 · 검안 · 진료 및 간호에 참여한 자
- 감염인에 관한 기록을 유지 · 관리하는 자

그러나 본인이 사실을 알리지 않을 경우에는 「후천성면역결핍증 예방법」 제5조에 대한 내용에 대해서도 알려 줄 수 있다. 제5조에 따르면, 감염인을 진단하거나 감염인의 사체를 검안한 의사 또는 의료기관은 보건복지부령으로 정하는 바에 따라 24시간 이내에 진단 · 검안 사실을 관할 보건소장에게 신고하고, 감염인과 그 배우자(사실혼 관계에 있는 사람 포함) 및 성 접촉자에게 후천성면역결핍증의 전파 방지에 필요한 사항을 알리고 이를 준수하도록 지도하여야 한다. 이 경우 가능하면 감염인의 의사를 참고하여야 한다. 또한 보건소장은 「후천성면역결핍증 예방법」 제8조에 의거, 감염인의 배우자 및 성 접촉자에 대한 검진을 실시할 수 있다.

사회복지사는 클라이언트 본인이 배우자에게 가능한 한 즉시 감염 사실을 알리고 배우자가 검진을 받을 수 있도록 권고해야 한다. 클라이언트가 배우자에게 알리는 것을 꺼려 할 시에는 또한 비밀 준수에 의해 보호되는 HIV에 감염된 클라이언트의 개인적 이익과 비밀공개에 의하여 보호될 제삼자의 생명과 건강 중에서 우선순위를 두고 윤리적 결정을 내려야 한다.

〈사례 10-6〉과는 달리, HIV에 감염된 클라이언트의 직장에서 HIV 감염을 의심하여 이에 대한 검진결과서를 요구하는 경우에는 어떻게 해야 할까? 이 경우는 배우자에게 감염 사실을 숨기는 것과는 다른 문제가 될 것이다. 「후천성면역결핍증 예방법」에 따르면, 고용자는 근로자가 감염인이라는 이유로 근로관계에 있어서 차별 대우를 해서는 안 되며(제3조 제4항), 근로자에게 후천성면역결핍증에 관한 검진결과서를 제출하도록 요구할 수 없도록 되어 있다(제8조의 2). 이와 같은 경우, 사회복지사는 클라이언트의 비밀보장과 권익 보호 및 차별철폐를 위해 옹호활동을 해야 할 것이다.

2) 사회복지실천에서의 지침

사회복지사는 전염병이라고 진단받은 사람과 개방적인 의사소통을 할 수 있는 방법을 고안해야 한다. 다음은 사회복지사로서 전염병 환자인 클라이언트와 상담할 때 고려해야 할 사항이다.

첫째, 사회복지사는 클라이언트의 감정 상태를 수용해야 한다. 사회복지사는 클라이

언트가 처음 감염 사실을 알았을 때 보일 수 있는 격렬한 울음이나 감정 분출을 이해해 주어야 한다. 예를 들어, 자신이 HIV 양성자라는 것을 알았을 경우 대부분의 사람이 사형선고를 받은 것과 같은 절망과 함께 사회적 낙인과 냉대 등에 대한 두려움을 강하게 느끼게 된다. 따라서 이들에 대한 상담은 건강문제와 더불어 법률적 · 사회적 · 심리적 문제를 포함하여 이루어져야 한다.

둘째, 전염병에 대한 고정관념과 편견을 극복하기 위해 노력하고 그 편견이 전문적인 관계를 방해하지 않도록 해야 한다. 자신이 갖고 있는 고정관념과 편견에 대해서 인식해 보고, 이러한 고정관념과 편견이 사회복지실천 과정에서 클라이언트와의 관계에 어떤 영향을 미칠지에 대해 성찰해 보는 것이 필요하다.

셋째, 사회복지사는 HIV/AIDS 및 기타 전염병에 감염된 모든 사람에게 서비스를 제공할 윤리적 의무가 있으며, 전염병으로 인해 고통받는 모든 사람이 비용지불능력에 상관없이 적절한 보호를 받고 확실하게 치료를 받을 수 있도록 해야 할 책임이 있다.

넷째, HIV/AIDS 등 전염병의 감염여부와 질병의 상태에 대해 비밀보장하고 클라이언트의 사생활을 보호하는 것은 매우 중요하다. 감염이 밝혀짐으로써 가족으로부터의 거부, 고용에서의 차별, 건강관리체계에서의 접근성의 제한, 보험이나 주거 문제에서의 배제 등 예상되는 문제로 인한 심리사회적 위험이 크기 때문이다(박형원, 2020). 클라이언트의 동의나 허락 없이 클라이언트의 정보를 노출, 제공해서는 안 되며, 클라이언트와의 신뢰관계를 토대로 클라이언트가 직접 정보를 노출, 제공하도록 설득하는 방식이 필요하다(Reamer, 1991). 하지만 공익을 위해서나 타인에게 심각한 해를 끼칠 위험을 예방해야 하는 경우에는 사회복지사의 경고의 의무를 고려해야 하며(박형원, 2020), 비밀보장의 원칙을 예외적으로 면제할 수 있다. 그리고 사회복지사는 비밀보장, 제삼자 보호, 고지된 동의 등에 대하여 사례기록이나 문서로 기록하고 기록을 보존해야 한다.

다섯째, 사회복지사는 HIV/AIDS 및 기타 전염병에 감염된 모든 사람들을 돕기 위해 상당한 지식과 전문성을 가져야 한다. 사회복지사는 클라이언트에게 전염병에 대한 정확한 정보를 제공함으로써 질병의 예후나 관리법에 대해 인식할 수 있도록 도와주어야 한다. 예를 들어, 사회복지사는 HIV 항체 양성반응이 나타났다고 해서 그 사람이 곧바로 AIDS 환자가 되는 것은 아니며, 건강한 상태로 살아가는 HIV 감염인이 많다는 점을 충분히 설명해 주어야 한다. 또한 상담자는 가능한 건강관리 방법이나 예후에 대하여 알려 주어야 한다.

여섯째, 사회복지사는 전염병과 관련된 클라이언트의 관심 또는 고민에 대해 같이 논의해야 한다. 이를테면, 클라이언트는 누구에게 감염 사실을 알릴 것인가, 어떤 방법으로 무슨 내용을 알려야 하는지와 더불어 가족관계, 질병에 대한 대책, 향후 성생활, 경제적인 문제, 법적인 제한 여부 등의 실제적인 문제에 대해 같이 생각하고, 이와 관련된 사회적 자원을 연계해 주어야 한다.

일곱째, 사회복지사는 전염병 감염자뿐만 아니라 배우자 및 가족들을 대상으로 사회복지실천을 수행해야 한다. 재가복지사업을 통해, 감염인의 재가복지, 자활, 감염인 취약집단을 지원할 수 있으며, 간병지원사업을 통해 간병지원, 쉼터, 요양·호스피스, 장기 요양자 및 정신질환자를 지원할 수 있다. 그 외에도 전염병 감염인을 위한 정신건강서비스, 주택 지원, 감염병 예방 및 교육 홍보, 초기 상담 및 위기상담, 일상생활 지원, 직업프로그램, 사회적 기업지원, 쉼터 운영, 사례관리 서비스 등을 제공할 수 있다(박형원, 2020). 감염자의 가족을 위한 상담이나 AIDS로 사망한 사람의 가족과 애인을 위한 사별상담도 이루어질 수 있다.

여덟째, 전염병에 감염된 사람들은 상처받기 쉽고 불이익받기 쉽고, 억압받고 사적인 이용이나 착취당하기 쉬운 개인이나 집단이므로 특별한 관심을 가져야 하며, 옹호활동의 중요성을 인식해야 한다. 사회복지사는 차별로부터 이 클라이언트들을 보호하고 그들이 필요로 하는 모든 서비스를 받을 수 있도록 보장해 주기 위한 옹호 활동을 진행해야 하며, 일반 대중, 감염자의 가족, 나아가 전염병에 대한 교육을 통해 전염병에 대한 편견 및 감염인에 대한 차별을 없애기 위해 노력해야 할 것이다.

// 학습과제 //

1. 사전연명의료의향서를 작성해 보시오.
2. 대한에이즈예방협회의 웹페이지를 방문하고, 자료실에서 AIDS에 대한 정보를 찾아보시오 (http://www.aids.or.kr).
3. 다음의 기사를 읽고, 장기 이식 보상금의 윤리성 논란에 대한 자신의 생각과 생명과 돈이라는 민감한 사안 속에서 양측의 대립을 해결할 수 있는 방법은 무엇이 있을지 토론하시오.

뇌사 장기기증자에게 보상금 지급, 일종의 매매행위?

쿠키뉴스 2016. 12. 24.

국내에서는 2002년부터 뇌사 장기기증자에 대해 장제비, 위로금, 진료금 상한액, 병원비 미지급분 등 최대 920만 원의 국가보조금을 지원하고 있다.

그러나 국제사회에서는 이러한 금전적 지원을 비판하는 목소리가 높다. 지난 2008년 세계 이식학회는 이스탄불에서 각 국가별로 장기의 공정 분배와 생체기증자 보호를 위한 장기기증 노력을 천명하며, 장기기증에 금전적인 보상금 지급에 전면 반대를 선언한 바 있다.

이스탄불 선언을 지지하는 모임(DICG)에서는 뇌사 장기기증자에 대한 금전적 지원을 일종의 매매행위로 보고 있다. 실제로 유럽 등 선진국에서는 비판적으로 보는 시각이 지배적이다.

이들은 ▲장기 매매로 합리화 될 가능성 ▲생명 자체에 대한 존엄성 하락 ▲기증으로 인해 받는 정서적 이익 감소 ▲사회적 취약계층에 대해 착취 가능성 ▲가족이 치료와 돌봄을 서둘러 철회할 가능성 ▲인간의 상품화 ▲자살 목적의 기증 가능성 등을 문제로 꼽았다.

이에 따라 국내 일부 전문가들은 뇌사 장기기증자에 대한 현행 보상금 제도를 개정해야 한다면서도 우리나라가 가진 문화적 차이는 고려해야 한다는 것에 동의했다.

……

다만, 현행 뇌사 장기기증자 보상안에 뇌사 절차 발생 이전의 병원비용과 위로금 지원 항목, 기증 부위에 따라 금액이 달리 책정된 부분 그리고 현금으로 직접 지급하는 점 등은 자칫 매매 행위로 흐르기 쉽다고 경계하며 보상금 지급은 폐지해야 한다고 보는 시각도 있었다.

〈이하 생략〉

4. 뇌기능 정지를 과연 인간의 죽음으로 인정해야 할 것인지, 뇌사자의 장기 이식에 대한 자신의 의견을 정리하시오.
5. 장기 기증 서약 비율이 낮은 이유를 설명하고, 이에 대한 활성화 방안을 생각해 보시오.

// 학습정리 //

- 의학기술의 발달로 인해 생명 관련 윤리, 분배 관련 윤리, 인간관계 관련 윤리와 관련한 윤리적 딜레마가 많이 일어나고 있다.
- 존엄사는 말 그대로 품위 있는 죽음을 말한다. 인간적 삶을 살 수 있도록 최선의 의학적인 치료를 다했음에도 돌이킬 수 없는 죽음이 임박했을 때, 의학적으로 무의미한 연명치료를 중단함으로써 질병에 의한 자연적인 죽음을 받아들이는 것을 말한다.
- 안락사란 질병에 의한 자연적인 죽음보다 훨씬 이전에 생명을 마감시키며, 질병에 의한 죽음이 아니라 인위적인 행위에 의한 죽음을 의미한다.

- 무의미한 연명치료 중단은 사전에 작성된 동의서 등에 따라 인공호흡기, 심폐소생, 혈액 투석 등의 치료를 하지 않는 것을 의미한다.
- 「호스피스 · 완화의료 및 임종 과정에 있는 환자의 연명의료 결정에 관한 법률」(약칭: 「연명의료결정법」)의 요건을 충족하는 사람은 사전연명의료의향서와 연명의료계획서를 통해 연명의료에 관한 본인의 의사를 남겨 놓을 수 있다.
- 뇌사는 뇌가 돌이킬 수 없는 중대한 손상을 받아 뇌의 전체 기능이 상실된 상태로서 생명 유지에 불가결한 생명 중추가 있는 뇌간의 손상을 의미한다.
- 뇌사를 사망한 것으로 보아야 하는가 그리고 뇌사자의 장기이식에 대한 찬반 논란은 윤리적인 문제를 포함하고 있다.
- 사회복지사는 감염병에 감염된 모든 사람에게 서비스를 제공할 윤리적 의무가 있으며, 이들을 돕기 위해 상당한 지식과 전문성을 가져야 한다.
- AIDS 및 감염병에 대한 고정관념과 편견을 극복하기 위해 노력하고 그 편견이 전문적인 관계를 방해하지 않도록 해야 한다.
- AIDS 및 감염병에 감염된 사람들은 상처받기 쉽고 불이익 받기 쉽고, 억압받고 사적인 이용이나 착취당하기 쉬운 개인이나 집단이므로, 사회복지사는 특별한 관심을 가져야 하며 옹호활동의 중요성을 인식해야 한다.

참고문헌

경향신문(2022. 5. 20.). 코로나19 확진자 정보 유출..개인정보유출은 유죄, 공무상 비밀누설은 무죄. https://v.daum.net/v/20220520111213235 (2024. 12. 31. 인출).

국립연명의료관리기관. 연명의료 유보/중단 절차도. https://www.lst.go.kr/ (2024. 6. 10. 인출).

국가생명윤리심의위원회(2016. 2. 3.). 호스피스 · 완화의료와 연명의료중단의 법적 근거 마련. https://bioethics.go.kr/user/news/news/ board/view/595 (2024. 7. 22. 인출).

국가생명윤리심의위원회(2013). 제3기 국가생명윤리심의위원회 2013 연례보고서. 국가생명윤리정책연구원, 보건복지부.

김상득, 손명세(2000). 안락사: 정의, 분류, 그리고 윤리적 정당화. **한국생명윤리학회 생명윤리**, 1(1), 97-111.

대한의사협회, 대한의학회, 대한병원협회(2009). 연명치료 중지에 관한 지침.

박형원(2020). HIV/AIDS 감염인과 일하는 사회복지사의 딜레마. **미래사회복지연구**, 11(1), 77-109.

보건복지부(2024). **2024년 호스피스 · 완화의료 사업안내**. Retrieved from https://hospice.go.kr:8444/index.html?menuno=22 (2024. 7. 11. 인출).

오정수, 유채영, 김기덕, 홍백의, 황보람(2022). 사회복지 윤리와 철학. 학지사.

연합뉴스(2023. 12. 09). '평택 대리모 사건'이 소환한 '대리모 합법화' 논쟁. https://v.daum.net/v/20231209100013445 (2024. 12. 31. 인출).

이병은(2007). 장기이식업무에 있어서 사회복지사의 직무수행도. **임상사회사업연구**, 4(1), 177-193.

일본인지증케어학회(2011). **치매노인을 위한 케어윤리**. 노인연구정보센터.

중앙호스피스센터 홈페이지(2019). **호스피스 · 완화의료 정의**. https://hospice.go.kr:8444/?menuno=9 (2024. 7. 22. 인출).

최희경(2013). 호스피스완화의료 사회복지사의 역할과 역량에 관한 연구. **사회과학연구**, 29(4), 225-248.

쿠키뉴스(2016. 12. 24.). 뇌사 장기 기증자에게 보상금 지급, 일종의 매매행위? https://v.daum.net/v/20161224094505684 (2024. 12. 31. 인출).

한국사회복지사협회(2023). 선서문 및 윤리강령. https://www.welfare.net/welfare/social-workers/ethics-and-oath (2024. 7. 11. 인출).

Beauchamp, T. L., & Childress, J. F. (2001). *Principles of biomedical ethics*.(5th ed.). Oxford University Press.

Congress, E. (2004). **사회복지 가치와 윤리** (*Social Work Values and Ethics*). (강선경, 김욱 공역). 시그마프레스. (원저는 1999년에 출판).

National Association of Social Workers (NASW, 1993). *End-of-life decisions; Delegate assembly policy statement*. NASW.

National Association of Social Workers (NASW, 2004). *NASW Standards for Social Work Practice in Palliative and End of Life Care*. https://www.socialworkers.org/Practice/NASW-Practice-Standards-Guidelines/Standards-for-Palliative-and-End-of-Life-Care

Reamer, F. G. (1991). AIDS, social work, and the 'duty to protect'. *Social Work, 36*(1), 56-60.

World Medical Association (2005). *Medical Ethics Manual*. http:// image.kma.org/special/wma_ethic/data/ethic_00.pdf

제11장

사회복지 분야별 윤리적 갈등 상황

학습목표

- 정신건강 분야에서의 사회복지사가 가질 수 있는 윤리적 갈등과 이에 대한 대처방안을 설명할 수 있다.
- 아동복지 분야에서의 사회복지사가 가질 수 있는 윤리적 갈등과 이에 대한 대처방안을 설명할 수 있다.
- 노인복지 분야에서 사회복지사가 가질 수 있는 윤리적 갈등과 이에 대한 대처방안을 설명할 수 있다.

1. 정신건강 분야

「정신건강증진 및 정신질환자 복지서비스 지원에 관한 법률」(약칭: 「정신건강복지법」) 제3조 제1호에 따르면 '정신질환자'란 '망상, 환각, 사고나 기분의 장애 등으로 인하여 독립적으로 일상생활을 영위하는 데 중대한 제약이 있는 사람'을 말한다. 「장애인복지법」 제2조에 따르면 '정신적 장애'란 '발달장애 또는 정신질환으로 발생하는 장애'를 말한다. 발달장애에 해당하는 지적장애인과 자폐성장애인 외에도, 「장애인복지법 시행령」 제2조의 [별표 1]에서는 정신장애인을 지속적인 양극성 정동장애, 조현병, 조현정동장애 및 재발성 우울장애, 지속적인 치료에도 호전되지 않는 강박장애, 뇌의 신경학적 손상으로 인한 기질성 정신장애, 투렛장애 및 기면증의 장애질환에 따른 감정조절 · 행동 · 사고 기능 및 능력의 장애로 일상생활이나 사회생활에 상당한 제약을 받아 다른 사람의 도움이 필요한 사람으로 정의 내리고 있다. 정신장애를 갖고 있는 사람 및 그 가족을 위한 사회복지 서비스 제공 그리고 지역사회의 정신장애 예방, 조기발견, 치료연계를 위한 사회복지실천 등 정신건강 분야에서 실천하고 있는 사회복지사는 특히 정신장애인의 자기결정권과 알 권리 및 고지된 동의와 관련하여 윤리적 갈등을 겪을 수 있으며, 어떻게 윤리적으로 대처해야 할지 인지하고 있어야 한다.

1) 자기결정권과 비자발적 입원

사회복지실천에서 사회복지사는 클라이언트가 스스로 선택하고 결정할 수 있는 자기결정권을 행사할 수 있도록 이를 존중하고 증진해야 한다. 그러나 자기결정권을 행사하기 위해서는 클라이언트가 결정을 내리는 데 필요한 정보를 가지고 있어야 하며, 자기결정을 하는 데 요구되는 지적인 능력과 정신적 능력을 갖추고 있어야 한다. 관련된 정보와 클라이언트의 결정능력이 부족한 상황에서는 클라이언트의 자기결정권은 제한될 수 있다. 그리고 자신 또는 타인을 해할 위험이 큰 상황에서도 클라이언트의 자기결정권이 제한될 수 있다.

정신장애인의 자기결정권 행사에서 논란이 되는 부분도 바로 정신장애인의 판단과 결정을 어느 범위까지 인정하는지, 자신 또는 타인을 해할 위험이 큰지를 어떻게 판단하는지에 대한 것이다. 특히 정신의료기관의 입 · 퇴원 문제와 관련하여 사회복지사는 윤리적 갈등 상황에 처할 수 있다. 일부 정신장애인은 의사결정을 할 수 있는 정신적 '능력(capacity)'에 영향을 주는 장애를 갖고 있음에도 여전히 법적인 의사결정을 할 수 있는 '역량(competence)'을 갖고 있을 수 있다(WHO, 2005). 예를 들어, 심한 우울증이 있는 클라이언트도 스스로 입원결정을 내릴 수 있는 역량은 있을 수 있다. '능력'은 시간에 따라 변화할 수 있고 회복될 수도 있기 때문에 정신장애가 있다고 하여 의사결정이 어렵다고 단정해서는 안 된다. 또한 정신의료를 받는 사람과 정신보건시설에 수용된 사람에게도 자기결정권과 자율성은 보장되어야 하며, 정신장애인의 치료와 보호에 대한 결정은 최대한 존중되어야 한다.

사례 11-1

56세의 이 씨는 알코올 의존증과 우울증으로 수년 전부터 정신과 치료를 부정기적으로 받았지만, 최근 수개월 동안은 치료를 받지 않았다. 술을 마시는 날이 많았지만, 다시 치료를 받을 정도는 아니라고 생각하고 지냈다. 이 씨의 어머니는 알코올전문병원의 정신보건 사회복지사를 찾아와서, 알코올 의존증과 우울증의 문제가 있는데도 치료를 거부하는 이 씨를 치료받게 할 수 있는 방법에 대해 상의하였다. 이 씨의 어머니는 병원까지 환자를 데려올 수 있도록 해 달라고 부탁하였다. 이에 정신과 전문의는 이 씨가 이미 정신질환으로 진단을 받았기 때문에 별다른 문제가 없을 것이라 판단되니, 응급 차량을 보내 교통편의를 제공하라고 하였다. 하지만 사회복지사는 이 씨의 자기결정권이 제한되는 것 같아 망설이고 있다.

〈사례 11-1〉은 보호자의 힘이나 능력이 없는 상황에서 치료를 거부하는 클라이언트에게 치료를 받게 할 수 있는 보호자의 수단이 미비한 경우다. 클라이언트를 잘 설득하여 자의로 병원을 방문하게 한 후 치료를 받게 해야 하지만, 현실적으로는 클라이언트가 치료받기를 거부하는 등 불가능한 경우가 많다. 사회복지사는 클라이언트의 치료를 거부할 수 있는 자기결정권 존중의 가치와 클라이언트의 이익을 위해 적절한 서비스를 제공해야 하는 가치 사이에서 갈등할 수 있다.

사회복지사는 클라이언트가 정신보건시설에서 입원치료를 받아야 할 정도의 질환을 가진 경우, 클라이언트가 자발적으로 입원을 결정할 수 있도록 모든 노력을 기울여야 한다. 그럼에도 불구하고, 클라이언트가 입원을 거부하는 경우 명확한 근거와 절차를 통해 비자발적 입원을 결정해야 한다. 이때 자유를 제한하지 않는 치료방법이 있다면 그 방법

표 11-1 정신장애인의 입원 및 입소 유형(국립정신건강센터, 2023)

구분	내용
자의적 입원	• 입원 결정을 스스로 내린 유형
자의입원	• 정신질환자 또는 정신건강상문제가 있는 사람이 스스로 신청하여 입원하는 자의적 유형
동의입원	• 정신질환자 본인이 정신건강의학과 전문의와 면담하여 입원의 필요성을 인지하고, 보호의무자의 동의를 받아 입원을 신청하는 자의적 유형
비자의적 입원	• 입원 결정을 타인이 내린 유형
보호의무자에 의한 입원(보호입원)	• 보호입원: 정신질환이 심각하여 입원치료의 필요성이 있다는 정신건강의학과 전문의 진단이 있으나 환자가 입원치료를 거부하는 경우, 보호의무자 2인의 신청으로 진행되는 비자의적 입원 유형 • 보호입소: 정신건강의학과 전문의에 의하여 정신요양시설에 입소가 필요하다고 진단된 정신질환자로서 보호의무자 2명 이상이 시설 입소를 신청한 자
시장 · 군수 · 구청장에 의한 입원(행정입원)	• 자신의 건강 또는 다른 사람에게 해를 끼칠 위험이 높은 정신질환자가 발견되었을 때, 특별자치시장 · 특별자치도지사 · 시장 · 군수 · 구청장이 진행하는 비자의적 입원 유형
응급입원	• 정신질환자로 추정되는 사람의 자 · 타해위험이 크고 상황이 급박하여 자의입원, 동의입원, 보호입원, 행정입원 등을 진행할 시간적 여유가 없이 입원 치료를 해야 하는 정신과적 응급상황에서 진행되는 입원 유형. 응급 입원은 입원 결정자가 타인이긴 하나, 대상자의 입원 의사가 아직 불분명하므로 비자의적 입원으로 여기지 않음.
기타	• 치료감호소, 법원의 명령(가정보호, 아동보호, 소년보호 사건)에 의한 치료 위탁 등

이 우선시되어야 하며, 예외적인 경우에만 강제로 환자를 입원시킬 것을 고려해야 한다.

정신장애인의 비자발적 입원에 관련하여, 「정신건강복지법」은 비자의적 입원에 대한 요건과 절차를 다음과 같이 강화함으로써 클라이언트의 의사에 반하는 강제입원이 어려워지도록 하고 있다.

- 동의입원제도(제42조): 환자 본인 및 보호의무자의 동의를 받아 입원을 신청한 경우로서, 환자 본인이 퇴원 등을 신청한 경우에는 지체 없이 퇴원을 시켜야 한다. 다만, 보호의무자의 동의를 받지 않고 환자가 퇴원을 신청한 경우에는 정신건강의학과 전

문의 진단 결과 환자 치료와 보호필요성이 인정되는 경우에 한정하여, 퇴원의 신청을 받은 때부터 72시간의 범위에서 병원이 환자의 퇴원신청을 거부할 수 있다.

- 보호의무자에 의한 입원(제43조): 보호의무자 2명 이상(보호의무자가 1명만 있는 경우에는 1명으로 함)이 신청한 경우로서, 서로 다른 정신 의료기관에 소속된 전문의 2명(그 중 국·공립 정신의료기관 또는 보건복지부장관이 지정하는 정신의료기관에 소속된 정신과 전문의가 1명 이상 포함되도록 함)의 일치된 소견이 있는 경우에만 입원이 가능하다. 입원의 기간은 최초로 입원을 한 날부터 3개월 이내로 하며, 그 이후 심사를 통해 입원 등의 기간을 연장할 수 있다. 다음의 모두에 해당하는 경우 입원이 가능하다.
  - 입원 대상이 자신의 경우 또는 안전이나 다른 사람에게 해를 끼칠 위험이 있어 입원 등을 할 필요가 있는 경우
  - 정신의료기관 등에서 입원치료 또는 요양을 받을 만한 정도 또는 성질의 정신질환을 앓고 있는 경우
- 특별자치시장 · 특별자치도지사 · 시장 · 군수 · 구청장에 의한 입원(제44조): 정신건강의학과전문의 또는 정신건강전문요원은 정신질환으로 자신의 건강 또는 안전이나 다른 사람에게 해를 끼칠 위험이 있다고 의심되는 사람을 발견하였을 때에는 특별자치시장 · 특별자치도지사 · 시장 · 군수 · 구청장에게 그 사람에 대한 진단과 보호를 신청할 수 있다. 경찰관은 정신질환으로 자신의 건강 또는 안전이나 다른 사람에게 해를 끼칠 위험이 있다고 의심되는 사람을 발견한 경우 정신건강의학과전문의 또는 정신건강전문요원에게 그 사람에 대한 진단과 보호의 신청을 요청할 수 있다. 특별자치시장 · 특별자치도지사 · 시장 · 군수 · 구청장은 즉시 그 정신질환자로 의심되는 사람에 대한 진단을 정신건강의학과전문의에게 의뢰하여야 한다. 정신건강의학과전문의가 정신질환자로 의심되는 사람에 대하여 자신의 건강 또는 안전이나 다른 사람에게 해를 끼칠 위험이 있어 그 증상의 정확한 진단이 필요하다고 인정한 경우에 그 사람을 정신의료기관에 2주의 범위에서 기간을 정하여 입원하게 할 수 있다.
- 입원적합성심사위원회 설치 및 심사(제45조부터 제49조): 각 국립정신병원 및 대통령령으로 정하는 기관 안에 입원적합성심사위원회를 설치하여, 보호의무자 또는 특별자치시장 · 특별자치도지사 · 시장 · 군수 · 구청장에 의해 입원의 경우 입원사실을 3일 이내에 위원회에 신고하도록 하고, 위원회는 입원의 적합성 여부를 정신의료기관의 장에게 1개월 이내에 서면으로 통지해야 한다.

사회복지사는 「정신건강복지법」의 비자발적 입원에 대한 조항을 살펴보고, 합법적인 절차에 따라 비자발적 입원이 이루어질 수 있도록 해야 할 것이다. 그럼으로써 비자발적 입원으로 야기될 수 있는 클라이언트의 권리 침해 및 기타 윤리적 문제들의 발생 가능성을 낮출 수 있다. 사회복지사는 앞과 같은 합법적인 절차가 제대로 이루어졌는지 검토하

표 11-2 입원적합성 심사 관련(국립정신건강센터, 2023)

구분	내용
국가입퇴원 관리시스템(Admission Management Information System: AMIS)	「정신건강복지법」 제45조 제2항에 따라 정신의료기관의 장은 국가입퇴원 관리시스템(AMIS)를 활용하여 비자의적 입원대상자의 정보를 입원적합성 심의위원회에 신고하여야 한다.
입원적합성심사제도	정신건강복지법 제45조에 따라 신고된 입원 등의 적합 또는 부적합 여부를 최초 입원 등을 한 날로부터 1개월 이내에 심사하는 제도다.
추가진단제도	입원 대상자의 입원 치료 필요성 및 자·타해 위험성에 대하여 2인 이상 전문의의 일치된 소견이 있어야 2주 이상 입원이 가능하도록 한 제도다. 불필요한 입원을 줄이고 환자 인권을 보호하기 위해서이다. 입원 요건과 진단인력에 관한 규정은 입원 대상자의 입원 유형에 따라 상이하다.
보호입원(제43조)	보호의무자에 의한 입원(제43조 보호입원)일 경우에는 입원 대상자의 입원병원 정신건강의학과 전문의 소견과 서로 다른 의료기관 소속인 전문의 소견이 일치해야 2주 이상 입원이 가능하다. 필요 요건: 입원치료의 필요성 및 자·타해 위험성 두 요건을 모두 만족해야 한다.
행정입원(제44조)	보건복지부장관이나 지자체장이 지정한 정신의료기관에서만 가능하며 전문의 2인(보호입원과 달리 소속은 무관)의 입원이 필요하다는 일치된 소견이 필요하다. 필요 요건: 자·타해 위험성만 존재하는 경우도 인정한다.
대면(환자신청)조사	입원 등을 한 사람이 대면 조사를 신청한 경우, 조사원이 해당 정신의료기관 등을 출입하여 입원 등을 한 사람을 직접 면담하고 입원 등의 적합성, 퇴원 등의 필요성을 조사할 수 있다.
직권조사	입원적합성심사위원장의 판단하에 입원 등의 적합성이 의심되는 경우에는 직권으로 조사원이 해당 정신의료기관 등을 출입하여 입원 등을 한 사람을 직접 면담하고 입원 등의 적합성, 퇴원 등의 필요성을 조사할 수 있다.

고 평가해야 한다. 아울러 사회복지사는 클라이언트가 제안된 치료의 목적과 방법, 예상되는 기간 및 이익 등에 대한 설명을 듣고 이를 이해했는지 확인해야 하며, 클라이언트가 동의 여부를 결정할 수 있도록 권리를 보장해야 한다.

표 11-3 「정신건강복지법」 주요 내용: 정신의료기관 입원제도 비교(국가인권위원회, 2021, p. 46)

구분	자의입원(제41조)	동의입원(제42조)	보호입원(제43조)	행정입원(제44조)
입원 대상 및 요건	정신질환자나 그 밖에 정신건강상 문제가 있는 사람	정신질환자	입원치료 필요한 정신질환 및(and) 자·타해 위험이 있는 자	정신질환으로 자·타해 위험이 있는 자
입원 신청	본인이 입원신청서 제출	본인의 신청+ 보호의무자 동의	보호의무자 2인의 신청	정신과전문의 또는 정신보건전문요원이 시장·군수·구청장에게 진단 및 보호 신청
입원 절차	별도절차 없음		정신과전문의 1인 입원 권고 → 2주간 진단입원 → 소속이 다른 정신과 전문의 2인이 일치된 소견으로 입원(치료입원) 확정	정신과전문의 1인 입원 권고 → 2주간 진단입원(지정병원) → 정신과 전문의 2인의 일치된 소견으로 입원(치료입원) 확정
기간	제한 없음		3개월간	
입원신고	해당 없음		3일 내 신고	
입원적합성 심사	해당 없음		최고 입원일부터 1개월 이내 입원적합성심사위원회 심사	
퇴원의사 표시	본인 신청(2개월마다 퇴원 의사 확인 필요)		본인 또는 보호의무자 신청	시장·군수·구청장의 입원 해제
퇴원 제한	신청하면 지체 없이 퇴원	정신과전문의 진단으로 최대 72시간 제한 가능	입원 요건 충족 시 퇴원 거부 가능	해제하면 지체 없이 퇴원
입원 연장 요건	해당 없음	해당 없음(72시간 내 비자발적 입원으로 전환 필요)	소속 다른 정신과전문의 2인 소견+보호의무자 2명 이상 동의 *3개월(1차)+6개월 연장	2인 이상의 전문의 판단 *3개월(1차)+6개월 연장

2) 알 권리 및 고지된 동의

〈사례 11-2〉는 클라이언트의 알 권리 및 고지된 동의에 대한 권리가 무시된 경우다. 사회복지사는 클라이언트에게 정신질환 치료를 위하여 입원한 경우 언제든지 퇴원을 청구할 수 있으며, 처우개선을 요구할 수 있는 권리가 있다는 것을 설명해야 한다. 사회복지사가 클라이언트에게 고지된 동의를 위해 필요한 정보를 설명해도, 클라이언트가 정신질환의 특성상 외부 환경에 신경 쓰지 못하고, 불안, 초조, 망상 등으로 인하여 정보를 잘못 이해하거나 인식하지 못하는 경우가 있을 수 있다. 이런 경우에도, 클라이언트가 자신의 정보 및 권리를 잘 인식할 수 있도록 반복해서 설명하는 등 클라이언트의 이해를 돕기 위한 노력을 다해야 한다. 〈사례 11-2〉에서처럼 자의입원의 경우 계속입원 치료심사를 받지 않게 되는 대신에, 언제든지 퇴원을 할 수 있는 권리가 있다. 「정신건강복지법」에 따르면, 비자발적 입원인 경우 계속입원 치료심사가 매 3개월마다 이루어지도록 되어 있다. 정신보건 분야에서 실천하는 사회복지사는 클라이언트가 기관의 입·퇴원에 관한 자신의 권리를 잘 알게끔 하여 클라이언트의 의지와 상관없이 입원치료가 계속되지 않도록 해야 한다.

사례 11-2

정신분열병으로 지속적인 환청과 피해망상을 호소하는 43세의 강 씨는 2년째 정신병원에 입원치료 중이다. 정신병원에 새로 들어온 정신보건 사회복지사는 강 씨와 관련된 서류를 검토하던 중, 강 씨가 자의로 입원했음을 알게 되었다. 이를 상담시간에 묻자, 강 씨는 이에 대해 전혀 알지 못했다. 사회복지사가 강 씨가 지장을 찍은 자의입원 동의서를 언급하자, 강 씨는 "아, 그거요. 입원했을 때 병원에서 서류에 지장을 찍으라고 해서 별다른 생각 없이 지장을 찍었는데, 그건가 보네요."라고 대답했다. 사회복지사는 강 씨가 자의로 입원을 하였음에도 정신병원에서는 강 씨에게 퇴원 등을 할 의사가 있는지를 주기적으로 확인하지 않았음을 알게 되었다. 또한 강 씨는 평소에도 본인이 원하면 언제든지 퇴원을 요구할 수 있다는 권리에 대해서도 전혀 설명을 듣지 못하였다.

2. 아동 및 청소년복지 분야

아동복지는 "모든 아동의 안녕을 위한 신체적·사회적·심리적 발달을 보호하고 촉진하기 위해 경제, 교육, 보건, 노동 등 여러 분야에 걸친 국가와 사회단체 및 개인이 행하는 정책, 법률, 서비스 등을 포함하는 포괄적인 모든 노력"(임동호, 2009, p. 14)을 말한다. 아동을 대상으로 실천하는 사회복지사는 아동복지 서비스를 통해 아동의 안전, 지속적인 양육과 지원의 연속성, 아동의 복지 그리고 가족의 복지를 추구한다. 사회복지사는 아동을 신체적·정신적 학대와 방임으로부터 보호함으로써 아동의 안전을 추구하고, 아동에게 지속적인 사랑과 보호를 제공해 줄 수 있는 영구적인 가정을 가질 수 있도록 해야 한다. 또한 아동의 기본적인 욕구가 충족될 수 있도록 도우며, 가족이 아동을 돌볼 수 있는 능력을 가질 수 있도록 지지하는 것을 목표로 한다. 아동은 성인의 보호를 필요로 하는 미성년자이므로, 누군가에 의한 전적인 보호와 관심, 배려가 요구된다. 아동은 스스로 의사결정권을 발휘할 수 없기 때문에 사회복지실천 과정에서 윤리적 문제가 제기될 가능성이 높다.

아동복지 분야에서는 아동학대, 입양과 관련해서 여러 가지 윤리적 갈등 상황이 발생할 수 있다. 앞의 주제에 대한 사회복지실천은 사회복지사의 개인적인 가치와 일반 사회적 가치에 따라 크게 영향받을 수 있다.

1) 아동학대

2020년 10월에 일어났던 정인이 사건은 아동학대 살인 사건으로, 당시 8개월의 여자아이를 입양한 부모가 장기간 심하게 아동을 학대하여 16개월이 되었을 때 죽음에 이르게 한 사건이다. 이 사건으로 인하여 아동학대에 대한 사회적 관심이 높아졌지만, 여전히 아동학대 사건은 발생하고 있다. 「아동복지법」 제2조 제4항에 따르면, 아동학대는 보호자를 포함한 성인에 의하여 아동의 건강, 복지를 해치거나 정상적 발달을 저해할 수 있는 신체적·정신적·성적 폭력 또는 가혹행위 및 아동의 보호자에 의하여 이루어지는 유기와 방임을 말한다.

아동학대는 신체적 학대, 정서적 학대, 성적 학대, 방임의 유형으로 다음과 같이 구분된다(임동호, 2009).

첫째, 신체적 학대는 일반적으로 보호자를 포함한 성인이 아동에게 신체적 손상 및 손상을 입도록 방치한 우발적 사고를 포함한 모든 행위를 말하며, 다음과 같은 행위를 포함한다.

- 아동에게 물건을 던지는 행위
- 아동을 떠밀고 움켜잡는 행위
- 아동을 차고, 물고, 뜯고, 주먹으로 치는 행위
- 아동의 뺨을 때리는 행위
- 벨트 등의 물건을 이용하여 아동을 때리거나 위협하는 행위
- 아동을 무기(칼, 도끼, 망치 등)로 위협하거나 아동에게 무기를 사용하는 행위
- 아동에게 뜨거운 물이나 물체, 담뱃불 등으로 화상을 입히는 행위 등

둘째, 정서적 학대는 아동의 자아존중감과 정서를 손상시키는 행위를 말한다. 정서적 학대는 학대하는 행위가 눈에 두드러지게 보이지는 않고, 학대 결과가 당장 심각하게 나타나지는 않는다. 그러나 언어적 · 정신적 · 심리적 학대를 통해 아동에서 큰 손상을 줄 수 있다. 정서적 학대는 다음과 같은 행위를 포함한다.

- 아동의 인격, 감정이나 기분을 심하게 무시하고 모욕하는 행위
- 비난하거나 위협하고, 감금하는 행위
- 심한 욕설과 고함을 지르는 행위
- 경멸, 모독감, 수치심을 주거나 적대적이며 거부적인 태도를 취하는 행위
- 아동 발달 수준에 맞지 않는 비현실적 기대로 아동을 괴롭히는 행위 등

셋째, 성적 학대는 꼬임이나 완력으로 아동이 성인의 성적 욕구를 충족하도록 강요되는 것으로, 다음과 같은 행위를 포함한다.

- 성인이 아동의 성기를 만지거나, 성인 자신의 성기에 접촉을 요구하는 행위
- 성인이 아동 앞에서 옷을 벗으며 성인 자신의 성기를 만지는 행위
- 성인이 강제로 아동의 옷을 벗기거나 키스하는 행위
- 성인이 어린 아동의 나체를 보는 것을 즐기거나 포르노를 보여 주는 행위

- 성인이 아동과 강제적으로 성적 관계를 맺는 행위
- 아동 매춘이나 성매매를 하는 행위

넷째, 방임은 아동의 부모 또는 보호자가 고의적 · 반복적으로 아동의 신체적 · 정서적 · 사회적 발달의 자원을 제공하지 않는 것으로, 물리적 · 교육적 · 의료적 · 정서적 방임이 있을 수 있다. 방임은 다음과 같은 행위를 포함한다.

- 고의적 또는 반복적으로 아동에게 의식주를 제공하지 않는 물리적 방임
- 아동의 예방접종 등 아동발달과 관련된 의료적 치료를 소홀히 하는 의료적 방임
- 아동의 무단결석, 만성적 태만을 허용하는 교육적 방임
- 아동과의 약속에 대한 일방적 불이행 등의 정서적 방임

사례 11-3

사회복지사 원 씨는 임대아파트 단지에 위치하고 있는 종합사회복지관에 가족치료 담당 사회복지사로 근무하고 있다. 1년 전부터 초등학교 4학년인 명수의 가족을 맡아 치료를 돕고 있다. 명수는 학교수업이 끝난 뒤 또래친구나 동네 형들과 거리를 배회하다 외박을 하곤 했다. 명수네 가족은 4년 전 아버지의 외도로 부모가 이혼하고 어머니는 뇌졸중으로 쓰러진 후, 재활용품 수집으로 근근이 살아가고 있다.

고등학생인 큰누나와 지적장애가 있는 둘째 형이 있는 집에서는 아무도 명수를 챙겨 주지 않는다. 명수는 옷도 제대로 갖추어 입지 못했으며, 학교생활도 원만치 않았다. 과제를 못해 체벌을 받기 일쑤였고 '문제아'로 낙인찍혔다. 결국 집단폭행에 연루돼 전학을 가야 했다. 어제 아침 명수는 사회복지사에게 주말에 학교에 가지 않아 하루 종일 굶었다는 이야기를 하였다. 학교에서 주는 급식이 없는 경우에는 끼니를 자주 거른다는 것이었다. 사회복지사는 어머니와 상담을 하면서, 아동방임은 법으로 금지되어 있다고 말했다. 어머니는 "벼랑 끝에 서 있는 사람을 뒤에서 미는 격이네요. 설마 신고하지는 않으시겠지요?"라고 물었다. 아동학대로 명수의 어머니를 관련 기관에 신고하였을 경우, 어머니는 사회에 대한 불신감과 좌절감으로 더 이상 회복하려는 의지조차 잃게 될지도 모르며 가족들은 뿔뿔이 흩어지게 될 것이다. 사회복지사는 관련 기관에 아동학대가 의심되는 사례로 신고를 해야 할지 여부를 놓고 고민하기 시작했다.

이와 같은 아동학대의 유형을 바탕으로, 「아동복지법」 제17조에서는 아동에 대한 다음과 같은 행위를 금지하고 있다.

- 아동을 매매하는 행위
- 아동에게 음란한 행위를 시키거나 이를 매개하는 행위 또는 아동을 대상으로 하는 성희롱 등의 성적 학대 행위
- 아동의 신체에 손상을 주거나 신체의 건강 및 발달을 해치는 신체적 학대 행위
- 아동의 정신건강 및 발달에 해를 끼치는 정서적 학대 행위
- 자신의 보호 · 감독을 받는 아동을 유기하거나 의식주를 포함한 기본적 보호 · 양육 · 치료 및 교육를 소홀히 하는 방임 행위
- 장애를 가진 아동을 공중에 관람시키는 행위
- 아동에게 구걸을 시키거나 아동을 이용하여 구걸하는 행위
- 공중의 오락 또는 흥행을 목적으로 아동의 건강 또는 안전에 유해한 곡예를 시키는 행위 또는 이를 위하여 아동을 제삼자에게 인도하는 행위
- 정당한 권한을 가진 알선 기관 외의 자가 아동의 양육을 알선하고 금품을 취득하거나 금품을 요구 또는 약속하는 행위
- 아동을 위하여 증여 또는 급여된 금품을 목적 외의 용도로 사용하는 행위

「아동학대범죄의 처벌 등에 관한 특례법」(약칭: 「아동학대처벌법」)은 아동학대범죄의 처벌 및 그 절차에 관한 특례와 피해아동에 대한 보호절차 및 아동학대행위자에 대한 보호처분을 규정함으로써 아동을 보호하여 아동이 건강한 사회 구성원으로 성장하도록 함을 목적으로 제정되었다. 아동학대범죄에 대해서는 「아동학대처벌법」을 우선 적용한다. 다만, 「성폭력범죄의 처벌 등에 관한 특례법」 「아동 · 청소년의 성보호에 관한 법률」에서 가중처벌되는 경우에는 그 법에서 정한 바에 따른다(제3조).

아동학대행위자가 아동의 생명에 대한 위험을 발생하게 하거나 불구 또는 난치의 질병에 이르게 하는 범죄를 저지르거나 또는 상습적으로 아동학대범죄를 범하였을 때, 그 사건의 아동학대행위자가 피해아동의 친권자나 후견인인 경우에는 검사는 법원에 친권상실의 선고 또는 후견인의 변경 심판을 청부해야 한다(「아동학대처벌법」 제9조). 다만, 친권상실의 선고 또는 후견인의 변경 심판을 하여서는 안 될 특별한 사정이 있는 경우에는 예외다.

「아동학대처벌법」 제10조에 의하면, 누구든지 아동학대범죄를 알게 된 경우나 그 의심이 있는 경우에는 특별시 · 광역시 · 특별자치시 · 도 · 특별자치도, 시 · 군 · 구 또는 수사기관에 신고할 수 있다. 하지만 다음에 해당하는 사람이 직무를 수행하면서 아동학대범죄를 알게 된 경우나 그 의심이 있는 경우에는 시 · 도, 시 · 군 · 구 또는 수사기관에 즉시 신고하도록 의무조항을 두고 있다.

- 아동권리보장원 및 가정위탁지원센터의 장과 그 종사자
- 아동복지시설의 장과 그 종사자
- 아동복지전담공무원
- 가정폭력 관련 상담소 및 가정폭력피해자 보호시설의 장과 그 종사자
- 건강가정지원센터의 장과 그 종사자
- 다문화가족지원센터의 장과 그 종사자
- 사회복지전담공무원 및 사회복지시설의 장과 그 종사자
- 성매매피해자 등을 위한 지원시설 및 성매매피해상담소의 장과 그 종사자
- 성폭력피해상담소, 성폭력피해자보호시설의 장과 그 종사자 및 성폭력피해자통합지원센터의 장과 그 종사자
- 119구급대의 대원
- 응급의료기관등에 종사하는 응급구조사
- 육아종합지원센터의 장과 그 종사자 및 어린이집의 원장 등 보육교직원
- 유치원의 장과 그 종사자
- 아동보호전문기관의 장과 그 종사자
- 의료기관의 장과 그 의료기관에 종사하는 의료인 및 의료기사
- 장애인복지시설의 장과 그 종사자로서 시설에서 장애아동에 대한 상담 · 치료 · 훈련 또는 요양 업무를 수행하는 사람
- 정신건강복지센터, 정신의료기관, 정신요양시설 및 정신재활시설의 장과 그 종사자
- 청소년시설 및 청소년단체의 장과 그 종사자
- 청소년 보호 · 재활센터의 장과 그 종사자
- 학교의 장과 그 종사자
- 한부모가족복지시설의 장과 그 종사자
- 학원의 운영자 · 강사 · 직원 및 교습소의 교습자 · 직원

- 아이돌보미
- 취약계층 아동에 대한 통합서비스지원 수행인력
- 입양기관의 장과 그 종사자
- 한국보육진흥원의 장과 그 종사자로서 어린이집 평가 업무를 수행하는 사람

「아동학대처벌법」에 따르면, 사회복지사는 아동학대를 알게 되었을 경우 법적으로 신고해야 할 의무를 진다. 사회복지사는 아동의 학대와 방임 사실을 아동복지 담당 부서에 반드시 보고하고, 아동학대 사실을 조사하도록 하여 아동에게 피해를 가한 사람에 대해 책임을 묻도록 해야 한다. 신고인의 인적 사항 또는 신고인임을 미루어 알 수 있는 사실을 다른 사람에게 알려 주거나 공개 또는 보도하여서는 안 되며, 신고가 있는 경우 시·도, 시·군·구 또는 수사기관은 정당한 사유가 없으면 즉시 조사 또는 수사에 착수하여야 한다.

학교, 지역사회센터, 병원, 정신병원, 경찰서, 일시보호소 등 사회복지실천 현장에서 사회복지사는 아동학대의 사례를 발견할 수 있다. 아동학대에 대한 명확한 증거가 있을 경우에는 병원의 진단서 등을 통해 신고 및 보고서 작성에 어려움이 없다. 그러나 아동학대 의심사례의 경우는 판단의 구체적인 경계가 모호하여 아동을 보호하는 방법에 대한 고민이 발생할 수 있다. 예를 들어, 아이의 영양학적 필요는 무시한 채 아이에게 과자만 먹이거나, 부모의 우울증으로 아이들을 방치한 경우에는 아동학대라고 볼 수 있는가?

한부모가구나 조손가구인 경우 또는 부모가 경제적인 이유로 집을 자주 비우는 경우, 아동은 적절한 보살핌을 받지 못할 수 있다. 맞벌이 부부가 아이들을 제대로 챙기지 못하는 경우와 경제적 어려움으로 아이들에게 필요한 옷, 음식 등의 욕구를 충족시키지 못하는 경우가 대표적인 예다. 특정한 가족 상황 또는 빈곤으로 인한 상황을 아동방임으로 어떻게 구분하여 처리할 수 있을까? 빈곤가정의 경우, 빈곤하지 않은 가정에 비해 아동학대나 방임 사실이 밖으로 노출되는 일이 더욱 빈번할 수 있다. 빈곤가정이 보건소, 사회복지실천기관과 같은 국가가 설립한 공공시설 이용 확률이 높으며, 공공기관의 전문가는 아동방임이나 학대의 의심 가는 증거를 확보하면 이를 아동복지기관에 보고하는 일에도 적극적일 수 있기 때문이다. 하지만 사회복지사는 아동의 경제적인 상황이 아동의 학대와 방임을 판단하는 데 결정적인 요인이 되지 않도록 해야 한다.

아동학대를 판단하는 것은 매우 어려운 일이다. 아동권리보장원(2023)의 아동학대사건 판례연구집에서는 아동학대 해당 여부를 판단하는 데 도움이 되는 다양한 아동학대

사건의 사례들을 다루고 있다. 예를 들어, 어린이집 장애전담교사가 발달장애가 있는 5세 아동이 놀이도구를 제대로 정리하지 않고 바닥에 드러누웠다는 이유로 아동의 팔을 세게 잡는 등의 행위가 신체학대행위에 해당하는지 문제된 사건에서, 대법원은 합리적 범위 안에서 가장 적절하다고 생각하는 지도 방법을 선택하였고, 그것이 계속적인 훈육의 일환이었다면 학대행위에 해당하지 않는다고 보았다(대법원 2020. 1. 16. 선고 2017도12742 판결). 또한 최근에는 신체학대와 성적 학대에 이르지 않은 행위를 정서학대로 보아, 정서학대의 인정 범위가 넓어지고 있다. 정서학대로 인정된 판례의 사례들로는 피해아동을 강제로 재우는 행위, 억지로 먹게 하는 행위, 성적인 농담을 하는 행위, 아동이 아끼는 물건을 손괴하거나 반려동물을 괴롭히는 행위, 아동에게 술을 따르게 하거나 술을 마시게 하는 행위, 부부 싸움을 하는 장면을 목격하게 하는 행위, 가정폭력에 노출시키는 행위 등이 있으며, 욕설과 혐오성 발언에 대하여도 정서학대로 인정한다(아동권리보장원, 2023). 성적 학대도 다양해지고 있는데, 특히 전기통신매체를 이용한 성적 학대가 증가하고 있다. 판례에 따르면, 카카오톡 등 SNS 서비스를 이용해 성적 수치심이나 혐오감을 일으키는 동영상을 피해아동에게 전송하는 행위, 휴대폰을 통해 성적 수치심을 일으키는 사진이나 동영상을 전송하라고 시키는 행위, 휴대폰을 통해 성적 수치심을 일으키는 문자를 보내는 행위 등은 성적 학대를 인정될 수 있다. 피해아동의 동의가 있었더라도 피해아동과 입을 맞추거나 성관계를 하는 행위는 물론이고, 15세의 나이에 술에 취하여 판단능력이 정상적이지 않은 상태에서 피고인과의 성관계에 동의하였더라도 그러한 피해자의 동의가 자발적이고 진지한 동의라고 보기 어려우며(대구고등법원 2022. 5. 26. 선고 2022노56 판결), 아동의 동의가 있었다고 하더라도 아동에게 성적 수치심을 주는 성희롱 등은 모두 성적 학대에 해당한다고 한다(서울남부지방법원 2020. 9. 11. 선고 2020고단866 판결). 유기 및 방임은 보호자가 자신의 보호 · 감독을 받는 아동을 유기하거나 의식주를 포함한 기본적 보호 · 양육 · 치료 및 교육을 소홀히 하는 것으로, 베이비박스에 유기한 경우나 더러운 환경에 방치한 경우, 홀로 지내게 한 경우 등이 아동학대로 인정되었다. 출생신고와 관련하여 단순히 출생신고를 하지 않은 것에 그치지 않고 필수 예방접종을 실시하지 않는 등 기본적 교육, 보건의료서비스를 받지 못하게 한 경우에 아동학대로 인정되었다(제주지방법원 2022. 2. 15. 선고 2021고단2141 판결, 대전지방법원 서산지원 2019고단206 판결). 그 외에도, 정당한 사유없이 초 · 중등 의무교육을 제공하지 않거나 무단결석을 허용하거나 지도하지 않는 행위 등은 모두 교육적 방임에 해당한다(서울서부지방지원 2022. 9. 15. 선고 2022고단1219 판결).

앞의 사례들과 같이, 아동학대를 판단하기에는 어려운 사례들이 많이 있다. 하지만 사회복지사는 아동학대의 가능성이 조금이라도 있는 의심 사례의 경우에는 만일을 위해 신고하는 것이 바람직하다. 이는 사회복지사의 신고가 남몰래 학대당하고 있는 아동을 구할 수 있는 기회가 될 수도 있기 때문이다. 또한 적극적인 신고로 사회복지사가 아동학대를 신고해야 할 법적 의무에 충실함으로써, 후에 있을 수 있는 사회복지사의 의무와 책임에 관한 논란에서도 스스로를 보호할 수 있다.

다음 〈사례 11-4〉처럼 아동을 보호해야 하는 사회복지시설의 기관, 직원 또는 사회복지사가 오히려 아동을 학대하는 경우가 있을 수 있다. 기관이나 직원, 동료 사회복지사의 비윤리적 행동을 알게 된 사회복지사는 윤리적으로 갈등할 수 있다. 특히 사회복지사가 기관에 속해 있거나, 학대 행위를 행한 사람과 사적 이해관계가 얽혀 있는 경우에는 더욱 그러하다. 사회복지사는 개인적 · 사회적으로 관계가 있다는 이유로 기관이나 직원, 동료 사회복지사의 비윤리적 행동을 간과해서는 안 될 것이다. 한국 사회복지사 윤리강령(한국사회복지사협회, 2023)에 따르면, 사회복지사는 기관의 부당한 정책이나 요구에 대해 전문직의 가치와 지식을 근거로 대응하고, 제반 법령과 규정에 따라 해결하도록 노력해야 한다. 또한 동료 사회복지사의 아동에 대한 학대 행위와 같은 비윤리적 행위를 알게 되었을 경우, 제반 법률 규정이나 윤리기준에 따라 조치를 취해야 한다. 무엇보다도 클라이언트의 이익을 보호하는 것이 사회복지사의 가장 중요한 의무이자 책임이

사례 11-4

부천 아동복지시설 60대 원장 학대 혐의로 검찰 송치

〈연합뉴스〉 2023. 3. 20. https://v.daum.net/v/20230320213004236

경기 부천 소사경찰서는 아동복지시설을 운영하며 아이들을 학대한 혐의(「아동복지법」상 아동학대)로 불구속 입건한 60대 여성 A 씨를 검찰에 송치했다고 20일 밝혔다.

A 씨는 지난해까지 부천의 한 아동복지시설을 운영하면서 B 군을 포함한 미성년자 5명을 학대한 혐의를 받고 있다. A 씨는 B 군 등이 휴대전화를 몰래 갖고 있거나 귀가가 늦다는 이유 등으로 여러 차례 체벌하며 폭행과 폭언을 한 것으로 조사됐다. B 군 등은 경찰에서 "A 씨가 아이들을 창고에 가둬 벌을 주고 정신병원에 강제로 입원시키기도 했다."라며 "지속적인 학대를 당했다."라고 주장했다.

〈이하 생략〉

기 때문이다.

보건복지부, 아동권리보장원(2024)에 따르면, 보호대상아동에 대한 아동보호서비스는 다음의 기본 원칙에 따라 이루어져야 한다. 사회복지사들도 다음의 원칙을 염두에 두고, 아동에 대한 사회복지 서비스를 제공하는 것이 필요하다.

첫째, 아동에 대한 상담, 보호조치 결정 등 아동보호 전 과정에 걸쳐 아동의 이익을 최우선적으로 고려하여야 한다(「아동복지법」 제2조 제3항). 아동보호는 '시급성'과 '시의적절성'이 무엇보다 중요하며, 긴급한 보호가 필요한 아동이 있는 경우 '선 보호 후 행정 처리' 원칙에 따라 불가피한 사유가 없는 한 즉시 보호해야 한다. 보호자가 특정 아동양육시설 또는 공동생활가정, 위탁가정 등으로 배치를 요구하는 경우, 보호자의 요구는 아동 배치 시 최대한 고려하되, 반드시 따라야 하는 것은 아님에 유의해야 한다. 아동의 보호는 최대한 아동의 입장에서 실시되어야 하므로, 보호자의 요구가 아동의 이익에 부합한다고 인정되는 경우 보호자의 배치 요구를 수용하되, 보호자의 요구가 아동 보호에 현저히 부적절하다고 판단되는 경우에는 아동의 이익에 보다 부합하는 방향으로 보호조치를 결정해야 한다.

둘째, 원가정 보호를 위해 최대한 노력해야 한다. 아동의 경우 대부분 원가정 안에서 성장할 때 아동의 이익이 가장 잘 충족될 수 있으므로 원가정 보전을 위해 최대한 노력하여야 한다. 아동을 가족의 보호로부터 분리할 때는 가능하다면 일시적이고 최소한의 기간에 한해야 하며, 분리 결정은 주기적으로 다시 검토해야 한다. 아동에 대한 분리 보호 시에도 해당 아동이 최대한 조속히 원가정에 복귀할 수 있도록 원가정에 대한 지원을 지속적으로 실시해야 한다.

셋째, 가정형 보호를 우선으로 해야 한다. 아동을 불가피하게 분리 보호하는 경우, 아동의 개별 특성과 상황을 고려하여 아동의 권리와 자유를 최소한으로만 제한하는 순서로 대안양육 유형을 결정하여야 한다. 즉, 분리보호 형태를 결정함에 있어서 아동이 가정과 유사한 환경에서 성장할 수 있도록 입양과 가정위탁을 우선적으로 고려하여야 하며, 시설형 보호가 필요한 경우에는 공동생활가정을 우선적으로 고려하여야 한다.

넷째, 아동과 보호자의 참여를 활성화해야 한다. 아동을 보호조치하는 경우 보호대상아동의 의사를 존중하여야 하며, 아동 및 보호자가 상담, 아동보호 계획 수립 및 보호 등 전 과정에 참여할 수 있도록 지원하여야 한다. 아동에 대한 보호조치 후 보호자와 연락이 단절되지 않도록 주의해야 한다.

다섯째, 취약 아동 및 가구의 위험도를 평가하여 통합적 서비스를 제공해야 하며, 위

기 아동을 사전에 찾아낼 수 있도록 예방적 접근을 해야 한다. 취약 아동 및 가구의 경우 빈곤, 질병, 이혼 등 복합적 욕구가 있는 경우가 많으므로, 취약 아동 및 가구에 대한 보호조치 요청이 있는 경우 단순 신청에 의한 급여 제공에 그치지 않고, 사례관리 등을 통해 아동 및 가구에 대한 위험도를 종합적으로 평가하여 필요한 복지 급여 및 서비스를 통합적으로 제공해야 한다. 또한 복지 사각지대 취약계층, 아동학대 정보, 의무교육 미취학 및 장기결석 자료 등 공공 빅데이터를 활용하여 위기 아동을 사전 발굴 · 예방할 수 있도록 상시적 발굴 · 예방 체계를 활성화해야 한다.

여섯째, 수요자의 편의를 최대한 고려해야 한다. 보호자 등의 신청 또는 사각지대 발굴 등을 통해 보호대상아동 및 가구를 발견한 경우 담당자가 해당 가구를 직접 방문하거나, 통합 상담을 실시하는 등 보호자가 읍 · 면 · 동 또는 시 · 군 · 구에 방문을 최소화하는 방안을 강구해야 한다. 아동보호를 위해 불가피하게 여러 번 상담 등이 필요한 경우, 보호자 등에게 절차 등을 사전에 설명하여 양해를 구하고, 보호자가 희망하는 시간 · 장소 등을 최대한 반영해야 한다. 또한, 아동을 보호조치 하는 경우 가족과의 접촉 및 재결합 가능성을 촉진하고 아동의 생활에 대한 훼손 최소화를 위해서 아동이 살아온 가정에서 최대한 가까운 환경에서 보호해야 한다.

2) 입양

입양은 생물학적 부모가 양육하기 어려운 아동에게 영구적으로 새로운 가정과 부모를 제공해 주는 것으로 출생 이후의 법적 · 사회적 관계에 의해서 영원한 친자관계를 맺게 하는 것이다(임동호, 2009). 모든 아동은 자신이 태어난 가정에서 건전하게 양육되어야 한다. 하지만 아동이 태어난 가정에서 마땅히 보호받을 권리가 없는 경우, 아동을 건전하게 양육할 수 있는 다른 가정을 제공해 주어야 한다. 입양의 목적은 친부모에 의해 양육될 수 없는 아동에게 영구적인 가족을 제공하는 것이기 때문에, 입양은 아동의 복지, 욕구, 관심을 중심으로 이루어져야 한다. 즉, 아동을 위해 가정이 선택되어야지, 가정을 위해 아동이 선택되어서는 안 된다.

(1) 입양의 유형

입양의 유형은 입양 사실의 공개 여부와 공개 정도, 범위에 따라 비밀입양, 공개입양, 개방입양으로 분류할 수 있다(권지성, 변미희, 안재진, 최운선, 2010). 먼저 비밀입양(closed adoption, confidential adoption)은 입양 사실을 입양아동은 물론 주변의 모든 사람에게 비밀로 하며, 입양아동을 출산한 것처럼 가정하며 비밀을 계속 유지하는 것을 말한다. 따라서 친부모와의 관계도 단절된다. 두 번째로 공개입양(disclosed adoption)은 입양 사실을 입양아동과 친척, 이웃과 교육기관 등 주위 사람들에게 공개하는 것을 말한다. 친부모와는 소식이 단절되거나 양부모가 연락하는 것을 원하지 않아 친부모는 배제되는 경우다. 마지막으로 개방입양(fully disclosed adoption, open adoption)은 입양 사실을 공개하며, 입양아동, 입양부모, 친부모 등 입양의 세 당사자가 정기적이거나 비정기적인 만남, 편지, 이메일, 사진, 전화 등을 통해 지속적인 관계를 형성하는 것을 말한다. 한국에서도 공개입양은 점점 당연한 것으로 받아들여지고 있지만, 아직까지는 사회의 편견 때문에 아동을 보호하기 위해 비밀입양이 더 선호되기도 한다.

하지만 비밀입양은 다음과 같은 부정적인 영향을 가지고 올 수 있다(오정수, 정익중, 2008).

- 입양아동은 입양이 수치스럽고 부끄러운 일이므로 입양 사실을 숨기는 것이라고 믿을 수 있다.
- 아동이 갑작스럽게 입양 사실을 알게 되었을 때, 충격과 함께 이를 숨겨 온 부모에 대한 신뢰를 잃게 되어 방황할 수 있다.
- 비밀입양으로 인해 입양의 장점이나 성공 경험이 사회에 알려지기 어렵다.
- 비밀입양은 사후관리나 정보공유가 불가능하기 때문에 외부의 도움을 받는 것이 불가능하다.

이외에도 비밀보장의 부정적인 영향으로는 비밀 유지가 가능한 신체적 장애가 없는 건강한 신생아만 입양이 가능하게 하며, 입양아동이 자신의 뿌리찾기에 대한 욕구가 충족되지 않으므로 심리·정서적인 안정을 갖기 힘들다는 점이 있다(임동호, 2009).

(2) 입양과 관련된 윤리적 딜레마

입양기관에서 일하는 사회복지사는 친부모 관련 업무, 입양대상 아동 관련 업무, 입양부모 관련 업무 그리고 업무기록과 보고, 병원 방문과 입양 캠페인 등 여러 관련 업무를 수행한다. 그 과정에서 사회복지사는 다음과 같은 윤리적 딜레마를 경험할 수 있다(권지성, 김진숙, 정정호, 2007).

첫째, 사회복지사는 아동 중심 실천 대 부모 중심 실천의 딜레마를 겪을 수 있다. 입양은 아동복지실천으로서, 아동의 입장에서, 아동의 이익을 위하여, 아동 중심으로 개입되어야 한다. 그러나 업무를 수행하다 보면 입양아동이 아닌 입양부모 혹은 기관의 입장에서 일을 진행하게 될 수 있다. 입양아동과 입양부모를 매칭할 때, 입양아동에게 가장 적합한 입양부모를 찾는 것이 아니라 입양부모의 요구에 맞춰서 적합한 아동을 선택하는 경우가 있다. 이런 윤리적 갈등 상황에서는 클라이언트가 누구인지를 확실하게 규정하고, 입양의 관계에서 누가 가장 취약할 수 있는 위치에 있는지 검토해 봐야 한다. 입양은 친부모에 의해 양육될 수 없는 아동에게 영구적인 새로운 부모와 가족을 제공해 주는 것이다. 이때 아동, 친부모, 입양부모 사이에서 아동이 가장 취약한 위치에 있다고 볼 수 있다. 특히 파양을 하는 경우에는 입양을 하려 한 가족뿐만 아니라, 아동이 가장 큰 피해를 받게 된다. 그렇기 때문에 사회복지사는 아동을 중점으로 하는 실천을 행해야 한다.

둘째, 사회복지사는 비밀보장과 관련하여 윤리적 갈등을 경험할 수 있다. 아직도 비밀입양을 선호하는 사회적 분위기 때문에, 입양실무에서 비밀보장은 매우 중요한 원칙이다. 입양부모뿐 아니라, 친부모도 비밀보장을 원하는 경우가 많다. 어떤 미혼모의 경우, 미혼부와 가족에게까지도 임신 사실을 숨기고 싶어 한다. 그러나 입양을 하기 위해서는 친부모의 동의를 얻어야 하고, 부모가 사망이나 기타 사유로 동의할 수 없는 경우에는 다른 직계존속이나 후견인의 동의가 필요하다. 또한 입양부모에게 입양아동의 친부모에 대한 정보를 얼마나 공개할 것인가에 대한 것도 결정하기 어려운 윤리적 문제다. 입양된 아동이 후에 친부모를 찾고자 하거나, 반대로 친부모가 입양된 아동을 찾고자 할 때도, 비밀보장의 문제로 사회복지사는 윤리적으로 갈등할 수 있다. 입양아동이 성장하는 과정에서 자신의 뿌리를 찾아 친부모에 대한 정보를 수집하는 경우가 이에 해당된다. 이러한 경우에 사회복지사는 입양 전의 기록이나 입양 후의 기록 등 입양 기록을 공개해야 하는가? 입양아동의 뿌리 찾기는 입양부모에게는 아동을 친부모에게 빼앗길지도 모른다는 불안감과 배신감을 가져다줄 수도 있다. 반면에 친부모는 이미 다른 가정을 이루고 있는 등 개인적 사정으로 입양아동을 만나고 싶지 않을 수도 있다. 사회복지사는 친부모나 입양부모의 욕구보다는 아동의 복지적 차원에서 접근하는 것이 바람직하며, 이 상황에서 가장 취약한 위치에 있는 대상이 누구인지를 고려해 봐야 한다. 그리고 친부모가 기대와는 달리 냉대할 수도 있다는 가능성에 대해 입양아동과 충분히 논의해 봐야 한다.

셋째, 사회복지사는 자기결정권과 관련된 윤리적 갈등을 겪을 수 있다. 입양에 관한 전문지식과 현장경험을 갖고 있는 사회복지사가 보았을 때, 친부모가 처한 상황에 적절하지 않은 대안을 선택하는 경우가 있다. 사회복지사는 친부모의 자기결정권을 존중해야 할지, 아니면 온정주의에 의해 클라이언트의 결정을 제한시킬지에 대해 고민하게 된다. 또한 사회복지사는 공개입양과 비밀입양의 이슈와 관련하여 자기결정권에 관한 윤리적 갈등을 겪을 수 있다. 공개입양은 여러 장점을 갖고 있기 때문에, 입양에 대한 정책이나 사회복지실천에서는 공개입양을 장려하고 있다. 그러나 현재의 사회적 상황에서는 사회적인 편견 때문에 공개입양을 하게 되면, 입양아동이 상처를 입을 위험 가능성이 있다. 또한 입양부모가 개인적인 사정으로 인해 공개입양을 꺼려 하기도 한다. 이런 경우, 사회복지사는 공개입양과 비밀입양의 두 가지 대안에 대한 장단점을 제시함으로써 클라이언트가 선택할 수 있도록 도와야 한다.

이외에도 입양과 관련하여, 동성 커플의 입양허용, 독신자 가정 입양허용과 관련해서 사회복지사는 윤리적 갈등을 경험할 수 있다. 사회복지사의 개인적 가치와 전문적 가치를 다시 한번 검토해 봄으로써, 사회복지사의 실천 활동이 편견이나 오해에 영향받지 않도록 노력해야 한다.

3) 성폭력

(1) 성폭력의 개념 및 현황

성폭력은 강간, 강제추행, 언어적 성희롱, 음란성 메시지, 몰래카메라 등 상대방의 의사에 반하여 가해지는 모든 신체적 · 정신적 폭력을 말한다(조은경, 심용출, 이현숙, 안준범, 이종은, 강선희, 2010). 어린이 성폭력은 만 13세 미만의 어린이를 대상으로 하는 성학대로, 다음의 행위들을 포함한다(조은경 외, 2010).

- 아동에게 불법성행위 계약 유도 및 강요
- 아동에게 성매매행위나 그 외 불법 성행위 강요
- 아동을 음란행위나 음란행위를 위한 수단으로 이용
- 생활연령(실제 나이)은 성인이지만 정신연령이 낮은 정신지체자에 대한 성폭행

표 11-4 성폭력의 유형(조은경 외, 2010)

성폭력의 정도에 따른 분류	성폭력의 유형에 따른 분류
강간: 상대방이 자신의 의사를 무시하고 강제로 성교한 것(성교: 가해자의 성기가 꼭 피해자의 성기 속에 삽입되지 않은 경우, 구강성교나 항문성교도 포함됨)	어린이 성폭력: 만 13세 미만의 어린이에게 자신의 성적인 쾌락을 위해 가하는 성폭력으로 아동 성학대를 말함.
강간미수: 상대방이 자신의 뜻을 무시하고 성교를 시도한 것(가해자가 성기를 삽입하려는 행위를 하지 않았다 하더라도, 이를 위한 전 동작들이 있는 경우)	친족 성폭력: 가족들 사이에서 일어나는 강제적인 성적 행동 의미. 피해자나 가해자가 공동으로 거주하거나 일상적으로 대면하는 관계에 있어, 피해자 일회적이지 않고 지속적으로 발생하는 특징
심한 추행: 상대방이 비록 성교를 시도하지 않았지만 자신의 뜻을 무시하고 강제로 키스, 애무 등을 하는 경우	데이트 성폭력: 만 13세 이상의 남녀쌍방이 이성애의 감정이 있거나 그 가능성을 인정하고 만나는 관계에서 일어나는 것으로, 이성 간의 데이트 중에 상대방으로부터 강요나 조정에 의해 일어나는 성폭력
가벼운 추행: 상대방이 고의로 자신의 가슴, 엉덩이, 성기 등을 건드리거나 일부러 몸을 밀착시키는 등의 행위	학교 내 성희롱: 교사, 동료 또는 학교내 직원 등이 수업 중이나 특별활동 중에 상대방의 의사에 반하여 행하는 성적인 언어나 행위(신체적, 언어적, 시각적)으로 피해자들에게 성적 불쾌감과 모욕감을 주는 행위
성기노출: 여러 사람 앞에서 성기를 일부러 노출시킨 채 서 있거나 돌아다니는 행위	사이버 성폭력: 인터넷상에서 상대방에게 일방적으로 성적 메시지를 전달하여 불쾌감이나 위압감 등의 피해를 유발하는 행위. 원치 않는 성적인 언어나 이미지를 사용함으로써 위협적 · 적대적 · 공격적인 통신 환경을 조성하여 상대방의 통신환경을 저해하거나 현실 공간에서의 피해를 유발한 경우
음란전화: 익명의 사람으로부터 성적 자극을 유발하거나 외설스런 말을 담아 걸려 오는 전화	

(2) 아동 · 청소년 대상 성범죄 신고의무제도

아동 · 청소년 대상 성범죄 신고의무제도가 명시되어 있는 법률로는 「아동 · 청소년 성보호에 관한 법률」 「성폭력방지 및 피해자보호 등에 관한 법률」 그리고 「아동학대범죄의 처벌 등에 관한 특례법」이 있다. 아동 · 청소년 대상 성범죄의 신고에 대해 「아동 · 청소년 성보호에 관한 법률」의 제34조에서는 누구든지 아동 · 청소년 대상 성범죄의 발생 사실을 알게 된 때에는 수사기관에 신고할 수 있으며, 다음에 해당하는 기관 · 시설 또는 단체의 장과 그 종사자는 직무상 아동 · 청소년 대상 성범죄가 발생 사실을 알게 된 때에는 즉시 수사기관에 신고하여야 한다고 명시하고 있다.

- 유치원
- 학교
- 교육청 또는 교육지원청이 직접 설치 · 운영하거나 위탁하여 운영하는 학생상담지원시설 또는 위탁 교육시설
- 국제학교
- 의료기관
- 아동복지시설 및 통합서비스 수행기관
- 장애인복지시설
- 어린이집 육아종합지원센터 및 시간제보육서비스지정기관
- 학원 및 교습소
- 성매매피해자 등을 위한 지원시설 및 성매매피해상담소
- 한부모가족복지시설
- 가정폭력 관련 상담소 및 가정폭력피해자 보호시설
- 성폭력피해상담소 및 성폭력피해자보호시설
- 청소년활동시설
- 청소년상담복지센터 및 청소년쉼터
- 학교 밖 청소년 지원센터
- 청소년 보호 · 재활센터
- 체육단체
- 대중문화예술기획업소

여기서 아동 · 청소년 대상 성범죄를 알게 된 즉시 신고해야 한다는 것은 성폭력 사실을 알게 된 후 48시간 이내에 신고가 이루어져야 한다는 것을 의미한다. 「아동 · 청소년 성보호에 관한 법률」에 따르면, 신고의무에 해당하는 기관 · 시설 또는 단체의 장과 그 종사자가 직무상 아동 · 청소년 대상 성범죄 발생 사실을 알고 수사기관에 신고하지 아니하거나 거짓으로 신고한 경우에는 과태료를 부과하도록 되어 있다.

또 다른 법률인 「성폭력방지 및 피해자보호 등에 관한 법률」에서는 제9조에 미성년자를 보호하거나 교육 또는 치료하는 시설의 장 및 관련 종사자는 자기의 보호 · 지원을 받

는 자가 강간 · 강제추행, 강간 등 상해 · 치상, 강간 등 살인 · 치사의 피해자인 사실을 알게 된 때에는 즉시 수사기관에 신고하여야 한다고 규정하고 있다. 국가기관, 지방자치단체 또는 대통령령으로 정하는 공공단체의 장과 해당 기관 · 단체 내 피해자 보호 관련 업무 종사자는 기관 또는 단체 내에서 업무상 위력 등에 의한 추행, 업무상 위력 등에 의한 간음 중 어느 하나에 해당하는 성폭력 사건이 발생한 사실을 직무상 알게 된 때에는 피해자의 명시적인 반대의견이 없으면 즉시 수사기관에 신고하여야 한다.

사회복지사는 성폭력과 관련하여 친고죄 폐지로 인해 성폭력 피해 사실을 알게 된 사람이 제삼자라도 신고가 가능하며, 피해자의 고소가 없어도 처벌이 가능하다는 것을 염두에 둘 필요가 있다. 친고죄는 범죄의 피해자 또는 기타 법률이 정한 자의 고소 · 고발이 있어야 공소할 수 있는 범죄를 말하는 것으로, 「형법」상 사자(死者)명예훼손죄, 모욕죄 등이 해당한다.

(3) 성폭력 관련 윤리적 갈등 및 지침

성폭력에 관련한 윤리적 갈등으로는 비밀보장과 신고의 의무 간에 윤리적 갈등 상황이 있을 수 있다. 성폭력을 알게 된 직후 48시간 이내에 신고하는 것이 원칙이지만 신고 이후에 여러 가지 법적 · 의료적 절차를 클라이언트가 감당하기 어려운 경우, 클라이언트의 심리적 상태를 고려하여 신고를 미루는 것을 고민할 수 있다. 이런 경우에 즉시 신고하지 않더라도, 신고를 하지 못하는 상황이나 사유를 기록해 놓는 것이 필요하다. 또한 경찰과 협력적인 관계를 갖고, 신고는 조금 미루더라도 클라이언트의 상황을 알리고 협의나 상담을 하는 것도 방법이 될 수 있다. 성폭력 피해를 입은 클라이언트가 신고를 원하지 않는 경우에는 다음과 같이 윤리적으로 대처할 수 있다(손현동, 2007).

① 우선은 이름을 밝히지 않은 상태로 보고함.
② 상황에 맞게 클라이언트에게 사회복지사의 법적인 신고의 의무에 대해 설명해 주고 성적 위협에 대해 대처할 수 있도록 이름을 밝혀도 좋을지에 대해 물어봄.
③ 클라이언트가 계속해서 비밀을 보장하길 원하면 사회복지사는 성적 위협의 심각성, 피해 클라이언트의 나이, 가해자에 대해 다른 피해자들의 신고가 있었는지, 정식으로 절차가 진행되게 될 때의 피해자에 대한 정보를 받을 가해자의 권리 등을 고려한 후, 클라이언트의 비밀보장을 존중하면서도 호소문제를 처리할 수 있도록 하기 위해 노력함.

④ 심각성이나 피해자의 나이에 따라서 최후의 수단으로는 피해자의 신원을 밝혀야 할 수도 있을 것임.

성폭력 신고의 의무에 관련된 윤리적 갈등 상황으로는 성폭력 상황이 모호한 경우가 있을 수 있다. 성폭력의 증거가 명확한 경우는 진단서 등을 통해 보고서 작성에 어려움이 없으나, 의심사례의 경우는 구체적인 경계가 모호하여 피해 아동 및 청소년을 보호하는 방법에 대한 고민이 발생할 수 있다. 예를 들어, 의붓아버지가 미성년자인 아동에게 성적 행위가 담긴 영상을 자주 보여 주는 등의 상황은 성폭력이라고 판단하기에는 모호하다. 그러나 이런 경우, 잠재적인 피해 가능성이 있으므로 신고하는 것이 더 바람직하다. 신고를 하게 되면 혹시라도 발생할 수 있는 아동 성폭력의 가능성을 막을 수 있을 뿐만 아니라, 이후에 있을 수 있는 사회복지사의 신고의무 위반이나 전문가로서의 책임을 다하지 못했다는 논란을 피할 수 있다. 성폭력 상황이 모호한 경우에는 피해자가 확실하지 않은 때도 있다. 소문으로 성폭력 사건이 있었다고 전해 들었거나, 가해자와의 상담과정에서 알게 되는 경우에는 피해자를 확인하기 어렵다. 피해자가 아동 및 청소년인 경우에는 확실하지 않더라도 신고하여, 경찰과 상의하여 피해자를 찾아내는 것이 필요하다.

그 외에도 미성년자인 클라이언트가 보호자에게 알리고 싶어 하지 않는 상황에서는 보호자에게 말할 수 있도록 도와주거나 같이 말해 주겠다고 권유해야 한다. 법원에서 기록을 보고 싶어 하는 경우, 법원, 수사기관 등 상담기록지 제출 요청 시 성폭력에 대한 통념에 기반을 두어 악용될 수 있음을 유념해야 한다. 연계기관, 학교 등 소속기관에서 성폭력 피해 관련 서류 요청 시에는 간략하게 상담 받은 일시 등을 적은 객관적인 소견서 정도만 제출하는 것이 바람직하다.

성폭력 관련 사회복지실천 시 유의할 법률적 사항으로는, 첫째, 모든 연령의 장애인에 대한 성폭력범죄는 「성폭력범죄의 처벌 등에 관한 특례법」에 따라 가중 처벌받게 된다는 것이다. 둘째, 13세 미만 아동과 13세 이상 19세 미만 아동의 처벌 관련 법 적용이 차이가 있을 수 있다. 「성폭력범죄의 처벌 등에 관한 특례법」에 따라, 13세 미만 아동에 대한 강간 및 강제추행의 경우 집행유예 대상이 되지 않도록 무기징역 또는 10년 이상의 징역형으로 형량을 강화했으며, 손가락 등을 사용한 '유사성행위'를 할 경우 7년 이상의 유기징역형에 처하도록 규정하고 있다. 또한 13세 미만 아동에 대해서는 아동의 성관계 동의 여부와 관계없이 무조건 강간이나 강제추행으로 처벌된다. 셋째, 친족관계 간의 성

폭력이나 청소년 성매매, 아동 · 청소년 이용 음란물 소지의 경우에는 다음과 같이 처벌이 강화된다.

- 친족관계인 사람이 폭행이나 협박으로 사람을 강간한 경우에는 7년 이상의 유기징역에 처함.
- 아동 · 청소년 매매행위, 아동 · 청소년의 성을 사는 행위, 아동 · 청소년성착취물의 제작 · 배포 및 구입 · 소지한 경우에 「아동 · 청소년의 성보호에 관한 법률」(약칭: 「청소년성보호법」)에 징역 및 벌금 등의 처벌규정을 두고 있음.
- 통신매체를 이용한 음란행위, 카메라 등을 이용한 촬영, 허위영상물 등의 반포, 촬영물 등을 이용한 협박 · 강요는 「성폭력범죄의 처벌 등에 관한 특례법」(약칭: 「성폭력처벌법」)에 따라 징역 및 벌금에 처하도록 되어 있다.

넷째, 성폭력 가해자가 친권자나 후견인인 경우 「아동 · 청소년의 성보호에 관한 법률」 제23조에 따라, 피해아동 청소년 보호를 위해 검사의 친권상실 청구 또는 후견인 변경 결정을 의무화하고 있다. 다만 친권상실선고 또는 후견인 변경 결정을 하면 안 될 특별 사정이 있는 경우는 제외한다. 아동권리보장원 또는 아동보호전문기관, 성폭력피해상담소 및 성폭력피해자보호시설, 청소년상담복지센터 및 청소년쉼터의 기관 · 시설 또는 단체

표 11-5 13세 미만 아동과 13세 이상 19세 미만 아동의 처벌 관련 법 적용의 차이

	피해자의 연령 13세 미만	피해자의 연령 13세 이상 19세 미만	비고
적용되는 법률	「성폭력범죄의 처벌 등에 관한 특례법」 적용	「아동 · 청소년의 성보호에 관한 법률」 적용	「성폭력범죄의 처벌 등에 관한 특례법」 제7조의 13세 미만자에 대한 성폭력범죄자를 「아동청소년성보호법」보다 더 중하게 처벌하는 규정
성관계 동의 여부	아동의 동의 여부와 관계없이 무조건 강간이나 강제추행으로 처벌	피해자가 동의한 성관계는 처벌받지 않음. 위계나 위력에 의하여 간음한 경우에는 처벌받음.	「형법」에서 20세 미만 미성년자나 장애 등으로 인한 심신미약자를 위계 또는 위력으로써 간음 또는 추행을 한 경우 '미성년자 간음죄'로 규정.

의 장은 검사에게 친권상실 청구 또는 후견인 변경 결정을 하도록 요청할 수 있다.

다섯째, 클라이언트가 성폭력의 가해자인 경우에는 자수를 할 수 있도록 권유한다. 가해자가 사건이 진행 중일 때 법원 제출로 선처 및 형량 감량을 위해 상담을 받는 경우도 염두에 둔다.

3. 노인복지 분야

한국 사회는 급속도의 노령화 과정을 겪으면서, 노인의 욕구와 관련 사회적 문제가 부각되고 있다. 노인은 나이를 먹으면서, 신체적 · 정신적으로 쇠약해져 가는 것을 경험해야 하며, 지금까지 해 오던 사회활동에서 자신의 역할을 상실하게 된다. 또한 죽음에 대한 준비도 필요하다. 그러나 지금까지 '효'를 강조해 온 한국 문화의 극변 속에서 가족의 가치도 변화하게 되었다. 문화 · 세대 간의 차이로 변화하는 사회에 적응하지 못하는 노인은 심한 갈등을 겪기도 한다. 이렇게 노인은 다양한 욕구를 가지고 있어 전문적인 지원과 관심이 요구되는 사회복지실천의 대상이다.

1) 자기결정권

사회복지사는 클라이언트의 자기결정을 장려해야 하는 윤리적인 책임이 있다. 그렇다면 〈사례 11-5〉와 같이 치매를 앓고 있는 노인의 자기결정을 존중해야 하는가? 자기결정권은 사회복지실천에서 중요한 가치로, 사회복지사가 지켜야 하는 윤리원칙 중 하나다. 하지만 클라이언트의 자기결정권을 제한할 수 있는 예외도 있는데, 클라이언트의 결정이 충분한 정보 없이 이루어지거나, 클라이언트의 결정이 자기 자신이나 다른 사람에게 해악을 미치거나, 클라이언트의 결정이 사회규범이나 법규에 어긋나거나, 클라이언트가 결정할 수 있는 능력이 부족한 경우가 이에 속한다. 그렇다면 사회복지사는 클라이언트가 자기결정을 내릴 수 있다는 능력이 있음을 어떻게 사정할 수 있는가? 〈사례 11-5〉에서 한 씨 할머니는 자기결정을 내릴 수 있는 능력이 있다고 판단되는가?

사례 11-5

한 씨 할머니는 85세로, 남편이 중풍으로 쓰러진 후 남편을 돌보면서 살아왔다. 남편은 타인의 도움이 없으면 일상생활이 어려운 상황으로, 타인에게 의존도가 매우 높은 상황이다. 그런데 한 씨 할머니는 최근 사람을 알아보지 못하는 등 치매증상을 보이기 시작했다. 한 씨 할머니는 병원에서 치료를 받기로 했으나, 치매증상이 상당히 진전되어 있어 호전 여부를 알 수 없다. 자녀들은 부모님을 집으로 모시려고 했으나, 두 분 모두 수발하는 것에 대한 부담으로 인근 요양시설을 알아보고 있다. 요양시설에서 일하는 사회복지사가 한 씨 할머니와 할아버지를 찾아왔을 때, 할아버지는 요양시설에는 들어가지 않겠다고 강력하게 의사를 표현했다. 한 씨 할머니 역시 두려움에 떨며 구석진 곳에 앉아 집에 있겠다고 말하였다.

노인이 신체적으로 허약한 상태라 하여 자기결정을 할 수 없음을 의미하지는 않는다. 치매가 있는 노인의 자기결정도 존중되어야 한다. 하지만 집에 있겠다는 한 씨 할머니의 자기결정은 현실적으로 이루어지기 힘들며, 이에 사회복지사는 윤리적 갈등을 느낄 수 있다.

사회복지사는 클라이언트가 중요하게 여겨 온 가치와 신념, 클라이언트의 과거사를 이해함으로써, 클라이언트가 진실로 무엇을 선호하는지에 대한 사정을 하는 것이 중요하다. 〈사례 11-5〉에서 한 씨 할머니가 요양시설에 가고 싶어 하지 않는 이유가 무엇인지를 사정해 보는 것이 필요하다. 자신이 부양해 오던 남편과 떨어질 것을 두려워할 수도 있고, 낯선 곳에 대한 불확실한 두려움일 수도 있다.

사회복지사는 노인 클라이언트의 자기결정을 최대한 존중하면서도 현실의 상황에서 최선의 선택을 해야 한다. 자녀들이 치매와 중풍을 갖고 있는 부모를 수발하는 것에 대한 부담이 있다면, 노인장기요양보험제도의 재가급여, 시설급여 등에 대한 정보를 연계해 줄 수도 있다. 재가노인복지서비스에는 방문요양서비스, 주간보호서비스, 단기보호서비스 등이 있다. 이 중 방문요양서비스는 고령이나 노인성 질병 등으로 혼자 힘든 일상생활을 유지하기 힘든 재가노인에게 가사지원, 신체활동 등의 서비스를 제공한다. 이와 같이 사회복지사는 여러 대안과 자원을 제시함으로써 클라이언트의 자기결정을 존중할 수 있도록 도와야 할 것이다. 하지만 이를 제한해야 하는 경우에도 이에 대한 충분한 설명이 이루어져야 할 것이다.

2) 노인학대

노인학대 문제는 최근 심각한 사회적 문제가 되고 있다. 하지만 노인학대에 대한 사회의 인지 부족과 사회적인 대책 미흡으로, 노인학대의 피해자는 외부에 도움을 청하기가 어렵다. 노인학대가 주로 가정에서 발생하고 있다 보니 사회문제가 아닌 가정 내에서 해결되어야 할 사적인 영역으로 치부되고, 피해노인도 자녀에 대한 사회적 비난과 처벌을 우려하여 학대사실을 은폐하는 경우가 많다(박나원, 2021). 이에 노인학대 문제가 보다 많이 공론화됨으로써 문제 발생 가정이 전문인력의 도움을 받을 수 있는 사회복지 프로그램 및 국가의 지원 등도 보다 확대될 수 있는 계기가 필요한 것으로 보인다.

(1) 노인학대의 유형

노인학대의 유형은 학자에 따라 좁게는 신체적 학대에서부터 방임이나 부적절한 처우, 심리적 학대, 넓게는 자기학대, 자기방임까지도 포함하는 등 노인학대에 관한 합의된 정의는 존재하지 않는다. 하지만 이 책에서는 국가인권위원회(2002)의 노인학대에 대한 보고서에 따라, 노인학대를 신체적 학대, 언어적 학대, 정서적 학대, 경제적 학대, 방임학대로 분류하였다.

① 신체적 학대

신체적인 고통이나 상처, 손상, 질병 등을 일으키는 모든 형태의 폭력적 행위로서 뺨을 때리는 것에서부터 살인에 이르기까지의 행동을 말한다. 밀기, 꼬집기, 할퀴기, 때리기, 머리채 잡아당기기, 손바닥으로 치기, 돌이나 벽돌로 때리기, 흉기 등의 무기로 위협하거나 찌르기, 총으로 쏘기, 성적 강요, 성폭행, 감금 등의 행동이 포함된다.

② 언어적 학대

언어적으로 괴롭히거나 호되게 꾸짖거나 처벌이나 박탈의 위협을 가하는 것, 모욕을 주는 것을 말한다. 욕설, 모욕, 협박, 질책, 비난, 놀림, 악의적인 놀림 등이 언어적 학대에 해당한다.

③ 정서적 학대

노인에게 정신적 또는 정서적인 고통을 주는 것으로, 가족 내의 무시로 인해 심리적으

로 불안정한 상태 또는 심리적 고립에 빠져 일상생활 수행에 지장을 초래할 정도의 정신 상태가 되게 하는 것, 정서적으로 고통받게 하는 것, 자존심을 심하게 건드려 노인이 집을 나가고 싶게 하거나 자살 충동을 느끼게 하는 것을 말한다. 정서적 학대의 사례로는 모멸, 겁주기, 자존심에 상처 입히기, 위협, 협박, 굴욕, 의도적인 무시, 멸시, 비웃기, 대답 안 하기, 고립시키기, 짓궂게 굴기, 감정적으로 상처 입히기 등이 있다.

④ 경제적 학대

자금, 재산, 자원의 오용 및 노인의 돈이나 재산을 동의 없이 자신의 이익을 위해 위법 또는 부당하게 착취하는 것을 말한다. 계속적인 돈의 요구, 노인의 재산 포기 강요, 부동산 착취, 통장이나 인감 등의 허락 없는 사용, 금품착취, 의도적으로 집이나 기물 파손, 방화 등 경제적 학대 행위의 결과뿐만 아니라 금전 등을 불법으로 부적절하게 사용하려는 의도로 행위가 진행 중인 것도 포함된다.

⑤ 방임학대

노인을 부양해야 하는 책임이 있는 사람이 의도적·결과적으로 노인부양의 의무를 거부하거나 불이행하는 것을 말한다. 일상생활에 필요한 것(식사, 약, 접촉, 목욕 등)을 주지 않는 것, 노인이 스스로 돌볼 수 없는 상황임에도 밥을 주지 않는 것, 씻겨 주지 않는 것, 방을 치워 주지 않는 것, 자녀들이 서로 모시려고 하지 않거나 함께 살던 노인을 나가라고 하고 내쫓는 것, 거동이 불편한 노인을 2~3일 이상 혼자 집에 내버려 두는 것, 병원에서 치료받아야 할 상황인데도 노인을 병원에 모셔 가지 않는 것 등이 방임학대에 해당한다.

(2) 노인학대와 관련된 윤리적 갈등

〈사례 11-6〉에서 엄 씨 할머니는 본인이 학대받은 사실을 공개함으로써 학대자인 자식이 문제 상황에 놓이는 것을 꺼려 하고 있다. 아동학대와 달리 노인학대의 생존자는 성인으로서 자신의 사생활 보호, 비밀보장과 자기결정의 권리를 가지고 있다. 이는 엄 씨 할머니가 자신의 학대사실에 대해 비밀보장을 요구하고, 이를 외부에 알리고 싶지 않다는 결정을 할 수 있다는 것이다. 하지만 사회복지사는 비밀보장의 원칙을 지킬 경우 할머니의 복지와 안전이 보장되지 않을 수도 있음을 알고 있다. 노인학대의 사례에서 노인의 자기결정권이나 비밀보장은 어떻게 유지할 수 있는가? 사회복지사는 노인이 폭력문

사례 11-6

사회복지사는 노인이 학대를 당하고 있다는 이웃 주민의 제보를 받고, 엄 씨 할머니를 찾아왔다. 5년 전 남편과 사별하고 장남 부부와 함께 살고 있는 71세의 엄 씨 할머니는 장남 부부가 식당일을 하고 있어 빨래나 청소 등 집안일을 도맡아 하고 있다. 장남은 알코올 의존자로 5년째 술만 마시면 노모와 며느리를 폭행하고 집에 불을 내려 하고, 술을 못 먹게 하면 흉기로 위협하고 폭행을 가한다고 했다. 아들과 사이가 나쁜 며느리 또한 할머니에게 심한 눈치를 주고 있다. 또 집안일로 인해 할머니가 피곤하다고 하면 며느리는 "그깟 일로 피곤하다고 그러냐?" "내가 집안일 할 테니 나가서 식당일 해라."라는 등의 핀잔을 주고 소리를 지르곤 했다. 어쩌다 식당일을 도와주러 나가면 "거치적거리니까 빨리 들어가라."라고 고래고래 소리를 질렀다. 그러나 상담 과정 중 엄 씨 할머니는 아들이 실직하여 경제적인 문제로 힘들기 때문이라며 아들을 두둔하였다. 그녀는 "별일 아니다. 그냥 내가 참고 살다가 빨리 죽으면 되지. 신고는 무슨……."이라며, 이 일로 아들에게 피해가 갈까 봐 노심초사하는 모습을 보였다.

제로 가해자인 아들이 연루되는 것을 꺼려 함에도 불구하고, 학대를 가한 아들과 접촉해야만 하는가? 사회복지사는 법률적으로 반드시 보고를 해야만 하는가? 사회복지사는 노인학대와 관련하여 여러 윤리적 갈등 문제를 겪을 수 있다.

사회복지사는 사회복지사 윤리강령에 의해 사회적 약자를 옹호하고 대변해야 하는 책임뿐만 아니라, 노인학대에 대해 신고해야 할 법적 의무를 가지고 있다. 현재 「노인복지법」에서는 노인학대나 방임으로부터 손상받은 노인을 보호하는 내용이 명시되어 있다. 「노인복지법」 제39조 제9항에서는 노인학대에 해당하는 다음의 행위를 금지하고 있다.

- 노인의 신체에 폭행을 가하거나 상해를 입히는 행위
- 노인에게 성적 수치심을 주는 성폭행 · 성희롱 등의 행위
- 자신의 보호 · 감독을 받는 노인을 유기하거나 의식주를 포함한 기본적 보호 및 치료를 소홀히 하는 방임행위
- 노인에게 구걸을 하게 하거나 노인을 이용하여 구걸하는 행위
- 노인을 위하여 증여 또는 급여된 금품을 목적 외의 용도로 사용하는 행위
- 폭언, 협박, 위협 등으로 노인의 정신건강에 해를 끼치는 정서적 학대행위

누구든지 노인학대를 알게 된 때에는 노인보호전문기관 또는 수사기관에 신고할 수 있다. 하지만 다음에 해당하는 사람은 직무상 노인학대를 알게 된 때에 즉시 노인보호전문기관 또는 수사기관에 신고하여야 한다(제39조의 6).

- 의료기관에서 의료업을 행하는 의료인 및 의료기관의 장
- 방문요양과 돌봄이나 안전확인 등의 서비스 종사자, 노인복지시설의 장과 그 종사자 및 노인복지상담원
- 장애인복지시설에서 장애노인에 대한 상담·치료·훈련 또는 요양업무를 수행하는 사람
- 가정폭력 관련 상담소 및 가정폭력피해자 보호시설의 장과 그 종사자
- 사회복지전담공무원 및 사회복지시설의 장과 그 종사자
- 장기요양기관의 장과 그 종사자
- 119구급대의 구급대원
- 건강가정지원센터의 장과 그 종사자
- 다문화가족지원센터의 장과 그 종사자
- 성폭력피해상담소 및 성폭력피해자보호시설의 장과 그 종사자
- 응급구조사
- 의료기사
- 국민건강보험공단 소속 요양직 직원
- 지역보건의료기관의 장과 종사자
- 노인복지시설 설치 및 관리 업무 담당 공무원

사회복지사는 「노인복지법」에 의거하여, 노인학대를 알게 되었을 때 신고해야 하는 법적 의무를 가진다. 이때 신고인의 신분은 보장되며 그 의사에 반하여 신분이 노출되어서는 안 된다. 노인학대 신고의무자임에도 불구하고 노인학대를 신고하지 않은 사람에게는 과태료가 부과되도록 되어 있다. 그 외에도 실종노인에 대한 신고의 의무(제39조의 10)가 있는데, 누구든지 정당한 사유 없이 사고 등의 사유로 인하여 보호자로부터 이탈된 실종노인을 경찰관서 또는 지방자치단체의 장에게 신고하지 않고 보호하여서는 안 된다. 노인복지시설의 장 또는 그 종사자는 그 직무를 수행하면서 실종노인임을 알게 된 때에는 지체 없이 신상카드를 작성하여 지방자치단체의 장과 실종노인의 데이터베이스

구축 · 운영의 업무를 수행하는 기관의 장에게 제출하여야 한다.

사회복지사는 노인이 학대받는 상황에서 노인 스스로 자신의 의사결정에 대한 선택을 할 수 있도록 도와주면서 동시에 노인에게 사생활을 보호할 권리와 비밀보장의 권리에 대해 알려 주어야 한다. 하지만 노인학대로 인해 클라이언트의 안전이 위협받을 시에는 법에 의해 사회복지사는 비밀보장의 원칙을 어기고 신고해야 함을 설명해야 한다. 또한 클라이언트의 이익과 안전 보장을 위해서는 클라이언트의 노인학대를 신고하지 않겠다는 자기결정을 제한할 수도 있음을 알려야 한다. 클라이언트와 노인학대를 신고하지 않을 경우 나타날 수 있는 여러 위험 가능성 등에 대해서도 같이 검토함으로써, 클라이언트 스스로가 자신의 최선의 이익을 위해 자기결정을 내릴 수 있도록 권장해야 한다.

사회복지사는 노인과 그들의 가족을 대상으로 노인학대 예방과 개입에 관한 정보를 제공하고 노인 이해를 위한 교육을 실시해야 한다. 학대받는 노인에 대해서는 적절한 치료나 가족과의 분리와 같은 서비스가 필요하며, 사회활동 참여 등을 통해 자립성을 증대시킬 수 있도록 지원해야 한다. 노인학대상담센터 및 노인보호전문기관과 같은 노인이 도움을 구할 수 있는 외부 지원체계에 대한 정보도 주어져야 할 것이다. 이선호(2005)는 노인학대에 대한 상담을 할 경우 사회복지사가 고려해야 하는 점에 대해 다음과 같이 제시하였다. 첫째, 사회복지사는 학대받는 노인들을 지지하고 격려해야 한다. 둘째, 클라이언트와 신뢰관계를 확보한 후에 사회복지사는 구체적인 학대상황과 학대의 원인에 대한 클라이언트의 이해를 파악해야 한다. 셋째, 클라이언트가 학대받는 것에 대해 자책감과 수치심을 갖는 경우에는 이에 대해 충분히 토로하고 애도할 수 있도록 도와야 한다. 넷째, 사회복지사는 클라이언트가 무기력감에서 벗어나도록 돕고, 자살의 가능성에 대해 면밀히 살펴야 한다. 마지막으로 사회복지사는 클라이언트에게 심리적 · 정서적 지지를 제공하고 학대 상황을 벗어날 수 있는 지지망을 형성해 주어야 한다.

// 학습과제 //

1. 정신장애인의 권리 침해에 대한 자료를 찾아보고 이들의 권익보호를 위해 할 수 있는 일을 생각해 보시오.
2. 아동학대에 관한 기사 · 보고서 등의 자료를 찾아보고 이에 대해 토론해 보시오.
3. 노인학대에 관한 기사 · 보고서 등의 자료를 찾아보고 이에 대해 토론해 보시오.

// 학습정리 //

- 정신건강 분야에서 실천하고 있는 사회복지사는 정신장애인의 자기결정권과 알 권리 및 고지된 동의와 관련하여 윤리적 갈등을 겪을 수 있다.
- 클라이언트의 자기결정을 위한 전제조건으로는 클라이언트가 자기결정을 위해 필요한 정보를 확보하는 일, 클라이언트가 자기결정을 하는 데 요구되는 지적인 능력과 정신적 능력, 클라이언트가 자기결정을 통해 자신 또는 타인을 해할 가능성이 적은 상황 등이 있다.
- 아동복지 분야에서는 아동학대와 입양에 관련된 윤리적 갈등이 있을 수 있다.
- 아동학대는 보호자를 포함한 성인에 의하여 아동의 건강, 복지를 해치거나 정상적 발달을 저해할 수 있는 신체적 · 정신적, 성적 폭력 또는 가혹행위 및 아동의 보호자에 의하여 이루어지는 유기와 방임을 말한다.
- 사회복지사는 아동학대를 신고해야 할 의무를 가진다.
- 입양과 관련된 문제를 다룰 때는 친부모나 입양부모의 욕구보다 아동의 복지적 차원에서 접근하는 것이 바람직하다.
- 성폭력 관련 윤리적 갈등으로는 비밀보장 및 신고의 의무에 관련된 윤리적 갈등 상황이 있을 수 있다. 신고하는 것이 클라이언트에게 오히려 해가 될 수 있거나, 클라이언트가 신고를 원하지 않는 경우, 법원이나 관련 기관 등에서 기록을 보고 싶어 하는 경우, 신고의 의무에 관련해서는 상황이 모호한 경우이거나, 피해자가 확실하지 않은 경우, 클라이언트가 성폭력의 가해자인 경우, 가해자가 부모인 경우 등이 신고의 의무에 관련된 윤리적 갈등 상황들이다. 이외에도 장애인인 경우, 피해자의 연령이 13세 미만인지, 13세 이상 19세 미만인지 등에 따라 고려해야 하는 점이 달라진다.
- 노인복지 분야에서는 클라이언트의 자기결정권과 노인학대에 관련한 윤리적 갈등이 있을 수 있다.
- 노인이 신체적으로 허약한 상태라 하여 클라이언트가 자기결정을 할 수 없음을 의미하지는 않는다.
- 노인학대는 신체적, 심리적인 학대 이외에도 경제적 학대 등이 포함된다.

참고문헌

교육부, 보건복지부, 질병관리본부(2013). **제9차(2013년) 청소년건강행태온라인조사 통계**. 질병관리본부 질병예방센터 건강영양조사과. 청원.

구승영(2013). 윤리적 입장에 따른 학교상담자의 비밀보장 예외 판단 차이 분석. 서울대학교 대학원 석사학위논문.

국가인권위원회(2002). 지역사회에서의 노인학대 실태조사. 2002년도 인권상황 실태조사 연구용역사업 보고서.

국가인권위원회(2021). 정신장애인 인권 보고서.

국립정신건강센터(2023). 국가 정신건강현황 보고서 2022. https://www.ncmh.go.kr/ncmh/board/boardView.do?no=9525&fno=106&gubun_no=&menu_cd=04_03_00_01&bn=newsView&search_item=&search_content=&pageIndex=1# (2024. 7. 13. 인출).

권지성, 김진숙, 정정호(2007). 국내 입양실무자들이 경험한 입양실무의 의미. **사회복지연구, 32**, 207-235.

권지성, 변미희, 안재진, 최운선(2010). 입양가족의 개방입양 경험에 대한 질적 사례연구. **사회복지연구, 41**(2), 5-34.

권지성, 안재진(2010). 국외 입양인의 뿌리 찾기에 영향을 미치는 요인. **사회복지연구, 41**(4), 369-393.

박나원(2021). 노인학대 관련 노인복지법 개정에 관한 연구. **사회법연구, 44**, 418-451.

보건복지부, 아동권리보장원(2024). 2024년 아동보호서비스 업무매뉴얼.

손현동(2007). 현행법에 나타난 학교상담자의 비밀보장과 그 한계 고찰. **청소년상담연구, 15**(2), 3-14.

아동권리보장원(2023). 2020-2022 아동학대사건 판례집.

오정수, 정익중(2008). **아동복지론**. 학지사.

연합뉴스(2023. 3. 20.). 부천 아동복지시설 60대 원장 학대 혐의로 검찰 송치. https://v.daum.net/v/20230320213004236 (2024. 12. 31. 인출).

이선호(2005). **노인상담**. 학지사.

임동호(2009). **아동복지론**. 신광문화사.

조은경, 심용출, 이현숙, 안준범, 이종은, 강선희(2010). **청소년 성폭력! 지피지기면 백전백승(청소년 자기성장 지침서 5)**. 청소년상담문제연구보고서. 한국청소년상담원.

한국사회복지사협회(2023). 선서문 및 윤리강령. https://www.welfare.net/welfare/social-workers/ethics-and-oath (2024. 7. 11. 인출).

World Health Organization (WHO, 2005). *WHO Resource Book On Mental Health, Human Rights and Legislation*. http://whqlibdoc.who.int/publications/2005/924156282X.pdf

제 12 장

사회복지와 인권문제

학습목표

- 인권의 개념을 설명할 수 있다.
- 사회복지실천에 관련한 인권 문제의 심각성을 알고, 이를 개선시키기 위한 방법에 대해 고찰한다.

1. 인권의 개념

인권은 '인간이 인간으로서 당연히 가지는 생래적(生來的), 천부적(天賦的) 권리' 혹은 '인간으로서 태어난 이상 당연히 갖는 권리'로서 인간이 인간다운 삶을 영위하기 위해 반드시 필요한 필수적인 권리를 말한다(국가인권위원회, 2009). 인권의 개념은, ① 억압에 저항함으로써 시민적 · 정치적 권리를 보장하는 소극적 권리, ② 사회정의의 실현, 결핍으로부터의 자유, 사회 · 경제 · 문화생활에의 참여를 보장하는 경제적 · 사회적 · 문화적 권리, ③ 사회질서와 국제질서를 지키는 의무를 다함으로써 권리와 자유를 완전하게 보장받을 수 있다는 집합적 권리로 발전해 왔다(UN Centre for Human Rights, 2005). 시민적 · 정치적 권리를 보장하는 소극적 권리는 개인주의에 기반을 두어 민주주의와 시민사회를 공정하게 조직화하는 데 필수라고 간주하는 기본적인 자유에 관심을 두며, 표현의 자유, 사생활과 개인정보, 가정생활을 존중받고, 정치 활동을 할 권리 등이 포함된다. 시민적 · 정치적 권리를 보장하는 소극적 권리는 장애인 이동권 보장 등 사회적 소수자에 대한 차별금지, 자기결정에 대한 존중과 이상적 의사소통을 통한 생활 속의 정치와 같은 사회복지 활동과 관련이 있다. 경제적 · 사회적 · 문화적 권리는 국가의 능동적 역할이 기대되는 적극적인 권리로 여러 사회적 급여를 통해 실현해야 하는 사회보장에 대한 권리, 교육받고 문화를 향유할 권리, 자유로운 선택에 따른 노동의 권리 등이 해당하며, 의료서비스, 교육권, 문화권, 노동권 등 사회복지의 가치와 연결된다. 집합적 권리는 연대하는 권리로서, 오염이 없는 깨끗한 물과 공기, 자신의 발전에 유리한 환경을 향유하고 평화를 추구할 권리 등 국가에 한정되기보다 범세계적인 차원에서 개념화되고 있으며, 사회복지실천에서는 지역사회 조직 연결과도 밀접한 관련성이 있다(박연진, 2021). 즉, 인권은 억압에 저항한다는 소극적 단계에서부터 인간의 물질적 · 비물질적 욕구가 충족될 권리 및 자원의 생산과 분배의 평등한 참여권을 주장하는 적극적 단계를 거쳐, 사회 · 경제 발전권에 대한 집합적 권리를 주장하는 단계로 발전되어 왔음을 알 수 있다.

인권의 범위는 매우 광범위하다. 인권은 투표권, 표현의 자유, 결사의 자유, 공정한 재판 없는 무차별감금, 법률접근권, 고문으로부터의 자유, 노동조합 가입의 자유, 최소한도의 노동조건 등의 공민권과 정치권을 포함한다. 노동권, 건강권, 주택권, 교육권, 경제노동권, 문화적 표현의 자유와 같은 경제 · 사회 · 문화적 권리도 인권이다. 이외에도 개인의 차원이 아닌 집합적인 차원에서만 성취할 수 있는 경제개발, 정치적 안정, 신선한

공기, 청결한 음료, 무공해식품 등과 같은 환경권도 인권에 포함된다(박영란, 이예자, 이용교, 이찬진, 임성택, Ife, 2001). 다시 말해, 인권은 인간답게, 인간이 존엄성을 지니고 살기 위해 필요한 중요하면서도 기본적인 욕구를 충족할 권리다(일본인지증케어학회, 2011).

사회복지와 연관하여 중요한 인권으로는 건강권, 주거권, 인간존엄권 및 경제 · 노동권, 정치 · 종교 · 문화생활권, 교류 · 소통권, 자기결정권 등이 있다. 건강권은 보건의료서비스를 받을 권리, 생활 서비스를 받을 권리, 영양 · 급식 서비스를 받을 권리를 포함하며, 주거권은 안락한 환경에서 생활할 권리, 안전한 생활을 보장받을 권리를 말한다. 인간존엄권 및 경제 · 노동권과 관련된 인권으로는 인격권과 평등권, 학대를 받지 않을 권리, 근로의 능력과 의욕을 지닌 사람이 사회적으로 근로할 기회의 보장을 요구할 수 있는 권리 등이 있다. 정치 · 종교 · 문화생활권은 정치 및 종교적 자유를 갖고, 문화생활을 즐길 권리를 갖는 것을 말한다. 교류 · 소통권은 가족 및 사회적 관계를 유지할 권리, 동료에게 존중받을 권리, 사회복지 시설 종사자를 존중할 책임의 내용을 포함한다. 자기결정권과 관련된 권리로는 입 · 퇴소 과정에서의 자기결정권, 서비스 선택 및 변경 시의 자기결정권, 정보통신 생활의 권리, 사생활 보호 및 비밀보장의 권리, 생활고충 및 불평처리에 관한 권리, 이성교제 · 성생활 · 기호품 사용의 권리가 있다.

2. 인권과 사회복지

인권을 존중하는 사회는 인간의 복지가 바람직하게 보장되고 실현되며, 사회참여를 통해 지역사회를 개발하고, 공공 서비스를 개발함으로써 만들어 나갈 수 있다. 사회복지 역시 인간의 복지를 추구한다는 면에서 인권과 불가분의 관계를 갖는다. 인간의 존엄성을 유지하면서 생활보장과 발전을 제공하는 사회구조를 사회복지가 추구한다는 점에서 사회복지는 인권 전문직이라고 할 수 있다. 특히 사회복지와 인권은 생명의 가치와 질, 자유 · 억압으로부터의 해방, 평등 · 비차별, 정의, 연대책임, 사회적 책임, 점진적 변화 · 평화 · 비폭력, 인류와 자연의 관계에 대한 가치를 강조한다는 점에서 공통점을 갖는다(UN Centre for Human Rights, 2005).

사회복지사가 수행하는 기능과 역할도 인권보호와 많은 연관이 있다. 사회복지사는 클라이언트 개인 또는 집단의 욕구를 충족시키고 이들의 권리를 보장하기 위해 지지하고 변호하는 옹호자로서의 역할을 수행한다. 옹호자의 역할은 필요한 것을 얻을 수 있는

힘과 권리가 없는 클라이언트를 대신하여 자원과 서비스를 획득하여 클라이언트에게 연결하고, 클라이언트를 위하여 일을 진행하고 대변하는 것이다. 사회복지사는 클라이언트의 이익과 입장을 대변하고 클라이언트의 인권을 옹호함으로써, 인권옹호는 사회복지사의 중요한 실천 활동이 되어야 한다. 사회복지사의 중재자로서의 역할은 인권 분야에서 매우 중요하다. 사회복지사의 중재자 역할은 미시, 중범위, 거시체계 사이의 논쟁이나 갈등을 해결하며, 견해가 다른 개인이나 집단 사이의 의사소통을 향상하고 타협을 돕는다. 국가는 집단의 이익을 추구하는 공적활동 수행 중에 개인이나 집단의 권리와 자유를 위협할 수 있다. 이때 사회복지사는 국가로부터 개인이나 집단을 보호하기 위해 개인과 국가 그리고 다른 권력 간의 관계를 중재함으로써, 인권과 관련된 갈등 상황을 해결해 나가야 한다(UN Centre for Human Rights, 2005). 사회복지사가 인권에 대해 더 많은 지식과 이해를 가질수록 사회복지 서비스를 필요로 하는 사람들의 인권과 복지를 향상시킬 수 있다.

인권은 사회복지의 가치, 윤리, 사회복지실천과도 분리할 수 없으며, 인권의 원칙들이 한국 사회복지사 윤리강령에도 반영되어 있다. 한국 사회복지사 윤리강령(한국사회복지사협회, 2023)에서는 인간 존엄성을 핵심가치로 제시하면서, 사회복지사는 인간의 존엄성과 가치를 인정하고 존중해야 하며, 사회복지사는 개인적 · 사회적 · 문화적 · 정치적 · 종교적 다양성을 고려하며 개인의 인권을 보호하고 존중해야 한다고 명시하고 있다. 사회복지실천의 윤리적 원칙들인 클라이언트의 자기결정권, 비밀보장, 알 권리, 고지된 동의 등은 인권을 기반하고 있다.

3. 인권에 관련된 법, 국제선언 및 협약

인권은 인간이 인간으로서 당연히 갖는 생래적 자연권을 말하며, 기본권은 국민이 향유하는 기본적인 권리로서 「헌법」에 의해 보장되는 권리를 말한다(권영성, 1981). 즉, 기본권은 법으로 보장된 국민이 누릴 수 있는 기본적 인권을 말한다. 기본권은 내용상 기본적 인권으로서 인간의 존엄과 가치 및 행복추구권 그리고 개별적인 기본권으로서 평등권, 자유권, 사회권적 참정권으로 구분된다. 이 가운데 사회권적 참정권을 복지권이라고도 한다. 복지권은 헌법상 국민이 복지혜택을 받을 권리로서, 모든 국민이 인간다운 생활을 누리는 데 필요한 복지 서비스를 국가로부터 보장받을 권리를 말한다. 사회보장을 받을 권리는 한국의 「사회보장기본법」 제9조에 의해서 '사회보장을 받을 권리' '사회보장수급권'으로 명시되어 있다. 사회보장수급권은 질병 · 노령 · 실직 등으로 말미암아 보호를 필요로 하는 개인이 인간의 존엄에 상응하는 인간다운 생활을 하기 위하여 국가에 대해 일정한 급여와 서비스 지원 등을 적극적으로 요구할 수 있는 권리를 말한다. 「대한민국헌법」에서는 인권과 사회복지와 관련된 기본권인 복지권에 대해 다음과 같이 규정하고 있다.

- 「헌법」 제10조: 모든 국민은 인간으로서의 존엄과 가치를 가지며, 행복을 추구할 권리를 가진다. 국가는 개인이 가지는 불가침의 기본적 인권을 확인하고 이를 보장할 의무를 가진다.
- 「헌법」 제34조 제1항: 모든 국민은 인간다운 생활을 할 권리를 가진다.
- 「헌법」 제34조 제2~6항:
  국가는 사회보장, 사회복지 증진에 노력할 의무를 진다. (제2항)
  국가는 여자의 복지와 권익의 향상을 위하여 노력하여야 한다. (제3항)
  국가는 노인과 청소년의 복지 향상을 위한 정책을 실시할 의무를 진다. (제4항)
  신체장애자 및 질병, 노령, 기타의 사유로 생활능력이 없는 국민은 법률이 정하는 바에 의하여 국가의 보호를 받는다. (제5항)
  국가는 재해를 예방하고 그 위험으로부터 국민을 보호하기 위하여 노력하여야 한다. (제6항)

국내법 외에도 국제사회의 인권에 대한 관심과 규제를 위해 유엔(UN)에서는 인권과 관련하여 여러 선언과 규약 및 협약을 채택하였다. 유엔이 발표한 인권 관련 선언, 규약 및 협약은 다음과 같다(UN Centre for Human Rights, 2005).

- **세계인권선언**

세계인권선언(Universal Declaration of Human Rights, 1948)은 1948년 제3차 국제연합총회에서 채택되었으며, 30개 조항에서 모든 인류를 위한 기본규칙과 자유를 규정하고 있다. 이 선언은 사회보장을 보편적으로 받을 권리, 자신 및 가족의 건강과 안녕을 유지함에 충분한 생활수준을 보유할 권리, 생활의 곤궁을 받을 권리 등을 포함한 시민적 · 정치적 · 경제적 · 사회적 · 문화적 권리를 천명하였다.

• **인권에 관한 국제규약**

인권에 관한 국제규약(International Covenants on Human Rights, 1966)으로는 시민적 · 정치적 권리에 관한 국제규약과 경제적 · 사회적 · 문화적 권리에 관한 국제규약이 있다. 시민적 · 정치적 권리에 관한 국제규약(International Covenant on Civil and Political Rights, 1966)은 1976년에 발표되었으며, 여기에서는 다음과 같은 권리를 규정하였다.

(가) 생명, 자유 및 안전에 관한 권리(제6조)
(나) 고문과 그 밖의 잔혹하고 비인간적이거나 굴욕적인 대우 또는 처벌을 받지 않을 권리(제7조)
(나) 노예제도 금지(제8조)
(다) 자의적으로 구금되지 않을 권리(제9조)
(라) 이주와 거주의 자유에 관한 권리(제12조)
(마) 공정한 재판을 받을 권리(제14조)
(바) 종교의 자유(제18조)
(사) 표현의 자유(제19조)
(아) 집회의 자유(제21조) 및 노동조합 가입을 포함한 결사의 자유(제22조)에 관한 권리
(자) 보통선거권에 의해 선거할 권리(제25조)
(차) 소수자의 권리 보호(제27조)

경제적 · 사회적 · 문화적 권리에 관한 국제규약(International Covenant on Economic, Social and Cultural Rights, 1966)은 1976년에 발효되었으며, 여기에서 노동의 권리(제6, 7조), 노동조합에 가입할 권리(제8조), 사회보장권리(제9조), 가정에 대한 보호를 받을 권리(제10조), 적절한 생활수준을 누릴 권리(제11조), 건강권(제12조), 교육권(제13조)이 규정되었다.

• **아동의 권리에 관한 협약**

아동의 권리에 관한 협약(Convention on the Rights of the Child, 1989)은 1989년 아동의 최선의 이익을 가치로 두고 만들어졌으며, 아동을 보호의 대상으로만 규정했던 과거와는 달리, 적극적인 권리의 주체로 규정하고 있다. 협약은 국제협약으로서의 국제법 효력을 가지며, 협약 당사국의 사회적 · 정치적 활동에 아동이 적극적이고 창조적으로 참여할 수 있는 조건을 만들어 줄 것을 요청하고 있다. 이 협약에서는 해당국이 성년을 18세 미만으로 규정하고 있지 않는 한, 아동을 18세 미만인 자로 정의하고 있다. 협약은 시민적 · 정치적 · 경제적 · 사회적 · 문화적 권리 등 모든 형태의 인권을 포함시킨다. 이 협약을 통해 무차별의 원칙, 아동의 최선의 이익 우선 원칙이 제시되었으며, 아동의 4대 권리로 생존의 권리, 발달의 권리, 보호의 권리, 참여의 권리가 규정되었다.

• **장애인권리협약**

장애인권리협약(Convention on the Rights of Persons with Disabilities, 2006)은 2006년 12월 유엔총회에서 채택되었으며, 장애인의 모든 인권과 기본적인 자유를 완전하고 동등하게 향유하도록 증진 · 보호 및 보장하고, 장애인의 천부적 존엄성에 대한 존중을 증진하려는 목적으로 만들어졌다.

이 협약에서는 장애인을 다양한 환경적인 장벽 간의 상호작용으로 인하여 다른 사람과 동등한 완전하고 효과적인 사회참여를 저해하는 장기간의 신체적 · 정신적 · 지적 · 또는 감각적인 손상을 가진 사람으로 정의하고 있다. 이 협약은 다음의 원칙에 대한 내용을 포함하고 있다.

(가) 천부적인 존엄성, 선택의 자유를 포함한 개인의 자율성 및 자립에 대한 존중
(나) 비차별
(다) 완전하고 효과적인 사회참여 및 통합
(라) 인간의 다양성과 인간성의 일부로서 장애인의 차이에 대한 존중 및 수용
(마) 기회의 균등
(바) 접근성
(사) 남녀의 평등
(아) 장애아동의 점진적 발달능력 및 정체성 유지를 위한 장애아동 권리에 대한 존중

4. 사회복지실천에서의 주요 인권침해 사례와 실천 지침

1) 사회복지실천에서의 주요 인권침해 사례

인간의 존엄성 존중이라는 가치를 바탕으로 하는 사회복지실천 현장에서도 비자발적 입원제도 및 강제입소, 치료를 거부할 권리침해 등의 인권침해 사례는 나타나고 있다. 국가인권위원회의 정신장애인 인권보고서(2021)에 따르면, 정신장애인은 자 · 타해 위험성이 있다는 이유로 본인의 의사에 반한 강제 입원이 이루어지는 경우가 있으며, 경우에 따라서는 격리 · 강박, 면회 · 통신의 자유 등 「헌법」상 기본권이 당사자의 사전 고지 및 동의 없이 제한되며, 본인이 거부하여도 강제적인 약물치료가 가능하다. 그중에서 가장 문제시되는 것은 비자발적 입원제도 및 강제입소다. 비자발적 입원제도 및 강제입소는 대상자 본인의 의사에 반해서 이루어지므로, 강제입소 대상자의 자기결정권이 제대

로 인정받지 못하며, 이에 인권침해가 일어날 수도 있다. 또한 비자발적 입원제도 및 강제입소는 신체의 자유 및 적법절차 원리를 침해하는 인권논란을 불러일으킬 수 있다. 신체의 자유는 신체의 안전성의 자유와 신체활동의 임의성의 자유로 구분할 수 있다. 적법절차 원리는 실체법상 또는 절차법상 합리적이고 정당하다고 인정되는 절차에 의해서만 공권력에 의해 국민의 자유와 권리가 침해될 수 있다는 원리다. 즉, 수용대상자가 사회복지시설에 강제입소될 때, 적법한 절차를 지키지 않으면 신체의 자유를 침해한 것이 된다. 이와 같은 비자발적 입원제도 및 강제입소를 통한 인권침해를 방지하기 위해서 「정신건강증진 및 정신질환자 복지서비스 지원에 관한 법률」(약칭: 「정신건강복지법」)에서는 입 · 퇴원 과정에서의 적정 절차를 〈표 12-2〉와 같이 제시하고 있다. 이러한 정신건강증진시설의 입 · 퇴원 절차의 개선에도 불구하고, 여전히 장기입원 및 재입원 등 수용 위주의 치료 관행에는 큰 변화가 없어 이에 대한 개선이 필요하다(국가인권위원회, 2021).

또 다른 인권침해의 경우로는 클라이언트에게 치료를 거부할 권리를 인정하지 않는 것을 들 수 있다. 클라이언트는 의사나 사회복지사에게 자신의 상태 및 치료방법에 대한 설명을 들은 후 필요한 치료를 거부할 수 있으며, 클라이언트의 동의 없이는 치료를 강제로 행할 수 없다(국가인권위원회, 2009). 그러나 클라이언트의 치료거부의 권리를 인정하지 않는 경우에 인권침해가 일어날 수 있다. 예를 들어, 강제불임시술이 클라이언트의 고지된 동의 없이 시행되는 경우가 그렇다. 구 「모자보건법」(1999. 2. 8. 법률 제5859호로 개정되기 전의 법)은 '질환의 유전 또는 전염을 방지하기 위해 불임수술을 행하는 것이 공익상 필요하다고 인정할 때' 보건사회부 장관이 의사의 보고에 따라 불임수술 명령을 할 수 있도록 규정하고 있다. 비록 구 「모자보건법」의 개정으로 앞의 규정은 삭제되었지만, 그 이후에도 정신지체 장애인에 대한 불임수술이 행해졌다(박영란 외, 2001). 이러한 강제불임시술은 인간 존엄성과 자기결정권을 침해하는 행위라 할 수 있다.

그 외에도 사회복지실천에서 일어날 수 있는 인권 침해의 경우로는 클라이어트의 자기결정권을 보장하지 못하는 사례가 있을 수 있다. 자기결정권과 관련된 인권침해를 막기 위해서는 클라이언트가 신체적으로나 정서적으로 장애가 있더라도 클라이언트가 자기 행동을 스스로 결정하게 하고, 사회복지사는 클라이언트의 자기결정을 최대한 존중해 주어야 한다. 사회복지실천 서비스를 제공하기 전에 그 내용을 클라이언트에게 알기 쉽게 설명하여 자기 스스로 결정하도록 지원하고, 제공되는 사회복지실천 서비스가 클라이언트의 욕구나 의사에 부합되는지를 확인하는 것도 클라이언트의 자기결정권를 존중하는 하나의 방법이다. 신체적 또는 정신적 장애 등을 가진 클라이언트가 자신에게 법률적 · 사실적인 영향을 미치는 사안에 대하여 스스로 이해하여 자신의 자유로운 의사를 표현할 수 있도록 필요한 도움을 받을 권리가 있으며, 자신과 관련된 정책의 결정과정에서 자기의 견해와 의사를 표현할 권리가 있다(「발달장애인 권리보장 및 지원에 관한 법률」 제3조). 즉, 클라이언트의 의사결정능력을 낮게 판단해서는 안 되며, 클라이언트는 스스로 판단하고 결정할 권리 및 자신의 의사를 표현할 권리를 가진다는 것을 명심해야 한다.

사회복지사는 입 · 퇴원 과정에서의 클라이언트의 인권, 치료과정에서의 인권, 생활시설에서의 인권, 사회복귀 및 재활시설에서의 인권, 지역사회 생활에서의 인권 등 사회복지실천과 관련하여 클라이언트의 인권침해가 일어날 수 있는 쟁점 사항에 대해 생각해 봐야 한다. 뿐만 아니라, 클라이언트의 인권을 보호하기 위해 어떤 규범 · 기준을 가지고 실천해야 하는지에 대한 논의가 필요하다.

표 12-1 「헌법」상 기본권과 정신장애로 인한 법령상 주요 제한 조항 및 내용(국가인권위원회, 2021, pp. 23-24)

헌법 근거(조항)	주요 제약 내용
신체의 자유(제12조)	1. 강제 이송 2. 본인 의사에 반한 입원 및 치료 3. 격리 · 강박
직업 선택의 자유(제15조)	정신질환자 직업 취득 자격 제한 규정
사생활이 비밀과 자유(제17조)	1. 정신의료기관 퇴원 환자 개인정보의 통지 2. 입원 · 입소 시설 내 CCTV 설치 · 운영 3. 입원 중 면회 제한
통신의 자유(제18조)	1. 통신의 자유 제한(휴대전화 소지 제한) 2. 통신의 비밀 미보장(공개된 장소에 공중전화 설치)
선거권(제24조)	금치산자 선거권 제한 규정
인간다운 생활권(제34조)	1. 정신장애인의 사회복지시설 이용 제한 2. 각종 장애인복지서비스 이용 제한(「장애인복지법」 제15조 관련)

사례 12-1

인권위 "정신의료기관 입원환자 통신제한 때 요건 · 절차 준수해야"

뉴스1, 2022. 8. 3. https://v.daum.net/v/20220803120001638

정신의료기관 입원환자의 통신제한에 대해 요건과 절차를 준수해야 한다는 국가인권위원회의 권고가 나왔다.

인권위는 정신의료기관에 입원한 환자의 통신을 제한하면서 이를 진료기록부에 기재하지 않은 것에 대해 A 의료재단 이사장에게 재단 산하 B병원에 주의 조치할 것을 권고했다고 3일 밝혔다.

B 병원에 입원 중인 진정인 C 씨는 지난해 3월 2일부터 약 4개월 동안 부당하게 통신의 자유를 제한당했다며 인권위에 진정을 제기했다. 이에 B 병원은 C 씨가 폭력적 언행을 동반해 수시로 의료진에게 자·타해 위협을 가했고, 치료적 관계 형성 및 보호자들을 향한 위협방지를 위해 주치의 지시에 따라 통신을 제한했다고 답변했다.

하지만 인권위 장애인차별시정위원회는 B병원이 진정인의 통신을 제한하면서 △ 제한 사유 △ 제한 내용 △ 제한 종료시점을 기재하지 않은 것은 '「정신건강복지법」 제74조' '「정신건강복지법」 제30조' '「헌법」 제10조' '「헌법」 제18조'의 행복추구권과 통신의 자유를 침해한 행위라고 판단했다.

〈이하 생략〉

2) 인권침해에 대한 사회복지실천 지침

사회복지실천에서의 인권침해는 사회복지 생활시설에서 특히 많이 보고되고 있다. 사회복지 생활시설은 복지 서비스가 필요한 아동, 노인, 장애인, 정신질환자, 부랑인 등 요보호자를 입소하게 하여 수용 · 보호하며, 주거와 식사 및 보호, 육성, 치료, 재활, 훈련과 같은 사회복지 서비스를 제공하는 시설이다. 사회복지 생활시설에 수용되어 있는 클라이언트는 낮은 대항능력, 도움을 청할 지지체계의 부족, 시설입소 후 자유의 제한 등의 한계점을 갖는다. 이러한 클라이언트의 취약성을 이용하여, 폭행, 강제노역, 성폭력, 강제구금, 외부와의 통신 제한, 종교의 강요, 교육의 제한 등 클라이언트의 신체에 위해를 가하거나 노동력과 재산을 착취하는 인권침해 사건이 일어나고 있다(박영란 외, 2001).

사례 12-2

부랑인 수용시설에 새로 고용된 사회복지사 최 씨는 시설 내에서 구타와 성폭행 등 인권유린행위가 벌어지고 있음을 알았다. 수백 명이 시설에 머무르고 있기 때문에, 질서를 유지하는 차원에서 직원이 원생을 폭행하거나, 먼저 입소한 사람이 나중에 입소한 사람을 폭행하는 '신고식'이 이루어지고 있었다. 특히 원생 중에서 힘센 사람이 '조장'으로 정해지면, 조장이 다른 원생들에게 폭력을 휘두르는 모습이 자주 목격되었다. 원생들은 보호작업장에서 감당하기 어려운 강도 높은 강제노역을 당하고 있으며, 일의 대가는 전혀 지급되고 있지 않았다. 시설 내에서는 특정 남성 직원이 여성 원생들에게 성폭력을 가했다는 소문도 돌았다. 사회복지사 최 씨는 시설 원생들의 인권이 침해당하고 있는 상황에서 과연 어떻게 윤리적으로 행동해야 할지 고민하기 시작했다.

〈사례 12-2〉에서 사회복지사 최 씨는 시설 원생들의 인권침해 사건에 대해 어떻게 대응해야 하는가? 폐쇄된 사회복지시설에서의 인권침해 사건을 어떻게 외부에 알리고 시설 원생들의 인권을 보호할 수 있는가?

사회복지시설에서 인권침해 사건이 일어났을 경우, 사회복지사는 지역사회를 근거로 하는 시민운동단체와 연계하여, 시설 내의 인권침해 사건에 대한 자료를 수집하고 이를 언론 및 사법체계에 항의 및 제보할 수 있다. 시민운동단체는 사회복지시설에서 일어나기 쉬운 인권침해 사례에 대한 자료수집 및 폭로, 지속적인 모니터 활동을 수행할 수 있으며, 인권옹호를 위한 실질적인 대안을 마련하고 이에 대한 법 개정 및 제정 등의 입법화에도 적극적인 역할을 맡을 수 있다. 지역사회에서 복지 대상자의 인권옹호를 위해 적극적인 활동을 수행하는 시민운동단체는 사회복지운동단체와 연대함으로써 더 효과적으로 사회복지시설 내의 인권침해 사건에 대응할 수 있다(박영란 외, 2001). 뿐만 아니라, 사회복지사는 인권운동단체와 지역시민운동단체와 연계한 조직적인 항의와 시위를 통해 인권침해 사건을 이슈화시킴으로써 시설 원생들의 인권을 보호하기 위해 노력해야 한다.

사례 12-3

CCTV 속 쓰러진 엄마 모습… "병원 믿었는데" 분노

SBS 2024. 6. 18. https://v.daum.net/v/20240618204805055

〈생략〉

지난해 12월 새벽, 인천 미추홀구의 한 정신병원.

30대 남성 보호사가 지적장애가 있는 50대 여성 환자를 바닥으로 내동댕이칩니다.

쓰러진 환자 위로 올라타 주먹을 휘두르고 배를 발로 찹니다.

빗자루로 목을 강하게 짓누르기도 합니다.

이후 환자는 컴컴한 병실에 방치됐습니다.

입원한 지 하루도 채 안 돼 벌어진 일입니다.

같은 날 오전, 환자의 딸이 어머니가 잘 적응하는지 확인하려 전화했는데, 병원은 환자 때문에 보호사가 다쳤다며 되려 치료비를 요구했습니다.

가족들은 병원 CCTV를 확인한 뒤에야 병원이 거짓말한 걸 알게 됐습니다.

[피해자 딸: 진짜 가슴 찢어져 가면서 (병원에) 보내 놨는데. 당장 우리 엄마 데리고 오라고 막 그랬어요. 눈에 멍이 이만큼이 든 거예요.]

환자는 손가락 골절, 뇌진탕 등 전치 4주의 진단을 받았습니다.

경찰은 보호사를 특수폭행 등 혐의로 불구속기소 했습니다.

〈이하 생략〉

사례 12-4

숟가락 하나로 여러 명 밥 먹이고 국은 재탕… 치매노인 학대 의혹

한국일보 2023. 1. 21. https://v.daum.net/v/20230121101100810

경기도의 한 노인보호시설이 치매노인을 비위생적으로 돌보는 등 학대 의혹이 불거져 당국의 조사를 받고 있는 것으로 21일 알려졌다.

이날 용인시 등에 따르면 시와 노인보호전문기관은 최근 노인 학대 혐의로 고발된 치매 전담형 A주간보호센터에서 현장 조사를 벌였다. 시설장 면담 조사도 진행했다.

A 주간보호센터 일부 요양보호사는 작년 11월부터 이달 초까지 하나의 숟가락이나 젓가락으로 여러 치매 노인들에게 식사를 먹여 주는 등 비위생적이고 비도덕적으로 노인들을 돌본 정황이 알려졌다. A 보호센터의 노인학대 의혹은 해당 시설 사정을 잘 아는 B 씨가 신종 코로나 바이러스 감염증(코로나19) 사태에 기저질환을 앓고 있는 치매노인을 비위생적으로 관리하는 모습에 놀라 영상을 촬영하고 관계 기관에 제보하면서 밝혀졌다.

B 씨가 촬영한 영상에는 지난해 12월 7일 점심 무렵 한 요양보호사가 자신이 샐러드를 퍼먹던 숟가락을 들고 다시 노인 4명에게 반찬을 떠 입에 떠 넣어 준 장면이 담겼다. 같은 달 13일 점심 때는 요양보호사가 한 노인에게 국을 떠먹여 주다가 국이 남자 그릇을 들고 다니면서 다른 노인의 국그릇에 부어 먹게 했다. 요양보호사들은 치매노인들이 문제 제기를 못하자 비위생적인 행동을 거리낌 없이 이어 갔다. 요양보호사가 한 치매노인이 말을 잘 듣지 않자 힘으로 제압하고, 이에 항의하자 "입 다물라."라며 폭언을 한 의혹도 불거졌다.

〈이하 생략〉

사례 12-5

식사 시간조차 사지 묶고, 사망 직전 호소도 외면한 병원

한겨레 2024. 7. 1. https://v.daum.net/v/20240701060504856

김형진(가명 · 45)씨는 호흡이 정지된 상태에서도 양손과 양발이 묶인 채 심폐소생술을 받아야 했다. 그나마 가슴 억제대가 풀린 게 다행이었다. 의사가 두 손으로 흉부를 압박하는 동안 간호사와 보호사가 발에 묶인 끈을 풀려고 다급히 움직였지만 쉽지 않았다. 팔다리의 강박을 푸는 데만 12분이 소요될 정도였다. 한겨레가 확보한 병원의 폐쇄회로텔레비전(CCTV) 영상에는 규정을 위반해 수십 시간 환자를 강박한 의료진의 모습이 고스란히 찍혀 있었다.

격리 · 강박이란 치료 또는 보호의 목적으로 이뤄지는 신체 제한 조치다. 독방에 가두고 손과 발을 묶는다. 보건복지부와 대한신경정신의학회가 제정한 격리 및 강박 지침은 '폭력성이 높아 다른 사람을 해할 위험이 높은' 경우 격리 · 강박을 시행할 수 있도록 규정한다. 「정신건강복지법」에 따라 정신건강의학과 전문의의 지시가 반드시 필요하다.

하지만 형진 씨 입원 기간 중 병원 폐쇄병동 보호실을 촬영한 영상 67.1GB 분량(296개 폴더에 4067개 파일)과 병원 쪽 격리 · 강박 시행일지 등 의무기록지, 각종 경찰 자료를 보면, 지침은 전혀 지켜지지 않았다. 격리 · 강박 지침에 따르면, 강박 시 최소 30분마다 관찰 및 평가를 해야 하고, 억제대를 사용할 땐 1시간마다 간호사정(건강 상태 체크)을 하고, 2시간마다 적절한 사지운동을 시켜 줘야 한다.

만 19세 이상 성인의 강박은 1회 최대 허용시간이 4시간이고 연속 8시간을 초과하지 않아야 한다. 위험성이 뚜렷하게 높아 허용시간을 초과하여 격리 · 강박해야 할 경우 정신건강의학과 전문의의 대면 평가를 거쳐 연장할 수 있고, 반드시 전문의 4인 이상으로 구성된 다학제평가팀이 사후 회의를 실시하고 적합성 여부를 기록으로 남겨야 한다.

형진 씨의 총 5차례 강박 가운데 첫 강박은 3일 6시간 30분(78시간 30분)으로 1회 최대 강박 시간의 거의 20배에 달했다. 전체 강박 시간은 251시간 50분으로 입원 기간의 87%가 묶인 상태였다. 하지만 유족이 확보한 의료기록에선 적합성 기록을 전혀 찾아볼 수 없었다.

폐쇄회로 텔레비전 영상을 보면, 강박 행위를 다섯 차례나 이어 가야 했는지도 의문이다. 「정신건강복지법」 제75조 제2항은 '자신이나 다른 사람을 위험에 이르게 할 가능성이 뚜렷하게 높고 신체적 제한 외의 방법으로 그 위험을 회피하는 것이 뚜렷하게 곤란하다고 판단되는 경우 강박을 시행할 수 있다.'고 규정한다.

지침에 따르면 △자살 또는 자해의 위험이 높은 경우 △폭력성이 높아 다른 사람을 해할 위험이 높은 경우 △정신적 및 신체적으로 환자 스스로의 건강을 심각하게 해할 우려가 높은 경우 등에 실시할 수 있다. 하지만 영상에선 형진씨의 심각한 폭력행위를 찾아보기 어렵다.

〈이하 생략〉

인권보장을 위해 사회복지사는 다음과 같은 단계를 거쳐 인권침해를 당한 소수자를 보호하고 대변하는 옹호자의 역할을 수행할 수 있다(일본인지증케어학회, 2011).

첫째, 인권에 대한 의식을 길러 현재 상황에서의 사건과 현상이 인권침해인지 스스로 파악한다. 사회복지사는 사회복지시설에서 입 · 퇴원 과정에서의 클라이언트의 인권, 치료과정에서의 인권, 생활시설에서의 인권, 사회복귀 및 재활시설에서의 인권, 지역사회생활에서의 인권 등 사회복지실천에 관련하여 클라이언트의 인권침해가 일어날 수 있는 쟁점 사항에 대해 생각해 봐야 한다. 이때 사회복지시설에서의 인권침해 여부 평가기준(박영란 외, 2001, pp. 230-247)이 인권침해를 판단하는 데 도움이 될 것으로 보인다. 사회복지시설에서의 인권침해 여부 평가기준은 〈표 12-2〉와 같다. 그 외에도 사회복지시설 이용자 및 생활인의 비밀보장, 학대 예방, 고충 처리, 서비스 참여, 자기결정권 등에 관한 인권 침해 여부의 평가가 이루어져야 하며, 시설 특성에 따라 인권진정함 설치, 서비스 정보제공, 인권지킴이, 자유 활동, 금전의 소유 등이 이루어졌는지에 대한 평가 등이 추가로 적용되어야 할 것이다(박연진, 2021).

둘째, 침해당한 권리의 종류 및 성격, 권리를 침해한 주체, 인권침해의 책임자에 대한 분석을 한다. 인권침해 사건이 개인, 관리 · 경영체계, 제도, 또는 정책의 문제인지 판단하고 책임자를 명확히 함으로써, 인권침해의 재발 방지, 권리 회복의 대상과 인권보호 방법을 결정할 수 있기 때문이다.

셋째, 인권침해 저지와 예방, 인권 구제 및 회복 지원, 사회복지정책 참여와 입법 운동을 통해 인권을 보장한다.

넷째, 사회복지사 자신의 인권을 보장받는 데에도 적극적으로 나선다. 상당수의 사회복지사는 저임금과 장시간의 노동에 시달리고 법적으로 보장된 사회보험인 고용보험 및 산재보험에 가입되지 않으며, 성차별 등 부당한 차별을 받고 있다(박영란 외, 2001). 사회복지사도 자신의 인권을 위해 나서야 하며, 자신의 권리를 행사하여야 한다. 자신의 인권을 지키지 못하는 사회복지사는 다른 이들의 인권도 지켜 줄 수 없기 때문이다.

이외에도 장기적으로는 사회복지시설 인권 향상을 위해서 사회복지 수용시설의 자유로운 입 · 퇴소가 보장되어야 하며, 시설생활자를 탈시설화를 통해 지역사회로 복귀시켜야 한다(박영란 외, 2001). 무엇보다도 사회복지시설의 운영과 프로그램을 지역사회에 개방함으로써, 시설에 대한 평가가 공정하고 객관적으로 이루어져야 한다. 시설운영의 민주화와 재정의 투명성 확보는 사회복지시설 내의 인권을 향상시키는 데 매우 중요하다. 또한 클라이언트의 인권을 침해한 사회복지사에게는 적절한 처벌이 이루어져야 한다. 「사회복지사업법」 제11조의 2와 3에서는 사회복지사의 결격사유와 자격취소에 대해 명시하고 있다. 특히 사회복지사의 업무수행 중 그 자격과 관련하여 고의나 중대한 과실로 다른 사람에게 손해를 입힌 경우에는 사회복지사 자격을 취소하거나 1년의 범위에서 정지시킬 수 있다(「사회복지사업법」 제11조의 3). 이와 같이 클라이언트의 인권을 침해하거나, 범죄나 비리에 연루된 사회복지사에게 자격증 취소 등과 같은 실질적 징계를 내릴 수 있는 법적 근거 및 한국사회복지사협회의 징계권이 더욱 강화되어야 할 필요성이 있다.

표 12-2 사회복지시설에서의 인권침해 여부 평가기준(박영란 외, 2001, pp. 230-247, 참고하여 재구성)

	인권침해 평가지표
영아시설	• 인권 침해사항(예 : 학대, 구타, 성추행 등)을 호소할 수 있는 경로가 있는가? • 영아의 가족, 연고자, 후원자에게 영아의 권리에 대한 정보를 제공하는가? • 영아의 개인적 정보나 기록(예: 상담기록, 개인 가족 기록 등) 비밀보장이 이루어지고 있는가? • 체벌이 허용되고 있는가? 체벌 방지를 위한 후속조치가 이루어지고 있는가?
노인복지시설	• 시설소개 및 거주자 권리가 담긴 팸플릿이 준비되어 있는가? • 시설 생활에서 필요한 사항(시설 이용 방법, 생활규범, 서비스 내용 등)을 클라이언트에게 설명하는가? • 입소 시 건강 및 사회적 욕구를 파악하는 평가프로그램이 있는가? • 시설직원의 언어사용은 적절한가? • 일상 회화가 부족한 거주자에 대해서 배려하고 있는가? • 전화나 편지 등 통신수단에 쉽게 접근할 수 있는가?
여성생활 시설 (모자보호 및 자립시설, 미혼모보호시설, 선도보호시설, 모자일시 보호시설)	• 본인의 입소동의서/입소서류 또는 보호자의 동의서를 접수하였는가? • 퇴소의 자유가 지켜지고 있는가? • 전화, 서신 등 통신의 자유가 보장되는가? • 면회, 외출, 외박 등이 자유로운가? (사전승인가능) • 개인 신상카드, 상담카드 등이 잘 보관 · 관리되고 있으며, 내용의 비밀보장이 이루어지고 있는가? • 직원에 의한 가혹행위(욕설, 구타, 체벌, 성폭행, 급식제한 등)가 있었는가? • 거주자의 종교의 자유가 적절히 보장되고 있는가? • 자물쇠가 있는 개인사물함이 있는가? (미혼모보호시설, 선도보호시설, 모자일시보호시설의 경우)
장애인복지시설	• 시설의 사업을 안내하고 홍보할 수 있는 안내서(시설의 운영계획서, 요람, 가이드북, 핸드북 등)가 준비되어 있는가? • 거주자의 입소 및 퇴소 승인절차는 적절하게 이루어지고 있는가? • 시설이용을 시작하기 전에 입 · 퇴소 계약에 관한 절차를 이행하고 있으며, 이를 통하여 거주자 및 가족에게 거주자의 권리 및 필요한 정보를 충분히 제공하고 있는가? • 입 · 퇴소 관련 문서와 입소기간 중에 행하여진 각종 상담 및 관찰기록, 개인생활 기록, 서비스 내용에 관한 기록 등을 적절하게 관리하고 있으며 이전하는가? • 거주자의 기본적인(음식물, 의복, 머리모양, 취침) 선택권은 보장되어 있는가? • 거주자의 문화여가 선택권이 보장되어 있는가? • 거주자들에 대한 호칭이나 사용되는 용어는 거주자의 희망이나 연령 등을 고려하여 사용하고 있는가?

	• 거주자들이 자기 소유의 금전을 스스로 관리할 수 있으며, 스스로 사용하고 있는가? • 거주자는 개인의 용품을 얼마나 자유롭게 소유하고 관리할 수 있는가? • 시설 내에 거주자가 여가활동 및 개별적인 휴식을 취할 수 있는 편의시설이 마련되어 있는가? • 거주자와 가족들의 개인정보에 대해 비밀이 보장되며, 본인 기록에 대한 접근성이 확보되어 있는가? • 거주자 및 가족은 재활 계획 수립과정에 자유롭게 참여하고 있는가? • 거주자들의 고충을 처리하기 위한 절차가 마련되어 있으며, 그에 따른 처리결과는 전달되고 있는가? • 외부인(가족, 친구, 친척 등)들이 자유롭게 시설을 방문하여 거주자들을 만날 수 있는가?
부랑인복지시설	• 초기 입소 시 초기면접은 적절히 시행되고 있는가? • 초기 입소 시 연고자 조회는 적절히 시행되고 있는가? • 시설 생활자의 권리가 게시되어 있는가? • 재상담은 적절히 시행되고 있는가? • 연고자 추적을 위한 노력은 적절한가? • 전체 수용자 중 지난 1년간 외출 · 외박 경험이 있는 사례 • 외출 경험자의 연간 경험 빈도 • 시설 운영에 관해 시설 생활자의 의견을 수용할 수 있는 통로는 있는가? • 공중전화가 있는가? • 구내 매점이 있는가? • 개인용품 소유가 자유로운가? • 시설 생활자들의 하루 일과 중 여가를 목적으로 한 프로그램이 마련되어 있는가? • 시설 생활자 전체가 즐길 수 있는 나들이 프로그램이 있는가? • 시설 생활자의 피복지급기준은 있으며 적절한가? • 시설 생활자의 의류는 청결한가? • 시설 생활자의 침구류는 청결한가? • 생필품의 종류 및 지급기준의 적절성 • 치약, 비누, 화장지 등의 생필품이 생활관 내에 비치되어 있는가? • 식단표를 작성, 게시하며 식단표대로 조리하고 있는가? • 환자들을 위한 식단표는 작성되고 있는가? • 간식은 적절히 제공되고 있는가? • 식용수는 적절히 제공되고 있는가? • 치아관리는 적절한가?

부랑인복지시설	• 건강검진은 적절히 시행하는가? • 건강검진결과에 따른 추후 검사는 적절히 시행되는가? • 의무실 진료상태는 적절히 시행되고 있는가? • 시설생활자들의 건강, 식사관찰은 적절히 이루어지고 있는가? • 전염성 질환자들은 격리 보호하고 있으며, 전문 관리는 하고 있는가? • 예방접종(장티푸스, 뇌염 등)을 실시하는가? • 시설에서 사망한 시설 생활자를 위한 체계적인 장례절차가 마련되어 있으며, 이는 준수되고 있는가? • 보호작업장은 있는가? • 작업 참여의 자발성 • 작업장 운영은 적절한가? • 작업수익금은 투명하게 관리하고 있는가? • 다양한 프로그램이 있는가? • 프로그램은 적절하게 수행되고 있는가? • 사회복귀 지원프로그램 존재 유무 및 정도 • 시설 특성화 프로그램의 존재 유무 및 노력의 적절성 • 사례검토회의를 개최하고 있는가? • 시설의 정보화는 어느 정도인가?

// 학습과제 //

1. 인권을 침해당했던 경험 혹은 목격한 경험과 느낌을 토론해 보시오.
2. 사회복지실천 현장에서 클라이언트의 인권이 어떤 상황에서 어떻게 침해될 수 있는지 생각해 보고, 클라이언트의 인권을 보장하기 위한 사회복지사의 역할에 대해 토론하시오.
3. 사회적 · 경제적 약자 및 소수자(아동, 여성, 노인, 장애인, 이주민, 수감자, 난민, 성적 소수자 등)의 인권침해 사례에 대한 신문기사, 관련 문헌 등을 찾아보시오.
4. 사회복지 현장에서 사회복지사가 아동, 노인, 장애인 등 사회적 약자의 인권을 어떻게 옹호할 것인지 토론하시오.
5. 다음의 참고자료를 읽고, 인권에 관한 주제와 보호받아야 하는 취약 그룹에 대해 토론해 보시오.

참고자료: 인권에 관한 주제와 보호받아야 하는 취약 그룹

1. 빈곤
   - 빈곤문제와 관련이 있는 인권(예: 살 권리, 일할 권리, 적절한 생활 수준을 누릴 권리)에는 어떤 것이 있는가?
   - 사회적 차별, 한계, 낙인, 불의에 대한 어떤 태도가 근절되어야 하는가?

2. 성차별
   - 성 관련 이슈에서 어떤 인권문제(예: 법 앞에서의 평등, 결혼 및 결혼생활에서의 평등권, 배우자 선택권, 동일한 일에 대한 동등한 급여)가 제기되는가?
   - 성적 취향을 포함한 성 관련 이슈와 태도를 변화시키기 위하여 사회복지사는 어떤 옹호활동을 할 수 있는가?
   - 사회복지전문직에서 어떤 성 관련 이슈가 다루어지고 있는가?
   - 사회복지사는 해당 사회의 문화적 전통을 존중하면서 성 관련 이슈에 관한 변화를 어떻게 도모할 수 있는가?

3. 인종차별주의
   - 인종차별 관련 이슈에서 어떤 인권문제(예를 들면, 소수자 집단의 권리, 개인의 문화를 존중받을 권리, 공정하고 알맞은 보수를 받을 권리, 공공장소 및 공적 서비스에의 접근권)가 제기되는가?
   - 사회복지사가 인종차별 문제와 관련하여 어떤 옹호와 실천 활동을 할 수 있으며, 이러한 전문적 관점은 사회복지사의 개인생활에 어떻게 반영되는가?
   - 사회복지사는 자신의 문화가 아닌 다른 문화에 대하여 어느 정도 알고 있는가?

4. 종교
   - 종교 이슈에서 어떤 인권문제(예: 법 앞에서의 비차별과 평등, 생각 · 양심 · 종교 · 믿음의 자유권, 유엔인권선언이나 다른 인권 관련 국제문서와 상충하는 목적을 위하여 종교 또는 믿음을 이용하는 것의 금지)가 제기되는가?
   - 대다수의 회원이 한 종교에 속하고 있는 특정한 종파의 사회복지 대학 또는 기관, 사회복지전문가협회는 다른 종교 및 그들 집단의 의견에 관용적인가?
   - 사회복지사가 클라이언트의 종교 및 클라이언트 집단에 관한 지식을 습득한다면 사회복지실천 개입이 더욱 효과적으로 될 수 있는가?

- 자신의 종교적 믿음과 실천에 근거한 클라이언트의 태도에 사회복지사가 편견을 갖지 않는 것은 어려운 일인가?

5. 환경과 개발

- 환경과 개발 이슈에서 어떤 인권문제(예: 생명권, 안전 · 건강한 삶 · 근로조건 권리 · 기준에 맞는 환경 · 산업위생권리, 최고 수준의 신체 · 정신건강을 누릴 권리)가 제기되는가?
- 적절한 개발과 환경보호를 도모하기 위하여 사회복지사는 어떤 행동을 전개해야 하는가?
- 만일 환경을 보호하는 조치가 불리한 상태에 놓인 개인 · 집단의 생계를 빼앗는다면, 사회복지사는 어떻게 하여야 하는가?
- 토착민, 전원생활인, 유목민 등이 가지고 있는 땅, 산림, 방목지가 일부 환경 붕괴의 결과뿐만 아니라 대규모 개발과 다른 프로젝트 등에 의하여 점차 박탈된다면 사회복지사는 그들의 권리를 어떻게 옹호해 줄 수 있는가?

6. 취약 그룹

[아동]

- 아동과 관련하여 어떤 인권문제(예: 생명권, 건강 및 건강 서비스 권리, 교육권, 토착민 또는 소수자 아동으로서 자신의 문화를 향유할 수 있는 권리, 학대 및 유기로부터의 보호, 착취로부터의 보호, 전쟁 상황으로부터의 보호)가 제기되는가?
- 아동을 자신의 가족으로부터 부당하게 분리하는 것에 대하여 어떻게 생각하고 있으며, 어떻게 반응하여야 하는가?
- '아동의 최상 이익'의 개념을 어떻게 정의하는가? '아동의 최상 이익'의 기준을 어떤 아동이 자신의 부모의 보살핌으로부터 분리되어야 하는 사례 또는 다른 사례에 어떻게 적용할 수 있는가?
- 자신의 권리가 실제로 어떻게 적용될 수 있는가를 말할 수 있을 정도로 성장한 아동에게 자신의 의견을 충분히 표현하도록 허용하고, 이를 고려하여야 한다는 원칙을 사회복지사는 어떤 방법으로 확실하게 실천할 수 있는가?
- 사회복지사는 가장 빈곤하고 불리한 처지에 놓여 있는 아동의 상황을 보다 적절한 상황으로 변화시키기 위하여 어떻게 개입할 수 있는가?
- 거리를 배회하는 부랑아를 위하여 사회복지사는 어떤 방법으로 개입하는가?

- 약물남용, 범죄, 기타 파괴적 행동을 할 우려가 있는 아동을 보호하기 위하여 사회복지사는 어떤 방법을 제안할 것인가?

[여성]

- 여성과 관련하여 어떤 인권문제(예: 생명권—특히 출생 직후 여자 영아 살해의 경우, 교육권, 동등한 기회를 보장받을 권리, 위해한 전통적 행위로부터의 보호, 동등한 작업에 대한 동등한 임금)가 제기되는가?
- 국적, 상속, 소유권, 재산관리, 이동의 자유, 자녀의 양육 등에 있어서 여성을 차별하는 법이 있는가?
- 사회복지직의 경력과 관련하여, 여성 사회복지사에게 유리하게 차별하는 수단(예: 교육기관이나 사회복지기관 등에서)을 확인할 수 있는가?
- 사회복지실천 대상인 클라이언트 가운데, 특히 소녀와 여성의 취약성과 노인 여성의 특별한 욕구를 인식하고 있는가?

[노인]

- 노인과 관련하여 어떤 인권문제(예: 경제보장 및 적절한 생활 수준을 누릴 권리, 보건 서비스 수급권, 지역사회 문화생활 참여권, 사회보장 및 사회보험 서비스 수급권)가 제기되는가?
- 사회복지사가 노인에게 보다 향상된 지원을 제공하기 위해서는 어떤 훈련 또는 부가적 훈련이 필요하다고 생각하는가?

[장애인]

- 장애 관련 이슈에 있어서 어떤 인권문제(예: 경제 보장 및 적절한 생활 수준을 누릴 권리, 공적부조 수급권, 착취 · 학대 · 굴욕적인 대우에 대한 보호, 능력에 따라 일할 권리, 국가의 경제 · 사회 계획의 모든 단계에서 장애인의 특수한 욕구가 반영되어야 할 권리)가 제기되는가?
- 국가의 경제 · 사회 계획의 모든 단계에서 장애인의 특수한 욕구가 반영되어야 할 권리를 보장하기 위하여 사회복지사는 어떤 단계로 장애인과 협력해야 하는가?

[수감자(구속자 포함)]

- 수감자를 위하여 어떤 인권문제(예: 고문과 그 밖의 잔혹하고 비인간적이거나 굴욕적인 대우 또는 처벌을 받지 않을 권리, 수행한 작업에 대하여 공평한 보상을 받을 권리, 법률적 자문 또는 무상의 법률 원조를 제공받을 권리, 의견 및 표현의 자유에 대한 권리, 평화적 집회 및 결사의 자유에 대한 권리)가 제기되는가?

- 종교적 또는 정치적 신념, 피부색, 성, 민족성 등의 이유로 활동이 제한되었거나 수감된 사람을 옹호하기 위하여 사회복지사는 무엇을 하는가?
- 사형 관련 국제제도에 관한 지식을 근거로 사형에 관한 당신의 입장은 무엇인가?

[난민]

- 난민을 위하여 어떤 인권문제(예: 생명 · 자유 · 개인 안전의 권리, 박해에서 벗어나 망명을 요구할 권리, 자의적 체포 또는 구금에서 자유로울 권리, 차별에서 보호받을 권리)가 제기되는가?
- 난민을 위한 효과적인 사회복지실천 개입방법으로는 무엇이 있는가?
- 난민이 정착하려는 국가에 쉽게 적응하도록 지원하기 위하여 사회복지사는 무엇을 할 수 있는가?
- 사회복지사는 난민의 우호적인 이미지를 제고하기 위하여 특별한 옹호의 역할을 수행하고 있는가?

[이주민]

- 이주민을 위하여 어떤 인권문제(예: 차별에서 보호받을 권리, 정당하고 유리한 작업 조건을 요구할 권리, 동등한 작업에 대한 동등한 임금을 받을 권리, 적절한 생활 수준을 누릴 권리)가 제기되는가?
- 당신은 이주민에 대한 편견이 있는가?
- 이주민에게 보다 효과적인 사회복지 서비스를 전달하기 위하여 어떤 점에 초점을 두는 것이 필요하다고 생각하는가?
- 당신은 타국에서 온 이주민이 한국의 문화를 풍부하고 다양하게 하는 데 기여한다고 생각하는가?

출처: UN Centre for Human Rights(2005), p. 121-160.

// 학습정리 //

- 인권은 인간으로서 태어난 이상 당연히 갖는 권리로서 인간이 인간다운 삶을 영위하기 위해 반드시 필요한 필수적인 권리를 말한다.
- 우리나라의 「헌법」에서는 「헌법」 제10조, 「헌법」 제34조 제1항, 「헌법」 제34조 제2~6항에서 인권과 사회복지와 관련된 기본권인 복지권에 대해 규정하고 있다.
- 인권에 관련된 국제선언 및 협약으로는 세계인권선언(1948), 인권에 관한 국제규약(1966), 아동의 권리에 관한 협약(1989), 장애인권리협약(2006) 등이 있다.
- 사회복지사는 입 · 퇴원 과정에서의 클라이언트의 인권, 치료과정에서의 인권, 생활시설에서의 인권, 사회복귀 및 재활시설에서의 인권, 지역사회 생활에서의 인권 등 사회복지실천과 관련하여 클라이언트의 인권침해가 일어날 수 있는 쟁점 사항에 대해 생각해 봐야 한다.
- 사회복지사는 인권침해를 당한 소수자를 보호하고 대변하는 옹호자의 역할을 수행해야 한다.

참고문헌

국가인권위원회(2009). 정신장애분야 인권교육 교재.

국가인권위원회(2021). 정신장애인 인권 보고서.

권영성(1981). **헌법학원론**. 법문사.

뉴스1(2022. 8. 3.) 인권위 "정신의료기관 입원환자 통신제한 때 요건 · 절차 준수해야." https://v.daum.net/v/20220803120001638 (2024. 12. 31. 인출).

박연진(2021). 인권 기반의 사례관리 실천: 자기결정권과 의사소통행위를 중심으로. **생명, 윤리와 정책**, 5(1), 77-95.

박영란, 이예자, 이용교, 이찬진, 임성택, Ife, J. (2001). **한국의 사회복지와 인권**. 인간과복지.

양옥경(2017). **사회복지 윤리와 인권**. 공동체.

양옥경, 김미옥, 김미원, 김정자, 남경희, 박인선, 신혜령, 안혜영, 윤현숙, 이은주, 한혜경(2004). **사회복지 윤리와 철학**. 나눔의 집.

엄명용, 김성천, 오혜경, 윤혜미(2000). **사회복지실천의 이해**. 학지사.

일본인지증케어학회(2011). **치매노인을 위한 케어윤리**. 노인연구 정보센터.

한겨레(2024. 7. 1.). 식사시간조차 사지 묶고, 사망 직전 호소도 외면한 병원. https://v.daum.net/v/20240701060504856

한국일보(2023. 1. 21.). 숟가락 하나로 여러명 밥 먹이고 국은 재탕… 치매노인 학대 의혹.

https://v.daum.net/v/20230121101100810 (2024. 12. 31. 인출).

한국사회복지사협회(2023). 선서문 및 윤리강령. https://www.welfare.net/welfare/social-workers/ethics-and-oath (2024. 7. 11. 인출).

Ife, J. (2001). **인권과 사회복지실천** (*Human rights and Social Work*). (김형식, 여지영 공역). 인간과복지. (원저는 2001년에 출판).

SBS(2024. 6. 18.) CCTV 속 쓰러진 엄마 모습… "병원 믿었는데" 분노. https://v.daum.net/v/20240618204805055 (2024. 12. 31. 인출).

UN Centre for Human Rights (2005). **인권과 사회복지실천** (*Human rights and Social Work*). (이혜원 역). 학지사. (원저는 1994년에 출판).

찾아보기

저자 소개

이순민(Lee, Soon Min)

한국외국어대학교 영어교육학과 졸업, 학사

미국 일리노이 대학교 어버너-샘페인 캠퍼스 사회복지학과(University of Illinois, at Urbana-Champaign, School of Social Work), 석사(MSW)

미국 버지니아 코먼웰스 대학교 사회복지학과(Virginia Commonwealth University, School of Social Work), 박사(Ph. D.)

현 세종사이버대학교 사회복지학과 교수

〈주요 저서 및 논문〉

이순민(2014). **정신건강론**. 학지사.

임효연, 이순민(2016). 노인의 여가활동욕구와 심리사회적 노화인식. **한국콘텐츠학회논문지, 16**(10), 96-107.

오윤진, 이순민(2017). 시각장애인의 긍정적 장애수용, 자아존중감, 생활만족 간의 관계 연구: 자아존중감의 매개효과 검증을 중심으로. **시각장애연구, 33**(3). 103-123.

심우찬, 이순민(2018). 탈북여성들이 경험하는 도덕적 손상에 관한 탐색적 연구: 탈북여성을 대상으로 한 질적 선행연구물 내용 분석. **한국콘텐츠학회논문지, 108**(4), 636-652.

이순민, 심우찬(2018). 탈북여성 관련 양적 연구동향 분석. **한국콘텐츠학회논문지, 18**(7), 470-483.

최명민, 황보람, 김기덕, 임욱, 유서구, 이순민(2019). 한국사회복지사윤리강령의 개정 필요성과 방향에 관한 연구. **한국사회복지행정학, 21**(2), 171-202.

이순민, 오윤진(2021). 시각장애인의 의약품 점자표기에 대한 경험과 욕구에 관한 연구. **시각장애연구, 37**(1), 161-179.

한국사회복지사협회, 오승환, 박일규, 한은영, 김유경, 유영주, 이상희, 이순민, 임수경, 최장열(2023). **사회복지사 윤리강령의 이해와 활용**. 양서원.

Oh, Y. & Lee, S. M. (2016). The effects of online interactions on the relationship between learning-related anxiety and intention to persist among e-learning students with visual impairment. *International Review of Research in Open and Distributed Learning, 17*(6), 89-107.

Lee, S. M. & Oh, Y. (2017). The mediator role of perceived stress in the relationship between academic stress and depressive symptoms among e-learning students with visual impairment. *Journal of Visual Impairment & Blindness, 111*(2), 123-134.

사회복지 윤리와 철학(3판)

Social Work Ethics and Philosophy

2012년 3월 20일 1판 1쇄 발행
2016년 3월 25일 1판 5쇄 발행
2016년 8월 30일 2판 1쇄 발행
2024년 3월 25일 2판 8쇄 발행
2025년 2월 20일 3판 1쇄 발행

지은이 • 이순민
펴낸이 • 김진환
펴낸곳 • ㈜ 학지사
04031 서울특별시 마포구 양화로 15길 20 마인드월드빌딩
대표전화 • 02-330-5114 팩스 • 02-324-2345
등록번호 • 제313-2006-000265호

홈페이지 • http://www.hakjisa.co.kr
인스타그램 • https://www.instagram.com/hakjisabook

ISBN 978-89-997-3322-2 93330

정가 24,000원